伊斯兰文明的中国之旅丛书

月光下的微笑

唐荣尧 著

الابتسامة تحت ضوء القمر

رحلة الحضارة الإسلامية في الصين

陕西师范大学出版总社

图书代号:SK14N1387

图书在版编目(CIP)数据

月光下的微笑 / 唐荣尧著. —西安 : 陕西师范大学出版总社有限公司, 2015.1
ISBN 978-7-5613-7812-0

Ⅰ. ①月… Ⅱ. ①唐… Ⅲ. ①伊斯兰教—宗教文化—研究 Ⅳ. ①B968

中国版本图书馆 CIP 数据核字(2014)第183032号

月光下的微笑

唐荣尧 著

策划组稿 刘东风 郭永新
执行策划 孙国玲
特约审稿 马丽静
责任编辑 彭 燕 张 佩
责任校对 张旭升
营销编辑 陈柳冬雪
装帧设计 观止堂_未氓
出版发行 陕西师范大学出版总社
社 址 西安市长安南路199号(邮编710062)
网 址 http://www.snupg.com
印 制 中煤地西安地图制印有限公司
开 本 787mm×1092mm 1/16
印 张 23
插 页 2
字 数 350千
版 次 2015年1月第1版
印 次 2015年1月第1次印刷
书 号 ISBN 978-7-5613-7812-0
定 价 48.00元

总　序

“文明”，当我写下这两个字时，第一反应觉得与它对应的词语是“尊重”。任何文明都是需要维护其尊严的，而维护它的方式又有很多种。我想，书写是其中之一吧。其次，我想出的第二个对应词语是“对话”，任何自闭的文明，其生命力与影响力都是存在缺陷与羁绊的。伊斯兰文明亦然！

伊斯兰文明在中国乃至全球是一个无法回避的话题和事实。外界看去，那是一团神秘的云彩；它的内部，也常常因为其自身的内敛或文化因素而有意无意地回避着外界的探究，这就造成了某种隔膜。同样，它需要来自外部与伊斯兰世界内部的双重尊重，更需要和其他文明进行优雅的对话与交流。我想，这本书是在这种视野下完成的。

从陆路和水路两个来向，伊斯兰文明沿着自己的路向进入中国。它的传播路径是怎样的？是如何传播的？沿途留下了怎样的文化遗迹、冲突及对当下穆斯林的生活有哪些影响？这些疑问呼吁着投身其中者沉下去做这个话题。或许是领受伊斯兰文明的穆斯林学者，或许是领受儒家文化的知识分子，或许是一位立场公允的记者，或许是一位田野调查者。至今，这个命题依然呼唤着这样的人出场。

在这样一个巨大的命题下，我动身了。以一个非穆斯林的身份，出场于这样一个命题中。这是一个令穆斯林及非穆斯林都感到诧异的尴尬角色。然而，这有什么呢？我一直努力于公共知识分子角色的扮演，并且以10年时间持续追寻一个神奇立世近200年的王朝——西夏帝国——的精神内核与后裔去向。在文化之盏引路下孤旅考察后完成了《青海之书》《内蒙古之书》《影像青海湖》《大河远上》《宁夏之书》《文字背后的美丽》《秘域》等为山河立传的书。那么，为什么就不能以公共知识分子的身份对伊斯兰文明进行关注呢？这时，有两个面孔浮现了：一个是叙利亚诗人阿多尼斯。2009年3月16日，他应邀在北京外国语大学做的一场演讲中说道："虽然我并不信奉任何宗教，虽然我身处西方，但在文化上，我是归属于阿拉伯伊斯兰文化的。"他一直以诗歌的角度关注着阿拉伯地区。另一个是当今世界最具影响力的文学理论与批评家之一的萨义德。这位出生于耶路撒冷后移民美国的学者，和阿多尼斯一样长期身处西方的物质、文化圈内，但却一直竭力为阿拉伯文化辩护。那么，身受中国儒家文明的影响，在汉文化圈内生活多年，又怎会剥夺一个非穆斯林对伊斯兰文化的关注与研究呢？特意补充的是，我也不是一个伊斯兰教的信奉者。因此，在身边朋友的诧异与纳闷中，我出场于"伊斯兰文明的中国之旅"——这样一次精神与学术的冒险——按照伊斯兰文明中的用语叫"举意"了。

历经几年的读书或游学，从典籍与资料中抬起头，一条田野调查之路展现在眼前。我从伊斯兰文明由陆路传入中国的第一站开始，沿着它的传播路径，城市与乡村之间、高原与沙漠之间、戈壁与绿洲之间、黄泥土堡与高楼大厦之间、江河与山川之间，一个探寻者的孤影穿梭着。一路走下来，终有了这套我命名为"伊斯兰文明的中国之旅"的丛书！

伊斯兰教从陆路进入中国的第一站是新疆。2010年的新疆人口是2150万，其中伊斯兰教信仰者为1200万，2.4万座清真寺遍布新疆的城市、乡镇、草原、高原、戈壁，甚至雪山之上、沙漠深处，以自己的宗教文化与凝聚力吸引着远近不同的信徒走进其中，完成伊斯兰教的各种礼仪。生活在这些清真寺里的2.9万的教职人员，平时在清真寺中处理宗教事务，每逢节日、礼拜时在这里引领信仰者完成宗教礼仪。他们以自己的虔敬和知识，保持着伊斯兰文明在新疆大地上散发光芒的速度和力度。

当年，这片辽阔的土地上佛光普照。目前，新疆仍有20多万佛教徒（随着喀什国家级经济特区的设立及其他各地的开放程度加大，内地前去新疆参与经济建设的人逐步增加，这一数字无疑还会增加），佛教寺院54座。百年前传入新疆的基督教在新疆有6万多信众，堂点145个。从清代传入新疆的天主教，目前也有18个堂点，信众达4000人左右。道教一度在新疆也曾遍布各县，目前有2处合法道观。新疆信仰东正教的俄罗斯族人有9000多人，他们建有3处东正教堂点。因此，新疆是一个多元共存的宗教之地。

文明的交错与交锋后，是一种命定的结果，还是无奈的退却与进守？亦如当初首次为中国迎来佛教文明一样，新疆，从陆路上首次迎来了伊斯兰教文明，邦克声与礼拜者逐渐扩大着在新疆的范围。千年时光过后，中国信仰伊斯兰教的少数民族，在新疆各处都有分布，而且每500名信仰伊斯兰教者，就拥有一座清真寺，每400名伊斯兰教信仰者中，就有一名宗教教职人员，这在中国是绝无仅有的。一个开放胸怀与包容万物的地域，才能出现如此巨大的文明共存的盛景！

超过新疆总人口56%的伊斯兰教信仰者和其他宗教信奉者，共同在新疆大地上构成了一幅丰富多彩的宗教风情画卷。这就更需要以各种宗教为核心的各种文明之间的尊重与对话，这是那片大地上洒满和谐的前提，也是那片土地上的民众得到福祉的前提。

宗教是文明的构成者之一。除了沿着传统的丝绸之路而来的路线外，伊斯兰教进入中国的路线中，还有一条不被国人熟悉的高原丝绸之路，从新疆进入青海、甘肃、陕西，抵达西安。也有一条登陆泉州、广州、三亚等沿海港口后，从南至北地逐渐进入内地的路径。更有一条从新疆进入内蒙古西部，穿过戈壁、沙漠，经宁夏平原进入陕西最后抵达西安的秘径。无论是沿着哪条线路，伊斯兰教进入中国，历经千年的时光后，成为中国宗教文明中的一支。

这种文明走过一条怎样的中国之路？对当下信仰伊斯兰教的中国民众有着怎样的影响？带着这样的追问，几年间，我沿着伊斯兰教最初从陆路进入中国的路线，以及草原丝绸之路、唐蕃古道、京杭运河两岸、茶马古道，全方位地探寻伊斯兰文明在中国的传播之路。

带着追寻千年间伊斯兰文明落地足迹的“举意”，带着深度探寻中国穆斯林精神世界的“举意”，回首时，发现已是万里孤旅显在脸色，一册山河隐于书写。

因此，有了这样几本从不同路向考察伊斯兰文明在中国传播的书。沿着传统的丝绸之路，穿越从帕米尔高原经新疆南疆地区的高原、沙漠、戈壁、绿洲等地貌，沿着祁连山东麓蜿蜒上千公里的河西走廊，穿行过陇中黄土高原后，进入陕西境内，最后抵达昔日的长安城，我完成了《月光下的微笑》。从黄河上游青海境内的撒拉族、东乡族、回族等聚居区起步，顺着黄河而下，经过青藏高原东南部、黄土高原、河套平原、晋陕大峡谷、中原地区后，抵达黄河入海口，从长江第一城的宜宾起步，顺着长江而下，经过三峡抵达长江三角洲地区，沿大运河而行，从杭州到北京，经过对这三条水路边的隐身着的伊斯兰传播之路的考察，我完成了《河边的倒影》。从青藏高原东北边缘和新疆、甘肃、内蒙古交界处起步，沿着青藏高原的屋檐，穿行过祁连山西麓、青海东部的穆斯林聚居区，沿着历史上的唐蕃古道、丝绸之路的青海高原路段，沿着历史上著名的茶马古道，在滇藏交界地区、云贵高原腹地探寻伊斯兰文明的散发足迹，我完成了《青藏的屋檐下》。从地处“天涯海角”的海南省三亚市羊栏村启程，将探寻的脚印留在中国大陆和海洋交错处的蔚蓝色线迹上，路经广州、泉州、上海、青岛、天津、旅顺等地，我完成了《蔚蓝色的心》。选择从西天山脚下的伊犁启程，沿着北纬40度以北的阿尔泰山、东天山、马鬃山一路向东，进入新疆和甘肃、内蒙古交界的黑戈壁地区、内蒙古西部的半荒原地区、内蒙古中东部的草原地区、大兴安岭西麓的林草交错地区，我完成了《北纬40度以北——青草间的信仰》。

从写作的角度而言，这是一场巨大的冒险，甚至可以说是一种不自量力的行动。因为只有身入其中，才能看得见这一片人文意义上的辽阔疆域，才能知道历史留给我们的是多么巨大的未知空间。进入这片疆域和空间，我仅有的知识储备和田野调查的信心是不够的。何况，置身于这场孤旅时，正是我从青年向中年的过渡时期，一次次长途跋涉或一个个深夜写作后，透支的身体无声地提醒我：再继续，更危险！更大的冒险则来自一个门外汉对伊斯兰文明的贸然闯进，来自很多敏感的话题需要巧妙的涉及，来自个人力量对一个巨大文明体的接近和步入，更是来自个人力量对如此宏大话题的完成——这不仅仅体现在经济的考量——近10年间，10多万公里的长旅孤途，全靠着自费前往、采取田野调查方式完成，与任何学院式的基金、学术项目无关。这场冒险的难度还体现在：对时下国际语境中解读伊斯兰文明的一些盲点的填补、一些观点的廓清。

从时间之轴上回顾，这是一次艰辛的孤旅，是自己踩着一地月光，徒步于古迹，舟车于江湖，求学于学院的点滴积累，是仔细聆听一位位阿訇的谈吐，虔敬地请教一位位伊斯兰文明学者，翻阅一本本前辈学者的研究专著后，努力完成的。没有别的，旨在向想了解伊斯兰文明的读者和中国境内信仰伊斯兰教的民众奉上一个文字向导。

唐荣尧

2013年12月30日于贺兰山下载水岗

目　　录

1　第一章　瓦罕走廊，伊斯兰入华

13　第二章　塔吉克，世界屋脊上的雄鹰

23　第三章　祖国“西极”，诗意的生活与信仰

37　第四章　散发在“帕米尔高原纽扣”上的智慧之光

48　第五章　新疆边境，穆斯林的爱国情结

55　第六章　麻扎，埋着的历史和智慧

81　第七章　喀什，中亚的“文明之胃”

91　第八章　花香深处，两个穆斯林王妃出场

101　第九章　寻找木卡姆，又见木卡姆

119　第十章　东干，信仰伊斯兰教的特殊族群

128　第十一章　桑皮纸上传承的民间工艺

133　第十二章　一个维吾尔族老人半个世纪的影响

139　第十三章　从喀喇昆仑山而来的玉石之路

159 第十四章　头顶的风情与拜毯上的信仰

175 第十五章　沙漠中的三副陌生面孔

195 第十六章　毛驴背上，信仰花开

208 第十七章　巴扎，驮在驴背上的市场

218 第十八章　吐鲁番，葡萄架下的诗与经

239 第十九章　穿越哈密，圣者的背影

263 第二十章　祁连山北端，戈壁滩上的一弯新月

291 第二十一章　河西走廊，伊斯兰来华的东方大通道

305 第二十二章　黄土深处的信仰之薪

322 第二十三章　啰哩，随成吉思汗而来的“回回别种”

333 第二十四章　长安的敞怀，揽月入抱

354 参考书目

356 后记

第一章　瓦罕走廊，伊斯兰入华

走过瓦罕走廊

十一把时光之篦，梳尽帕米尔高原上万山的寂静
剩下这最后一个月的冰冷，铺满瓦罕走廊
这亚洲最远的天空之下
群鸟飞尽，大地沉睡于记忆深处
我提着自做的灯盏，为自己做着向导
丈量这亚洲最远的天空海拔，上山途中
塔吉克少女撒来的一团面粉，轻落双肩
陌生的温暖，被一杯茶香引出
我无法告诉石头房子的主人
远路而来，为寻找那秘藏一声口唤的洞口
隐身其中的长卷，需要展读与注解者出场
沿着走廊铺开的孤旅，记录消失于此的青春
帕米尔，今夜我失眠于此
无力再跟进一位阿訇的静夜功课
笔纸殆尽前夕，无法再访谈一座清真寺的传奇
我只能在撤离塔什库尔干的正午阳光下

轻轻合上写满最后一页的笔记本
封皮映照，我看见寂寥的双颊没泪相伴
我想象着来年春天，鹰笛响在雪线之上
水与土相逢在雪融后的帕米尔高原
捏出一本被岁月裹着的真实之籍
我心安地在作者一栏，署上自己的名字

写作之前，我一次次地在内心中描摹这样一幅画面：公元 7 世纪中后期，从阿拉伯半岛出发的商人，沿着其先民开通的，指向遥远东方的一条条商路上前行，夏日的酷热、冬日的严寒后，横亘在这条商路上最艰难的屏障——帕米尔高原出

>冬日的帕米尔高原

现了，历经高海拔的缺氧、风雪埋路后的茫然，他们进入了一个陌生的国度——唐！在大唐帝国的疆域内，帕米尔巍峨的身影和其间的艰辛还没从这些人的记忆中退去，眼前又是广袤而恶劣的沙漠、白雪积顶的天山、绿洲上的城池或乡下和对他们而言非常陌生的佛教建筑及氛围等。一个个商队络绎不绝地往来于这条古老的商道——文化交流的大道上，构成了那时亚洲天幕下的人文风景。

不知从什么时候起，来往于这条古道上的商旅有了变化。他们不再饮酒于遥途中，不再嬉笑于一天疲累的行程之后，不再亲近沿途的佛教徒，不再像大唐帝国境内的当地人那样向佛祖祈求路途安顺了。他们带着自己新的信仰，踏上漫长而枯寂的路途，他们在规定的时间准时进行礼拜，虔敬地完成自己的功课——那也是沿途的大唐帝国境内的民众非常好奇、非常陌生的一种仪式。

陌生悄然而至！像随风飘来的种子，逐渐落入泥土，慢慢生根。一支支商队络绎而来，一个个带着这种新信仰的人准时在礼拜时间放下所有事情，专心于礼拜。这些陌生的种子越来越多、越来越顽强地撒播于古老的丝绸之路。这陌生而顽强的种子，就是全球三大宗教之一的伊斯兰教！

伊斯兰教是怎样传入中国的？最初沿着陆路进入中国的地段在哪里？伊斯兰

文明进入中国的路径、传播方向及影响有哪些？中国各地的穆斯林在千百年间的生活变化有哪些？我沿着“伊斯兰文明的中国之旅”的陆路部分，开始深入到每个涉及的地区（高原、平原、沙漠、戈壁、绿洲，乡村、城镇、都市）进行采访与调查，力图探寻千年间伊斯兰文明东渐的步履，展读千万中国穆斯林的生活图景。

公元7世纪初的阿拉伯半岛，诚如英国著名史学家恩·贡布里希在《写给大家的简明世界史》中描述的情形：“抢劫商队，互相争斗，绿洲对绿洲，城市对城市，部落对部落。”结束这个混乱局面的，是一个出生于阿拉伯半岛麦加、名叫穆罕默德（约570—632）的人。

40岁那年，穆罕默德突然在麦加以北的希拉山洞接到了神启：“你应当奉你的创造主的名义宣读，他曾用血块创造人。你应当宣读，你的主是最尊严的，他曾教人用笔写字，他曾教人知道所不知道的东西。”（古兰经：96:1—5）这段文字被认为是《古兰经》最初降示的经文。这粒看似偶然的文明之种，开始在麦加周围生根发芽。穆罕默德将这神示之花的芳香进行传播，其结果就是后来对世界产生重大影响的伊斯兰教。穆罕默德在麦加口述了86章，迁移到麦地那后又口述了28章，共114章、6236节的《古兰经》成了伊斯兰教最重要的经典和根本立法依据，也是阿拉伯文学史上编写成册的第一部文献。

统一阿拉伯半岛的过程，也是穆罕默德推行伊斯兰教的过程。其中一个明显的表现就是他和随从们独有的礼拜仪式——和当时的阿拉伯半岛上的一神教相区别的仪轨。德国历史学家卡尔·布罗克尔曼在他的《伊斯兰教各民族与国家史》中对其做了简单的描述：“穆罕默德已经表明对两种一神教都要分庭抗礼了。东方犹太会堂以吹喇叭为号，召集祈祷。基督教徒则用大木铎而不在教堂鸣钟。为了与这两种习惯都有所区别，穆罕默德就决定用人声呼唤教徒们祈祷。他把公众祈祷日定在星期五，相对于犹太人的安息日，但和犹太人又有所不同，他准许在这一天祈祷之后可以自由活动料理俗务。”后来，这一规定被全世界的伊斯兰教徒们恪守，星期五去清真寺里做礼拜成了全球性的“聚礼日”。而祈祷之前的洗浴则是教徒们的首要功课，在没有水的地方可以用沙或土来替代（这也是中国西北地区的穆斯林们做礼拜时，在干旱少雨的黄土高原上用土浴身的原因）。如今，全世界统一的穆斯林礼拜的仪式也是那时就定好的——祈祷时，一套完整的、固定的惯用语句和念诵《古兰经》文，在带领礼拜者（伊玛目，作者注）的示范下，念诵祈祷词，身体随着祈祷词做出同样的变化姿势、动作。起初，穆罕默德和他的信徒们在麦加的时候每日祈祷3次，后来的仪式则在波斯人的影响下规定每日必须有 5 次祈祷的时间：黎明之前、正午、午后直到落日之前、黄昏、夜间。祈祷的时辰则由一个宣礼员穆安津站在寺院塔上高呼通知。阿拉伯人只是在他们所征服的地方才知道有塔（宣礼楼，由“马纳拉”——灯塔——一词而来）。其建筑形式是阿拉伯人由他们所征服的地方学来的。这个规定也成了此后全世界穆斯林必须遵守的义务与其必须完成的功课，而每年一个月的斋戒，也是他们的功课。

对酒的禁止与否，是能否成为一名伊斯兰教徒的严格的标准。针对当时的人们无节制的饮酒而造成的伤害，尤其是征服半岛过程中军人们因饮酒而贻误战机的事实，开始，《古兰经》里禁止教徒喝葡萄水果酒，后来的法学家们依次类推地将这一禁令引申到对所有的酒精和对猪肉、自死动物、动物的血等内容的禁止。同时，对赌博的禁止和对酒的禁止是同等的。

在迁徙到麦地那后，这个城市的市民相继皈信了伊斯兰教。公元 630 年的夏天，听到敌军在叙利亚集结，穆罕默德率军进行了最后一次远征，并以胜利告终。双方在叙利亚边境的塔布克签订了合约：允许异教徒保持原有信仰，但每年必须缴纳一次人丁税。这一规定也自然就成了伊斯兰教在对外传播时的一个准则，那些保持原有信仰的被征服者，必须遵守这个规定。

公元 631 年，整个阿拉伯半岛的民众全部信奉伊斯兰教。第二年，穆罕默德率十万穆斯林在麦加举行朝觐，并在阿拉法特山做了著名演说（“辞朝演说”）。6 月 8 日，穆罕默德去世。但他在麦加举行的朝觐，被伊斯兰教徒奉为五功（念、礼、斋、课、朝）中的一项。按照伊斯兰教规定，全世界每一个穆斯林凡是身体健康、经济条件许可，在旅途平安的情况下，无论男女，都要在一生中去天房朝觐一次，朝觐时间在每年的伊斯兰教历 12 月上旬。这一规定，同样被进入中国的穆斯林先民带进了中国。

穆罕默德去世后，统一的阿拉伯半岛上开始出现一个强大的阿拉伯帝国，伊斯兰教及其文明亦向外扩大了影响范围。随着阿拉伯帝国征服波斯高原，其与大唐帝国的交锋不可避免。

进入中国的三大宗教有着各自不同的传播方式。那时，阿拉伯商人或扬起风帆、满载货物、舟楫相连、星夜不辍，沿海路昼夜疾行，安顿于中国沿海水陆便利之城，再溯江而上，居住于港口要津之地；或牵马拽驼，铃音声声，披星戴月于丝路古道，通关度牒，栖身于古城名镇之域 。那么，从陆路进入中国的第一站在哪里呢？

在沿海城市，在内地村镇，在边陲草原，在江河之侧，我的足迹一次次向一个个陌生的地域延伸着，我将探究的眼光投向一处处清真寺，聆听在一个个阿訇面前。当我决定前往帕米尔高原时，我的内心深处出现了一个目标：伊斯兰文明进入中国的第一站！

2011 年 12 月，雄踞亚洲之巅的帕米尔高原显示出冷寂和孤傲，我和银川的回民朋友苏立勇在这个时候来到中国最西边的地级市——喀什。在喀什公安局工作的弟弟陪同我采访后，指着巍峨的帕米尔高原说："要寻找伊斯兰教进入中国的路线，得去四国交界的瓦罕走廊！"

踩着一地的寒雪，在喀什的街头寻找着前往塔什库尔干塔吉克自治县的出租车，几乎所有的司机都摇头拒绝，理由是这个季节山上冰雪封路，太危险。好不容易找到家在塔什库尔干塔吉克自治县的出租车司机苏立坦，也因费用比平时昂贵几倍，苏立坦才愿意开着他的三菱越野车，带着我们前往塔什库尔干塔吉克自治县。

海拔越来越高，车辆越来越少，路上的雪堆积得也越来越厚。内地仅仅需要两个小时的路程，我们缓慢地行进了近一天才到塔什库尔干塔吉克自治县县城。入住当地的石头城宾馆，才发现宾馆里就我们两位客人。服务员告诉我："一进

>中国境内的瓦罕走廊公路

冬季，这里就没有游客了，这些天来就见到你们！”

第二天，继续租苏立坦的车离开县城，沿着西南方向而行。帕米尔高原腹地两边的高山上积满白雪，这是一条平均海拔超过 4000 米的峡谷——这条中国疆域最西端的峡谷叫瓦罕走廊。

如果说整个亚洲是一个摊开的手掌，帕米尔高原无疑是这个手掌的掌心，瓦罕走廊则是其众多掌纹中最隐秘的一条。红其拉甫口岸是瓦罕走廊在中国最西端的尽头，也是我探寻千年间伊斯兰文明东渐步履、展读千万中国穆斯林生活图景的起点。

>红其拉甫口岸（位于喀什地区塔什库尔干塔吉克自治县境内，是国家批准对外开放的一类口岸）

红其拉甫，在波斯语里是“流血的沟”“死亡之谷”的意思，海拔 4877 米，是整个喀喇昆仑山公路的最高点。这条公路是 20 世纪 80 年代才修通的。守卫在这里的海关工作人员小苏告诉我，公路修通之前，只有柯尔克孜族和塔吉克族人来往于这个山口。

这样一个几乎与世隔绝的地方怎么会有“红其拉甫”这样的波斯语名称？波斯人对这里有着哪些影响？带着这样的疑问，我再次将目光投向对面的异国，在高原冰冷刺骨的寒风中，聆听一段千年前的历史。

站在帕米尔高原上，我发现了一个有趣的现象。以麦加为核心的阿拉伯帝国和以长安（今西安）为核心的大唐帝国，距离这里的直线距离都约 4000 公里。公元 713 年，新崛起的阿拉伯帝国向东远征到 4000 多公里处的怛罗斯，即今哈萨克斯坦的江布尔城（今塔拉兹），从此和大唐军队开始了一场旷日持久的交锋。当时，已经完全领受伊斯兰教的屈底波，统帅着东征的阿拉伯人穿越波斯高原，夺取了中亚的布哈拉和撒马尔罕。不久，他接到唐玄宗让使臣带去的一封信，希望他遣使长安，双方进行交流。屈底波傲慢地将信扔在了一边，向唐朝的使者挥起了他继续进行中亚征战的波斯弯刀，并将刀锋开始伸向帕米尔高原深处。屈底波的傲慢和对大唐帝国疆域的觊觎，挑战了大唐帝国的尊严，唐玄宗下令唐朝军队向西翻越帕米尔高原，志在夺回怛罗斯。

公元 751 年 7 月，瓦罕走廊的寂静被唐朝远征军的车马声打破。得到唐军进入帕米尔高原的消息，阿拉伯帝国驻巴士拉的东方总督艾布・穆斯林立即命部将塞义德・本・侯梅德带领数千人的先遣部队抢先驻守怛罗斯城中，为阿拉伯军队的集结赢得了时间。

唐朝军队攻城不克。以快速奔驶著称的阿拉伯战马驮着他们的主人很快集结到了怛罗斯另一侧，从背后袭击唐军。双方在怛罗斯河两岸展开了决战。高原反应、长途行军以及后勤保障跟不上，加上唐朝的葛逻禄部军队临阵叛变等原因，导致唐军失败。

在那场惨烈的战争中，一万多名唐朝军人在怛罗斯战争中被俘。俘虏中，有一个叫杜环的随军书记官，他和其他被俘的唐朝军人跟随阿拉伯军队转战于中亚、西亚，并曾到地中海沿岸等地区游历、居住达十多年之久。阿拉伯人在清点俘虏时，在和杜环同时被俘的一些军人身上惊奇地发现了他们携带的纸张。那些有造纸技术的工匠受命，不久就在撒马尔罕修建了大唐疆域之外的第一个造纸作坊。很快，巴格达也出现了造纸作坊与纸张经销商，之后逐渐扩展到大马士革、开罗以及摩洛哥与西班牙的一些城市。四大发明之一的造纸术就此通过阿拉伯人的力量外传。

怛罗斯之战后的 11 年，杜环由海路返回中国，并将其游历见闻著作成书，名为《经行记》。他和那些怛罗斯之战中被俘的工匠，将中国文明带到了亚洲的西部地区。

怛罗斯之战无疑是对中国唐宋之前影响最大的一场战争，之后，接踵而至的安史之乱和藩镇割据导致唐朝无力掌控西域，自此退出了对中亚霸权的争夺。俄罗斯历史学家巴尔托里德这样认为：中国文化和伊斯兰文化这两种文化究竟哪一种应当在河中（即中亚河中地区，包括今乌兹别克斯坦全境和哈萨克斯坦西南部）居统治地位的问题，就是由这次战役决定的。

硝烟散尽，商旅出场，怛罗斯之战后，已经信奉伊斯兰教的阿拉伯、波斯商人、

>昔日古人踏出的瓦罕走廊

使节、传教者开始前往中国。他们在帕米尔高原西侧经过充分的准备后，开始上路了。他们的目标便是帕米尔高原东侧的中国，瓦罕走廊是他们的必经之路。

平均海拔 4000 米以上的瓦罕走廊，是中国海拔最高的人文走廊，全长约 400 公里，其中在中国境内长约 100 公里。我的抵达，正是为了寻找伊斯兰教在千年前初次传入这里的隐秘。

为人们熟知的是，这里是丝绸之路的要道，是佛教进入中国的第一站；不为人们熟知的是，这里也是伊斯兰文明进入中国的第一站。

法国学者鲁保罗在他的《西域的历史与文明》中这样写道：在整个西域，穆斯林的长老、商人、旅行家们于口袋中装着《古兰经》，成了其宗教传播者。许多中文和阿拉伯文资料都指出，他们自公元 7 世纪起，便在亚洲四周存在。当我站在瓦罕走廊，想起鲁保罗的这句描述时，眼前仿佛闪过这样一幕：怛罗斯之战后，那些伊斯兰教传播者在这里停留时，从口袋里掏出《古兰经》，念诵的声音在瓦罕走廊轻轻回荡，影响着分布在走廊甚至更远地区的人们。随着时光的流逝，这里的居民也开始接受伊斯兰教。

在瓦罕走廊，我想起了一段来自波斯人的真实记载。公元 1419 年，帖木儿帝国素丹沙哈鲁派遣一个使节团前往中国，拜会永乐皇帝。使节团中有一个叫盖耶速丁的画家，其任务是写一部游记，白纸黑字地记载沿途所看到的一切。在这部珍贵的日记里，我查阅到了这样的记录：他们于公元 1420 年 3 月中旬经过塔什干（乌兹别克斯坦首都），到 5 月初才看到一片连一片的肥美牧场。也就是说，他们穿越瓦罕走廊、塔什干用了一个多月的时间。由此可想，那时进入中国的阿拉伯人、波斯人要付出多大的代价。

瓦罕走廊的红其拉甫是中国海拔最高也是最西端的口岸、海关，它的前身是瓦罕走廊在中国境内最西端的明铁盖。公元 1844 年，清政府在明铁盖设置了喀什海关蒲犁支关。新疆解放后，这里由于处于边境沿线而禁止出入境。新中国成立后，中国政府在瓦罕走廊设置海关时，由于条件有限，先在海拔 5000 米的前哨班成立了中国乃至世界上海拔最高的“流动帐篷海关”。当时的工作人员中有几位当地的塔吉克族和维吾尔族人，他们是新中国成立后生活在最高处的穆斯林。

后来，这个世界上最高的海关下迁到海拔 4800 米的水布浪沟，建立支关。1982 年，又下迁至海拔 4200 米的皮拉力，并更名为红其拉甫海关，即今红其拉甫口岸所在地。即便这样，红其拉甫口岸和海关，依然是中国海拔最高的口岸和海关，一批批塔吉克、维吾尔、柯尔克孜族的年轻穆斯林走进这里，书写着雪域高原上的青春故事。

中国的僧人法显从长安出发，沿着丝绸之路西行求佛，穿越瓦罕走廊后，在《佛国记》一书中描述这一段路程时写道：“上无飞鸟，下无走兽，遍望极目，欲求度外，则莫知所拟，唯以死人枯骨为标识耳。”这段文字描写出了这里险恶的条件。

千年前，穿越瓦罕走廊的穆斯林先民们胆战心惊的心理，同样源于当时自然条件的严酷。近些年来，国境那边其他国家的动荡或恐怖势力活跃造成的紧张局势，与中国境内安定的局面形成了很大的反差。生活在一处处山麓间的塔吉克族、柯尔克孜族等穆斯林家庭，因为这种安定而成为祥和地生活在中国最高处的穆斯林。

“达布达尔”——这是距离塔什库尔干塔吉克自治县 60 余公里的一个路标，从这里西行 5 公里，过红其拉甫河便是瓦罕走廊的北出口。

站在走廊的国道边，东侧的克孜库尔干山清晰可见，走廊入口处有一副对联：丝绸路瓦罕走廊千古辉煌，公主堡汉日天种百世流芳。

这副对联说的是当地的一个传说：波斯王子迎娶汉地的一位公主，迎亲队伍行进至此时，因为战乱，路途被阻。为了保证公主的安全，使臣只好暂时在危峻的石峰上给公主建了一个宫殿。宫殿必须搭梯子才能进入，四周还有卫队严密把守。太阳神巡游时发现了这个宫殿，每天中午骑着骏马下到凡间来与寂寞的公主幽会。有一天，当使臣发现公主已经怀有身孕时，不敢再回波斯复命，而是在石峰上的宫殿周围筑城建立国家，这就是后来被大唐高僧玄奘在《大唐西域记》

>新疆石头城

中称为朅盘陀的国家。朅盘陀国的国民自称“汉日天种”，把自己称作太阳神与公主的后裔。

不知道当年的朅盘陀国国王站在这里时的观感如何。当我站在石头城，俯视山下像绿毯子一样铺到山边的草原，白色的毡房如一朵朵蘑菇点缀其上，公主的传说仅仅是一朵缥缈于这里的云彩，而真正的史实才是自这片土地上长出的果实，真实而芬芳。石头的城堡、公主的城堡，默默俯视着瓦罕走廊里来往的人群，其中，就有那些携带着伊斯兰文明种子的穆斯林。

离开国道往西而行，是瓦罕走廊中离国境线最近的达布达尔边防派出所，这是 70 多年前中国政府拨款在中印、中巴、中阿边境修建的边防哨所之一。苏立坦告诉我，外界对新疆的局势有着很多误传，认为新疆穆斯林构成了中国边陲不安稳的因素。其实，处在瓦罕走廊的塔吉克族和其他信仰伊斯兰教的民族对祖国的感情很深。曾经当过兵的一位当地居民告诉我，他退伍后回到家乡，和很多牧民担任起了边防巡逻员。说着，他带着自豪的神色拿出自己的“边防巡逻证”，让我戴在胸前拍照留念。

>护边证

从距离塔什库尔干南 70 公里处的明铁盖河边出发，西上 8 公里便可到达明铁盖达坂（达坂，意思是高高的山口和山岭）。拿出身上带的海拔表，显示这里已经是 4250

米的海拔，在整个走廊中，这是最西边的一处要塞。明铁盖是突厥语，意为“一千只野羊出没的地方”。

2005 年 8 月 12 日，由著名学者冯其庸担任总顾问的“玄奘之路”文化考察团来到明铁盖达坂。经过考察，冯其庸认为玄奘当年西行求佛是从这里进出的。8 月 15 日，考察团在山下立了一通高达 1.4 米的“玄奘取经东归古道”石碑。

明铁盖达坂与邻近的克里克达坂是从北通往巴基斯坦罕萨谷地的两个主要的山口。这两个达坂是从印度次大陆进入塔里木盆地最短最快的捷径。可以想见，当年从印度次大陆而来、前往中国的穆斯林们，一定会选择从这里进入中国境内。因此，应该在这里立一通穆斯林进入中国的纪念碑。当我们熟记了法显、玄奘，甚至斯坦因、斯文·赫定、马可·波罗这些来往于此的中国高僧、西方探险家时，却忽略了这个走廊曾经走来了中国伊斯兰教信仰者的先民。立碑于此，是尊重中华民族多元化的一个标志。

>著名的 7 号界碑两旁，总是围聚着很多中外游人，他们在这里沐浴着雪山的阳光，体验着和平与祥和

第二章　塔吉克，世界屋脊上的雄鹰

帕米尔，鹰的一种使命

悬崖上划过的高鸣，唤醒亚洲之巅的春天
唯有在帕米尔深处，鹰才完整地命名自己
叼着一把生锈的突厥刀影，头顶人间王冠
巡视着一场场战争留下的伤疤
或者，将驯化后的臣服留在塔吉克人的手背上
让他们的职业簿上，写出另一种骄傲
这帕米尔高原之王，傲视众多生灵
生命最终的凌厉一划，拒绝掌声
一场没有观众的谢幕，被雪峰记录
羽翼飘散，神伤的诗句尾随而至
体温未散的翅骨，走向手工艺者的作坊
出牧的少年，谁能没有一把骨笛相随
那是他们对鹰的另一种礼敬
就像我在塔吉克人的石头房借宿时
通过一首诗歌，完成一次发自内心的仰视

从红其拉甫口岸进入瓦罕走廊的中国路段，夏天，路边的山坡上会有一群群放牧者，他们就是生活在中国海拔最高处的、信仰伊斯兰教的塔吉克族。

“塔吉克”一词为波斯语，意思是“戴王冠者”。夏天来到这里的游人，能听见塔吉克族牧民用鹰笛演奏的天籁之音，能看见塔吉克人的放牧生活。我到达这里时正值冬季，塔吉克族牧民大多开始在家中“窝冬”了。

走近瓦罕走廊公路东侧的塔吉克族牧民点时，随处可以看到牧民房子前的石头墙上，贴满了密密麻麻的粪饼，房前的空地上也垒着一堆堆粪饼。这里的海拔在4000米以上，空气稀薄，奇寒缺氧，树木无法存活。若将煤炭运输到这里，价格可能比金子还贵，牧民根本用不起。当地的塔吉克族牧民只能用粪饼做生活燃料。因此，在塔吉克族中流传着这样的谚语：“看一个人家富足不富足，就看他家的粪饼有多少。”

走进村子，看见男人们大多头戴黑绒面的羊皮帽子，上面有塔吉克族女人绣的各种图案。女人们则大多头戴圆筒羔羊皮帽，上面同样有着刺绣，帽子后檐缝着一个加缀小银链的布帘。她们的耳朵上戴着大大的耳环，脖颈上戴着各种项链，

>塔吉克人的住房

腰间系着五彩缤纷的腰带，身上穿的多是大红大紫的绒呢连衣裙。这些装扮在远处雪峰的映衬下，使塔吉克族女性显得格外美丽。

车子在崎岖的路上沿瓦罕吉尔河朝瓦罕吉尔达坂前行。当我带的海拔表显示5000米的高度时，眼前出现了一处3.8米高的废弃的“巩拜孜”（汉语意为“驿站”，作者注）。这处周长18.8米、墙基厚1.2米的驿站，是一个方基圆体锥形顶的土木结构建筑物，房基长、宽各为4米，原是为了纪念从这里引进佛学的僧人而建。由于年久失修，顶部已局部塌陷。驿站后面则是一块开阔地，站在这里向西望去，能清晰地看到木孜吉利嘎冰谷。沿着这条峡谷，可以抵达吉尔吉斯斯坦境内的费尔干盆地。再转一下角度，驿站西南方则是平缓的瓦罕吉尔峡谷，沿着这条山谷可达阿富汗。

古老的驿站充满着谜团，我在这里开始追问：那些石墙是如何用牛羊抑或骆驼的奶和泥浆砌起来的？大量的盘羊角是什么人堆放到这里的？驿站为何门朝向北方而不顺着走廊方向朝东或朝西？在搞清楚驿站的地理位置后，我才明白，无论是穿越瓦罕走廊前往阿富汗、印度，还是穿越木孜吉利前往费尔干，这里都是

>瓦罕走廊里的丝绸之路最西的古驿站

必经之地。处于十字路口的“巩拜孜”曾经带给这里繁忙的景象，也给驿人带来希望与休整。而那些翻越帕米尔高原要进入中国境内的穆斯林——最早的传教者，同样要经过这里，走进这个昔日的驿站休整。

从瓦罕走廊走出，塔吉克人的房子逐渐多了。问起他们的族源历史，几乎没有人能说得清楚。后来，我在塔什库尔干塔吉克自治县民族文化艺术中心二楼的展厅里，通过观看出土的文物及相关资料，才依稀整理出他们的发展脉络。

塔吉克族的祖先是古老的塞人，大约在公元前 5 世纪，这些塞人开始信仰琐罗亚斯德教（又称祆教或拜火教，曾随丝绸之路传进内地），他们心中的保护神是一位叫阿胡拉·玛兹达的太阳神。一位塔吉克族学者曾给我背诵过琐罗亚斯德教的圣典《阿维斯塔》第三卷《亚什特》中这样一段：“在永恒的、快似骏马的太阳（升起）之前，出现在哈拉山顶的第一位天神（正是他）。他身披万道霞光，最先从壮丽的（哈拉）山顶探出头来，从那里俯视所有雅利安人的家园。”

学者向我讲述这段塔吉克族皈依伊斯兰教之前的历史时，表情庄重而严肃。据他介绍，这部圣典是用金字写在 1200 张熟羊皮上的，35 万字、21 卷的规模构成了一部真正的羊皮书。公元前 330 年，亚历山大东征时，他的士兵抢到这部圣典后，用火焚毁，只留下了其中的 1/5。

>鹰碑

无论是塔吉克斯坦还是中国境内的塔吉克人，他们生活的这片位于帕米尔高原的西部地区，西汉时期属于西域三十六国的“蒲犁国”。他们的祖先塞人逐渐西移后来到这里，并定居于此。

世界上很多民族都有图腾崇拜，比如汉民族的龙图腾、蒙古族的狼图腾、哈萨克族的白天鹅图腾等。而生活在帕米尔高原的塔吉克人，则尊崇翱翔于天地间的雄鹰。

按照伊斯兰教规定，信仰伊斯兰教的穆斯林是不允许动物崇拜的。塔吉克人虽然信仰伊斯兰教，为什么却崇拜鹰呢？关于塔吉克族对雄鹰的崇拜，在当地有着两个版本的传说。版本之一讲的是一个叫瓦发的牧民家养有一只通人性的鹰，后来，在塔吉克族遭到外族入侵时，鹰让主人杀死自己，并用其筋骨做一支笛子。瓦发做好鹰笛后吹奏起来，帕米尔高原上无数的雄鹰听到鹰笛声后汇聚而来，猛啄侵略者的头和眼，击退了侵略者。另一个版本则是源于一对塔吉克族青年仆人的爱情故事。不管是何种版本，塔吉克族对于鹰的崇拜，包含着坚韧、勇敢、忠诚等文化意味。在接受伊斯兰教之前，他们已经有了悠久的崇拜鹰文化的历史。

塔什库尔干塔吉克自治县是我国唯一以塔吉克族为主体的自治县，在县城最繁华的十字街上，有一个象征性建筑——鹰碑。走进塔什库尔干塔吉克自治县县城一所寄宿制小学，课间操时间能看见这样一个场景：小学生随着塔吉克音乐，跳起民族舞蹈“鹰舞”。而塔吉克族人平时在吹奏鹰笛时，也会即兴来段鹰舞表演。

>作者（右一）和生活在瓦罕走廊的塔吉克人合影

千百年来，鹰笛制作这种手艺在帕米尔高原上传承，并走进国家级非物质文化遗产之列，在雪域高山不断吹奏出天籁之音。无论是我看到塔吉克人表演时用的鹰笛，还是在县民族文化艺术展厅里陈列的鹰笛，它们都是用鹰的翅骨做成的，有三个笛孔，称“三孔骨笛”，塔吉克语称“斯特洪诺依”，“斯特洪”为骨的意思，“诺依”是笛子的意思。遗憾的是，制作鹰笛的工艺在当地也呈现出了式微之势。一位民间艺人告诉我，制作鹰笛最好的原料是鹫鹰翅骨，他展示给我一支用鹫鹰翅骨制作的鹰笛，拿在手里仔细端详，表面上冷冷透出的光润，让我禁不住产生想长久亲摸的冲动。当他拿起鹰笛吹奏起来，一种低沉的声音响在屋子里，不同于我在内地听到的任何笛音。吹奏完毕，他告诉我，其实，一般的老鹰翅骨做的鹰笛，骨管没有他的这把长，吹奏的音调也就偏高，音色趋于明亮。

在塔什库尔干塔吉克自治县逗留期间，无论是在高山牧区还是在冰山下的定居点，无论是居民集中的村镇还是县城里，一个个塔吉克人的面孔从我眼前闪过，我发现他们的长相确实迥异于周围的其他族类。尽管强烈的紫外线照射使得他们皮肤黝黑，但他们却具有典型的欧洲人种特征：瘦长的面庞，高耸的鼻梁，深陷的鼻根，眼眶上缘前倾，非常符合古籍中“高鼻深目”的描述。这也是当地人所说的，他们是中国唯一的欧罗巴人种的原因吧。

从瓦罕走廊的牧民到县城里的市民，再到喀什大街上见到的塔吉克族男人，我发现，他们见面时的礼节很独特：先是左右手相握，然后交叉举起，互吻手背，这就是塔吉克人的“吻手礼”。此外，晚辈见到长辈时，要主动去吻长辈的手心，长辈则吻晚辈的眼睛或前额。

和其他民族的穆斯林一样，我的到来引起好客的塔吉克人的欢迎。在瓦罕走廊入口的达布达尔乡的一处农庄，主人乌勒丁坦拎着一把铜壶来到我面前，清澈的雪山之水缓缓流出，供我净手。乌勒丁坦的女儿古尔姆托着一只盘子走出来，盘内盛有面粉。古尔姆用手捏了一小撮面粉撒向我的肩，这是塔吉克族的传统习俗，表示撒予吉祥、安康和幸福。

塔什库尔干塔吉克自治县是国家级贫困县，这里的塔吉克牧民一直守卫在这片高地上，守卫着他们的生活和信仰。

塔吉克族是个信仰伊斯兰教的民族，但塔什库尔干的清真寺数量很少。对这个问题，一位当地学者淡定地告诉我：“塔吉克族的清真寺是修建在心里的，不需要建筑在人家的眼睛里！”

离开县城往喀什方向而行，路两边是一种叫不上名字的树木，伸出巨大的树

>慕士塔格峰下的清真寺，也是中国境内海拔最高的清真寺

干，将路面遮得严严实实，不难想象夏天行走在这种树荫下的诗意和舒适。路边不时闪过一两个村庄，路上也不时有骑着马的塔吉克男人或骑着自行车的塔吉克孩子。在标有“塔合曼”的路牌前，车上的司机指着不远处的一排建筑说：“那就是电影《冰山上的来客》中当年的‘杨排’他们的兵营，旁边的村子就是当年拍电影的地方！”

从喀什来塔什库尔干的路上，一对新婚的塔吉克青年就曾和我一起搭乘同一辆车，新郎乌力干说他们的家就在电影《冰山上的来客》拍摄地，他盛情邀请我到他家做客。就这样，我在回程中走进了公路边的那个小村子，感受慕士塔格峰下塔吉克人的热情。《冰山上的来客》里呈现的塔吉克族当年的贫穷生活已经不见了，村子里的房子几乎全是新盖的。一杯热茶中，乌力干给我介绍着这里的婚俗，带着我们观赏他们的住房，讲述着他们从父辈那里听来的《冰山上的来客》的拍摄情形。女主人古兰丹姆是村里小学的教师，忙碌着给我们烧水、做饭……

和当年那些从瓦罕走廊步入中国境内的穆斯林一样，我的足迹也是穿越慕士塔格峰、公格尔峰山脚的，这条路就像一条金腰带，缠在帕米尔高原高大的身躯中间。

穿行于这条“金腰带”上，我的意图是寻找慕士塔格峰下的塔吉克族传统习俗：皮里克节。这是塔吉克族在伊斯兰教历的每年八月十四、十五举办的最具特色的节日，他们自己也叫“八月节”。皮里克是汉文中“灯芯”或“灯”的意思，按照对应的汉字理解，这是一个“灯节”。但是塔吉克人在这个节日里所用的灯，

>皮里克节上的塔吉克人

并非内地人通常概念中的灯，而是将浸油的棉花缠在干草棍上做成的油烛。其用途也不是为了照明，而是为了辟邪祈福、追祭亡灵。

在塔什库尔干塔吉克自治县的提孜那甫乡，我听当地牧民讲述过他们的过节情形。塔吉克人在接受伊斯兰教以前曾长期信仰古老的原始宗教——拜火教。这种宗教倡导对火的赞美和膜拜。认为火是有灵魂的，是可以为人类驱除灾祸、带来幸福的。虽然伊斯兰教反对偶像和物质崇拜，但他们在接受伊斯兰教后，依然承袭了对火的崇拜，用伊斯兰教的祈祷和诵经方式取代了原来的咒语。因此，在这个节日来临前，塔吉克妇女们要做当地人称为“皮里克”的油烛，准备各种美食。“皮里克”的制作方法是，先找 20 至 30 厘米长的小木棍，外缠一层棉花，蘸上清油。

节日前一天晚上，村民们会将各家的食物集中在一起，由村里的长者主持分配，人人有份。全家人对着油烛祈祷，以求消灾降福，祈祷仪式结束后大家分食节日食物。这就是当地人戏称的“家里的皮里克”。

第二天，邻居亲朋互相串门拜节，主人家会以点心招待，和其他民族在伊斯兰教义中的古尔邦节、开斋节里不允许歌舞活动的习俗不同，塔吉克人在他们的“皮里克”里，少不了走马舞和刁羊等歌舞的娱乐活动。这些活动结束后，就开始了他们的“麻扎里的皮里克”，也就是去墓地上进行的节日：各家带着“皮里克”和大包小包的食物，去离村子不远的“麻扎”（墓地）祭祀祖先。村民们蹲在自己祖先的“麻扎”前祈祷、祝福，点燃献给祖先的小油灯，火苗在“麻扎”前闪耀，微弱的灯光照着祭祀者虔诚的脸庞。在如此高寒之地上，他们就这样延续着自己独特的祭奠仪式。

在这个盛大的节日里，少不了要宰羊。我发现，和内地回族等穆斯林宰羊不同的是，塔吉克人宰羊时讲究将羊放在屋顶上宰杀，羊血要流在屋墙上。宰羊的时候，大人要把羊血抹在小孩脸上，以此来达到他们认为驱邪的目的。

“麻扎里的皮里克”结束后，家家户户的屋顶上燃起火把油烛，孩子们在户外生起篝火尽情嬉戏玩闹。老人诵读《古兰经》祈求真主赐福，一家老小在烛光下互相祝福着，品尝着主妇做的美味佳肴。同时，各家还在自己的房顶或大门前燃起火把，祈求真主赐福。在这个古老的仪式里，不难看出塔吉克族原来信奉拜火教的文化痕迹。不仅如此，在塔什库尔干塔吉克自治县县城的民俗博物馆里，我还看到了他们遇到日食、月食要点燃篝火的习俗，牧民在转场时要在棚圈周围点起烟火，埋葬亡者的当天晚上要在坟墓周围点灯等资料和图片，这些都是中国其他穆斯林所没有的独特习俗。

除了“皮里克节”这样的非穆斯林节日外，塔吉克族还保留着为迎接新春的“肖公巴哈尔节”、为引水浇灌而产生的“祖吾尔节”、耕种来临前的“铁合木祖瓦提斯节”等节日。

伊斯兰教从陆路进入中国后，塔吉克族无疑是目前中国的所有民族中的第一

>苏巴什乡境内公路

个领受者。由于此前有着自己相对成熟的信仰，因此，塔吉克族在领受伊斯兰教的同时，也保留了自己的一些固有习俗。比如，《古兰经》反对偶像崇拜，但塔吉克人既视《古兰经》为“圣经”，也对鹰和太阳无比崇拜；他们不拘束于一些外在形式，同时也更注重内心的醒悟和虔诚。

走进塔什库尔干塔吉克自治县郊区的一个村子，在那里认识了一位叫郎库帕的塔吉克族村民。郎库帕告诉我，当地的塔吉克族做礼拜，不像甘肃、青海、宁夏等西北穆斯林那样每天做 5 次，他们一般每天只做 2 次。而且，当地习俗只要求 40 岁以上的人才去做礼拜，不要求 40 岁以下的人去做礼拜。

离开塔什库尔干塔吉克自治县县城，沿着 314 国道往西北方向而行，高原清寒的公路上，突然出现的一块醒目的广告牌提醒着来往的行人：这里是塔什库尔干塔吉克自治县和阿克陶县交界处的苏巴什。苏巴什是阿克陶县布伦口乡的一个村，海拔比塔什库尔干还要高，寒冷和缺氧使行人很少在这里驻足。314 国道在这里开始远离慕士塔格峰，高海拔的恶劣条件使这里从秋天后就罕见人迹。漫长的冬天过后，就是短暂的夏天，提供给山下牧民一片片葱绿牧场。严格地讲，这里其实只有冬天和夏天。克孜勒苏柯尔克孜自治州州府阿图什市和喀什市的人，常常称阿克陶县的居民为“山上的人”，而阿克陶县县城的人则称布伦口附近的牧民为“山上的山上人”。我的行进途中，偶尔看见几辆来往的越野车，慢慢地、小心地爬行在冰雪覆盖的路面上，开车的司机几乎全是塔吉克人。

第三章　祖国“西极”，诗意的生活与信仰

隐蔽者的身份：柯尔克孜

这隐身于边疆的夏牧场，被地图忽略
这四季歌声，穿行在帕米尔的金腰带上
八月，阳光刷绿了阿克陶一带的山峦
马鞭挥过，天空留下背影：柯尔克孜！
他们聆听这亚洲腹地的脉搏，但不外传
他们迎接过一场陌生的信仰，但不拒绝
一方草地上的餐布，盛满诗意与修养
一位老人说：“一匹马扬不起尘土，
一个毡房装不下柯尔克孜的家园！”
一个小孩说：“我的童年从马背开始，
知识到坟墓前终结！”
一支从这里起步的“库姆孜”，落居长安
将一份证词，向大唐帝国优雅递交
刻在青海湖国际诗歌节的“玛纳斯”
隔着昆仑山，怀想那些年迈的传人
我陪着今夜的阿克陶，醒在祖国的最西边

找寻着文明交锋前后的碎片
有关柯尔克孜，除了绣在衣装上的风情
除了西部边疆的坚守和流牧
我还能给你写下什么？

浇灌出新疆喀什境内的阿克陶县、疏附县、疏勒县等大片绿洲的盖孜河从慕士塔格峰下缓缓流出，优雅地将自己的身影印在帕米尔高原上。当它从西北往东南流淌的足迹抵达阿克陶县境内的塔克登巴什时，一条从西往东而来的河流注入其中，原本“纤细”的盖孜河立即“增肥”，使其得以完成对下游沿途绿洲的浇灌。

塔克登巴什，就在这两条河流汇聚之处，也就是盖孜河谷的入口处，更是塔吉克族和柯尔克孜族明显的分界线，从这里开始，柯尔克孜人出现了！

高海拔使得塔克登巴什和太阳有着说不清的关系——这里既是距离太阳很近的地方，但也更为寒冷。在这里，海拔每升高 100 米，气温就下降 0.6 摄氏度。在午间，走过透光的山地时，阳光照得人身上暖洋洋的；而一旦走进不见光的山谷，立即能感到寒冷，明显有一半是火、一半是冰的感觉。这也使我明白，为什么塔吉克族对太阳那么崇拜。

开始步入盖孜河谷了，两边白雪覆盖的群峰，冷峻中透出威严，沿途山坡上尽是人们夏季开采矿石留下的痕迹，峡谷中则多是修建水电站的施工人员留下的空房子，整个大峡谷似乎进入了一场深深的睡眠中。苏立坦告诉我，他爷爷年轻时，仅穿越这条峡谷就得两天时间。可以想象数百年前的穆斯林穿越帕米尔高原，要付出多大的代价。

看着从塔克登巴什往西分出的那条简陋的土路，我明白选择踏上这条路所面

>喀什与阿克陶的分叉口

临的危险，但从这里一直深入进去探求在中国最神秘地带里生活的穆斯林的强烈愿望，使得一切危险和艰辛很快变得如同不远处山顶淡淡的云彩。我开始从这里逆着木吉河向西而去，我的目的地是木吉河源头地区的木吉以及乌孜别里山口，一处在地图上也很少能见到的、真正的边地和高地重叠的地区。

如果说帕米尔高原是整个中国有常住人口地区中最难涉及的一处秘域，那么，木吉则是这块秘域中一枚坚硬而遥远的核。一进入木吉河，就完全离开了《亚洲的脉搏》的作者、美国地理学家埃尔斯沃思·亨廷顿笔下喀什噶尔的情形：“到处是尘土，到处有树荫、土墙，有露天的巴扎，有很多的果园、菜园，还有温和谦恭的老百姓。”

这里只有浪花拍打岩石的河水声，打破山谷间的死寂，只有雪山带来的冷峻感觉，偶尔能遇到从山上下来的、骑着马的塔吉克人、柯尔克孜人，见到我友好地打招呼。看着他们在狭窄的山路上自如地穿行，看着远处高峰上的积雪，不由得想起杰出的穆斯林诗人巴巴福汗的一首描绘这些高山穆斯林生活地域的诗歌：

道路犹如情人的心胸般狭窄。
路面就像美人的心肠一样坚硬。
色勒库尔（帕米尔）的大山高耸入云，
在那里
人们看不见雪的踪迹，
看见的是一个银色的世界。

这些塔吉克人、柯尔克孜人常年就这样生活在一个被外界忽略的地方，恬淡而宁静的生活延续在这片高山之中。我脚下的崎岖山路也像另一位帕米尔高原上的穆斯林诗人艾布·苏莱曼·哈塔比所写的，“我走过一条条狭窄的小道，它就像鸡冠和鹰爪”。

整个帕米尔高原给外界一种生存条件恶劣的印象，这种印象延伸出的帕米尔高原成了一片“诗意的禁地”。其实，像巴巴福汗、哈塔比等杰出的穆斯林诗人，以自己的笔触，绘制出了一个诗意的帕米尔高原，只不过没有汇入中国传统的诗歌之河。这些诗意的穆斯林也同样被一些主流穆斯林研究者所忽视。

前往木吉时，看见开车的塔吉克司机往车上放他那看起来很大的包，我很担心后备箱放不下，只见他一挤压，本来很大的包立即瘪了下去。他带着些许的诡异神色告诉我，里面全是避孕套，有好几千个。看到我惊奇的样子，他才抖出谜底：木吉开铜矿，用避孕套装炸药，可以避免受潮且爆破效果要比不带避孕套好几倍。

带避孕套的炸药，这是塔吉克人的一个发明吧。

山路逐渐抬升，伴随着两边的高山，一种被压抑的感觉越来越浓，思绪和想象力好像也被禁锢住了。路上的人迹越来越少，只有木吉河的河水寂然地流淌着，这是一条因地理隐蔽而注定被忽略的河流，尽管它为河流下游的绿洲奉献出了全部，但它仅仅是一条只有在克孜勒苏柯尔克孜自治州的区域地图上才有显示的河流。

对一条河流的轻慢是错误的，尤其是对木吉河，因为它的怀抱中，还有着中国边地和高地上的穆斯林在生活着。他们如同这条河一样，悄然定居在祖国的高处，默默地恪守着自己的生活习俗。像一朵帕米尔高原上的雪莲，孤傲、清纯地亮出自己的清秀面孔。

海拔越来越高，从木吉河逆流而上。木吉河沿岸的山地被分成两段，下半段归阿克陶县的布伦口乡，上半段归木吉乡。

在这个因为海拔高而没有一棵树的地方，柯尔克孜人出现了！

其实，在塔什库尔干塔吉克自治县的柯克亚柯尔克孜民族乡，我就见到过生活在那里的柯尔克孜人，但在遥远的木吉，才让人感到遇见了真正的柯尔克孜人。在木吉，生活的主体民族是柯尔克孜族。关于木吉的地名来源，我听到一个有趣的传说：最初，那些身背褡裢、风尘仆仆的伊斯兰教传教者来到这里，当地人看着觉得奇怪，便不由自主地伸出手都想去摸褡裢，一边还说着“木吉”（当地人的发音中，木吉是摸的意思），传教士便以为“木吉”是这里的名字，传播了出去。也有人说，那些从阿拉伯半岛、波斯高原来的传教者看到这里峰峦起伏，便连声赞叹“买吾吉”（高山的意思），时间久了，当地人也称这里为“木吉”了。

>帕米尔高原深处的木吉（肖泳摄）

而在柯尔克孜语中，“木吉”是指地之角，很远的意思。

尽管海拔高得连一棵树也无法生长，但在柯尔克孜人看来，木吉是他们最温暖的落脚地了，那些河湾湿地是被选择做“冬窝子”的。山谷间，河湾不远的山凹处便是他们用石头砌成的墙，一间一间的石头房子依地势缓缓垒垛起来，远远望去像一座座依山而筑的城堡。牧民们告诉我，这里的冬天，大雪能将骆驼埋掉，强风吹起来，能将山上的雪盖掀起来。石头房子，无疑是他们抵挡风雪的智慧之作。

我所看到的书籍中，大多对塔吉克人的石头房子赞叹不绝。其实，柯尔克孜人对石头的运用技艺，体现在建构房子上的智慧一点不逊于塔吉克人。尺寸的大小、风向的避开、屋内的棱角、墙面的平整，使得一座石头房子的问世就像是一首精妙的诗歌。两个高原穆斯林族群对石头的运用，体现着各自延续了几千年的建筑艺术。

犹如塔吉克人是中国唯一的白种人一样，柯尔克孜人则是中国穆斯林中唯一从遥远的叶尼塞河远迁而来的外来民。站在他们的石头房子前，看着他们的生活场景，我仿佛穿过高大的喀喇昆仑山，飞越过帕米尔高原，在遥远的叶尼塞河畔寻找他们曾在那里创造的农业文明和牧业文明。什么原因使这个古老的族群放弃了优越的生存条件，来到这里高居雪端呢?

整个木吉谷地被周围的雪山围拢，木吉河滋养出的大片草甸成了柯尔克孜人的天堂。他们是那么敬畏着、呵护着这片福地，最美好的季节，他们会离开这里，让草场休息。“只有给予，才有得到”的朴素道理在他们的游牧生活中得到体现。

夏天，他们会跟随着羊群的脚步去山上放牧，夏季牧场离“冬窝子”的路途少则几天，多则十几天。对他们而言，山上山下都是家园，走到哪，哪里就是家。在没有国界划分的年代，整个帕米尔高原简直就是他们的院子，能走多远就走多远。那该是怎样的一幅画面呢？羊群缓缓地走着，驮着家什的骆驼和牦牛跟着，刚出生的婴儿绑在牦牛背上的摇床里，偶尔几声啼哭给寂静的山谷带来生机，也给孤独旅途的牧人带来笑脸和生活的希望。

在高处放牧的日子，女人会挤奶、做刺绣、照顾孩子、照料全家的饮食，男人们全力照顾畜群，做一些体力活，一幅高原上的放牧图便自然绘就。当天上开始落临的雪花夺去青草的颜色时，他们开始带着羊群和满足离开夏季牧场，走向谷地的“冬窝子”，开始另一种生活。

木吉还不是柯尔克孜人生活的最边缘之地。离开木吉，我的行程开始折向东南方，目标是柯尔克孜人生活的、也是中国最西端的乌孜别里山口一带——中国和塔吉克斯坦交界地带。

站在祖国最西部疆界——乌孜别里山口，随身带的海拔表显示出了4200多米的海拔，加上这里处于边境地区的特殊地理位置，使这里很少有人进入，也使外界对这里缺乏起码的了解。

忍受着高海拔带来的高原反应，我铺开一张当地的地图，看到的不仅是一幅复杂的地理图景，更是一幅不同历史时期中国和邻国在这里复杂变化的外交图景。地图上有中国传统的边境线，也有塔吉克斯坦主张的边境线；有俄国入侵这里后将其划为俄国地界的历史，也包含着中国力争将其纳入祖国怀抱的曲折和坎坷的历史。但无论怎样，生活在这里的柯尔克孜族同胞一直坚守着，成为守卫在祖国"西极"的穆斯林。

在乌孜别里山口，我按平时的起床时间醒来后才发现，帐篷外漆黑一片。时差！这里和北京有着好几个小时的时差，当北京人坐在办公室上班时，这里离天亮还有两个多小时。生活在这里的柯尔克孜族同胞，是中国最后看到日出、最后送走落日的人。

在我看来，木吉最大的"土特产"恐怕是一个个藏身于喀喇昆仑山中的山口了，

>乌孜别里山口

每一处山口就是一条通往塔吉克斯坦的入口。

在几条峡谷间的尽头，都能看见边界标志，山下一座座石房子，则是柯尔克孜牧人的“冬宫”。一个现象出现了，那些房门上空挂着锁，这是柯尔克孜人担心他们外出放牧时，外人来此会因为没人照顾而不方便，提醒他们可以进到房子里使用主人家的东西或食物，也表明他们对客人的热情和真诚。

村子叫喀里巴拉，和柯尔克孜人其他地方的住所一样，夏天，这里就成了一座空寨，连牧羊犬也跟着到山上的夏牧场去了，只剩下一片寂寥的绿色。而山上，完全是另一种景象，柯尔克孜主妇用牛粪点燃的炉火，使我远远地就感受到炊烟升起时带来的暖意和内心的温热。走近时，就会闻见炉火上面的茶壶里沸腾起来的茶香。傍晚，放牧的人们回来了，主妇将白天操持好的饮食端上，柯尔克孜人在欢唱中开始他们的晚餐。高原上的柯尔克孜人离不开歌声，这也是我在前往乌孜别里山口的路上，不时能听见悠扬的歌声的原因吧。他们在歌声的引领中，在一个碧绿的草甸上让羊群吃上一个月，便会往下一个营地迁徙，再过一个月再迁一次，直到最后返回冬居地。这种迁徙是带着希望和歌声的过程，也是生命真谛绽放在高原的过程。

然而，我来这之前想象中的那种无拘无束的游牧生活图景已经消失了。近些年，县上将山地草甸都承包给个人，一包就是三十年、五十年，这就使得牧民们自由游牧的范围有了限制，他们在每一处牧地都盖了简易的石头房子，规模都比冬居地的简陋。

那天，在夏牧地看到正在打草的柯尔克孜少年米扎尔，夏天是生活在这里的柯尔克孜人打草的黄金季节，打完一季牧草晾干拉回去“冬宫”，是为羊群度过一个漫长冬季而准备的。

在如此高海拔地区生活，生命的繁衍显得更加重要，这也是我对柯尔克孜人的婚俗产生兴趣的原因所在。和努尔哈丽交谈时，牧场上的白云淡淡地飘着，牛羊在静静地吃草，这种场景千年来一直如此。在努尔哈丽的记忆中，35 年前（截至 2014 年）的她和现在却不同。那时，和其他柯尔克孜姑娘一样，美丽而能干的努尔哈丽已经成了周围的柯尔克孜小伙心仪的对象，前往她家提亲的人也多起来了。按照柯尔克孜人的习俗，每次，都是同村或邻村的小伙子拜托同村最德高望重的长者上门提亲，那时，努尔哈丽是不能出现在提亲长者和父亲面前的。她在自己的毡房里等待着一个柯尔克孜少女出阁的消息。

按照柯尔克孜的习俗，提亲的人初访上门显得很低调、很节俭。那天，当努尔哈丽看见父亲宰羊招待提亲者时，她内心明白：这是最后一位提亲者，父亲答应了这门婚事，1个月后她和未来的丈夫将订婚。再后来，她就嫁到了喀里巴拉村，再再后来，她就和丈夫有了3个女儿和2个儿子。在高原上，这是多子多福的体现！

离开乌孜别里山口往北几十公里，就到了一个可以直接驾车去邻国塔吉克斯坦的边境山口——玉奇吉利尕。映入眼帘的是赤红的山体，仿佛给这片山地披上了一件红色外套。夏天，山谷的碧绿又给这件外套镶嵌上了一个巨大的绿边。冬天，落雪便会遮去这片红色，就像给山地换上一件冬天的白袍。无论季节怎样变化，不变的是在这里生活的柯尔克孜族同胞，他们将中国穆斯林生活的足迹印在祖国版图的最西端。

这里的景色是单调的，生活也是单调的，但柯尔克孜族女子以自己的巧手，给这里单调的生活添加了情趣。走进柯尔克孜族牧民克里木建在山坡上的家中，难得男主人在家。按照柯尔克孜族的习俗，男主人不在家时，陌生人不便进入。勤劳的女主人恰力丹姆给我们烧茶。看着她那被高原烈日晒红的脸庞，我实在无法将她与家中那些精致而美丽的绣活联系在一起。从进门开始，很多能体现女主人手巧的织绣物不时出现。绣、织、擀、缝，是柯尔克孜族女红的四大必修课，也是她们全部生活必需的手艺。恰力丹姆就是这样一个从上辈那里继承了这四大必修课的普通柯尔克孜族女子，她家中铺的、盖的、穿的、罩的，甚至放茶壶的垫子、端锅的护手、固定毡房绷带上的刺绣，全出自她的手。这些女红就像盛开在雪山上的雪莲，给“中国西极”这样一个偏远、闭塞的地方抹上了一丝生活的亮色。面对我的称赞，她羞涩地摆着手，说这不算什么，任何一个柯尔克孜族女子都是这样的。

高原缺氧使生活在阿克陶县西部山区的柯尔克孜族无法高声放歌，我也没能在那里听到美妙的歌声，没想到，这种遗憾在地处昆仑山和天山交汇处的乌恰县得到了弥补。乌恰县和阿克陶县同属新疆克孜勒苏柯尔克孜自治州，西边和吉尔吉斯斯坦相连，这里的主体民族也是能歌善舞的柯尔克孜。

出生于乌恰县的买买江是一位典型的柯尔克孜人，柯尔克孜同胞能歌善舞的特点在他的身上得到完美体现。不过，和很多在草原上放歌的柯尔克孜族不同的是，1998年，时年28岁的买买江从乌恰县大胆地前往北京，他是带着将本民族的歌声在北京这个大舞台展示的想法奔赴京城的。

刚到北京的时候，由于语言、习俗等不同，买买江在北京一个又一个音乐酒吧里唱歌，北漂的日子格外艰难。不到两年，他就被音乐圈淘汰了。于是，他从

1999年12月1日开始学习吉他，每晚从10点练到凌晨6点，就这样坚持了14个月。他试着用吉他来伴唱自己的柯尔克孜歌曲。“我们民族的音乐特别好听，需要更好地被传唱”，买买江说。就像柯尔克孜族谚语所说：“单匹马不会扬起尘雾，即使扬起尘雾，也不会出名。”2000年1月，买买江和其他4个汉族朋友组成了一支原创乐队，买买江担任主唱。从此，京城更多的酒吧里能听到祖国最西边的柯尔克孜族同胞的音乐之声了。

在北京坚守了近10年，买买江想念家乡。妻子去世，年迈的父母时刻想念他，逐渐长大的女儿盼望他回归，京城生活的艰难，等等，买买江最后还是选择了回去。现在，买买江在克孜勒苏柯尔克孜自治州歌舞团工作。出走与回归之间，不是一场简单的来回，而是买买江将民族之声送到外界，同时将外界的音乐菁华吸纳进来的过程。如今，和买买江一样的柯尔克孜族年轻歌手们，正在为家乡和外界架构一座音乐之桥。

和其他民族一样，柯尔克孜人在长期的历史发展中，创造出了本民族的音乐和乐器。穿行在克孜勒苏柯尔克孜自治州内，流传于柯尔克孜民间的“库姆孜”“柯牙克”“秋吾尔”等民间乐器，传唱着这个古老民族的音乐心声。其中，最吸引我的是柯尔克孜族人最古老、最普遍使用的“库姆孜”。

“库姆孜”是一种弹拨乐器，分木质、铁质等各种质地，琴型很多，目前在克孜勒苏柯尔克孜自治州就有七八种，但最流行的是三弦琴，有独奏、对奏、二

> “库姆孜”给田野里的柯尔克孜人带来快乐

重奏、合奏、伴奏等多种演奏形式。民间音乐人克里孜向我表演完“库姆孜”后，介绍起这种古老乐器的历史，千百年来，“库姆孜”不仅在柯尔克孜族中广泛流传，而且早就传入其他民族地区乃至国外。

我虽然聆听着克里孜弹奏的“库姆孜”，但思绪却沿着丝绸之路飞抵唐代。那时，“库姆孜”曾作为贡品抵达唐朝的“心脏”—— 长安。后来，“库姆孜”作为大唐乐器被赠给日本，并且在日本有了一个新的名字——“库托”。至今，在日本仍然能见到“库姆孜”。

在阿克陶县期间，我曾在奥依塔克一带看到过四根弦的“库姆孜”——“蒙革库姆孜”。清朝乾隆年间，蒙古乐队演奏的《什榜》乐曲，其中就使用了柯尔克孜族四根弦的“蒙革库姆孜”。然而，在乌恰县以及克孜勒苏柯尔克孜自治州的州政府所在地阿图什等地，我所看到的“库姆孜”多是经过改良的“高音库姆孜”。

在阿克陶，我听得很多的一个词是“奇”，“奇”在柯尔克孜语中是“人”的意思。比如，买买江这样的人就叫“额尔奇”（民歌手），他们和“玛纳斯奇”（柯尔克孜族英雄史诗《玛纳斯》的演唱者）、“奥翁奇”（作曲人）、“库姆孜奇”（“库姆孜”琴手）一起组合成了“柯尔克孜之声”，构成了柯尔克孜族民间音乐创造、加工和传播的阵营。在整个克孜勒苏柯尔克孜自治州流传的古典乐曲《康巴尔汗》《苏勒交勒》《凯尔别孜》《布托依》《沁格拉马》《喀奇肯》等，就是这些众多的“奇”们创作、演唱、传播的。

波斯坦铁列克、黑孜苇乡、乌鲁克恰提、波斯坦铁热克、巴音库鲁提、膘尔托阔依、铁列克、托云、吾合沙鲁，这些听起来奇怪的名字是什么？是乌恰县部分乡镇的名字。我穿越于其间的一个主要意图，是想聆听柯尔克孜族的史诗《玛纳斯》。

近几年，去过青海湖的游客会发现，在景区大门东侧的草地上，有我国唯一的诗歌园，湖边矗立的青海湖国际诗歌节的诗歌墙前，有几尊世界著名的史诗雕塑，其中就有柯尔克孜族的《玛纳斯》。

>阿合奇县的居素甫 • 玛玛依

《玛纳斯》是柯尔克孜族的英雄史诗，也是中国三大史诗之一，2009 年 9 月 28 日，被录入世界非物质文化遗产名单。这是主要流传于新疆克孜勒苏柯尔克孜自治州及伊犁哈萨克自治州特克斯草原等柯尔克孜族聚居区的伟大史诗，甚至在与新疆相邻的吉尔吉斯斯坦、哈萨克斯坦、塔吉克斯坦也有流传。而克孜勒苏柯尔克孜自治州最北端的阿合奇县最引以为豪的，是这里有中国唯一能够完整地演唱《玛纳斯》的大师居素甫・玛玛依。

在阿合奇，一提起居素甫・玛玛依，我才真正理解什么叫妇孺皆知。这位出生于阿合奇县阿特加依洛草原上的穆斯林，是真正让《玛纳斯》能够完整地传承至今的一个重要力量。我的眼前浮现出这样的一个场景：在阿特加依洛草原上，当晨露在阳光的照射下开始退隐时，从不同方向赶来的柯尔克孜族同胞已经坐到一起，弹起他们心爱的“库姆孜”，铺开他们要摆上丰盛食物的餐布，大人小孩沉浸在一片祥和与欢快的气氛中。突然，随着一位老人的到来，人们一下子停止了自己手中的活，也不再交谈、舞蹈、唱歌了，他们要聆听“大玛纳斯奇”居素甫・玛玛依的美妙声音了。在柯尔克孜族人眼中，“大玛纳斯奇”和《玛纳斯》一样珍贵。

居素甫・玛玛依的哥哥巴勒瓦依曾经经商，足迹遍及南疆各地和中亚地区。他一边做生意，一边广泛搜集记录《玛纳斯》及柯尔克孜族民间文学。巴勒瓦依先根据我国著名的“大玛纳斯奇”居素甫・阿洪・阿帕依的口述，记录下了《玛纳斯》的前 3 部内容，后来又依据额不拉音・阿昆别克的口述，记录下了史诗后 5 部的内容。居素甫・玛玛依从 8 岁开始就在哥哥的指导下，学习背诵、演唱《玛纳斯》。花了 8 年多时间，居素甫・玛玛依把哥哥搜集记录的 8 部 20 多万行的《玛纳斯》全部背了下来。他所背下来的《玛纳斯》比古希腊诗人荷马唱的英雄史诗《伊利亚特》长 14 倍。《玛纳斯》中的数百个人物、大大小小的各种事件，居素甫・玛玛依在脑子里将它们梳理得清清楚楚；人物之间的关系、每起事件的前因后果、每一位英雄人物的神奇经历，居素甫・玛玛依都了如指掌。

40 岁那年，居素甫・玛玛依就像一朵突然绽放的雪莲，展露出他的才华——他在公开场合开始演唱《玛纳斯》。他第一次把蓄积了 30 多年的才华、心血、热情迸发出来时，竟然一口气演唱了四天三夜。顶峰状态时，他曾连续演唱 20 多天。1983 年 3 月 20 日上午 11 点，时年 65 岁的居素甫・玛玛依在历时 1320 天的演唱后，将完整的 23 万行柯尔克孜族英雄史诗《玛纳斯》唱完了最后一行。

2003 年 5 月 9 日，居素甫・玛玛依在吉尔吉斯斯坦举行的纪念史诗《玛纳斯》问世 1000 周年纪念大会上，被时任吉尔吉斯斯坦总统的阿卡耶夫授予“吉尔吉斯民族演员”称号。之后，他又获得吉尔吉斯斯坦文化界最高勋章“玛纳斯勋章”。这是吉尔吉斯斯坦第一次将这一勋章授予外国人，这是中国穆斯林的骄傲。2009年4月18日，是居素甫·玛玛依92岁的生日，他的10位高徒和当地数百名民间艺人共同参加了《玛纳斯》演唱大会，吸引了上万人观看，这更是中国穆斯林的一个传奇。

在帕米尔高原上的边境地带穿越，我领受最多的是来自柯尔克孜人的诗意生活和信仰。每次穿越柯尔克孜族的主要聚居区——克孜勒苏柯尔克孜自治州时，这片祖国偏远的地方给我最大的感受是：安详，他们仿佛生活在传说中的世外桃源。

这片牧场位于克孜勒苏柯尔克孜自治州乌恰县最西边的吉根乡，当我见到柯尔克孜族的帕尔哈提时，他正准备一个人用早餐（按内地时间，已经接近午饭时间了）。坐在碧绿的草地上，我看见帕尔哈提优雅地在面前铺了一块餐布，上面放着酸奶疙瘩、卡特玛（汉译名为“烤酥油卷”）、西仁古奴奇（汉译名为“酥油羹”）、居布尕（汉译名为“酥油糖饼”）等柯尔克孜族风味食物。这幅讲究的场景令我很难将他与一个边疆牧民的身份联系起来，觉得他更像个中世纪西方宫廷里的绅士。当帕尔哈提热情地招呼我坐下共同品尝早餐时，看到那块大大的餐布和上面丰盛的食品，我不由得想起了那句柯尔克孜族民谚——“柯尔克孜人毡房有多大，餐布就有多大”。

由于夏秋季节主要在牧场生活，包括帕尔哈提在内的柯尔克孜牧民的主要饮食为鲜奶、酸奶疙瘩、酥油、面食等，和内地的回族等穆斯林不吃马肉不同，柯尔克孜和哈萨克这两个信奉伊斯兰教的民族吃马肉，而且在他们的食谱中，马肉、马肠是最佳的食品。

在新疆，馕是一种很普及的食品。没想到，在柯尔克孜牧民那里，馕坑还有另一种奇异的功能：他们将肉食做初步处理后，放入烧好的馕坑中烤。这样烤出的肉外表呈金黄色，让人一看就有食欲。用餐时，柯尔克孜人会将烤好的羊肉置于大木盆中，放在餐布中间，一起就餐的人围餐布而坐，用一把小刀轮流割食。那天，鉴于我这样的客人在场，帕尔哈提按照柯尔克孜人的传统，主动将肉切成大块，分肋骨、脊骨、大腿、小腿、羊头、羊蹄等，按客人的等级而分。那锅煮好的大块肉被他们称为“肖奴帕”，是柯尔克孜人待客的食品之一。帕尔哈提的妻子介绍说，他们也常常将羊肉切成一寸见方的肉块，放在烧热的锅内烧烤，用铁铲不停地快速翻动，烤熟后在上面撒以孜然、盐面、辣椒面，用手抓食，这种锅烤羊肉块被称为“库尔玛”。

帕尔哈提和众多生活在牧区的柯尔克孜人一样，无法像城区或城区周边的同胞那样，有严格的礼拜时间，更无法像内地的穆斯林那样，能经常到清真寺去做礼拜。因此，他的宗教生活显得相对简单，多数情况下，是自己在心里默念《古兰经》。

柯尔克孜族在新疆分布较广，不同地方的柯尔克孜族自然就有了不同的宗教生活。在伊犁哈萨克自治州塔城的柯尔克孜人中，我就发现了一道柯尔克孜人开凿的宽容、文明之河。那里的柯尔克孜人由于几百年来与蒙古、哈萨克、汉、回等民族杂居，他们的民族文化、习俗有着自身明显的特色。尤其是在宗教信仰上，塔城地区的柯尔克孜族既保留了先民最初在叶尼塞河流域传统的自然崇拜，同时，也受到当地其他民族信仰的藏传佛教和伊斯兰教的影响，这样就出现了同一个民族、同一个“阿寅勒”（牧村），甚至同一个家庭中既有信仰伊斯兰教又有信仰藏传佛教的现象。信仰伊斯兰教的札吾丽希·塔玛伊斯是个美丽的柯尔克孜族女子，她嫁给信仰藏传佛教的丈夫托列吾汗·库帕提，他们是整个塔城地区的柯尔克孜族中多数信仰藏传佛教、少数信仰伊斯兰教的一个缩影。这些信仰藏传佛教的柯尔克孜人，除了按照藏传佛教过节和没有施行割礼以外，其他生活习俗和当地信仰伊斯兰教的人一样。

信仰不同并没有影响这些家庭的幸福，他们都能尊重对方的信仰，信仰佛教的丈夫会陪同妻子或岳父去清真寺里过古尔邦节，信仰伊斯兰教的妻子会用完整的伊斯兰礼仪接待丈夫的亲朋好友。而塔城地区的乡下往往会出现一个村子里既有伊斯兰教的清真寺，又有藏传佛教庙宇的情形。更让我惊奇的是，这里不少男子有两个姓名，一个柯尔克孜族的，一个蒙古族的。

目前，塔城一带的柯尔克孜族中，信仰伊斯兰教的虽然只占少数，但却是中国最西北角的穆斯林。

如今，生活在中国西北角的这些穆斯林们，有的结婚按伊斯兰教的习俗进行，要请阿訇念经，有的则按藏传佛教的教规进行。过去男子要进寺院当喇嘛，还俗后才能结婚。如今，不少年轻人的婚礼上甚至出现了将柯尔克孜族传统婚礼与哈萨克族、蒙古族婚礼融合为一体的情形。

第四章　散发在“帕米尔高原纽扣”上的智慧之光

埋在帕米尔高处的尊者

这帕米尔高原之侧的普通牧场
村委会的牌子写着：阿克孜
喀喇汗王朝的年幼王子避难于此
他的童年因此披上神秘
那时，他就是一位尊贵的王
俯视着缝接东西亚洲处的驿站
缓缓完善着内心的高洁
一场来自宫廷的突兀之乱，危险逼近
接着，是十五年隐匿于中亚的流亡
过村穿州，他仔细聆听突厥语的讲述
羊皮卷上的内容日益增多——
歌谣与谚语，箴言与历史
一个王朝的轮廓再次被绘制于巴格达
一场盛情被来自学术的尊严阻绝
他优雅地亮出身份：《突厥语大词典》的作者
第十六年的故乡桃花盛开，篱笆打开

他带回的薪火，点亮了整个帕米尔高原
临终之际，他留下遗言：葬我于阿克孜
他留下名字：麻赫穆德·喀什噶里

沿着盖孜河峡谷走到“塔克登巴什”这个路牌前，一条往东的简易公路出现了。从这里继续前行，便进入阿克陶县境内。

从整个地势来看，如果把帕米尔高原比作一件衣服，那么，阿克陶就像一枚纽扣，将东边的叶城与西边的塔吉克斯坦、阿富汗连接起来，又将南起和巴基斯坦交界的红其拉甫与北边的克孜勒苏柯尔克孜自治州阿合奇县连接起来。这枚纽扣历来被中国政府和邻国重视，也一直存在边界纷争。直到 2002 年，中国和塔吉克斯坦才确定了双方边界。至此，两国边境处信仰伊斯兰教的居民们不再像过去那样，可以自由地跑到对方的国境内去找寻丢失的羊只了。

阿克陶县县城小而干净，几分钟就能走完主干道，但它深藏的人文历史却因为少有人关注而显得格外神秘。无论是我国古时西行取经的玄奘、法显，还是西方探险家斯文·赫定、贡尔纳·雅林等人；无论是民国时期带有政治、经济、文化考察使命前往新疆的黄慕松、谢彬，还是当代作家周涛、张承志、沈苇等人，他们都和当年那些行色匆匆的路过者一样，没有在阿克陶做过多停留，致使这片土地在东西方有关帕米尔高原的文字中，几乎是一片空白。

在我国信仰伊斯兰教的地区，各自有其不同的文化地标或地理标志。在我看

>阿克陶县城

>奥斯曼江引进的清真连锁餐饮企业（一）

>奥斯曼江引进的清真连锁餐饮企业（二）

来，阿克陶的标志就是县城的那条清真寺路。我原本以为这里只能吃到传统的高原饭食，没想到当漫步在清真寺路上时，在县教育局大楼的一楼发现了一家醒目的清真快餐店——“迈德堡”。而这家叫“迈德堡”的快餐店是我在西安见过的，它怎么会出现在这里呢？

2011 年 6 月，阿克陶县教育局一楼出现了一个当地此前没有的店铺——“迈德堡”，它让县城里生活多年的维吾尔族、塔吉克族、回族、哈萨克族等穆斯林很惊奇，而它的创办者、维吾尔族大学生奥斯曼江也一时成为这个县城的“知名人士”。2008 年，奥斯曼江从新疆师范大学中文系毕业，善于思考的他看到乌鲁木齐大街上开的肯德基、麦当劳等快餐店，不由思考起这样一个问题：穆斯林同胞能不能有类似的清真快餐店呢？2010 年初冬的一天，他在网上无意中看到西安有家叫“迈德堡”的清真连锁企业，便萌发了加盟这家企业、让清真快餐走上帕米尔高原的想法。

2012 年 2 月 8 日，奥斯曼江接受我的电话采访时，清晰地记得自己创业的过程：“2010 年底，我从乌鲁木齐出发前往西安，考察加盟连锁店的事情，双方谈得很投机。2011 年 2 月，我再次去西安，就在故乡阿克陶县开店事宜，和他们签订了加盟合同。”回到阿克陶县后，奥斯曼江便着手开店的各项准备。2011 年 6 月，帕米尔高原上的第一家清真连锁快餐店——“迈德堡”开张了。大半年过去了，谈起快餐店的生意，奥斯曼江掩饰不住自己的开心：每天的营业额都在 2000 元人民币以上，餐厅既满足了当地穆斯林的需求，也实现了自己的创业理想。

奥斯曼江是帕米尔高原上当代穆斯林的一个缩影。在高原上，有这样一群年轻的穆斯林，他们在信息发达的今天，将自己的经贸眼光融入中国大家庭中，放眼于全国，积极引进先进的技术、设备，为帕米尔这颗高原明珠增添更加耀眼的光亮。

>奥斯曼江引进的清真连锁餐饮企业（三）

从塔什库尔干塔吉克自治县到喀什，途中要经过阿克陶县和疏附县。离开阿克陶县后，我不时看看随身携带的海拔表，发现海拔已经越来越低。沿途看到的不再只是骆驼和马，还有越来越多的毛驴。尤其是进入疏附县城，许多人牵着毛驴或赶着毛驴车慢悠悠地在大街上走着，汽车也只能给毛驴让路。那真是一个毛驴的世界，拉着车子、载着主人行走在城乡不同路面上的毛驴，看上去似乎要比内地的毛驴快乐，撒着欢子迈着轻快的脚步。很多作家撰文赞扬新疆的库车、和田等地的毛驴，而疏附县因为地处偏远，这里的毛驴和这个县城一样，远远地躲在人们的视线之外。

在疏附县，我的脚步放慢了，不是因为这里有介于高原和谷地之间过渡地带的景色，而是因为这里曾经诞生了一位对整个亚洲穆斯林世界产生重大影响的先哲——维吾尔族语言学家麻赫穆德·喀什噶里。

2008 年，时值麻赫穆德·喀什噶里诞生 1000 周年，联合国教科文组织把这一年定为“麻赫穆德·喀什噶里”年。那时，我心生疑惑，联合国教科文组织怎么会将一个中国穆斯林学者尊崇到如此高的地位？这究竟是一个怎样的人？他的影响力从何而来？

11 世纪中叶，整个帕米尔高原被崛起的喀喇汗王朝统治，这是中国第一个整体皈依伊斯兰教的王朝，王朝的大汗是穆罕默德·伊本·优素甫·喀迪尔汗布格拉，他的长子胡赛音·伊本·穆罕默德出生于今伊塞克湖东南沿岸一带的巴尔思罕城。胡赛音·伊本·穆罕默德长大后从巴尔思罕移居到今喀什地区的疏附县乌帕尔乡一带，他的儿子麻赫穆德·喀什噶里就出生在乌帕尔乡阿孜克村。公元 1058 年的一天，穆罕默德·伊本·优素甫·喀迪尔汗布格拉的王妃在一场宫廷宴会上下毒，致使大汗死于这场变故。之后，王妃的幼子伊卜拉欣登上汗位。

麻赫穆德·喀什噶里在得知王妃下令追杀他的消息时，匆忙逃离王室，开始了长达 15 年亡命于帕米尔高原及其四周的突厥部落的生涯。这为他后来接触、调查和记录、研究许多突厥部落的语言、风俗、民情提供了良好的机会。

我无法追寻这个穆斯林学者的流亡足迹，只能在一幅摊开的中亚地图上，梳理着他长达 15 年的漫游和考察路径。雪山、草场、谷地，一个个地理单元中，一个个王国或部落中，都留下了这位学者的疲惫的身影。从故乡往西到中亚、西亚，麻赫穆德·喀什噶里将所抵达的突厥部落的谚语、歌谣、箴言以及民间口头文学进行记录、对比、研究。甚至境域的变迁、民族的移徙、山川的脉络、关隘的形势、都城的方位、道路的远近乃至各地的风土人情、逸闻掌故等，也全部收录于他的笔下。麻赫穆德·喀什噶里对这些语言材料进行全面的整理研究和深入细致的比较分类，为突厥语整理出一个包括语音、词汇（含方言）、语法等诸方面的完整体系。

当麻赫穆德·喀什噶里从帕米尔高原到阿拉伯半岛的两河流域时，古老而充满文化韵味的古城巴格达接纳了这位风餐露宿多年的学者。当时的巴格达被西迁的塞尔柱突厥人所占领，出身于喀喇汗王族的塞尔柱苏丹国王后托尔坎哈敦在亲自接见这位学者时，被他的坎坷经历和学术精神所折服，她热情地邀请道："尊贵的学者，请您留下来吧，这里安逸的生活会洗尽您满身的沧桑和疲惫，这里更需要您的学问和您一道留下！"

麻赫穆德·喀什噶里答应了王后的邀请，在巴格达一处安静的住所里开始了两年艰辛的笔耕生活，并最终编纂成了突厥语巨著《突厥语大词典》。

帕米尔高原的月亮显得冷清，也显得更加接近地球，一轮明月带来的是心灵的祥和，四周是一片内地都市里永远无法拥有的宁静。这种高原之月下的宁静，就像一个噤声的导游，引领着我走向一个充满智慧的世界——带着虔敬之心，打开白天从书店里买到的《突厥语大词典》。麻赫穆德·喀什噶里在这部著作前面附的长篇序言吸引了我——

>《突厥语大词典》

"尽管在突厥人中，我最长于辞令，最善于清楚地表达思想，禀性极其聪颖，并出身高贵，又兼能征惯战，但我仍遍历了突厥的城镇和村落，查明了突厥、土库曼、乌古斯、奇吉尔、样磨、黠戛斯等语言的词汇和韵律，并将其语言熟记于心，经过细致地整理，使之有条不紊。"

跟着序言的引领，我不仅步入正文打开的世界，也进入了一个伟大的学者的内心疆域。那些优美文字下的思想，完全证实了他的成就和他的自赞是匹配的。

夜晚的时光在阅读《突厥语大词典》的快感中过得很快，在带着一丝悄然间落临的疲惫合上书时，才发觉窗外已然有了亮色。位于疏附县乌帕尔乡阿孜克村的麻赫穆德·喀什噶里麻扎已经暗暗地向我发出邀请了。

来到疏附县乌帕尔乡阿孜克村麻赫穆德·喀什噶里的陵园，高原上的清晨极罕有人来，使这里显得空旷而冷清，先哲就静静地躺在这里。我对他的认识已不再局限于俄罗斯突厥语文学家尼·阿·巴斯卡阔夫做出的“《突厥语大词典》的作者麻赫穆德·喀什噶里是突厥语言学界比较研究的鼻祖”的评价了。

《突厥语大词典》为我们提供了11世纪后期突厥诸部落的语言、文字、人物、历史、民俗、天文、地理、农业、手工业、医学以及政治、军事和社会生活等各方面的丰富知识，甚至连神话传说、儿童游戏与娱乐体育等也涵盖在内，可说是当时中亚的一部百科全书。同时，麻赫穆德·喀什噶里优美的文字，使得一部枯燥的辞书充满了浪漫的文学之美，仅书中收录的277首诗歌片段就可显现出他的文学功底。

>世界上第一部《突厥语大词典》的作者麻赫穆德·喀什噶里的麻扎门楼

>世界上第一部《突厥语大词典》的作者麻赫穆德·喀什噶里的麻扎门楼扶壁角柱

>世界上第一部《突厥语大词典》的作者麻赫穆德·喀什噶里的麻扎门楼后部造型

在《突厥语大词典》中，最引人注目的是作者称为“达伊拉”的圆形地图，这是他在地理学和地图学上功力的见证。在这幅地图上，海、河、山、沙漠分别用绿、灰、红、黄4种颜色来表示，突厥各部落的名称、都城以及大山、大河、大路的位置精准地列在上边。麻赫穆德·喀什噶里在地图的注文中说：“……然后是处月、突骑施、样磨……回鹘、党项、契丹等部落。契丹即秦。最后为桃花石，亦即马秦。”他称当时雄踞华北的契丹王朝为“秦”，而称中原宋朝为“桃花石”，称以喀什噶尔为中心的王朝版图为“下秦”。他特别强调喀喇汗王朝与中原自古都是秦——中国这一大家庭的共同成员，其维护祖国和民族统一的意愿是再明显不过的了。当代历史学家张广达说：“这部编纂于900多年前的《突厥语大词典》并不仅仅是世界上第一部突厥语词典而已，就其向我们提供了有关我国新疆以及广大中亚地区的丰富的知识而言，即便称之为一本简明的《百科全书》，亦不为言过其实。”

11世纪80年代，麻赫穆德·喀什噶里开始踏上返乡之路。回到故乡后，他在高级玛达里萨（伊斯兰学院）执教8年，为伊斯兰教在帕米尔高原的传播培养了许多弟子。麻赫穆德·喀什噶里的生命之灯在他90多岁时悄然熄灭。按照他的遗嘱，弟子们将他埋在乌帕尔乡阿孜克村的山脚下，当地人至今仍称其为“彻什麦祖拉尔”（意为清澈的山）。2006年5月25日，麻赫穆德·喀什噶里墓作为元代古墓葬，被国务院批准列入第六批全国重点文物保护单位名单。

麻赫穆德·喀什噶里的生命历程虽然止于帕米尔高原上的故乡，但他的影响却是国际的。今天，在土耳其伊斯坦布尔图书馆内，一本手抄的《突厥语大词典》成为该馆的“镇馆之宝”。躺在展柜里的这本著作背后，有这样一个故事：1914年，伊斯坦布尔一位出生于奥斯曼帝国大臣纳吉甫·贝伊家族的妇女迫于穷困，把一本根据作者的手稿缮写的《突厥语大词典》抄本，通过书商卖给了一个名叫阿里·埃米里的收藏家，这本手抄本是现今世界上仅存的唯一抄本。

阿里·埃米里的那本手抄本后来曾让一位叫克里斯利·里弗埃特的土耳其学者转抄，并将其交付铅印。

1928 年，德国学者卡尔·布罗克尔曼第一个用德文发表了这部词典的索引，后来又把词典中的诗歌和谚语单独汇集成册发表。

1939 年至 1941 年，土耳其学者伯西姆·阿塔拉伊连续发表了《突厥语大词典》的土耳其文译本（三卷）和一部索引，同时正式影印出版了词典的阿拉伯文抄本。

1960 年，苏联出版了《突厥语大词典》的乌孜别克文译本。

1978 年，《突厥语大词典》的翻译出版被正式纳入中国哲学社会科学的总体研究规划。目前，该书的现代维吾尔文本三卷已经出齐，汉译本的第一卷也与读者见面。

寂寥和狂欢似乎是硬币的两面，隔得很远但有时又离得很近。在疏附县吾库萨克乡的“中国新疆民族乐器村”，我一下子又从《突厥语大词典》的肃穆中抽身而出，进入另一个世界。

在那个生产民族乐器历史已有 150 多年的小村子，如果没有村民的讲述，那一排排即将制成的和已经制成的、凌乱地摆放在作坊里的乐器，我根本分不清哪个是胡西塔尔、哪个是弹拨尔。这个村子的村民几乎全是能工巧匠，他们制作的都它尔、热瓦普、手鼓、胡西塔尔等 50 多个品种的乐器畅销新疆及乌兹别克斯坦、哈萨克斯坦、吉尔吉斯斯坦等，部分小型纪念品乐器还畅销欧美等地，而弹拨尔却几乎都是销往新疆的中部、东部地区。

电影《冰山上的来客》中那句经典台词“卡拉让我把这个交给一个叫杨排的人”里的“这个”，就是维吾尔族最常用的乐器热瓦普。新疆民族乐器村里，“镇村之宝”就是一把全长 3 米多的热瓦普。

在新疆民族乐器村里，可谓家家都是一个乐器坊。每户人家的院子里都堆满了各种大小不等的木头，木头的旁边则是刨好的各种光滑的木棍和一些薄薄的木板。房子外面，那些做成了的乐器，何尝不是一个民族乐器展览馆！村子里的孩子大多说着不太流利的汉语，给我介绍各种乐器的价格、性能及艺术效果。走进一位不便透露其姓名的老艺人家中时，他正教孙子给一把已经完成木工部分、开始漆工程序的弹拨尔上漆。那个画面让我感受到了一种古老的工艺，是怎样在一代代民间艺术家手中传递着那把永不湮灭但却越来越弱的艺术之薪。在村子里，做好的弹拨尔最便宜的一把能卖 200 元人民币，好一点的弹拨尔能卖到 2000 元，而到了乌鲁木齐，价格会翻好几番。

老人在下午暖暖的阳光下，仔细地教孙子干活，他的话及他教孙子的动作都犹如下午天空上缓缓移动的太阳，“这是一件快不得的事情，是把时间装在里面的活儿，做一个弹拨尔，最快也要10天，再快就成了骗人的东西了，做出来的弹拨尔就不好听了”。和老人在一杯茶香中慢慢聊天，才知道做一件弹拨尔，需要的工序很复杂：选料是第一步，杏木是首选的木头，而中疆一带的库车杏木又是他们首选的。接着是将选好的、用于制作共鸣箱的木料刨平，然后在木料上画出弹拨尔头部正面的、侧面的样式。第三步则是在木料上画出琴杆和琴柱的样式，用锯子锯出大致轮廓，然后用小刀削出琴柱的形状，再用锉刀锉平。做至此，当我看到成型的琴杆和琴柱时，才看到它们确实形似琵琶。突然，日本著名西域学者、音乐家岸边成雄先生在《琵琶渊源》中的描述出现在了我的脑海中：汉唐年间，随着丝绸之路的繁荣，地处丝绸之路上的各个绿洲城市也随即经济繁荣、文化昌盛。来自波斯高原的四弦曲颈梨形琵琶沿着丝绸之路进入西域，被西域工匠们加以调整和改造，成了当时西域强国中的龟兹古国的宫廷乐器，这也是新疆克孜尔千佛洞壁画上绘有史籍记载的“龟兹琵琶”“胡琵琶”，也就是弹拨尔最早的雏形。西域的乐师们东进长安时，将龟兹琵琶带进这座当时世界上最大的都城，一下子引领了当时的乐器风尚。新疆民族音乐学家周菁葆先生考证后，在他的《丝绸之路的音乐文化》一书中认为，在古代波斯，“长颈乌德”，被称为“Sentar”，在阿富汗则被称为“Tambur”，翻译成汉语，则大体可以译为“沙塔尔”“弹拨尔”。

龟兹琵琶被前来长安学习的日本乐师带入日本。《琵琶渊源》里记到：日本正仓院中有三种琵琶，分别是四弦琵琶、五弦琵琶和阮咸。其中四弦曲颈梨形琵琶便是源于伊朗，经西域工匠改良的琵琶也就是较早的弹拨尔。拿村里老人的话说：“你们内地汉族的琵琶，和我们的弹拨尔、都它尔、沙塔尔、热瓦普，不就是一个爸爸妈妈的几个孩子嘛！”

受龟兹古乐的影响，弹拨尔在清代就被列入宫廷回部乐，清《钦定大清会典》（卷四十二）载：“丹不尔（弹拨尔）刻桐为体，以大匏为槽……。”清代《新疆图志》（卷四十八）也载有：“铜弦谓之弹普”，弹普即弹拨尔。

老人组装好共鸣箱的顶部后，开始在琴杆上做榫，安装琴杆，再将琴杆后部刨成椭圆形，安装好了五个琴柱，粘接面板，安装上护板和托手，再嵌花后，一把弹拨尔便完成了基本的制作。高档弹拨尔的制作，则需要花费更长的时间，要将牛骨、牛角等装饰品一个个嵌上去。

后来，我到库车，再次在龟兹古乐的海洋中徜徉时，又有了一次亲近弹拨尔的机会。那是一条土路，从新疆阿克苏地区的库车县通往乌恰镇，两边的平房显示出南疆生活朴实但略显落后的面貌，院墙上是一株株于阳光下懒洋洋的葡萄树枝，好像一个临界于困眠状态的母亲，下意识地伸出自己的手臂，围搂着自己的孩子。院墙和整个路面甚至整个村庄就在这种懒洋洋的氛围里悄然着，我放慢的脚步也是对这种静然表示出该有的敬意，突然，一种美妙的乐器声打破了这种宁静——弹拨尔！

第五章　新疆边境，穆斯林的爱国情结

祖国边上

从地图上走出，一次次前往祖国的边上
远望或亲抚，我试图将体温留在界桩上
试图将这些孤寂的卫士连在一起
那将是，祖国之体上最美的曲线
沿着这条曲线而行，将是怎样神奇的体验
在那里，交替着雪峰与草原，海洋与森林
这是，一次次抵御或谈判后
祖国之书的封面，写满尊严
巡边者，领受了这道曲线给予的义务
来往的越野车替代当年的驼群
年轻的报关员，在一本书里了解历史
抬起头时，微笑和青春被雪花截留
将士和牧民，巡边员和报关员
将信仰放在时光之上
将祖国刻在心曲之上

从我站在伊斯兰文明从陆路传入中国的第一站——瓦罕走廊的那一刻起，就明显感觉到了在边境线一带生活的穆斯林的爱国情结。

2010 年末，我决定前往新疆西部边境地区——帕米尔高原。那时，整个帕米尔陷入了巨大的冬眠状态，白雪覆盖着这片土地上的各个角落，生活在边境线上的穆斯林们，却一直保持着高度的警惕——他们中的很多人还有一个身份：巡边员。

和我同行的塔吉克司机苏立坦就是一位巡边员，他告诉我："很小的时候，和父亲去清真寺里做礼拜，听哈里凡（塔吉克人称呼的哈里凡相当于维吾尔族、回族等穆斯林所称呼的阿訇，作者注）讲过，《古兰经》里说，爱国是穆斯林信仰的一部分，每个穆斯林必须将爱国放在信仰中。"在这种宗教信仰指引下，他走进军营，成为一位守边爱国的战士。退伍后，他经营起从喀什到塔什库尔干塔吉克自治县的长途出租车业务，这些年，他一直以一名巡边员的身份，协助边防战士巡边。

如今，在塔什库尔干塔吉克自治县，有很多和他一样的巡边员。或在自己的夏牧场上一边放牧，一边义务看守边境出口，一旦发现异常情况便会告诉边防派出所的工作人员。他们将穆斯林关于爱国的信仰真实地写进了自己的人生中，谱写了一曲新时期穆斯林的爱国诗篇。

在平均海拔 3500 多米的塔什库尔干塔吉克自治县科克牙尔柯尔克孜自治乡，250 户牧民散居在帕米尔高原 602 平方公里的土地上，虽然这里的牧民人均年收入不足 800 元，但他们和谐美满地生活在这片高寒之地。在这些牧民的家中，有一个奇特现象，那就是在他们的全家福照片上，几乎都有当地边防派出所官兵的身影。他们也积极配合当地边防派出所的官兵巡边，可以说每个毡房就是一座哨所！

>作者和义务巡边员苏立坦合影于边境处

麻扎种羊场距离塔什库尔干塔吉克自治县县城西南 80 公里。在那里，生活着一位 76 岁（2014 年）的塔吉克老人，他是

当地年龄最大的巡边员，也是见证了几代巡边员生活的塔吉克人，他在红其拉甫做了 58 年的巡边员。过去，他们都是骑马、骑骆驼护边，现在派出所给巡边员都发放了手机，每个月还存 30 块钱的话费，巡边员的待遇好了，积极性更高了。

在整个新疆的边境线上，甚至在全疆的穆斯林中，爱国拥军做得最好的是克孜勒苏柯尔克孜自治州乌恰县吉根乡的“冬古拉玛大妈”。这位带有传奇色彩的柯尔克孜族牧民叫布茹玛汗·毛勒朵。

行进在帕米尔高原上，连接中国和相邻地区的很多通外山口犹如一个个通气管道，向内向外输送着、也接纳着各种文明信息；同时，这些山口也是偷渡分子觊觎的地方。生活在这些山口处的塔吉克、柯尔克孜、哈萨克、维吾尔、塔塔尔等穆斯林就义务担负起了协助边防战士守护边境安全的职责。仅克孜勒苏柯尔克孜自治州境内就有 1190 多公里边境线，有大小 250 多处通外山口，最有影响力的恐怕是海拔 4290 米、山顶海拔超过 5000 米的“冬古拉玛”。无论是夏天还是冬天，这里积雪终年可见，环境极其恶劣。陪同我们前往那里的司机沙吾提（音）是一位柯尔克孜族人，他告诉我，即便是七八月份，山里的气温有时可达零下 20 摄氏度左右，常有一天之内见四季的多变天气。提起我要去采访“冬古拉玛大妈”，他立即表示：“那是柯尔克孜族穆斯林的骄傲，在这里，她就是一个名牌！男女老少，很多人都知道她！但见到她真的不容易，当地很多人也是知道她的事，但很少见到她本人，为什么呢？路远呗！不容易去！”

在当地边防战士的眼中，布茹玛汗·毛勒朵并不仅仅是乌恰县吉根乡一位普通的柯尔克孜族牧民，而是一位从 19 岁开始就再没终止的“终生巡边员”。她 40 多年的护边生活，就是一曲穆斯林女性实现伊斯兰文明中“爱国是信仰的一部分”之大歌，也是一位新时期女性穆斯林爱国戍边事业的代表者 。

村民告诉我，1964 年到 2006 年的 42 年间，她每天巡边最少要走 20 公里的山路，最保守地计算，她在自己的巡边路上行程 80000 多公里，相当于走了 7 个“万里长征”之路，相当于环绕地球走了两圈的距离。按她自己的话讲：“我熟悉冬古拉玛山口的石头，就像熟悉我们家抽屉里放的东西一样。哪块石头是走人的，哪块石头是赶羊的，我清楚；而哪块石头是走贼娃子的（意指越境分子），更逃不过我的眼睛！”

1964 年 6 月初，19 岁的布茹玛汗与丈夫托依其别克在夏季放牧时，第一次走到了冬古拉玛山口。短暂而难得的夏季，展示给他们的是一片丰美的草场，放牧期间，他们的心逐渐和那里贴近了。从那个夏季开始，他们就踏上了一条艰辛而漫长的巡边路。枯燥的、暗中潜伏着危险的边境线生活是单一且缺乏生机的，她只有靠口拨琴和唱柯尔克孜族民歌来打破山口的寂静，驱赶狂风、暴雨带来的不快。那一年，不识字的布茹玛汗从巡边的边防战士那里学会了两个汉字：中国！她和丈夫在边境线的乱石中寻找到“长得最好看的”一块石头，在寒冷的山风吹拂中，不停地在石头上一笔一画地刻着。当“中国”二字完整出现在石头上时，她像一位初恋少女献上初吻一样，以一颗圣洁纯真的心，把自己的亲吻印在“中国”二字上。接着，她和丈夫一起在边境线上埋下了用柯尔克孜文雕刻出“中国”字样的第一块石头。

>新疆克孜勒苏柯尔克孜自治州吉根乡边防派出所柯尔克孜族护边员布茹玛汗·毛勒朵向官兵们报告边境一线情况（新疆公安边防总队李德模提供）

几十年来，用石头刻“中国”二字成了布茹玛汗的最大爱好。在巡边时只要见到能够刻字的大些的石头，她就坐地刻“中国”二字，在冬古拉玛山口边境线上，布茹玛汗埋下了多少块刻有“中国”字样的石头，谁也讲不清。多少次她把热泪洒在了刻有“中国”字样的石块上，在“中国”二字上留下了她多少个虔诚亲吻的唇纹？她自己也说不清。

和边境线上的所有穆斯林巡边员一样，她心中领受了伊斯兰教中最普通的道理：爱护自己的祖国，就是信教的一个表现。他们认为生活的冬古拉玛山口，是中国的领土，守好这里，就是爱国。

布茹玛汗·毛勒朵的穆斯林爱国情结，不仅表现在她的巡边、守边上，更重要的是，她用这种朴素的情感，情暖一代又一代冬古拉玛山口的边防官兵，她家的毡房也就成了见证爱国大情、传播母爱的“编外兵站 ”。

布茹玛汗有两个家，一个在夏季牧场的山上，一个在“冬窝子”的山下。山下的家在吉根乡政府附近的萨子村，离伊尔克什坦口岸只有 20 公里，家里有冰箱有电视。而山上的家没有电，通信靠人传递，住毡房，烧牛粪。相比而言，她更爱山上的家，因为那里有她的巡边、守边事业。由她家毡房通往山口本来没有路，

>新疆克孜勒苏柯尔克孜自治州吉根乡边防派出所柯尔克孜族护边员布茹玛汗·毛勒朵刻下"中国"石，见证对祖国的无限忠贞和热爱（新疆公安边防总队李德模提供）

是她用双脚踩出了一条便道：晴天一身土，阴雨满身泥，摔过数以千次的跤，受过数以百次摔碰伤疼，但她始终没有退却。

为了巡边、守边，布茹玛汗顾不了家，没精力照顾孩子，6 个孩子未能上好学，受教育最高的小女儿玛依努尔，也只上到初二就辍了学。她常常感到对不住孩子，但她坚守着“永远都不会当逃兵，永远都不会后悔”的承诺，创造出了连续 42 年从未发生过人畜越境事件的巡边、守边业绩。

在帕米尔高原乃至新疆万里边防线上，布茹玛汗大妈不过是众多巡边员群体中的普通一员。20 世纪 60 年代初，由于形势的需要，布茹玛汗大妈所在的克孜勒苏柯尔克孜自治州精心挑选了 300 多名优秀青年穆斯林，成为自治州千里边防的首批巡边员。当时的条件极为艰苦，没有路，没有电，烧牛粪，住土窝子，没有文化娱乐，基本上是一种半原始的生活状态。但一代又一代的巡边员忍受寂寞，守住清贫，创下了可歌可泣的戍边业绩。40 余年过去了，老一辈巡边人大都是 70 岁左右的老人了，他们的儿子、孙子又都接过老辈们肩上的担子，义无反顾地走进巡边员的行列。

在克孜勒苏柯尔克孜自治州境内，有很多和布茹玛汗大妈一样的巡边员。如库鲁木都克山口守边老人莫依丁，在 40 多年的守边生涯中，曾先后 6 次救冻伤、摔伤的官兵 23 人，经常用自己的胸口为冻伤的战士暖脚。吐古买提乡牧民吐尔地·吾斯曼，父亲巡边 30 年，1990 年退休，他接过父亲的担子守边。在 16 年的巡边生活中，经常是夫妻俩带着孩子一家三口巡逻，先后协助派出所抓获 35 名企图越境者，被评为“全国军民共建社会主义精神文明”先进个人。在阿合奇县边境线上，一名叫买买提·卡德尔的牧民义务守边、巡边 10 年，未拿政府一分钱的补助，而像他一样几年、十几年，甚至几十年义务巡边不收分文补助的柯尔克孜族牧民，还有很多。他们构成了一支被誉为“千里眼”“顺风耳”的巡边、守边的群体，为西北边境的安全发挥了巨大作用，这也是全球穆斯林中的独到风景。

>作者带着护边员证，在帕米尔高原的边境地带，背后27公里处即是塔利班控制地区

整个新疆的边境线上，几乎都撒遍了一曲曲爱国之音。最为国人所熟知的是那曲《毛主席的战士最听党的话》。2013年国庆节期间，我在新疆伊犁州霍城县的博物馆，看到一幅黑白照片，才知道“毛主席的战士最听党的话，哪里需要哪里去，哪里艰苦哪安家，祖国要我守边卡，扛起枪杆我就走，打起背包就出发……”这首人人熟知、脍炙人口的歌曲就诞生于新疆霍城县西北距霍尔果斯口岸不远的卡拉乔克山下，这首歌的源头就是生活在这里的阿拉马力边防连，这里的穆斯林和边防连的官兵常年合奏着一曲爱国大唱。

卡拉乔克山是中国和哈萨克斯坦的界山，生活在这里的哈萨克人一直秉承着爱国的传统。而19世纪末游走在哈萨克草原的诗人阿拜的诗句就是这种传统的印证——“人若没有祖国，就像夜莺离开了森林，白天和夜晚一样心惊胆战！”

>阿拉马力边防连（一）

>阿拉马力边防连（二）

1962年8月，常年积雪的卡拉乔克山顶，白雪被三峰骆驼的轻步唤醒了，骆驼后面跟着11名公安战士，带领这些公安战士的是奉命来建边防连的高立业。那三峰骆驼是他们从当地哈萨克牧民那里借来的，他们背着一口锅、两把铁锹及一些简单的行李来到了卡拉乔克山下。这就是后来传承在这里的“三峰骆驼一口锅，两把铁锹住地窝”的边防连艰苦创业精神。

刚建站时，全站只有11名官兵，守卫74公里边境线。战士们巡边时，哈萨克牧民会将自己看到的情况及时汇报给他们。牧民有什么困难，也总能得到边防战士的无私帮助。当时的生活条件很差，吃的面粉和蔬菜要到50多公里以外的老霍城去买，当地的哈萨克、维吾尔、柯尔克孜等穆斯林看到这些战士，犹如看到亲人一般。几十年来，一直如此。

边防站建成的第二年，时任伊犁军区宣传干事的李之金在连队蹲点期间，看到守边将士面对恶劣的自然环境，爬冰卧雪，风餐露宿，但却依然抱着乐观向上、无怨无悔的心态守边护边，心中为之感动，便把他们的思想言行用最朴实的语言记录了下来，形成了《毛主席的战士最听党的话》这首歌的歌词。很快，这首歌从阿拉马力唱响了伊犁河谷。1964年，此歌参加了新疆军区举行的文艺会演，开始在新疆军区传唱，并被新疆军区选送到北京参加1965年全军文艺调演，受到周总理与叶剑英元帅的高度赞扬，不久就唱遍了大江南北，从20世纪60年代唱到了现在，不仅传唱于基层官兵之中，就是全国各地的卡拉OK厅里，也能点到这首歌。

第六章　麻扎，埋着的历史和智慧

埋在地下的智者之声

最后一首失传的歌谣声里，突厥语哑声
智者的面容，清瘦在亚洲之巅
马匹踏过山峦，羊皮卷上缓慢地书写
两道陪葬千年的声音
等待聆听的耳朵紧贴大地

河边的交锋，吓醒依着母亲熟睡的婴儿
弯刀的弧线，刺疼被校正过背景的土地
月光之上，一片暗红涂抹着天空
袈裟匆促遁身，邦克声紧随而来
暴力篇章，铺满那时的中亚腹腔
最血腥的一节，源于一场从王座上走来的颠覆
依着刀锋之缘，削平民众的仰望
率众改信的王汗，躺在苹果香味的中央
一部经典，成就了学者长久的笑容

一场战役，定义了膜拜者的虔敬

漫步中亚，穿行过荒草掩盖着的田间小路
怎么只有我的身影？我的到来
不仅仅是为了辨认麻扎的主人
不仅仅是聆听地下的智慧之音

麻扎出现了！

在新疆，穆斯林聚居地区有很多公墓和零散墓地，当地人把这些坟墓称作“麻扎”。“麻扎”是阿拉伯文“Mazar”的音译，原意为“访问”“探望”，维吾尔语中转意为“圣灵之地”“伟人之墓”。在信仰伊斯兰教的民众心中，大部分麻扎是伊斯兰教著名贤者、显贵的坟墓，也有些麻扎不是坟墓而是一棵树、一个水泉、一个山洞。在新疆，很多穆斯林认为每一处麻扎都有各自的神灵（或曰神性）。因此，他们遇到困难时，就会朝拜与之相应的神灵栖息地——麻扎。那些虔敬的穆斯林向麻扎跪拜、诵经、祈祷，有的诉说个人不幸遭遇，心中默念着自己的请求；有的则宰牲献祭，捐献金钱或财物；甚至有的女性前去求子祈福，在麻扎及周围的灌木、草丛中插上树枝，或挂上旗幛、牛马尾、羊头、羊皮、布条等各种饰物。

朝拜麻扎是新疆穆斯林的一种宗教习惯，麻扎是他们除了清真寺以外的又一重要活动场所。特别是在夏秋收割前后的农闲时期，从村庄通往麻扎的道路上，有的乘车，有的骑驴，有的步行，一个个带着虔敬而喜悦心情的穆斯林，奔麻扎而去。我曾不止一次看到过新疆穆斯林朝拜麻扎时的情景：麻扎周围人山人海，朝拜的人群面对麻扎匍匐跪拜，随着此起彼伏的“安拉乎艾克拜勒”（真主至大）祈祷声，穆斯林的身影也起伏不断。

这种情景只有在新疆才能看到。

沿着伊斯兰文明进入中国的路线，我第一次见到麻扎是从瓦罕走廊出来，行至塔什库尔干塔吉克自治县城郊外，看见一座座麻扎醒目地矗立在路边。从那时起，我在整个新疆境内做的伊斯兰文明的考察，其实就是一趟与麻扎相伴的考察之旅。一路走来，看到新疆有名的麻扎有喀什的阿帕克霍加麻扎（汉文史料称的香妃墓）、阿图什的苏里唐·萨图克·波格拉汗麻扎、英吉沙的乌尔德麻扎、吐鲁番的阿尔发达麻扎、霍城的秃黑鲁·帖木儿汗麻扎等。而更多的无名麻扎或成片出现在村庄周围，或单独卧在一片树林中，黄土堆起的外形，明显地隆起于大地。这些简单的造型和没有规则的排列，构成了伊斯兰文明进入新疆大地的一个个神秘符号和象征，更是伊斯兰文明进入新疆时保留下来的“胎记”。

> 慕士塔格峰下的塔吉克人麻扎

>阿帕克霍加麻扎，也就是人们常说的香妃墓

>秃黑鲁·帖木儿汗麻扎

新疆著名诗人沈苇这样描述：“麻扎就像大地上长出的一个胃，在时间的黑暗中静静消化‘死’这个词。麻扎朝拜者满怀崇敬，翻山越岭，远道而来，他们能从死者那里获得审视自己的角度和目光。”

在帕米尔高原上行走的过程中，我常常看见生活在这里的塔吉克、柯尔克孜、哈萨克、维吾尔等各族穆斯林前往麻扎所在地，或是静立，或是低声哭泣，或是轻声为亡者祈祷。这不由得使我想起 11 世纪的穆斯林大诗人玉素甫·哈斯·哈吉甫的诗句：“贤明来到亲人的墓边，扑倒在坟头，泪流满面。他哭道：‘亲人啊，你再来看我一眼，让我看看你，慰疗我忧伤的心田。我满怀希望来把你探望，你为何藏起了你的容貌？亲人啊，我生命的欢乐，心灵的花冠。没有你，我怎么能活在人间？’”

我的伊斯兰文明之旅中的麻扎专题是从阿图什开始的，因为那里有新疆第一座伊斯兰风格的建筑——苏里唐麻扎。

从阿图什打的很容易就到市区西南两公里左右的麦西提村，远远就能看见标识很

>苏里唐麻扎

>苏里唐麻扎门口前的简介

明显的伊斯兰建筑群——全称为“苏里唐·萨图克·波格拉汗麻扎”。站在这里，更能明显地感受伊斯兰教最初传入中国的情形。10世纪中后期，越来越多的伊斯兰教传教士和商人涌入控制帕米尔高原的喀喇汗王朝，雪山、草原、河谷，乡村、牧区、城镇，到处可见这些勤奋的传教者身影。

开始，他们的身份在全民信奉佛教的喀喇汗王朝内还是隐秘的，不便公开的。当王朝的汗位传至第三代时，历史的拐点出现了！公元905年，第三位汗王苏里唐·萨图克·波格拉汗在今麦西提村宣布接受伊斯兰教！这是文献中记载的新疆境内也是中国境内第一个皈依伊斯兰教的政权。他的弟弟奥古尔恰克为了纪念这一具有历史意义的事件，在这里修建了一座清真寺，后来被当地人称为苏里唐·萨图克·波格拉汗清真寺。此后，传教者的身份公开了，政治地位上升了，伊斯兰教开始在这个佛教之国寻找立足之地。公元955年，苏里唐·萨图克·波格拉汗去世，他的长子、继承人木萨·本·阿不达勒·克里木按照伊斯兰教的建筑风格，在苏里唐·萨图克·波格拉汗清真寺后修建了一座陵墓。这就是中国境内的第一座政教合一的穆斯林人物的麻扎！这两所建筑物也是至今在新疆发现的最古老的伊斯兰建筑。

木萨·本·阿不达勒·克里木执掌政权后，向来自波斯高原、阿拉伯半岛的穆斯林传教士敞开了大门，这些传教者，可以不受任何限制地穿越在整个喀喇汗王朝内，可以选择王朝内的任何一个公民来传播伊斯兰教。

一天，一位来自阿拉伯半岛、名叫卡里马提的穆斯林传教者出现在了木萨·本·阿不达勒·克里木眼前。一番长谈后，这位对伊斯兰教颇有研究的学者深得木萨·本·阿不达勒·克里木的敬重，他向木萨·本·阿不达勒·克里木建议，要依靠王权甚至武力、暴力来推动伊斯兰教在整个王朝内的传播。否则，在深受佛教影响的喀喇汗王朝内，是无法传播伊斯兰教的。

冲突出现了！

诚如耶鲁大学的美国学者纳杨·昌达在他的《绑在一起：商人、传教士、冒险家、武夫是如何促成全球化的》一书中描写的："刚开始，伊斯兰教是通过商人在印度次大陆和平地传播，但后来在印度的传教却成为伊斯兰教历史上最暴力的篇章之一。加兹尼人入侵印度之举，在人们的眼中本是一场针对印度教异教徒的圣战，其实却成为劫掠寺庙黄金与珠宝的良机。"

和以劫掠寺庙黄金为目的的印度传教之旅不同，伊斯兰教最初在喀喇汗王朝内部的传播则带有明显的取代佛教影响的心理与企图。佛教在西域有近千年的历史，到卡里马提来传播伊斯兰教时，整个西域已经形成了于阗（今新疆和田市境内）、疏勒、龟兹、高昌四大佛教中心。阿图什就是属于疏勒王朝的。

一天，卡里马提前往今阿图什市上阿图什乡塔合提村一带，在附近的恰克玛克河陡峭的河岸上，看到一处佛教石窟。时隔 1500 多年之后，我沿着卡里马提那天从阿图什出门至此的路线，看到至今仍被当地群众称为"玉其莫日万千佛洞"的遗迹前，这是距今至少有 1800 年左右的，新疆保存下来最古老的佛教石窟。目前，洞窟内还有汉文、蒙文和回鹘文、俄文、法文、英文、日文等文字题字，可见其千年间持续不断的吸引力。

卡里马提被他看到的佛教胜迹震惊了，建筑形制、壁画、造像以及周围民众对这里的敬仰，尤其是那天有很多的民众从远处而来，在这里敬香礼佛，使他的内心开始被一种不舒服的感觉包围。通过木萨·本·阿不达勒·克里木派来陪他的当地人的介绍，他才知道这里是中国古代丝绸之路上的重镇，是历史上的疏勒国。

早在公元 2 世纪初期，疏勒王安国的舅父臣磐信仰小乘佛教，曾一度居住在大月氏国。安国死后，臣磐被国人迎立为王。公元 4 世纪中出生于龟兹的大佛学家鸠摩罗什，在随其母从犍陀罗学习佛经回来途中，曾一度住在这里，为当地佛教徒讲经说法，深得国王器重。公元 462 年，疏勒国王曾给北魏文成帝献去一件用石棉制作的释迦牟尼袈裟——“置于猛火之上，经日不燃，观者莫不悚骇，心形俱肃”。随着陪同的介绍，卡里马提也知道，公元 585 年，著名佛经翻译家、天竺僧人达磨笈多，驻足这里两年，为当地僧徒讲解大乘经论；公元 644 年，大唐法师玄奘从印度取经归来，路经这里并留下了这样的记载：“（疏勒）国周五千里……淳信佛法，勤营福利。伽蓝（即寺院）数百所，僧徒万余人，习学小乘教说一切有部。不究其理，多讽其文。”

那天，站在佛窟前，卡里马提想到这样一个场面：公元 630 年年初，穆罕默德返回麦加城后，来到天房行朝觐礼仪后命人捣毁里面的一切偶像，他一面捣毁偶像，一面高呼：“真理已来临了，虚妄已消灭了。虚妄确是易灭的。”接着是穆斯林们齐声跟随先知欢呼：“真理已来临了，虚妄已消灭了！”他认识到，如果要在喀喇汗王朝内传播伊斯兰教，必须先从捣毁这个佛教胜迹开始。他的这个想法自然得到了木萨·本·阿不达勒·克里木的支持。

于是，有了《突厥语大词典》中记录的情境——“我们像急流奔驰，我们出现在城中；我们捣毁佛寺，我们在佛像头上撒尿”。

这样的举动自然引起了佛教徒的不满甚至反抗，卡里马提便动员木萨·本·阿不达勒·克里木发动战争，消灭任何对抗伊斯兰教传播的力量。西域四大佛教中心之一的疏勒王国首先迎来战刀的锋光。诚如来自今阿富汗的加兹尼人首领马罕默德所说的“我战胜了敌人，我斩杀了几‘格拉’（几十万）的异教徒和偶像崇拜者，信仰之敌的鲜血沾满了我传教的宝剑”。整个喀喇汗王朝内的20万帐突厥人在“要么皈依伊斯兰教，要么死亡”的单项选择中，被迫皈依伊斯兰教，这无疑促使喀喇汗王朝进一步伊斯兰化。

公元998年，木萨·本·阿不达勒·克里木在卡里马提的建议下，决定向西域另一个重要的佛教中心——喀喇汗王朝东部的于阗扩张。然而，这次，他遇到了于阗军队的顽强抵抗，这位狂热传播伊斯兰教的喀喇汗王朝的最高首领在进攻于阗的战斗中战死。因此，他在中国的穆斯林中赢得了“殉教者”的赞誉，他的尸体被运回到阿图什，埋在了苏里唐麻扎内。

木萨·本·阿不达勒·克里木在进攻于阗时，特意带上了他的儿子阿不勒哈三·阿里·本·木萨，当喀喇汗王朝的军队行至今英吉沙县东南一带时，和于阗军队相遇，年轻的王子在激战中牺牲，这位被尊奉为喀喇汗王朝的第五代大汗自然也被埋进苏里唐麻扎。波格拉汗及其继承者在“毫不留情毁庙宇，偶像头顶尽遗矢”的武力扩张中，摧毁了喀什、阿图什、和田一带的佛教、景教建筑，使得“伽蓝百所，僧徒万人”的喀什、阿图什、寺庙佛塔，荡然无存，佛教建筑绝迹。

因此，在苏里唐麻扎的细细体会，就是在慢慢阅读伊斯兰教在中国西域传播初期的一部扩张史。

麻扎的末位也就是最后一位，是第十代大汗尤素甫·哈狄尔汗，他死亡的具体时间是公元 1032 年。经过 10 代大汗的努力，伊斯兰教不仅在昔日的喀喇汗王朝内部扎根，而且向东一直扩张到伊斯兰教传入新疆前的著名佛都——于阗。

如今，阿图什作为新疆克孜勒苏柯尔克孜自治州的州府所在地，在喀喇汗王朝初期乃至第十代汗王尤素甫·哈狄尔汗死后，阿图什一直是伊斯兰文明进入中国后，最初的也是最大的根据地。伊斯兰文明进入中国后，可以说是以阿图什为原点进行传播的。

那些皈依伊斯兰教的民众以及他们的后人，千百年来，或者于每天的礼拜时间，或者于穆斯林重大节日期间前往阿图什的大麻扎举礼。当我漫步于其中时，无论是和寺里的阿訇交谈，还是随意和来这里的礼拜者聊天，谈到 10 代汗王在“经书与大刀”的影响中一次次捣毁佛寺的经历时，却很少有人知道。他们只是沿袭着千年间留下来的伊斯兰仪式与意识，并不去留意这些历史，至于遗留在阿图什的那些佛教遗迹，更是他们漠不关心的。

近几年，随着当地旅游经济的升温，不少穆斯林出租车、私人轿车司机——无论是柯尔克孜、维吾尔，还是回族，对游客提出前往这些佛教建筑的要求，并不拒绝，只是带到那里后，他们很少有人进去。客人进去后，他们慢慢地抽烟，和临近车辆的司机聊天，直到客人出来。我就遇到了这样的情境，那个带我去看佛迹的柯尔克孜族司机，在回来的路上继续不停地抽烟，我随意问起发生在这片土地上的伊斯兰文明的起步史，他一脸漠然。

喀喇汗王朝内部一直有大可汗和副可汗。喀喇汗王朝分裂为东西两部后，东部喀喇汗王朝领地包括七河地区、喀什噶尔、于阗及费尔干纳的东部。大可汗仍居巴拉沙衮，副可汗居喀什噶尔。西部喀喇汗王朝领地为河中地区及费尔干西部。大可汗居撒马尔罕，副可汗驻布哈拉。东部喀喇汗王朝于公元1210年为辽所灭，西部喀喇汗王朝于公元1212年为元所灭。

从公元840年立国，到公元1212年灭亡，历时370多年的喀喇汗王朝在中国历史的大视野中消失了，但它对伊斯兰教进入中国的推动作用，却是无法忽视的。尽管它迎接了外来的伊斯兰教，并支持其和扎根千年的佛教发生冲突，但它的10代王汗在自己的汗号前都加上“桃花石”一名，用以表明自己是中国的汗，所辖领地是中国的一部分。其汗国的名字“喀喇汗”也包含有中国北方的汗国之意。另一方面，他们摧毁了其先民创造的回鹘文化以及承接的佛教文化，王朝内部开始了新疆回鹘文化史上的新时期——维吾尔文化的伊斯兰时期。

在苏里唐麻扎的东边，我缓缓地移动着自己的脚步，仔细地打量着眼前的一个个坟墓，我知道历史不能假设，但还是忍不住陷入一个假想的空间：如果没有苏里唐当初的那场信仰选择，新疆的宗教版图就不会是现在的这个样子，伊斯兰文明在中国的命运就会重写。一个个排在苏里唐之墓之后的名字，就是一个个在不同程度中将伊斯兰教推向更为宽广范围的推手。

当喀喇汗王朝将其政治、文化乃至宗教中心迁到今天的喀什时，阿图什的旁落命运也就开始了。大批的穆斯林商人、传教者汇聚的中心也转往那里。随着伊斯兰教彻底在整个新疆西部、中部入驻，疏勒也被喀什噶尔取代。这使我很自然地想起了赫尔克提的诗句——

我呀，并不需要去天方朝觐访胜，
喀什有的是麻扎，擦眼土药够用。
睫毛可为帚，扫净那大片的广场，
倾洒泪水，在这建起天堂来礼歌。

阅读新疆察合台后王时期的历史著作《拉失德史》时，我发现了这样一个说法：喀什的一些穆斯林学者如果遇到一些学术疑难或自己百般思虑而不得其解的问题时，便记下来，恭敬地放在那些智者的麻扎里。第二天早晨起来前往麻扎，会发现问题的答案就在那里。这个说法固然不可信，但从中能看到穆斯林学者对麻扎的虔敬。

著名的穆斯林诗人萨迪有这样一句话：“一切学术必须求之于地底，

因为学者都在大地的腹中。”这句诗透露出这样一个信息：埋葬于大地之下的学问，体现在麻扎里那些伟大的智者或诗人身上。喀什最著名的麻扎有三处——《突厥语大词典》的作者麻赫穆德·喀什噶里的麻扎，维吾尔族著名诗人、《福乐智慧》的作者尤素甫·哈斯·哈吉甫的麻扎和伊斯兰教白山派首领阿帕克霍加的麻扎。

在阿克陶县境内，我只曾去过麻赫穆德·喀什噶里的麻扎。在喀什，我的目标便是去尤素甫·哈斯·哈吉甫的麻扎和伊斯兰教白山派首领阿帕克霍加的麻扎。坐出租车前往体育路 54 号，在市十二小学和喀什登山协会旁，就看见这座带给穆斯林世界诗歌智慧之王的终寝之地——《福乐智慧》的作者尤素甫·哈斯·哈吉甫的麻扎，一座伊斯兰教陵墓建筑的典范之作。

和时下整个中国的景区特点一样，这种充满智慧的地方极少人来，整个上午，麻扎内静悄悄的，这种安宁也恰好切合我对这位伟大的穆斯林诗人敬仰的心境。走进墓室，四壁上有用维吾尔、汉、英、阿拉伯 4 种文字镌刻的《福乐智慧》中的名言：“智慧是明灯，给盲人赋予眼睛；它赋予哑人以语言，死人以灵魂。”尤素甫是青年时期

>11 世纪初维吾尔著名诗人尤素甫·哈斯·哈吉甫麻扎外景

从巴拉沙衮到喀什的，曾经执教于喀喇汗王朝皇家伊斯兰教经学院，在教书之余，用18 个月的时间完成了 85 章、13290 行的长诗《福乐智慧》。当时的喀喇汗王朝统治者布格拉汗看完后，大为赞赏，封他为“哈斯·哈吉甫”——意思是“可靠的随从”，相当于王宫的高级顾问。

《福乐智慧》是用古突厥文写成的中国穆斯林第一部大型文学作品，但在中国文学史上却长期承受着被冷落的尴尬境遇。它既是一部劝诫性的长诗，也是一部用诗歌形式写成的哲学、伦理学著作。在这部长诗的序言里，和尤素甫同时代的另一位诗人这样评价它的影响——“秦人称它为《帝王礼范》，马秦人（指当时的契丹人）称它为《治国南针》，东方人称它为《君王美饰》，伊朗人称它为《突厥语诸王书》”。可见这部书的传播范围之广和影响之大。

离开诗人的麻扎，喀什的正午开始热了。心中装着诗人的那几句诗，使我的内心逐渐平静，但愿日后来这里的游客，也能在一个浮躁的时代空间里，能接近诗意的尤素甫，能了解伊斯兰文明传入中国后，在那个时代里还有一部伟大的诗典——

>鄯善吐峪沟霍加麻扎

>11 世纪初维吾尔著名诗人尤素甫·哈斯·哈吉甫麻扎

>鄯善吐峪沟霍加麻扎

在这世上，我已经遂了所有的心愿

面对贪欲，我已经紧闭了双眼。

对今生的求索，我已经彻底厌倦。

那些贪念全部遁去，我已经没有任何可说的话了。

在新疆，一个有意思的现象是，麻扎有很多种类型。我曾在阿图什的一个村子里采访，正和男主人交谈时，他的妻子过来说，她要去郊外的一处麻扎。我很纳闷：这个时候去麻扎做什么呢？通过和男主人交谈，才知道他的妻子有乳房疾病，和村子里另一个刚生完孩子但缺奶的少妇约好了，去村子外那个当地人认为能治疗乳房疾病的麻扎前祈祷。

男主人还告诉我，几年前，他们的孩子出生后总是哭，妻子就和村子里另一个妇女去麻扎前祈祷，那个妇女前往麻扎祈祷的原因是孩子总是尿床。在整个新疆地区，信奉伊斯兰教的人们认为，麻扎是有灵性的。那些被认为专司女性生育，能治疗女性乳房疾病，能催奶及治疗孩子夜哭、尿床等疾病的麻扎，更是深受当地女性穆斯林的青睐。

在南疆的民丰县，最具影响力的是这里的“穷人的麻扎”。关于这个麻扎的主人，在民丰有着这样的民间传说——

公元 11 世纪初，改信伊斯兰教的喀喇汗王朝在向东扩张途中，和于阗李氏王朝的冲突与战争不可避免地发生了。沙漠已经掩埋了那时的厮杀和争夺，漠风带走的是较量后的结果，但这场百年之战的句号却画在了这里。指挥喀喇汗王朝军队的首领是加帕尔沙迪克，他指挥手下的征服者来到距离民丰县县城北边 96 公里（今尼雅乡阿斯喀尔村北 5 公里）的地方，双方的激战中，加帕尔沙迪克战死于此。后来，占据这里的穆斯林为了纪念加帕尔沙迪克，便为他修建了麻扎。

南疆的穆斯林普遍认为，一个伊斯兰教徒如果不能远去麦加朝觐，那么，到这里来就相当于去麦加朝觐了。这就是很多因贫穷而无法去朝觐的穆斯林在每年夏秋季节来这里朝觐的原因。这里也就成了新疆穆斯林心中的“穷人的麻扎”或“穷人的圣地”。

在新疆，已经形成了浓厚的麻扎崇拜氛围。在伊犁州，著名的麻扎还有速檀・歪思汗麻扎、吐虎鲁克・铁木尔汗麻扎、洪那海麻扎、察布查尔麻扎等。

清晨的新疆伊犁哈萨克自治州伊宁市，空气中弥漫茶香。在这里，从哈萨克斯坦中转而来的土耳其茶，经喀什进入中国的印度茶、伊朗茶，从内地长途运来的绿茶，以及产于和田的玫瑰花茶、喀什的叶尔羌砖茶等，使这个城市充满了中国任何一个城市都没有的混合茶香。在伊宁采访维吾尔族、回族、哈萨克族等各族穆斯林时，我就体验到了他们各自的茶道，在茶香里疏理着伊斯兰文明在伊宁传播的脉络。每次在茶香中采访时，无论是清真寺里的阿訇还是普通的穆斯林民众，谈及伊犁地区的伊斯兰文明时，他们总会推荐这里的四大麻扎——伊宁县的速檀・歪思汗麻扎、霍城县的吐虎鲁克・铁木尔汗麻扎、昭苏县的洪那海麻扎以及察布查尔县的察布查尔麻扎，它们像四个卫士分居在伊犁河谷的四周，守卫着这片土地。于是，我在伊犁开始了一次麻扎考察之旅。

最后一次前往伊犁霍城是 2013 年的国庆期间，本地的不少穆斯林遵守着伊斯兰教不能有除真主之外的偶像崇拜的原则，这就加大了我前往霍城寻找当地麻扎的难度。朋友冯的父亲是从内地宁夏辗转前往伊犁的一位回族穆斯林，他从我落地伊宁时就扮演起了陪我了解当地伊斯兰文明的向导。然而，当我问起当地的麻扎建筑时，他却以摇头来默默回复我——原来这里的回民也深受当地维吾尔、哈萨克等信仰伊斯兰教的民族的影响，不像内地的回族等穆斯林有着看重祭奠墓地的习俗，他们极力排除偶像崇拜，因此，对当地的麻扎并不去刻意祭拜。

伊犁州霍城县城西北方向 28 公里处的新疆生产建设兵团农四师 61 团辖区内，就是吐虎鲁克·铁木尔汗麻扎。当我于 2013 年 10 月 4 日上午赶到吐虎鲁克·铁木尔汗麻扎时，门前仅有一位早年从甘肃去那里逃荒的东乡族穆斯林老人在看门，大门两边的牌子显示这里是一处国家级文物保护单位，上面的文字告诉我，这里曾是元代设在丝路北道的名城阿力麻里城的所在地——闻名中亚的“苹果之城”。

步入大门内部，小径两边的苹果树显然是几年前为了景观效果而栽种的，苹果的品种不是最好的那种，园子里也是一片凌乱。走到中间部位时，看见两座带有蒙古族建筑色彩的凉亭屹立在园子南北两端。小径的尽头，就是带有历史沧桑的麻扎。几个来自甘肃的汉族施工人员在进行着麻扎的维修。问起这里的历史，无论是看门的东乡族穆斯林老人，还是施工的汉族人，都回答说不知道。

埋在这里的主人吐虎鲁克·铁木尔汗是成吉思汗第七世孙，在当地穆斯林的口传历史中，公元 1346 年，年仅 16 岁的吐虎鲁克·铁木尔汗被拥立为蒙兀儿斯坦汗王，首府就设在这里。两年后，他正式改信伊斯兰教，为新疆第一个信教的蒙古汗王。随后，他下令强迫所属的 16 万蒙古人改信伊斯兰教，从而加快了伊斯兰教在新疆天山北部的传播。

1363 年，吐虎鲁克·铁木尔汗去世。为了纪念这位带有传奇色彩的蒙古血统的汗王，当地的伊斯兰教信徒在阿力麻里城东郊为他修建了规模宏大的穹隆式陵墓，并按照伊斯兰教殡仪进行埋葬。按照当地人流传下来的传说，当地穆斯林从今伊拉克请来了一位建筑师，当时修建陵墓所用的琉璃砖是用几十头骆驼从中亚运来的，麻扎的建筑式样仿造了撒马尔罕（在今乌兹别克斯坦境内）的麻扎建筑风格。

映入我眼前的是一座具有伊斯兰教陵墓风格的穹隆式墓群，拱门两

>民丰大麻扎

侧的阿拉伯铭文已经模糊不清了，右侧意为“他是恩惠恩典的海洋，伊斯兰及领土的保卫者，一切善良人的护卫者，被上天造就的战胜敌人的……阐扬安拉最高语言的，和平的源泉……”，左侧意为“王后是当代的毕丽克西，普通人的光荣，世上妇女无与伦比，……碧蒂帕丽哈王后，祝她贞洁长在，寿命绵长，她的事迹在东方和西方名闻远近……”。这些文字可以明确，整个麻扎下埋的是吐虎鲁克·铁木尔汗和他的王后。

步入正在维修的大殿，只见里面没有木栏横梁，属纯砖穹隆式，四壁空洞，沿着暗梯登临顶部，昔日的阿力麻里古城映入眼内：北依克干山南麓、南至克干色依、东至吐虎鲁克麻扎、西至卡纳威。整个城池周长 25 公里，仅东西大道就长达 5 公里，这样的规模在当时的新疆境内是首屈一指的。遥想当年，阿力麻里城最辉煌时，是草原丝绸之路上的要冲和重镇。波斯历史学家志费尼在《世界征服者史》中将察合台的宫阙比喻成全人类的核心，他如此赞叹道：春天，阿力麻里城到处弥漫着苹果花淡淡的芳香，蜜蜂、蝴蝶在花丛间飞舞，家家户户制作苹果酱，蒙古贵族们在自家的花园内品尝着波斯面包蘸果酱或蜂蜜。当春风送来伊犁原野上阵阵苹果花的清香时，你会情不自禁地吟唱“哦，阿力麻里……”

多年来，阿力麻里古城遗址出土了无孔金币、银币、石刻以及元代龙泉、景德镇窑瓷器等文物。如今，大片农田已经将阿力麻里古城的记忆全部带走。

出伊宁市东行约50公里，在伊宁县与尼勒克县的交界处，四面青山环抱，清澈的博尔博松河水缓缓流过，造就了一片绿树成荫、庄稼丰硕的谷地。在当地穆斯林的心目中，镇守伊犁河谷东北角的速檀·歪思汗麻扎是这里人文历史中最辉煌的一笔。麻扎所在的乡因此得名麻扎乡，麻扎所在的村庄因此得名麻扎村。

还没到麻扎村口，远远就能看见路边有一个很大的路牌，上面有阿拉伯文字和汉文介绍。其中汉文部分写着“速檀·歪思汗陵园”，并标明这里是全国重点文物保护单位，下面写着“成吉思汗十一世孙、察合台汗国后王”。“速檀”是阿拉伯文“sultan”的音译，意为“君主”或“统治者”。我在喀什采访时，当地人对那里的最大的麻扎的发音是“苏里唐”；在中东国家采访时，当地人的发音多为“苏丹”；而在伊犁地区采访时，这里的人又多念为“速檀”。不同的地方发音不同，但所指是一样的。漫步村庄内，麻扎村村民尤素福自豪地告诉我：“别看这块地方小得很，外地游客也很少，但这是真正的圣墓，2006 年被国务院公布为第 6 批全国重点文物保护单位。”

关于速檀·歪思汗的故事，据传，公元 1418 年，成吉思汗的第十一世孙速檀·歪思汗登上蒙兀儿斯坦的王位，不久，他从元代西北重镇别失八里西徙伊犁河流域，更号为亦力把里王。亦力把里是当时新疆的地方政权，向明朝纳贡称臣，自称为“地面”。为了更有效地统治这片穆斯林占主体的地区，歪思汗放弃了蒙古人信奉的藏传佛教，改信了伊斯兰教。1428 年，歪思汗在伊塞克湖作战时身亡，留下遗训，要部下将自己运回伊犁归葬。后人为了纪念他，于清末在他的葬身处为其修建了麻扎。

走进绿树掩映的麻扎，这是一座古老的中国亭阁式建筑。整座建筑坐北朝南，砖木结构，第一、二、三层是方形，第四层呈六角形，历经风雨侵蚀，显得很苍凉。寝顶为拱形，两面窗户为圆形雕棂，窗额用绿色釉砖镶砌，并有阿拉伯文的伊斯兰颂辞。底层的流檐由 20 根木柱支撑，让我感受到它们支撑的不再是一个建筑，而是当地穆斯林的虔敬之心。而最虔敬的一颗应该算那个叫维里内依的维吾尔人。

>吐虎鲁克 · 铁木尔汗麻扎（一）

>吐虎鲁克 · 铁木尔汗麻扎（二）

村民们大多持这样的观点：维里内依于1876年捐资聘请内地汉族工匠修建了这座麻扎。这个说法显然不太精准，因为当时正是沙俄侵占伊犁之际，加之南疆和乌鲁木齐、吐鲁番均被侵略者中亚浩罕汗国军官阿古柏所侵占，伊犁与内地的交通几乎中断，如何能请来内地工匠呢？我倒宁愿相信，是他去了伊宁城，将内地而来的陕甘籍回族穆斯林请来，修建的这座带有内地建筑风格的麻扎。

在考察新疆境内的麻扎时，我看到穆斯林朝拜者们以各种方式来表达自己的虔诚：有的向麻扎供献祭品，有的将树枝插于麻扎附近的地上，还有的会在麻扎周围的树上插钢针……村民尤素福特意指着速檀·歪思汗麻扎周围的树木，问我是否看到与别的地方不一样的现象？仔细看去，才发现那些树木的枝条上拴绑着许多红布条。原来这是前来朝拜的穆斯林群众为了祈福而绑的，多是一些妇女为了求子而绑的。

和伊犁著名的速檀·歪思汗麻扎、吐虎鲁克·铁木尔汗麻扎相比，以地名来命名的洪那海麻扎的名气小得多，以致当地人大多也不大了解这个麻扎的历史。

坐上从伊宁市客运站发往昭苏县的车，然后再乘车前往城西南57公里处的洪那海乡，在距离中哈边境不足两公里的洪那海沟口，司机告诉我，眼前的这座麻扎就是“伊犁四大麻扎”之一的洪那海麻扎，它端坐在伊犁河谷的南端。

虽然这座麻扎于1990年12月就被定为自治区级文物保护单位，但由于这里地处边境，很少有人前来观瞻。在红色的山体和碧绿的青草间，麻扎显得有些落寞。整个麻扎坐北朝南，呈长方形，分里外两层，面积约1000平方米，是典型的中式砖木结构。关于这个麻扎的主人，学界的意见并不统一，但多倾向于其为西辽时期著名的突厥学者葛逻禄人厄拉吉丁·阿布·牙合甫·尤素甫·伊本·艾比·伯克里·赛喀克。这位学者曾担任过察合台的宫廷大臣，位居宰相，著有《知识之钥》传世。后来因获罪于察合台，被囚于今察布查尔一带，于公元1228年去世。出于对他的敬重，当地穆斯林给他修建了麻扎。现在，我眼前看到的这个麻扎，是1912年重建的。麻扎的主人究竟是不是这位突厥学者，还有待进一步考证。

“伊犁四大麻扎”中的最后一座麻扎——位于察布查尔锡伯自治县坎乡的麻扎名气最小，也地处最偏僻，因而外界很少有人去，这就注定了这座麻扎的清冷。

第七章　喀什，中亚的“文明之胃”

喀什噶尔的记录

这亚洲芬芳之地，曾何等安详
这巨大的码头，文明的搬运夫忙乱千年
僧侣缓慢走过绿洲，乡村端坐在平和时光之上
头戴草帽的劳作者，悠闲地坐着毛驴车
笑声撒在从田间到家里的小路上
集镇上的交易，在友好的戏骂中完成
大唐帝国的将士，巡逻在这片视己拥有的疆域
谁留意到这一切背后的危险，来自山的那边
掠夺者乘夜色而来，惊呼声被巧妙地遮盖
黄泥小屋没变，街上的叫卖没变
喀什噶尔的称呼没变，春天的沙枣花香没变
突然被调整后的时光，开始主宰剩下的岁月
信仰之书的内页，被猝然抽换
文明的搬运夫们，逃离他乡的前夜
集体看见，曾经缤纷的大地
只剩下一种食粮：礼拜！

喀什，喀什噶尔！喀什出现了！

喀什，一个让伊斯兰文明最初在中国境内生根的温床，一个让伊斯兰文明以此为原点向东扩张的地方，一个接纳了儒家文明、古希腊文明、伊斯兰文明、印度佛教文明乃至一度也接纳过西方文明的巨大容器，后来却成了让伊斯兰文明一枝独秀于此的“中亚之胃”。

当伊斯兰教抵达喀什时，古老的印度文明、波斯文明、巴比伦文明早就来到这里，它们形成了各自的规模和影响，并和从东而来的中国儒家文明汇聚于此。佛教文明更是这场文明聚会中靓丽的主角。当伊斯兰文明登上喀什的舞台时，这里和中亚、南亚、西亚的交流就更加频繁，而从内地而来的中原文明更是像一道不停输送新鲜血液的管道，不断地充实着这里的中国元素。如今，随着喀什特区的建设，大批外来者的到来，在喀什更能找到全国各地的风味小吃。

刚到喀什，在公安局工作的弟弟安排我在提前预订的“如家”酒店入住后，便带我去当地的“木卡姆饭店”就餐。这是一个一年四季几乎没淡季的饭店，整个布局呈现出浓郁的维吾尔族风格。每次来这里都能看见客满场景，服务员们忙碌地穿梭在各个餐桌前。

在喀什，维吾尔族在400多万人中占90%以上，到处都是诸如“木卡姆”这样的维吾尔族人开的饭店。喀什全城的清真餐馆共有506家（2010年上半年统计数字），其中像木卡姆饭店这样的全天正常营业的有165家，约占全部清真餐馆的32%。这类餐馆的顾客除了当地人外，还有我这样的外地人。而我第二天去吃早餐时，是一家只在早餐和晚餐时开门迎客的清真餐馆，这类餐馆有125家（2010年上半年统计数字），约占25%，是当地人多去的地方。

>喀什噶尔老照片

国家提出建设喀什特区的战略，使这

>喀什老民居

个本来就忙碌的城市生活节奏立即加快，我也是提前了好几天预订才得以入住酒店。在酒店大厅，看到那些急匆匆来打听还有没有房的客人们在得知没房后带着失望的神色离开，我对这座城市年接待游客量超过 200 万的数字，不再感到吃惊。而加剧客房和酒店紧张的另一个原因则是那些来自山东、广东等省份的商人，来这里寻求商机，包下酒店的房子来洽谈业务。

日本历史学家汤因比曾经说，如果生命能够重来一次，他希望生活在中国古代的西域。因为，那是一个文化汇聚的福地。而最能体现这种文化汇聚的地方就是喀什！

那些最初来到这里的域外穆斯林，听到这个地方的称谓是历史上著名的西域三十六国之一的“疏勒”，也是伊斯兰教传入中国前西域著名的四大佛都。如今，走在喀什的大街上，已经彻底听不见疏勒的说法了，这个古老的名字已沉进了历史古籍和专家们研究的眼光中了。余秋雨曾经这样对比喀什和上海：“请记住，当西域和喀什让世界文明血脉畅通的年代，上海还是海边荒滩。也就是说，没有西域和喀什，就没有今天的中国，今天的亚洲，今天的世界。当然，更不会有今天的上海。”当喀什在一片巨大的麻扎前修建完新疆最大的清真寺——艾提尕清真寺时，上海还真是一片荒凉之地。

对于那些一生遥望麦加圣地而不得其行的穆斯林来说，到喀什的艾提尕清

>进入艾提尕清真寺的维吾尔族老人（肖泳摄）

真寺朝拜就是此生的最大愿望。清真寺门前，躺着或坐着许多风尘仆仆的人，他们大部分是从各个地方来朝拜的，老老少少相携而来。

在寺前的广场上，我试图和一位来自巴基斯坦的穆斯林用简单的英语交流，没想到，已经来喀什做生意10多年的这位穆斯林用汉语告诉我：这座寺建于公元1442年，在整个中亚都有着很大影响。谈及这座寺的来历，他告诉我一个民间版本，这里原来是一块空地，有一位要从新疆中部地区去麦加朝拜的贵妇，走到这里后生病了，经过当地医生一段时间的医治后，因医治无效而病逝于此。她临终前告诉后人，为了弥补和自己一样的人走到这里而没能前往麦加的遗憾，她捐出自己的所有财产，在这里修建了一座清真寺，供无力前往麦加朝觐的人在这里实现自己的宗教愿望。这便是艾提尕清真寺的雏形。后来，经过后代人的不断修葺，才有了今天的形式和规模。

当清晨的第一道阳光照在艾提尕清真寺穹顶上的时候，塔楼上阿訇的呼唤，会伴随着深沉激荡的钟声，穿越稀薄的晨光、浓重的雾气，传进喀什老城每一个穆斯林的耳朵里。于是，男人们停下活计，扶正帽子，冲向广场。一瞬间，整个城都苏醒了，在新疆最大的清真寺广场前，一片黑压压的人群，带着他们的虔诚，齐齐跪倒在真主面前。在喀什，每日的第一场礼拜就是这样开始的，周而复始。膜拜的形式，就和他们的信仰一样，永远也不会变更。

在广场东北角的一家风味小吃店吃完早餐后，沿着细细的、暖暖的朝阳向艾提尕清真寺走去，广场因为清真寺也出名，成了喀什重大宗教活动的主要场所。不时有鸽子在广场上踱来踱去，人们走过时，鸽子们兀自享受自己的宁静。远远就能看见125米高的黄绿色方形拱门楼，两座高达18米的召唤楼坐落在各带有一轮弯月的宣礼塔上，显得巍峨而肃穆。和我同行的苏立勇仔细看完召唤楼后，告诉我，和内地清真寺不同的是，这两座召唤楼并不对称。我就这个问题后来求教了很多专家，并没得到一个理想的答案。

踩着冬日上午的阳光走近艾提尕清真寺，由于时差原因，这里的时间过得似乎慢了起来，内地已经是一片忙碌了，遵守“新疆时间”的喀什人才开始他们慢悠悠的一天之始。清真寺门前的广场上少了平常的喧闹，阳光照在金黄色的大门上，似乎发出一道温暖的请帖。在大门口，我发现门楣上停着不少白鸽，咕咕的声音似乎在向每个走进这里的人呼吁和平。走进寺内，有几个礼拜的当地人在虔敬地进行着他们的功课。大殿门口，一位头戴维吾尔帽子者带着警惕的神情问我们道：“是回族么？”同行的回族朋友苏立勇淡然回复：“穆斯林！”那人带着不可捉摸的神色转过头去做他的事情去了。

缓缓走进大寺，在清真寺的正殿逗留很久，发现正殿似乎永远没有“休息”的时候，不时有人进来做礼拜、念经、休息，而且不乏从阿富汗、巴基斯坦甚至伊朗、沙特来到喀什的穆斯林。大殿中央有一座木制的雕花宣教台和权杖，伊朗精神领袖霍梅尼捐赠的一块真丝大地毯摆放在宣教台前面。

和进殿来礼拜的当地维吾尔族人尼亚孜在大殿前的花坛前交谈，他告诉我，艾提尕清真寺最热闹的时候是周五的“主麻日”，一般都会有6000~7000穆斯林来这里参加礼拜。本地的、内地甚至外国的穆斯林，到这里全没有高低贵贱之分，礼拜时会依次排列在主殿地毯上。大殿显然容纳不了全部来礼拜的人，殿外的庭院里就布满了来礼拜者自己带的小拜毯，他们在拜毯上完成他们的功课。那近半个小时的礼拜中，一片肃穆，几千人在伊玛目的带领下，恭敬地面向麦加方向，整个艾提尕清真寺内被一片庄严肃穆的气氛笼罩着。在肉孜节和古尔邦节期间，清真寺前的广场更是以当地维吾尔为主的、来自全世界各地的穆斯林们尽情欢乐的地方。

古尔邦节清晨的礼拜，是喀什老城一年中规模最大的一次礼拜，所有的成年男子都得去礼拜寺参加聚礼，场面蔚为壮观。广场上的聚礼结束之后，乐师们便登上艾提尕清真寺的门顶，敲起纳格拉（铁壳鼓），吹起苏奈依（唢呐），大寺前广场上的男子们跳起了热情奔放的舞蹈。女人们须在节日之前准备油炸馓子和各种点心，为节日期间来家里贺节的亲朋好友和远方的来客准备好充足的美食。这一天，对于维吾尔族女性来说，是展示手艺与持家德行的时机。

艾提尕清真寺仅仅是喀什1万多座清真寺中的代表，这个400万人口的城市，维吾尔族约占360万，加上伊斯兰教经由帕米尔高原从陆路传入中国后第一次向信徒吹响集结号的地方就在这里，就犹如一个长途跋涉的行人在一个地方停下来得到足够的营养补给一样，喀什就有了中国其他地方所没有的伊斯兰教的优势地位。来自政府的权威统计数字显示，在喀什的维吾尔族人口中，除去党政干部和18岁以下的未成年人，这座城市有约220万维吾尔族人信仰伊斯兰教，

>阿图什麦西提清真大寺

>阿图什麦西提清真大寺的门楼，是南疆典型的清真寺外观造型。在扶壁塔柱上建筑多瓣式圆形小亭、小亭顶端的圆球刹杆上挂着一弯新月

>苏里唐清真寺（一）

对于整体信仰伊斯兰教的维吾尔族人来说，真正的伊斯兰教徒数字岂止是这个？在喀什，每220名穆斯林就拥有一座清真寺，每200名伊斯兰教徒就有一个教职人员。

走在喀什的大街小巷，其实就是穿行于一座庞大而丰富的清真寺博物馆中，这些清真寺依照它们的功能被分为三类。一类是“一般寺”，仅供喀什城内或外地来喀什的穆斯林每天5次的礼拜之用，约占喀什清真寺总数的67%；第二类是“居玛寺”，除了供来这里的穆斯林每天的礼拜之外，还可以供进寺的穆斯林从事每周五的聚礼——主麻礼拜，这样的清真寺占喀什清真寺总数的24%；第三类清真寺是“加曼寺”，这类清真寺除了供来这里的穆斯林每天的礼拜和周五的聚礼之外，还可以用来举行开斋节、古尔邦节等伊斯兰教规定的一些重大节日的会礼，它们在喀什清真寺总量中占的比例不到10%。在喀什，清真寺的功能基本按照这三类划分，是不能混淆的。即便是这些清真寺大门的建筑高度，也有明确的要求。第一类的“一般寺”高度不能超过5米；第二类的“居玛寺”高度不能超过7米；第三类的“加曼寺”高度不能超过10米。

>苏里唐清真寺（二）

千余年来，这个城市天天就这样被虔诚的穆斯林进行的伊斯兰教仪式滋润着，来自境外的穆斯林在礼拜、节日期间为这个城市的伊斯兰氛围提供着国际化的色彩。如今，喀什特区的建设，更加吸引着中亚、西亚甚至欧洲和美洲的商人来这里投资，使这个城市像千年前吸纳各种文明一样，再次蠕动自己的这块胃，来包容不同文明背景下的文化。

对这个城市的描述，已经够多的了。在“不到新疆不知中国之大，不到喀什就不算到新疆”的民间谚语里，不难看到人们对喀什的态度。

几千年来，喀什不仅是商品贸易的集散地，而且也是精神文化的集散地。集散范围近至中亚、南亚，远至西亚、欧洲。如果说，西域是几大文明的交汇中心，那么，喀什则是中心的中心。这种地位也导致侵略者一直觊觎这里。在凯瑟琳·马嘎特尼的《一个外交官夫人对喀什噶尔的回忆》一书中，我看到一位英国记者写道：在英帝国和沙皇俄国争夺中亚而进行的五十多年大角逐中，喀什噶尔曾一直是大不列颠帝国最前沿的一个阵地。在那场大角逐中，大不列颠帝国为了在亚洲取得政治和经济上的主导权，与沙皇俄国进行过漫长而又扑朔迷离的争斗。在大英帝国驻喀什噶尔的那个小小总领事馆的建筑上，飘扬着英国国旗，这是印度和北极之间广阔大地上飘扬的唯一的一面英国国旗。

1881 年 4 月，喀什城上空升起了俄国的国旗，那是俄国驻喀什领事馆的标志。俄国人图谋将喀什这个新疆最西部的绿洲从中国瓜分出去，使俄国得以控制通往印度后门的战略性山口。俄国的这个挑衅行为，激怒了英国。当时，英国不仅在印度实行殖民统治，而且已经控制了昆仑山、兴都库什山、阿姆河以南的多数地区，怎么允许俄国来插手？因此，后起的英国驻喀什总领事占地面积，是俄国领事馆的整整两倍，而且也比英国在乌鲁木齐的领事馆豪华很多。两个西方国家掀起的分裂中国新疆的阴谋至此也达到了一个高峰。生活在新疆边境上的各个穆斯林民族的民众中，也掀起了保家卫国的高潮，为他们留给祖国的回忆中，添加了爱国的内容。

站在喀什的街头上，我心里涌现的并不是现在行政意义上说的喀什，而是中世纪喀喇汗王朝为顶峰标识的喀什噶尔，后者更能从字眼间冷冷地透出这里的气息和气质。“喀什”更是一种汉语文化影响下的对“喀什噶尔”拙劣的省略，这种字眼上的省略，在百年间让这无数游牧文化熏陶下的地域失去了韵味，以及这种韵味背后迷人的文化信息。比如，内蒙古的伊克昭盟被东胜代替，哲里木盟被通辽代替，阿拉善盟被左旗代替，这种拙劣的替代在新疆、西藏、青海、云南等边疆地区一直持续着，就像一曲优雅的《菩萨蛮》被一阵疯狂的摇滚代替，而摇滚的听众何尝听懂了刺激背后的真正意图？列强以自己的文化侵略渗入到中国肌体内的危机，听懂者在哪个角落里？

喀什噶尔的大街上，英语、汉语和维吾尔语在各自的主人中穿行，传递着他们需要的信息，而关于喀什噶尔以及帕米尔高原上的瓦罕走廊的信息，消隐得那么迅速，那么彻底，那么深沉。

真正的喀什灵魂是积聚在老城的。和时下中国多数陷进城市化泥沼中的城市一样，喀什在城市化进程中，也拆毁了不少老城的底蕴，使这个古城的灵气减少了许多。漫步于老城，就像逐步走近她的心脏，聆听那一脉千年传承的文化心跳，而首先跳进耳膜的是弥漫在街巷中的热瓦普。

热瓦普，在新疆是最大众化的乐器，工艺并不十分复杂，但却很讲究。琴用红柳或松木制造，由音箱、琴杆、琴头等部分构成，琴身是用一整块木头挖制出来的，呈半梨形，琴细长，二弦。沿街有不少制作、销售热瓦普的店面，客人挑试热瓦普时主人总会热情地为其演奏，那些静坐时光深处自己百听不厌地整天弹奏热瓦普的人，使老城总是不中断热瓦普的声音。因此，这个城市的

>喀什的微笑（肖泳摄）

听觉是热瓦普带来的，嗅觉是羊肉串带来的。夹杂在这些店面中的，还有无数的手工艺小店，使喀什古城的韵味充满了手工艺的味道。

要是从味觉上体验喀什的味道，喀什人会毫不犹豫地告诉你答案：“这个嘛，还需要问么？吃上两串烤肉不就知道了嘛！”循着这样的话，穿过响着冬不拉琴声的老作坊，穿过诸如“木卡姆”那样的餐厅，甚至也会在卖各种内地日用产品的超市、卖巴基斯坦或阿富汗地毯的店面后，一股香气扑鼻而来——不用说，烤肉铺到了！

不用问是伊犁草原来的，还是帕米尔高原上来的，烤肉铺里的羊肉是肥瘦参半的，每一块都很大，瘦的不干，肥的不腻，还滴着香油。当然，烤牛肉也是混合在喀什味道中的主要“原料”。再看烤肉，操着“喀什普通话”的店主，不时滴着香油、撒着调料，喀什人无比喜欢的孜然味和肉香味便飘荡在店里。一个店、两个店、无数店里飘起的味道，颇有关中人说的“八百里秦川齐吼秦腔”的气势，构成了“八百个烤肉铺齐飘孜然”的烤肉景致。

如今的喀什，16 万平方公里的面积比一个山东省都大，32 个民族的人生活在这片南疆最大的绿洲上，而中国信奉伊斯兰教的 10 个民族，在这片开放的土地上都能看到其身影。

第八章　花香深处，两个穆斯林王妃出场

沙枣花香，又见十二木卡姆

四棵沙枣树，分别守在四季的出口
让你安然于故乡的慈爱抚拍，甜甜梦去
远途而来的脚步，踩着晨曦的清露
想献上一份突兀的敬意，将倾诉刻进门楣
想象漫长的进京路上，万物礼敬的神色
我有什么理由，不肃静聆听
有关你的所有颂歌，从书上走向西域
我情愿醉倒在那时的沙枣花香里
目送你迈着轻盈的脚步，向春天的深处走去
将怒放的青春，研制成一服国家的迷药
沉醉其中的，岂止是帝王的笑容
我情愿做个侍童，焚香展纸于你身旁
抚琴低曲，释放一地芬芳的诗句
我情愿站立成一株青草，支撑喀什郊外的夏天
闻着你的体香，记载一张金匾后的失误
一场演出，让我开始记忆另一个王妃

她用诗句劈开一道门，唤醒叶尔羌汗国的耳朵
一束被点燃的欢快，打碎信仰的死角
黄金草原的每一个角落，从此打开门扉
庄园到王宫，牧民到汗王
十二木卡姆，填写了《乐师史》所有的空白

当代作家沈苇曾经形象地将“孜然”誉为喀什的味道，是因为这个城市的烤羊肉摊上常年飘荡着孜然的香味。而在 5 月，整个喀什甚至整个新疆却又几乎都被沙枣花香笼罩了。一地花香中，那个缓缓步入中国杰出女性之列的香妃，也总是从容地从喀什的城市记忆中步出。

相比内地而言，南疆的晨曦似乎来得迟些。清晨，我在一地沙枣花香中出喀什城，前往东郊浩罕乡的香妃墓地。

下车后，跃入眼帘的多是白杨、榆树以及苹果、香梨等树木，整个香妃墓区内，仅有 4 棵沙枣树。这位“沙枣树下的美女”墓地周围却只有 4 棵沙枣树相陪，有着什么特殊的意义？

5 月，这个属于沙枣花的季节，尽管只有 4 棵树，香妃墓四周依然沙枣花香四溢。看到那米黄色的花朵掩映在绿叶中，我不由想起了美国作家迈克・米勒在他的《迷药》中所描述的句子——“怒放的花朵代表了女性的魅力，氤氲的香气则是女神的化身”。

香妃墓区，4 棵沙枣树散发出的浓郁花香令人陶醉而晕眩。举目四望，在晨曦和花香中，整个陵墓方形的底部和半球形的穹顶、四角耸立的圆柱体邦克楼、陵墓外墙镶嵌的绿色琉璃砖，自然增添了一份伊斯兰建筑的庄重和圣洁。

令我惊奇的是，虽然是清晨时分，却有不少当地维吾尔族妇女已来到这里。她们或是在门楼前手扶着墙面，或是伫立在水塘边、果园中和花圃间，低头默语，有几个维吾尔族妇女还扶着沙枣树，口里喃喃而语。我问其中一个妇女个中缘由，她告诉我：香妃墓在外地游人的眼里是一个著名景点，而在当地穆斯林女性心目中却有很高的地位，是她们倾吐心声、祈福求顺的地方。

这位妇女指着分散在香妃墓周边的那些穆斯林女性，轻声说，来这里的妇女们，有的是遇到了不顺心的事情，便来这里向香妃倾诉，祈求得到完满的解决；有的年轻穆斯林女性到了婚嫁年龄，来这里祈求得到一桩美满的婚姻；有的是已婚妇女，但一直不孕，来这里祈求能怀孕生子。她告诉我，沙枣花盛开的季节，来这里的穆斯林女性最多。

这些穆斯林女性所敬崇的香妃，究竟是一个怎样的人呢？

国人了解“香妃”，多是通过民间传说或者近几年热播的一些宫廷电视连续剧。在喀什期间，我阅读了著名学者王时样先生的《喀什噶尔史话》后，逐渐了解到历史上真正的“香妃”是怎样在这一地沙枣花香中，踏上中国历史上最漫长、最浪漫的和亲之路的。

>沙枣花

这位在沙枣树下成长的穆斯林美女，名叫伊帕尔罕，她喜欢用沙枣花浸泡过的泉水沐浴，也喜欢用沙枣花来熏衣，所以她的身上常常散发出沙枣花香味。公元 1757 年，新疆境内的大小和卓叛乱，伊帕尔罕的哥哥图尔地协助乾隆皇帝平定叛乱有功，被恩赐进京。乾隆皇帝听说图尔地有个浑身散发着香味的妹妹，便令图尔地进京时，特意带上他心爱的妹妹伊帕尔罕 。这位美丽端庄的穆斯林女性，带着对京城的陌生感和对未来生活的憧憬，和哥哥的进京队伍一起踏上了东去之路。

家乡的沙枣花香逐渐淡去，喀什城里飘着孜然味的烤肉香逐渐淡去，南疆大地上的戈壁、绿洲逐渐在身后了。当伊帕尔罕经过漫长之旅，走进紫禁城时，大清王朝最高统治者的眼睛睁大了，那缓缓走近的脚步里，似乎隐隐地带来了西域沙枣花的香气。任眼神被带着一袭暗香的优雅身体所吸引，仿佛喀什噶尔的沙枣花香在伊帕尔罕上路时就黏附在她的裙裾上，万里远途过后，依然没有褪去。那不仅仅是伊帕尔罕年年濡染家乡的沙枣花香而带的植物香气，也不仅仅是一位让皇帝深感遥远西域带来的陌生感，更重要的是展示了一位少女愿将自己的青春赋予西域和内地、伊斯兰文明和儒家文明、维吾尔族和满族两个民族交流与友好的勇敢和大义。

紫禁城内的几年间，这位西域美人就像家乡的沙枣花香从众多花香中独出一味一样，她从宫中众多的秀女、贵人、妃嫔中脱颖而出，成了清朝宫廷文献中记载的容妃，在后宫眷属中名列第三位。

作为一个穆斯林女性，伊帕尔罕将她的信仰和生活习俗带进了紫禁城。她坚守严格的穆斯林饮食习俗，经常用沙枣花熏衣，“香妃”的名号因此而来。一个香喷喷的西域女子，用香味和魅力征服了清朝君主乾隆皇帝，也在百年后给予前往喀什的人们追忆和想象。

据《喀什噶尔史话》一书记载，乾隆皇帝还曾专门向伊帕尔罕学习维吾尔语，这位穆斯林女子成了乾隆皇帝的维吾尔语教师，她让日理万机的皇帝不仅达到了会说维吾尔语的地步，据说还到了能用维吾尔文书写的程度。乾隆皇帝允准伊帕尔罕穿着本民族服饰出入皇宫，我想，那是清朝皇宫中唯一穿着维吾尔服饰、唯一按照伊斯兰教规定的仪轨进行礼拜的女性。乾隆皇帝还专门下令在宫里增设了清真餐厅，聘请穆斯林厨师为她制作清真饭菜。还从喀什噶尔请来一支乐队，演奏另一位沙枣树下的美人——阿曼尼沙汗整理的十二木卡姆等西域乐舞，供伊帕尔罕排忧、娱乐之用。乾隆皇帝还在宫中建了一个喀什噶尔花园，种上西域的玫瑰、石榴、白杨。因为沙枣树的生长环境和独特习性，使这个令伊帕尔罕最倾心的植物无法出现在宫中。每年沙枣花开的季节，她便走出宫中，到京郊的沙枣树下，沉浸在花香和对故乡的思念中。

>香妃戎装像

据说香妃写过一首思乡诗，并请新疆来的乐师为它谱上古老的木卡姆曲调。20 世纪初，3 位法国女传教士在新疆时，曾在民间收集到据说是伊帕尔罕写的这首诗歌——

这，真像我的家乡：

故国轻柔的语调飞扬，将我家乡的歌儿唱——在那晨曦初透的时光，高塔的后方。但，相思仅止于斯，那只让我，想家想得更痴。

昔日同伴的语丝，才能将我把乡愁医治。这，真像我的家乡，却总让我更添惆怅。无尽的追忆，煎我愁肠，我呀，但愿能够遗忘。好意盖起的宫院，却是赝品一件。他要我的欢颜，我却卸不下心中的怨。为何翘首西盼？只为啊！我的家近在眼前，远在天边！

浓浓的乡愁和水土不服等使伊帕尔罕的身体状况日益糟糕，乃至后来卧病在床。有一天，乾隆皇帝问她还有什么心愿时，她说：“我渴望闻到一种树的香气——它长着银色的叶子，金色的果子。”她所说的便是沙枣树。其实，那时的内地已经有了沙枣树，但是真正让伊帕尔罕牵挂的还是远在西域的家乡。

公元 1788 年，55 岁的伊帕尔罕离开人世，被安葬在河北遵化市清东陵的裕陵裕妃园寝中。她的嫂子、和她一同进京的图尔地的夫人——苏德香，将她那些常年经沙枣花熏过的衣冠和遗物带回喀什，葬在位于今浩罕乡的 17 世纪中晚期伊斯兰教白山派首领阿帕克霍加的麻扎旁。阿帕克和卓曾经以喀什噶尔为基地，统治南疆六城，创建了天山以南第一个政教合一的和卓政权。伊帕尔罕作为阿帕克和卓的重侄孙女，又是整个西域乃至中国穆斯林女性中走进中原王朝皇宫的第一人，她的衣冠走进阿帕克霍加麻扎，在当地人心中，是不存在什么异议的，这也是新疆众多麻扎中有着自己独特历史内涵和文化内蕴的一处麻扎。

虽是衣冠冢，但香妃在这个葬有 5 代、72 人的显赫家族墓地中占有一席之地，体现了她在西域穆斯林中的地位。后来，人们提起这里时，倒是遗忘了“阿帕克霍加麻扎”这一称呼，而是习惯称之为“香妃墓”。

在一地沙枣花香中，离开香妃墓，我前往另一处沙枣花下的王妃墓——喀什市莎车县喀尔苏乡夏布鲁克村。那里安息着“十二木卡姆之母”——阿曼尼沙，因为她是叶尔羌汗国的第二代汗王拉失德的王妃，因此被尊称为阿曼尼沙罕。

村庄周围，12 棵沙枣树的花儿一齐开放，满枝黄色的花朵，满村浓郁的花香，犹如“十二木卡姆”在陪伴着这个孤独的村庄。

>香妃墓

十二木卡姆是新疆喀什莎车县众多文化名片中含金量最高的一个，这不仅因为它具有很高的艺术性，还表现在它在千年历史长河中积淀了丰厚的文化内涵。当年，一个美丽多才的王妃和木卡姆在莎车相遇时，木卡姆就迎来了真正的春天。

在莎车，有着“木卡姆早在公元 4 世纪就已经开始传唱”的说法。我在新疆和田人毛拉艾斯木吐拉·穆吉孜所著的《乐师史》（成书于公元 1854 年）中，发现了当时的叶尔羌汗国的王妃阿曼尼沙和木卡姆的关联。在这本书中，王妃排在其他 16 位维吾尔族音乐大师之后，却是该书作者着墨最多的一位。“她作为当代唯一的一位女性诗人，著有《精美的诗篇》这部语言极为优美、甜蜜的书。她还是一个书法家。在音乐方面由于达到了炉火纯青的境界……她除了著有《精美的诗篇》外，还著有《美丽的情操》以及对妇女进行训诫的美学作品。她还写了一部关于诗歌、音乐、书法的书，名叫《心灵的协商》。这些著作都是当代第一流的。”这样优美的介绍，使我无法停止对这位充满传奇色彩的穆斯林女性的追寻。

出了莎车县城，来到距离县城 50 公里的喀尔苏乡夏布鲁克村。这个叶尔羌河东岸的普通村庄是阿曼尼沙的出生地——新疆女诗人铁梅在《琴弦上的叶尔羌》一书中称之为“最孤独的村庄”。

走进由 80 多户人家构成的这个小村子，孤独感无时不从那几间由草和泥巴混合搭建的房子散发出来，房子的主人生前虽然位居王妃之位，但那颗艺术之心却一直在孤独中缓缓而行。有谁能读懂那颗高洁而尊贵的心，有谁能从她留下的文字里，读到这位给穆斯林世界带来骄傲、留下精神财富的内心之寂？如今，只有那扇精致的木雕门、冷冷端坐在故乡的土冢、散落在故乡人口传中的历史、那些发黄的记录木卡姆的纸张、那些喧嚣在节日狂欢中的木卡姆唱词，凸显着主人身份的尊贵。

和村民们谈起王妃时，他们的脸上写满了自豪。这里的不少女性将王妃当作“心灵安慰剂”。当男子在节日里走向清真寺去礼拜时，村子里的女性会悄然朝向王妃故居的方向，静静地伫立，将自己的心事或美好的祝愿默默告诉王妃。

那时，当年轻的阿曼尼沙在这个村子周围的田野里尽情释放自己的青春思绪和才情时，这个打柴人的女儿的美丽和才华就像叶尔羌河边的沙枣花一样，散发出浓烈的香味。那时的叶尔羌河流域是叶尔羌汗国的辖地，打柴人的女儿身上最醉人的那股暗香，是诗香和沙枣花香邂逅于一起的一个神秘时刻。那一刻，

>阿曼尼沙塑像

俘虏了恰好来到这里的叶尔羌汗国的第二代汗王，他的心被这股暗香迷住了。

公元 1514 年，叶尔羌河流域迎来了察合台后裔苏丹·萨亦德建立的叶尔羌汗国，其都城就在如今的莎车老城。长达 160 多年的叶尔羌汗国时期，莎车一度成为新疆和中亚地区的政治、经济、文化、艺术中心。百年之久的宗教战争之后，伊斯兰文明开始扎根于此，并和西域古老的文明相遇，开始滋育出一朵朵文明之花。

叶尔羌汗国的第二代汗王拉失德留给历史典籍和叶尔羌河流域民众的印象是一位谈吐儒雅、多才多艺的诗人、音乐家和书法家。夏布鲁克村的村民们一直津津乐道于这样一个传说：有一次，拉失德汗沿着叶尔羌河去塔克拉玛干打猎，来到这个普通的村子时，突然听见一阵优美的弹拨尔声音。拉失德汗循着美妙的乐声来到一户打柴人家，才知道是樵夫的女儿阿曼尼沙正在弹奏。谈吐优雅的拉失德汗也吸引了那个姑娘，她拿出了几首自己写的诗向拉失德汗请教。如果说弹拨尔吸引的是拉失德汗的耳朵，那么，这些优美的诗句和书法吸引的则是他的心灵。他对如此偏僻而贫穷的村子能有如此有才气的女子而感到怀疑，便提出让姑娘当场写诗。很快，少女写下了这样的诗句：“真主啊，你的奴仆在怀疑地看我；今晚这屋里长出了刺，在逼着我！” 看完诗句抬头的刹那，汗王不再仅仅被姑娘的美丽、淳朴和音乐天赋所吸引，她的诗歌才华更是让汗王当即做出了决定：带比他小 23 岁的阿曼尼沙入宫。

叶尔羌汗国早期，莎车一带的音乐非常盛行。尤其是早在公元 436 年就传入的疏勒乐，曾一度使得中原人“女为胡妇学胡妆，伎进胡音务多乐”。后来，古疏勒乐又受龟兹乐、于阗乐、伊州乐、高昌乐等的影响，吸取其精华而逐步形成了以反映渔猎放牧生活、即兴抒情的歌曲及乐舞，并有了最初的名字“博雅宛”（旷野之意），这也是木卡姆的雏形。阿曼尼沙和村里的其他女性一样，喜欢并能从喉咙里发出美妙而迷人的“博雅宛”。

阿曼尼沙进宫后，恰值木卡姆艺术受伊斯兰教的影响而呈现衰落之势。拉失德汗将叶尔羌汗国疆域内知名的乐师、诗人、歌手召集入宫，他们计划一同完善古老的木卡姆。这些人中，其中最有名的就是曾创制了维吾尔族著名乐器热瓦普的叶尔羌人尤素甫·喀迪尔汗。对于这位在中亚、西亚有着很高威望的乐师，著名《乐师史》一书中这样写道：“有许多人不远万里，穿越城镇戈壁，来自伊拉克、伊朗……班里赫、设拉子等地，向他学习音乐。”

王宫成了艺术家们的沙龙，汗王和王妃成了沙龙的有力支持者和参与者，在尤素甫·喀迪尔汗这样的音乐人以及诗人阿·纳扎里、纳瓦依等人的支持下，年轻的王妃终于使木卡姆走出了陈旧晦涩的宫廷阴影，开始充满了生活的激情。原本冗长繁杂的16部木卡姆套曲浓缩成了12部，正式定名为“十二木卡姆”。这就是十二木卡姆的源头，阿曼尼沙自然就成了名副其实的“十二木卡姆之母”。

《乐师史》的绪言中这样评价道：“从国王到穷人，从圣人到异教徒，就是说所有的人都将从音乐这个形式里得到兴奋和娱乐。”

34岁那年，阿曼尼沙死于难产。一个天才穆斯林女性将自己的才华闪耀在那时的艺术天幕上，在伊斯兰文明中国化的艺术殿堂上留下了自己的席位。

家乡的人为了纪念她，将她的出生地尊为其安息地。那里，如今仍有12棵沙枣树。而莎车城内的穆斯林为了纪念阿曼尼沙，在莎车老城一个叫阿勒屯鲁克的地方、莎车王陵陵园入口处为她修建了麻扎。

远远就能看见蓝天白云下的那座白色麻扎，犹如王妃生前喜欢身着的白色的长裙，和麻扎斜对的是莎车王陵西边的清真寺。莎车县委宣传部外宣科的工作人员杨春莲告诉我：“这座清真寺修建的时间比艾提尕尔清真寺还要早，是当地穆斯林群众在节日期间礼拜的最主要的场所。”很多人在清真寺里做完礼拜后，会顺便到阿曼尼沙的麻扎去，也有人会选择专门去那里做礼拜。

阿曼尼沙麻扎的后院，是她深爱的拉失德汗的麻扎。阿曼尼沙罕去世后，拉失德汗思妻成疾，3年后也去世了，临终前留下遗言：“葬我于王妃之侧！”臣民遵其所嘱，将他和阿曼尼沙罕合葬在一处。因此，在莎车，不少年轻的穆斯林男女到阿曼尼沙麻扎去，除了正常的礼拜之外，还有一个重要的目的：祈祷阿曼尼沙和拉失德汗保佑他们的爱情长久、甜蜜。

离开麻扎时，恰好遇见一个年轻人刚在这里虔敬地做完礼拜。交谈中得知，喜欢文学的小伙子确实正在热恋中。他说，周围的一些年轻人对阿曼尼沙和拉失德汗的爱情故事不是很了解，但大家还是非常喜欢拉失德汗在阿曼尼沙罕去世后写的那些悼亡诗，说着，他深情地背诵起了那些优美的情诗——

“晨风啊，带去我心中的秘密吧，请向我情人送达我的问候。清晨或黄昏你挨近她的身边，请转述我对她朝夕不断的思念。”

多么优美的诗句，刚才还沉浸在阿曼尼沙麻扎的花香中，突然被这些诗句击中心扉。我问他，刚才在麻扎里面，是不是也给自己的爱人默诵了这首诗，他笑了……

去莎车之前，曾经读到一些西方探险家们来到这里时描述的一种情况：当地人多患瘿病，也就是人们常说的大脖子病。1895 年，瑞典探险家斯文・赫定来到这里时，做了个粗略统计后，认为当地居民得此病者占总居民数的四分之三，他所到之处，尽看到民众脖子上生出长长的肉袋。对于病因，他认为是莎车人常年饮用不洁净的池塘蓄水造成的。而在日本探险家渡边哲信的《在中亚古道上》里则写道：“关于这里的水质问题，当地人有一个有趣的传说——古时候，伊斯兰教的一位圣人来到这里，饿倒在地。于是向人求救，但当地人没有救他，因而惹怒了这位圣人。他说，要让莎车人的子子孙孙永远都喝不上干净的水。于是，将腐烂的骆驼扔到了水里，从此以后，水质就变坏了。”如今，在莎车已经见不到这种得大脖子病的人了。

第九章　寻找木卡姆，又见木卡姆

木卡姆，还是木卡姆

悬崖上盛开的清凉，被晨风吹来
死去的记忆，被远路而来的记录者诊治
一个夜晚，因一场木卡姆而崭新
观赏者的内心，接受洗刷
演出途中，谁听见了那十二株沙枣树的坚守
谁又能辨认到，难产的王妃将遗言埋在哪个细节
那时，整个叶尔羌汗国布满爱情的味道
乐师们亮出整体的骄傲
手鼓和沙塔尔，构成一条河流的两道堤坝
作为歌词的察合台语，悄然露出苍老之相
一道早餐后的聚会，引出晚上的会演
安放欢愉的夜晚，失眠于歌者的姓名之外
如果一段神伤非要被记住
木卡姆就会让它暗自改写内容
如果一段爱情非要被遗忘

吐鲁番等木卡姆盛行的地方，一条大街上会有几十个大小不一的叫“木卡姆”的餐厅、工艺店、乐器店。

然而，木卡姆在历史上曾经面临过“死亡”的危险，一个汉族音乐家抢救木卡姆的传奇被书写下来。

由于各种原因，到1949年前夕，十二木卡姆已经处于消亡的边缘，当时在全新疆能够完整演奏的只剩下喀什地区英吉沙县乌恰乡的老艺人吐尔迪阿洪了。新疆和平解放之后，新疆省人民政府副主席赛福鼎·艾则孜前往北京向周恩来总理汇报工作时，曾提出了这样一个特殊请求：希望中央派专业人士帮助抢救濒临消失的“十二木卡姆”。1951年5月，著名音乐家万桐书受国务院的委托前往乌鲁木齐，他刚到新疆时，对外的通联地址就是赛福鼎的家，他和外界往来的邮件都是由赛福鼎的秘书中转，可见赛福鼎对木卡姆和万桐书的重视。

万桐书先是从伊犁找来了一位艺人，后来，又将73岁的乌恰乡老艺人吐尔迪阿洪邀请到乌鲁木齐。每天晚饭后，吐尔迪阿洪和另外几位老艺人在树荫下给万桐书表演十二木卡姆，万桐书认真地记录着，这样的情景持续了3个月。伊犁的老艺人和吐尔迪阿洪在3个月的合作中，产生了很深的友谊，伊犁的那位木卡姆艺术家让自己的儿子、一位热瓦普高手娶了吐尔迪阿洪的女儿，两位性格不同的老艺人成了亲家。

1951年8月，万桐书在新疆人民广播电台为吐尔迪阿洪进行了第一次录音，吐尔迪阿洪和儿子卡吾力，一个打手鼓，一个拉沙塔尔。那时，由于电压不稳而影响录音效果，赛福鼎打电话责成电力部门专门拉了一条电线到电台。经过两个月的录制，留下了24盘钢丝带，万桐书根据这些录音开始对照记谱。2003年，88岁的赛福鼎在用木卡姆唱词的形式写下“告别书”之后，与世长辞。

十二木卡姆歌词中有大量古察合台语，现代维吾尔人根本听不懂。3年后，工作组再次邀请吐尔迪阿洪来到乌鲁木齐表演木卡姆，同时让一些翻译家共同参与配词。1956年，吐尔迪阿洪去世。1960年，万桐书以五线谱记录的《十二木卡姆》一书由音乐出版社和民族出版社联合出版发行。世代口耳相传的十二木卡姆终于落到了纸上，一个汉族音乐家倾注心血抢救的十二木卡姆也得以永存。

然而，那些散落在民间的木卡姆传人毕竟没有吐尔迪阿洪那样幸运，他们大多生活在窘境中，生活在底层，他们除了子承父业之外，多数是因为爱情——爱情的无奈、破碎与背叛。电视连续剧《木卡姆往事》的导演邬丽娅·司马义诺娃曾经请5位刀郎艺人吃饭，看见麦盖提县的木卡姆传人玉素音·亚亚老人由于常年演唱木卡姆，腹膜已经破裂，内脏与外界只隔着一层皮，肉眼能看到肠子。他的肚子用布带绷着。然而，一旦走进木卡姆世界，他们便会忘却烦恼，满脸快乐。

木卡姆在传播过程中，还与一个汉族艺术家有关。1970年，全国流行把样板戏改编成地方戏，新疆想把京剧《红灯记》移植成维吾尔歌剧。这就需要既懂京剧，又懂维吾尔语、维吾尔音乐的人。28岁的新疆歌舞团乐队演奏员周吉就被吸收进了维吾尔歌剧《红灯记》的创作班子，这位从上海到乌鲁木齐的汉族年轻人大胆地将《十二木卡姆》中的“木夏吾莱克木卡姆”“且比巴亚特木卡姆”“拉克木卡姆”作为主题，塑造了“木卡姆版”的李玉和、李奶奶、李铁梅等人物形象，使木卡姆借助京剧得以传播。周吉的维吾尔族朋友为他起了个新名字“居马洪”，意为“星期五”（礼拜日）。在周吉等人的努力下，2005 年 11 月 25 日，《中国新疆维吾尔木卡姆艺术》入选第三批“人类口头和非物质遗产代表作”。成为中国继昆曲、古琴之后的又一世界级非物质文化遗产。我国发射的探月卫星“嫦娥一号”到达绕月轨道后，在距地球 38 万公里以外的太空，向地球播放的《高山流水》等 30 首曲目中，就有十二木卡姆的部分选曲。

在新疆探寻木卡姆这一穆斯林喜欢的艺术表现形式，成了我在喀什地区乃至整个新疆的一个目标。

走进麦盖提县城的中心广场，映入眼帘的便是一组刀郎艺人的雕像。当地人看到外地游客凝视这组雕像时，大多会热情地介绍：雕像中那位打手鼓的艺人形象就源自本地的一个木卡姆传承人玉素音・亚亚。这位 70 多岁还走上麦盖提县职业高中木卡姆班讲台的老人，已经培养了几届热爱木卡姆的学生。当地人显然想将“木卡姆传承最正宗地方”的招牌定在这里。

在新疆，恐怕没有什么比刀郎木卡姆的知名度更高了。2004 年，当四川的一名歌手以“刀郎”的名字唱出《2002 年的第一场雪》《情人》等流行歌曲时，人们在诧异这些歌曲的流行速度之快时，更是产生了“什么是刀郎”的追问。

刀郎是什么？木卡姆是什么？

刀郎是指“一堆一堆的人”或“分散居住的人”。有人说刀郎是生活在塔里木盆地的世居民族，也有人认为刀郎是突厥高车部多览葛人的后裔，后来定居在塔里木盆地一带。而“木卡姆”则为阿拉伯语，意为

>吐鲁番木卡姆资料照片

规范、聚会等意，是新疆尤其是南疆信仰伊斯兰教的各民族同胞喜欢的一种乐舞形式。刀郎木卡姆就是指刀郎先民渔猎生活的乐舞表现形式。据说刀郎木卡姆原本有 12 套，现在只留下了 9 套，能唱全这 9 套的人在新疆几乎凤毛麟角，玉素音·亚亚便是其中的一位。

在玉素音·亚亚的记忆中，10 岁那年的一次课间操期间，他和小伙伴们像往常一样，以拍着手跳民间刀郎舞为课间最大的放松。看到他如此热爱民间舞蹈，学校的一位老师便给他买了一个手鼓，让他在团体刀郎舞中敲鼓。

老人自此就和刀郎木卡姆结成了终生的“姻缘”。2005 年 11 月，新疆维吾尔木卡姆被联合国教科文组织列为世界级非物质文化遗产。2009 年，玉素音·亚亚被评为这一世界文化遗产的国家级传承人。老人不仅因为在刀郎木卡姆的园地里辛勤耕耘了近 60 年而成了当地的一张文化名片，更是代表中国走向了世界。

2010 年 10 月 1 日，《新疆维吾尔自治区维吾尔木卡姆艺术保护

>吐鲁番木卡姆

>2007 年，莎车木卡姆艺术节开幕式

>木卡姆场景（一）（陈良摄）

条例》正式颁布实施。如今，玉素音·亚亚不仅领到了国家级非物质文化遗产传承人的8000元津贴，每个月还可以从当地有关部门领到500元的生活补助。从过去骑着毛驴到乡下演出，到现在坐着飞机到海外演出，老人走过的艺术道路，也显示着刀郎木卡姆在中国的保护之路。

从塔里木盆地西边的叶尔羌河到塔里木盆地北部的塔里木河，几百公里的穿行，其实就是一个徜徉在木卡姆之河的音乐之旅。

无论是在英吉沙县的小镇，还是麦盖提县的乡下，我能感受到这一古老的艺术的魅力。随着它的传播范围逐渐扩大，逐步形成了最具代表性的十二木卡姆、吐鲁番木卡姆、哈密木卡姆、刀郎木卡姆等流派。

1870年，喀什噶尔的音乐人穆罕默德·毛拉将十二木卡姆带到了伊犁地区，融合到当地的传统乐舞中去，又形成了“伊犁木卡姆”。据说，整个中亚七河流域的音乐发展都受到了十二木卡姆的影响。

>阿曼尼沙麻扎前的木卡姆表演

>木卡姆场景（二）（陈良摄）

我走进喀什地区最东边的莎车县时，感受到的是更为浓郁的十二木卡姆氛围。莎车县的十二木卡姆广场上有两张大照片，一张是胡锦涛在视察莎车，一张是温家宝和两个老汉的合影。那两个大胡子老汉，胡子长得不一样，如孜·阿尤普的胡子向下长，吐尔孙牙孜·吾守尔的往上翘。两人表演的新疆木卡姆，是中国入选世界级非物质文化遗产项目中的一个。

莎车的十二木卡姆就是十二套大曲，每一个木卡姆均分为大乃额曼、达斯坦和麦西热甫三大部分，每一个部分又由四个主旋律和若干变奏曲组成。其中每一首乐曲既是木卡姆主旋律的有机组成部分，又是具有和声特色的独立乐曲。十二木卡姆被誉为新疆木卡姆的经典。

一个周末的下午，我发现莎车县城路边的很多店铺都关门了。这是最好的生意时间，怎么这么多店铺都关门了呢？我向正要关门的经营小百货的阿迪力·库尔热问原因，他一边急切地关门，一边指着公园的方向说：“那边，木卡姆开始了！”

>莎车县维吾尔族男女表演木卡姆中的顶碗艺术（杨春莲摄）

来到这个小公园，我发现早到的人已经围起了一堵严实的人墙。费了很大劲才挤进人墙，看见有的人拿着手鼓，有的拿着卡隆琴，有的带着热瓦普，有的带着艾捷克，这是表演木卡姆的四种乐器，缺了其中任何一样，都无法完整表演木卡姆。

原来，那天是这些民间艺人自己早就筹划好的演出日，他们定期或不定期地来到这里演出木卡姆，一些爱好者也带着乐器自动加入其中。每次演出时间长达几个小时，他们就像来自乡间的风，那么自由舒展、那么真实，没有固定的阵容，没有固定的观众。

莎车县委宣传部外宣科的杨春莲科长给我展读了她的一篇名为《一方水土一抹香》的文章，里面这样写道："在莎车人眼里，十二木卡姆不是不可触及的艺术，而是他们的生活。茶余饭后、田间地头，总能看见欢聚的人们在木卡姆悠扬的曲调下热舞。只要有欢快的音乐响起，就会有人不由自主地随之舞蹈、欢歌。莎车人骄傲地说：莎车的巴郎会说话就会唱十二木卡姆，会走路就会跳麦西来甫。"

2012 年 4 月 8 日，第四届“魅力莎车采风暨巴旦姆花节” 在莎车县的阿热勒乡举行。活动期间，十二木卡姆更是在“印象莎车”摄影大赛、“大美莎车”农民画创作评比赛、靓丽女性风采展、民间竞技活动比赛等活动中凸显了历史和现实交融的风采。

就在我沿着自己命题的“伊斯兰文明的中国之旅”的个人功课而行，即将作别新疆时，在新疆东部的吐鲁番、哈密，又见到了“木卡姆”。

根据木卡姆在全区的分布情况，新疆统一规划建设了十个传承中心，实现民间艺人就地学习、教学，既培养了传承人，又扩大了木卡姆在原生地的群众性活动频率，其中“吐鲁番木卡姆传承中心”已经成了新疆东部地区木卡姆中心 。

在鄯善穆斯林心中，除了享有“中国历史文化名村”美誉的吐峪沟乡麻扎村，还有一个很著名的村镇，那就是穆斯林民间艺人聚集的鲁克沁。

鲁克沁其实是一个有着两千多年历史的著名古城，在当地的文史资料记载中，这里在汉代名为柳城，唐代设置柳中县。这里曾经是清代大小和卓、鲁克沁王的庄园，额敏和卓的王府所在地。这些穆斯林著名人物和这里的不同关联，使这个小镇充满了穆斯林的人文历史。令镇上的人自豪的是，他们认为这里是吐鲁番木卡姆的发源地，吐鲁番木卡姆指的就是鲁克沁木卡姆。

在小镇徜徉，明显能感受到这里“无鼓不歌，无鼓不舞，鼓变乐变，乐变舞变”的木卡姆氛围。在镇文化站能看到“民族艺术之乡”的中老年艺人们的民间演出队，他们中的成员曾经还出国演出过“鲁克沁木卡姆”，并被英国女王接见过。

以鲁克沁为核心的“吐鲁番木卡姆传承中心”已经成了新疆东部地区的木卡姆中心 。仔细琢磨，这里的木卡姆虽然按当地学者所言其历史渊源可追溯至高昌乐以远时期，但明显和莎车乃至南疆一带的木卡姆不同，里面吸收了不少内地歌舞的因素，这和吐鲁番身处内地和新疆腹地之间的地理位置有关。

公元 1570 年，叶尔羌汗国归并东察合台汗国后，喀什噶尔、叶尔羌等地的文化传至吐鲁番、哈密一带，木卡姆便随着这些文化传播的步履来到了这里，并与当地民间音乐相结合，形成了独具特色的“鲁克沁十二木卡姆”“吐鲁番十二木卡姆”“哈密十二木卡姆”等。这里的民众将大型木卡姆歌舞逐渐发展成为 19 套木卡姆。每套木卡姆由三个基本部分组成：第一部分是“大乃额曼”（意为大曲），演出时先是器乐合奏，而后是歌唱和器乐伴奏；第二部分是“达斯坦”，演出开始时有歌有舞，按照古老规矩各自分工明确，歌者不舞，舞者不歌；第三部分是“麦西热甫”，以舞为主，

>吐鲁番木卡姆传承中心鲁克沁镇

歌舞并作，是全部乐舞中最热烈、最精彩的部分。

2008年夏天，我和出生于哈密的女诗人丁燕相逢在一个全国性的诗会上，谈到吐鲁番、哈密一带的维吾尔人对木卡姆的热爱，她说：“常常可以听到这样的故事，一位维吾尔族老人将自家房梁上的椽子抽下来卖掉，只是为了筹钱参加木卡姆聚会，他们认为，可以没有馕吃，怎么能没有舞跳，没有歌唱？葡萄架下的一曲木卡姆，是天堂生活的缩影。”在她的《王洛宾的音乐地图》一书中，更是为这里的穆斯林酷爱木卡姆做出了一种注解：“在他们的头顶，总会有一个黑乎乎的音箱，木卡姆的歌声一直在那里流淌。音乐让他们劳作的身影变得生动起来，音乐安抚着那张没有洗净的脸颊，音乐和那滚圆肚子的馕坑、那堆成小山一样的馕饼融为一体，让平庸的日常生活变得充沛、饱满、生机盎然。”

在哈密、吐鲁番一带的穆斯林看来，木卡姆就是生活，就是一个形影不离的挚友、恋人，是那片大地的真实之声，是洞窥他们生活、情感世界的一扇窗户，是打开他们心灵世界之锁的一把金钥匙。和其他地区的木卡姆不同的是，哈密因为是新疆境内伊斯兰教传入较晚的地区，加之其处在中原文化影响力和西域文化影响力重叠的地区，内地的文化因素、佛教文化的因素自然就走进木卡姆这个艺术形式中，形成了它的自身特色：木卡姆的名称中，保留着古老佛曲的称谓；木卡姆音乐中，民间音乐占的比例高于其他地区；其演出地点、时间更为灵活，劳动之余、收获时分、婚礼等，都可见到木卡姆；汉语歌词和维吾尔语歌词会自然地交融在一起，就像内蒙古巴彦淖尔一带乌拉特民歌中的“风搅雪”（蒙语民歌中夹杂大量的汉语词汇）一样，这里的木卡姆会出现“西克牙甫——门关上，契拉央多——灯点上”的维吾尔语、汉语交杂的演唱情形，伊斯兰文化和汉文化共同浇灌出的木卡姆之花，在这里更具有生命力。

吐鲁番木卡姆和哈密木卡姆构成的东疆地区的木卡姆，和南疆地区的木卡姆不一样，它的曲调与内地汉族的曲调倒很相似，常常出现陕西和甘肃的民间曲调。这里作为新疆东大门，千年间的民族交流中，在新疆境内首先接纳从内地而来的陕西、甘肃等省区的人。另外，东疆地区的每一部木卡姆都有两种不同的演出形式，即歌乐形式和鼓吹乐形式。尤其是后者，其节奏欢快明朗，鼓点花哨多变，使曲调显得跌宕起伏。在使用乐器上，这里的木卡姆除了使用南疆一带通用的沙塔尔、弹拨尔、都它尔等穆斯林地区的传统乐器外，还有内地的唢呐、铁鼓、手鼓等介入，形成了新疆东部独特的木卡姆。

第十章　东干，信仰伊斯兰教的特殊族群

散乱者的足迹

一个无端的黄昏，引发了一场穷人的内乱
血迹混乱处，逃离和追杀互相纠结
从单衫季节到皮袄裹身，故乡渐远
逃亡路线，盲目在模糊不清的凌晨
成千上万的跟随者，走出陇原
一次师出有名的追杀，究竟成就了谁？
踩着一地冰凉月光，潜行者噤声
对故乡的最后一望，印在玉门关前
陌生的新疆，对这些闯入者一次次关门
悲越后的疲倦，写满这群祖国遗弃者的脸颊
一场突然落临的雪，封锁了所有的垭口
穿过长夜，他们发现：站在了异域！
对祖国的最后一望，被西天山的雪很快掩埋
流居的黄泥小屋，掩盖了尴尬的章节
迷乱的书写，增加了寻找真相的难度
主人公的名字被一次次篡改——“东干！”

出走者仓促远遁，留下者隐姓埋名
失散亲人的脸孔浮现于失眠之夜
从那以后，各自有了不同的国籍
到长安城的鼓楼前伸手一摸
变成了一场遥远的梦
惹事的陕北村庄，回避着记忆
透过那些隐秘的纹理，今天的梳理何其艰难
学者们的辩解，忽视了血的流向
绕过那些似是而非的扭曲
东干的村庄里，我的抵达不也是一场起义么？

在中亚广袤的区域内，在中央亚细亚的高地，我的行吟途中，发现了一支来自中国内地，但信仰伊斯兰教的特殊族群——东干人。

沿着中国与哈萨克斯坦、吉尔吉斯斯坦交界的边境线而行时，我不止一次地隔着国境线远眺。在三国交界处的这片中亚地区，生活着 10 多万东干人。

2008 年 9 月，我在银川采访华裔马来西亚学者刘宝军时，他向我赠阅了他考察、研究东干人的专著《悲越天山》，并向我建议："有机会去中亚各国，考察一下那里的东干人。"这个话对我有着足够的引领和召唤！我清楚，那不是一句简单的指引。而当我零距离地接触到他所说的东干人后，我清楚了这个建议的意义。

在新疆喀什老街、"巴扎"（维吾尔语，意为集市、农贸市场）闲转时，我就遇见了东干人。他们穿着哈萨克斯坦、吉尔吉斯斯坦等国家的服装，持着这些国家的护照，但长相又有些像我国陕西、甘肃一带的人。在街边的店铺和当地维吾尔族谈价钱时，他们偶尔会迸出一句让人惊喜的带有陕西口音的话。

东干？带着这种疑问，我走上前去轻声地道声"色兰"（阿拉伯文 Salam 的译音，穆斯林相互祝安和问候的用语），他们立刻满脸笑容地回复"色兰"，交谈就此开始。

他们有的生活在吉尔吉斯斯坦，有的生活在哈萨克斯坦。随着喀什开辟为我国的特殊经济开发区，原本就常来喀什的这些东干人，更频繁地穿梭于喀什与本国之间。在喀什，每到礼拜时间，他们很清楚最近的清真寺在哪里，并能在第一时间步入清真寺，在中国伊玛目（领拜人）的带领下，和中国的穆斯林一起做礼拜。遇上

>当年逃至吉尔吉斯斯坦境内的东干人后代（一）

>当年逃至吉尔吉斯斯坦境内的东干人后代（二）

伊斯兰教的重大节日时，他们便会去艾提尕清真寺礼拜。在他们心里，那里是最神圣的礼拜之地。

2010 年和 2011 年，在银川举办的两届关于穆斯林企业发展的研讨会上，我都遇见了从哈萨克斯坦、吉尔吉斯斯坦前来开会的东干人。如果不与其深谈，不看护照，单凭他们的相貌和语言，真会以为他们是我国陕西、甘肃一带的回族。每次开完会后，他们几乎都有一个“功课”要做——前往陕西，在西安西门的门环上敲三下，说声“回来了！爷，我替你回长安城了！”这些已经几代定居国外的东干人，为什么在回国后有这么一项“功课”呢？他们口中的“爷”又是谁呢？

一段隐秘在中国近代史深处的痛史就此浮现——

清朝同治年间，陕西回族白彦虎带领他的跟随者在暴乱年代揭竿而起，此举自然引起朝廷的镇压，左宗棠奉命前来，在清军的一步步逼近中，他们从陕西到宁夏、青海、甘肃，辗转向西，经过六盘山、贺兰山、祁连山，进入天山脚下。

当时新疆的大部地区正面临着沙皇俄国扶持的阿古柏政权势力的占据，新疆随时都有从祖国怀抱中分裂出去的危险。对此，清政府内部也分为两派：李鸿章等人主张放弃收复新疆；左宗棠则主张一定要收复新疆。最终，清政府同意了左宗棠的意见，命他进军新疆。

公元 1876 年，清军攻克乌鲁木齐后，阿古柏驱使民夫在吐鲁番大兴防务，并派白彦虎所带领的残部把守在这里，企图阻止清军收复新疆的步伐。本来是一支抗击清廷暴政的义军，这个时候已经站在了希望祖国不分裂的左宗棠的对立面，历史在这个关节处，无法给出一个令人信服的、正确的答案。于是，血再次流淌，伤口再次结疤。

>西安的标志性建筑——鼓楼

左宗棠下令，对跟随白彦虎的回族“均应宽贷，亦

天理人情所宜”，并对部下声明“严禁杀掠奸淫，则八城回民如去虎口而投慈母之怀。不但此时易以成功，即此后长治久安亦基于此”。然而，他遇到的是一支劲旅、一支将信仰对立于强权的队伍。这支队伍的首领白彦虎宁愿战死也不愿屈服，甚至可以说，宁愿为自己尊奉的信仰而战至死，也不愿倒在自己认为的敌手战刀下。他那时也忽略了一个留给后人的诟病所在——祖国面临分裂、抵抗维护国家统一者就是国家的罪人！

公元 1877 年，左宗棠在劝降无望的情况下，下令清军从乌鲁木齐突然出兵，一举夺下阿古柏的大总管爱依德尔呼里把守的达坂城。4 天后，清军从东西两面进攻吐鲁番，白彦虎带领的回兵拼力守城不支后，选择了向西逃亡，替阿古柏固守库尔勒，再次成为收复新疆疆土中的拦路虎。左宗棠下令清军南下攻克焉耆，白彦虎为了阻止清军前进，竟然不顾百姓安危，下令将开都河决堤，浩浩荡荡的开都河水肆虐了，造成当地水灾。白彦虎本来准备将在此储备的粮食运走，因为慌乱中决堤，自己断了退路，便把粮食就地掩埋。追来的清军此时正处于粮草供应不足的窘境中，很快便找到了藏粮之地，解决了粮食危机。开都河两岸的百姓却在这场决堤之战中徒受饥饿！

时隔多年后，我在这里采访，一提起那时的历史，当地的穆斯林群众几乎没有人去了解这段历史，大多是经过口口相传的民间资料，异口同声地站在白彦虎一边，声讨左宗棠如何追杀回民，而几乎没人去提及那时白彦虎下令决堤带来的危害、那时的新疆面临怎样的危境。

负责追击白彦虎的刘锦堂是左宗棠手下的得力战将，下令“守执军械者斩，余均不问”。也就是说，在双方实力悬殊的情况下，所谓“清军追缴白彦虎带领的回族”的说法是不成立的，左宗棠的第一目标是收复新疆，不能让其在阿古柏手中剥离出祖国。收复新疆后，他下令给没有逃亡境外的回民妥善安置定居点。

正当清军决定乘胜收复整个新疆地区时，英国出面交涉，企图扶植阿古柏长子伯克胡里立国称汗。左宗棠指示刘锦堂：“清军收复旧疆，与英何干？”在一句荡气天山南北的爱国之声前，刘锦堂带兵直逼伯克胡里和白彦虎试图立国称汗的喀什噶尔城下。此时的白彦虎，带领从内地而来的追随者，站在天山脚下，他们没有臣服于清军，而是选择了被俄国人接纳到天山另一侧的命运，这是否是他所愿？历史在这里留下了一个谜团。但，或许可以肯定的是，当他在难得的闲暇时间咏读《古兰经》时，读到“爱国是信仰的一部分”时，我想，他的内心是矛盾的、纠结的；当他在离开自己祖国的那最后刹那的回头，他是遵循《古兰经》

的规定呢，还是背离了呢？

逃亡到境外的那些回族，面对当地人问起来自何处时，常常以“东干”作答，即“东边来的”之意，因此得名“东干人”。他们在苏联时期被正式认定为一个单一民族，并以“东干”冠名。时隔如此之久，我在东干人生活区域采访时，总能听到两种声音：一种是不了解这段历史背景的穆斯林，他们总在一种口传历史中，认为是左宗棠不舍地追杀那时的回族，而导致他们的祖先背离祖国的；一种是了解了这段历史背景，深深叹气后，无言回答！

当年，白彦虎带领最坚定的那批追随者离开天山进入异域时，翻越海拔 4000 多米的多伦山，饥饿和寒冷夺走了数千人的生命。个人的意识在此达到了巅峰，身后那些战死的生命、翻越天山时殉道者的亡灵已经没人去追究了，追究者的眼光完全盯住了站在声名顶端的个人，历史的桂冠被以牺牲数万人生命为代价而摘取！

最终，约 3000 人战胜了翻越天山时的死亡威胁，这个带有传奇色彩的族群到了天山另一侧的中亚，将自己驻足的地方命名为“营盘”。如今，这个具有军事意味的名字仍被哈萨克斯坦保留了下来。历史开了个沉重的玩笑，一个举着抗击暴政旗号的爱国者，却选择了牺牲数万生命的代价，投靠反叛祖国者旗下，乃至率众走到境外的命运！

一百多年来，尽管他们孤悬异域，但一直将中华文化传统铭记于心灵深处。东干人中多数姓马，与国内回族一样，马是取于“马哈茂德”，即先知“穆罕默德”的第一个字。他们仍以汉语为母语，当然是陕西和甘肃方言。他们使用着世界独一无二的，唯一把中文用斯拉夫字母（即俄罗斯字母）来拼写的汉语，拥有以斯拉夫语拼写的“东干语”报刊和完整的一至十二号（即小学至中学）的教材课本。由于与故土隔绝近百年，他们的语言中仍保留着前清时代的许多词汇。比如，在他们的日常用语中，称总统为“皇上”、政府机构为“衙门”、警察为“衙役”、学校为“学堂”、妻子为“婆姨”、男孩为“娃娃”、女孩为“丫头”等等，不一而足，饶有兴味。

更有甚者，不少女人的头饰和穿着仍保留着清代式样，这种“礼服”，是结婚典礼上的正规服饰。尽管他们已移居域外 130 多年，但他们仍保留着古老中国很多习俗。以婚俗为例，东干青年的婚姻通常是通过传统的“父母之命，媒妁之言”而缔结，即当男女成人之后，经过媒人引线，家长首肯，并确定媒金、嫁妆后，方可完婚。青年女子从小学便要学会做针线活，自己缝制结婚用的嫁妆，尤其是

>东干妇女

婚礼服饰和鞋袜，均以旧时中国传统手工方法和刺绣工艺制作，并在结婚时穿在身上。婚礼当天，新娘还要把头发弄成清朝时代的“燕燕头”，这种风俗在当今国内已极为少见，却被远徙中亚的回民后裔保留了下来。

从第一代移民开始，他们就已积极参与了当地的政治社会生活，并先后参加了俄土、俄日战争以及第一次世界大战和第二次世界大战。在第二次世界大战中，涌现出许多英雄人物，如吉尔吉斯米粮坊村的满素孜·王阿訇，曾获苏联最高英雄奖，在那个小村里，至今仍有村民为他建立的英雄纪念馆。而政治人物马三奇，在营盘以及阿拉木图市，都有以他名字来命名的街道。异域的东干人已融入所在的国家之中，由于重教崇文历史惯性的作用，他们曾是全苏联少数民族中平均文化程度最高的民族。

在本书中，我更为关注的是进入异域前离开白彦虎的回族士兵，他们的后裔目前主要集中在喀什市南边的疏勒县塔孜洪乡。百年时光流逝，他们诚如张承志先生在《正午的喀什》一文中描述的：“斤斤计较地勉强营生，紧靠着寺抱成一团。他们学了些维吾尔族话，把泥屋搭在了这片绿洲。后来世道继续稳定，他们开始出门也戴白帽子，在泥屋的庭院里，栽了些葡萄和鲜花。”这段含混不详的话，透露出他们的性格特性——斤斤计较，但又不敢亮出族群身份。不难想象他们那时在怎样的卑微境地里，艰难地存活，即便多年后我深入其中采访，他们的后人谈及那段历史，让我听到最多的总是一声声长长的叹息。在民族心理中，他

>白彦虎的孙子

们敬白彦虎为英雄，但对其投靠阿古柏政权乃至率众离开祖国的举动，却忌口不谈！

漫长而屈辱的岁月过去后，从内地远途而去的回民们，隐瞒了族群身份，和周围信仰相同但习俗迥异的族群小心翼翼地相处着，直到自己认为危险过去了，才偷偷地拿出压在箱底的白帽子，端庄地戴在头上，走进清真寺，完成一次次庄严的礼拜。逐渐地，他们赢得了周围生活族群的默认。而今，分布在塔孜洪乡的陕西回族后裔，每逢端午和中秋等节日，都按内地的方式来庆祝。

坐在他们的黄泥小屋里，一罐茶香中，一段段历史的帷幕被轻轻揭开。这个过程中，我和主人端坐在炕上，和他们一道吃着他们普遍喜欢吃的洋芋和辣椒。我清楚，这是他们的先民从陕甘一带带去的习俗。人虽然从陇山到了天山，话虽然从汉语变成了维吾尔语，但仍然能让我在他们的生活细节中，领略到昔日陕西关中一带回族的风俗。谈起历史，他们会淡然地操起陕西口音："先人嘛，是从那边打过来的嘛！一路打过来，倒把家乡给丢在脑后了，先人发现回不去了，就在城边边子上落了户，去山那边的在国外落了户……"

于是，中亚的大背景也好，中国的大背景也好，甚至晚清暴政虐杀的那一段背景也好，在中央亚细亚的历史记忆里，从此收留了一个新的、信仰伊斯兰教的族群——东干！

2013年国庆节期间，为了本书的完成，我再次前往伊犁，意外地发现了这样一个事实：那些当年出离祖国的东干们，不少人在背井离乡的生活中，日日思念祖国，还是选择了回归。这个秋日懒散的下午，在伊宁市东郊的一户普通的农家院落里，一株近百年的巨大核桃树的树冠，将大半个院落都笼罩着，树荫下，时年90岁的东干老人尹佩兰与我的交谈进行着。拿她的话讲，她是花过4个朝代钱的人。她的祖上宁夏人，跟着白彦虎一路逃到新疆。17 岁那年，她和 18 岁的丈夫结婚，当年就前往阿拉木图。解放初，他们回到伊犁，在这片土地上生活至今。当地的维吾尔族人称呼他们是东干。10 月 5 日那天，我前往伊宁市内的一个小区，采访柯尔克孜老人阿卜杜拉·拜克力的中途，他告诉了我这样一个事实："其实，我也算真正的东干，我的祖父也是跟随白彦虎从内地而来的，父亲出生在哈萨克斯坦，母亲是柯尔克孜族，当地人称我们为东干。"他也是解放后，从哈萨克斯坦回到祖国的，身份证上显示的身份成了柯尔克孜族，自己的东干身份一直隐在心里。

第十一章　桑皮纸上传承的民间工艺

桑皮纸上走失的工艺

出乎意料的手艺，在林荫院落悄然传递
沸腾的年份，夺走匠人的青春
千年之后，踉跄着闯入陈列馆
迎面而来的文字，安然坐在其间
近处，一纸书香灿烂于历史的页眉
远处，一道茶香滋润着下午的作坊
一堆见证历史的桑皮纸，一直缺少署名
夜色下的劳作，被黎明送走
那些憔悴者的角色被谁确定呢
就像他们的故乡，被忽略在地图之外
接受者的咳嗽，打断互相靠近的过程
那是沙漠中埋久的一柄铁剑
那是河流中暗藏的一道密令
一个纯净的致敬，或许该由我完成
并附上一尘不染的颂词，默念在心

当初进入新疆喀什噶尔的穆斯林们，开始面临选择。如果再往中国境内靠近，就得在丝绸之路的南线、中线和北线之间做出选择：进入北线，就是翻越天山进入天山以北地区，沿着今天从新疆乌鲁木齐到喀什的铁路沿线前行；进入中线，就是沿着天山南麓和塔里木盆地北缘的一个个绿洲串起的线路向东而行；进入南线，就是沿着塔里木盆地南缘，穿行于塔克拉玛干沙漠和昆仑山之间的沙漠、戈壁、绿洲间。我现在就开始沿着南线，继续探寻“伊斯兰文明的中国之旅”。

从喀什出发，沿315国道向东南方而行，沿途经过疏勒、岳普湖、莎车、叶城后，便进入和田市境内。从新疆的地理大势而言，这里是名副其实的南疆地区。

皮山，是和田市最西端的一个县，位于塔克拉玛干沙漠西端，被昆仑山和塔克拉玛干沙漠包围着。山区和沙漠占据这个农业县近80%的面积。离开县城往西南而行，逐渐进入皮山县的高山地带，这里的海拔高于2500米，距离县城70多公里的垴阿巴提塔吉克族乡就悄然端坐在这片高地上，从乡政府所在地喀特里什村到县城的公路是10年前才修建成的。

除了乡政府所在地喀特里什村外，垴阿巴提塔吉克族乡还有两个村——阿克硝尔村和布琼村，这两个村至今仍然不通公路，主要交通工具是毛驴。3个行政村加起来有800多人，几乎全是塔吉克族。这里是我国境内信仰伊斯兰教的塔吉克族最东边的聚居区。

离开皮山县后，我进入墨玉县寻访穆斯林的足迹。在新建的和田地区博物馆里，有写在桑皮纸上的清代维吾尔文典籍《诺毕提诗选》《维吾尔医药大全》以及一部维吾尔民间史诗的残卷。哈密隋唐时期的白杨河佛教遗址的佛塔残壁上，也曾发现过桑皮纸的痕迹。

印象最深的一次，是曾经在新疆大漠土艺馆里看到收藏有桑皮纸产品及全套制桑皮纸工具——大锅、木槌、搅棍、纱框等。那些散发着神秘而古老气息的工具，无言地叙说着桑皮纸这一古老工艺的辉煌，也叙说着怛罗斯之战后，世界上一流工艺悄然间走向西方的轨迹。那时，西域大地上已经有了当时世界上最先进的造纸工艺。那些古老的工具无言地向那些对新疆了解不够全面的人告知：新疆是在蔡伦造纸之后，第二个最早出现造纸术的地方。

有着千年历史的桑皮纸被称为人类造纸业的“活化石”。千百年来，它记录着我国传统造纸工艺的历史，是人们了解古代纸文化的一个窗口。了解桑皮纸，其实就是了解新疆的穆斯林对这一古老造纸工艺的传承。

桑皮纸制作在中国，中国的桑皮纸制作在新疆，新疆的桑皮纸制作核心地在

>桑皮纸上的维吾尔文字

>桑皮纸上的绘画作品

和田地区，墨玉则是和田地区桑皮纸制作的核心地。

1908年，英国探险家斯坦因带着他的探险队，离开和田城，在酷热中行进了100多公里，看见静卧在麻扎塔格山的一座唐代寺院，在穆斯林向导的带领下，他在寺院里发现了一本用桑皮纸制作的账本，上面记载着寺院在当地买纸的情况。这说明，早在唐代，桑皮纸制作工艺已经从内地传到了和田一带。和田当地民众的信仰虽然从佛教变成了伊斯兰教，但他们将这一古老的工艺一直传承了下来。

20世纪初，桑皮纸还曾被用于印制和田的地方流通纸币。而那些残存的清代桑皮纸文书和民国时期的桑皮纸钞票，让我看到另一个事实：晚清和民国时期，新疆各地曾普遍使用桑皮纸。到了20世纪40年代，桑皮纸还广泛用于新疆的公文、契约和包装等方面。

1936年，中华书局出版的《我们的中国》一书中写道："和田桑皮纸，为全省官厅缮写公文的必需品。"这是桑皮纸在新疆境内被官方使用的最后阶段。

1950年，桑皮纸退出印刷和书写用纸行列。从那时起，高档桑皮纸渐渐绝迹。到了20世纪80年代以后，桑皮纸退出当地人的日常生活，成了一项"死去的工艺"。

如何让这一濒危的工艺重新恢复历史记忆？新疆各地都在努力着。走进墨玉县普恰克其乡，能感受到逐渐浓盛的桑皮纸制作工艺氛围，而布达村则是这种氛围最浓烈的地方。这个村子的家家户户都会做桑皮纸，制作工艺都是祖传的。

村民吾布力卡斯木，已经是家传制作桑皮纸的第六代传人。小时候，他和村里的孩子一样，回到家总能看到祖辈、父辈做桑皮纸的忙碌背影，这也是桑皮纸能在这个村子里保留下来的一个主要原因。

在这个小村子里，在安静的院落里，看着村民们制作桑皮纸，古老的工艺流程在我的眼前逐渐清晰：首先要选用一到两年的嫩桑枝条，以和田和吐鲁番的白桑为最好。将桑树皮放在水中浸泡，然后剥下深色表皮，将其放入加满水的大铁锅中煮，边煮边搅，一直到树皮煮熟软烂，再加入胡杨土碱发酵四五天，等桑皮化开以后，就可以进行洗浆了。洗浆时，将桑皮浆放入木桶里用木棍搅拌，搅匀后用专用的筛子滤渣。过滤后将纸浆倒入沙网木制模具里，然后用木棒不停地搅动，使纸浆均匀地铺在模具上，放到阳光可以充分照射的地方。等纸浆在模具上晒干后，撕下来的就是一张张地道的桑皮纸了。据说，用上好的墨汁在上面书写经文、文书等，上千年也不会褪色，不会被虫蚀。我想，这也是斯坦因能在千年后看见桑皮纸上字迹清晰的寺院账目的原因吧。

2006 年 5 月，桑皮纸制作工艺经国务院批准，列入第一批国家级非物质文化遗产目录。2007 年，布达村 94 岁的托乎提 · 巴克老人成为国家级的代表性传承人，布达村的知名度因此而大增。托乎提 · 巴克 5 岁就开始随父亲学习桑皮纸制作，如今依然坚持每天剥 10 小时以上的桑树皮。在他的影响下，他的儿子、儿媳甚至 6 岁的孙子都学会了制作桑皮纸。

当我漫步在村子里的桑皮纸文化一条街时，依稀看见越来越多的村民们，在弘扬这个古老工艺道路上坚定而努力的背影。

不仅是墨玉县有着拯救桑皮纸的努力，在吐鲁番地区也能感受到桑皮纸“被

>桑皮纸制作工艺（一）

>桑皮纸制作工艺（二）

>桑皮纸制作工艺（三）

救活”的欣慰。吐鲁番的托乎地巴海·吐尔迪是第一批国家级非物质文化遗产项目维吾尔族桑皮纸制作技艺的代表性传承人。

第十二章　一个维吾尔族老人半个世纪的影响

给你，陌生的献词

献予一支陌生的歌谣，给你
献予一张仓促的地图，给你
青铜的基座，托起一个虚构的偶像
一头无辜的毛驴，眩晕在刹那间来的幸福里
你将一场无与伦比的骄傲，写在驴背上
所有与你有关的消息，从此熠熠发光
暗淡的虚构，走进导演的脑海
崭新的舟楫，带你越过塔里木河
就此，再远的路途缩减为一张机票
颓唐的青春亮相于报纸和电视
步入京城的口音，胆怯地飘过广场
一顶普通的帽子，经过一只伟大的手挥舞
成了你带回家乡的一段神话
鲜花凋零后，广场清寂
这一尘不染的夜空下
只有我这个异乡人，靠近一尊铜像
打捞一段掩隐在一片沙粒后的陈年旧事

>库尔班大叔和毛主席雕塑

和田是南疆的心脏，在这里更能感受到南疆穆斯林文化和生活气息。走近和田市团结广场，跃入眼帘的便是那尊2003年修建的毛主席接见维吾尔族农民库尔班大叔的雕像。这座铜像基座高12.26米，像高9.5米，重6吨。基座上清晰地镌刻着毛泽东诗词《浣溪沙·和柳亚子先生》的全文："长夜难明赤县天，百年魔怪舞翩跹，人民五亿不团圆。一唱雄鸡天下白，万方乐奏有于阗，诗人兴会更无前。"

其实，在我刚踏上南疆大地、还未走进和田时，无论是在县城的集镇，还是乡下的街道，常能听见"库尔班"的叫声。因此，南疆的朋友幽默地告诉我，如果站在大街上高喊一声"库尔班"，会有很多男子应声或回望的。为了便于区别，众多"库尔班"们有的在"库尔班"前加上自己的名字，有的则加上了自己的职业，于是就有了"烤馕库尔班""打铁库尔班""卖葡萄干库尔班"等称谓。一个家族中为了区别出现的多个"库尔班"，便有了"老库尔班"和"小库尔班"，"爷爷库尔班""爸爸库尔班""儿子库尔班"等不同的称谓。

我在一个"烤馕库尔班"的摊前品尝了香喷喷的烤馕后，"烤馕库尔班"指着广场的库尔班铜塑像，幽默地说那是他们这些库尔班的"老大"。他用半生不熟的汉语讲述起"老大库尔班"从活人变成塑像的故事。

"老大库尔班"，全名库尔班·吐鲁木，1883年出生在和田于田县，是个孤儿，他的童年是与地主家的牛羊一起度过的。长大后，为了摆脱被剥削、被奴役的生活，库尔班·吐鲁木带着妻子逃到荒漠里，靠吃野果活了下来。后来妻离子散，他孤身一人度过了17年的野人生活。

1949年9月，新疆和平解放后，库尔班·吐鲁木从当年带妻子逃亡沙漠的中年人变成了头发斑白的库尔班大叔。当他知道新疆人盼到的自由、幸福生活是毛主席和共产党带来的之后，便执意要到北京去见恩人毛主席。村民们笑他不知去北京的路有多远、毛主席有多忙，他的这个想法无异于"在沙漠里刨出水来、天空中长出棉花”。但库尔班·吐鲁木下定了要见毛主席的决心，他说：“只要我的毛驴不倒下去，一直走，就一定能到北京。能让我亲眼看看毛主席，我这一辈子也就心满意足了。”

>毛主席和库尔班大叔合影

库尔班大叔决意骑毛驴上北京见毛主席的事，传到了时任新疆维吾尔自治区党委书记王恩茂那里。为了满足库尔班大叔的心愿，王恩茂特批库尔班随新疆国庆观礼团乘飞机到北京。

1958 年 6 月 28 日下午，一生历经坎坷的库尔班老人在中南海怀仁堂受到毛主席的亲切接见。毛主席感动地说：“新疆人民多好啊！”那天，我国著名的女摄影家侯波拍下了那个难忘的瞬间。于是，20 世纪 50 到 60 年代，新疆许多人家都有了这张毛主席与库尔班·吐鲁木老人紧紧握手的照片。

20 世纪 80 年代中期，侯波曾到过南疆，她发现几乎每户人家都挂着毛主席与库尔班·吐鲁木合影的照片。当地群众听说库尔班大叔与毛主席的合影就是侯波拍的，就一定要与她握手。他们对侯波说：“你给毛主席照相，一定握过毛主席的手，我们握着你的手就像握着毛主席的手一样。”就这样，想和侯波握手的人蜂拥而至，侯波招架不住，有关人员只好把她藏在医院里，才避开了那些热情的群众。

库尔班·吐鲁木生前曾两次受到毛主席亲切接见，还被授予全国劳动模范的称号，被选为第四届全国人大代表。1975 年，库尔班·吐鲁木老人去世，享年 92 岁。他要骑毛驴上北京的故事，被编入全国小学生教材，成了闻名全国的“达人”。

画驴可称一绝的当代国画大师黄胄，感动于库尔班大叔上北京见毛主席的故事，一直想用画笔把这位善良、质朴的维吾尔族老汉对新中国的感激之情描绘出来。黄胄先后画过多稿，最后选定的一稿是：老人骑着毛驴，弹着冬不拉，唱着赞歌，迎着朝阳向东方走去。这幅作品完成于毛主席逝世的前一天。毛主席逝世两天后，著名书法家、佛学居士赵朴初感慨于黄胄的画作，为之题款“日夜想念毛主席”，成了和田的新名片。也留下了一个汉族画家为一个穆斯林画像，佛学弟子为其题

>黄胄国画《库尔班大叔》（一）

款的各民族共谱大爱之歌的佳话！

“库尔班大叔喜洋洋，赶着毛驴铃铛响，绿葡萄，红苹果，一筐一筐车上装……”名为《库尔班大叔喜洋洋》的儿童歌曲，让一代代中国少年儿童从小就知道了新疆的“库尔班大叔”，知道了这个热情、朴实、忠厚的维吾尔族老人。

>黄胄国画《库尔班大叔》（二）

2002年，新疆天山电影制片厂摄制完成了影片《库尔班大叔上北京》，作为向中国共产党第十六次全国代表大会的献礼。2003年，和田市根据侯波拍的那幅照片投资建造的《库尔班·吐鲁木见到了毛主席》大型塑像竣工。同年，库尔班·吐鲁木纪念室建成。

如今，铜像《库尔班·吐鲁木见到了毛主席》和库尔班·吐鲁木纪念室成了和田的文化地标之一，每个来到和田的外地人，都将到这里当作一门“必修课”。

>《库尔班大叔上北京》的电影海报

“毛主席呀毛主席耶，日夜都在想念你，我要勤生产多卖力耶，把呀盘缠来攒起耶……”21世纪初，当歌手刀郎用略带沙哑的声音，唱出这首《萨拉姆毛主席》时，人们耳目一新，以为是首充满节奏感的新歌。殊不知这首歌诞生于50多年前，作者是卓越的民族音乐家王洛宾。1959年，新疆话剧团以库尔班大叔的事迹为素材，编写了一部音乐话剧《步步跟着毛主席》，有关部门把剧中音乐创作的任务交给了王洛宾，王洛宾创作的《萨拉姆毛主席》这首歌就是剧中的主要唱段。“萨拉姆”是维吾尔语，“萨拉姆毛主席”就是“敬爱的毛主席”的意思。

当我漫步于库尔班·吐鲁木的墓地时，管理人员告诉我，这是和田市于田县1993年重新整修的。几十年来，这里一直是于田县爱国主义教育基地。

走进库尔班·吐鲁木纪念室，能够感受到浓烈的爱国主义氛围。占地面积400余平方米的纪念室，由展览室和声像室两部分组成。室内采用文字、图片、声像和实物的形式，完整地再现了库尔班·吐鲁木在那个时代表现出的，浓烈的汉维一家亲的时代精神。

>黄胄画、赵朴初题款的《日夜想念毛主席》

据工作人员介绍，2009 年以来，库尔班·吐鲁木纪念室按照 AA 级景区标准进行建设，进一步完善了基础配套设施，更新了库尔班·吐鲁木生平事迹展览厅，对场内进行了硬化和绿化。2010 年，库尔班·吐鲁木纪念室被批准为国家级红色旅游景区，成为爱国主义教育基地。

第十三章　从喀喇昆仑山而来的玉石之路

从喀喇昆仑走来的端庄之光

八月开始，一场早到的雪染白喀喇昆仑
最美的雪脊跃然而现，送走夏天的背影
一条冰冷的弧线，亮出躺着的尊贵
头顶是天，身下是地
一部西部大卷，被分成西藏和新疆两章
悬崖边的枝头，开满伤心的花蕾
一块被赶下山的石头，丢失了童年
就像面纱背后的新娘被毛驴驮向远方
石头的命运，从走下喀喇昆仑时被注定
沿着一条条陌生的长途，远走他乡——
皇妃的脖颈，收藏家的手腕
博物馆的展柜，画家的笔下
籍贯一直显赫于史籍、宫廷与民间
故乡被一次次写进圣旨：“和田”
月夜下，两个穆斯林走进作坊
以自己的手温，抵御石头发出的冰凉

刀锋游走，线条和造型陆续出场
排队的商人，决定着它们的归宿
就像一群注定要走失的牛羊
以牺牲来定义自己的使命
从喀喇昆仑山的雪脊到和田河畔
我只奢望：能有一块以和田命名的石头
以项链的形式挂于胸前
让我们互相温暖，见证对方的岁月

名字前多了两个字“喀喇”，由于地理位置偏远，加上深入其中的艰辛，使得喀喇昆仑山比昆仑山的知名度低了很多。从帕米尔高原到塔克拉玛干沙漠，喀喇昆仑山在新疆西南部轻轻划过，成为青藏高原和新疆大地的分界线，在 2500 公里长的昆仑山系上，形成了一道美丽而漫长的弧线，也成为昆仑山中最神秘的一段。

>邮票上的柯尔克孜人

喀喇昆仑山中不仅有世界第二高峰——乔戈里峰，也有峰峰如长剑伸向天穹的千仞陡壁——很多山峰至今仍没有人类登顶，更有深居其中但很少为外界知晓的穆斯林——柯尔克孜、维吾尔、塔吉克等族的信仰伊斯兰教者。

路途遥远，甚至有的穆斯林定居点就没有现代意义上的公路，高海拔带来的行动迟缓、远离现代文明的濡染，加上语言不通带来交流和采访的不便等，使我深入喀喇昆仑山北缘的穆斯林生活区域的采访，成为追寻中国境内的伊斯兰文明之旅中最艰辛的一段。

6973 米的木孜塔格峰、6638 米的墓士山峰、6920 米的琼木孜塔格峰等，8 座海拔超过 6000 米的山峰，像一枚枚晶莹的棋子有序地排列在喀喇昆仑山的核心地带。其北坡雪线大多在 5100~5800 米，冰雪融化季节，喀拉喀什河、玉龙喀什河、克里雅河、尼雅河、安迪尔河的河谷变得热闹了起来，涓涓细流汇聚成的河水，在喀喇昆仑山和塔克拉玛干沙漠中间浇灌出一处处绿洲。

从喀什到和田，行进在阿克陶、英吉沙、泽普、叶城、皮山、墨玉、和田、洛浦、策勒、于田、民丰等县，就是一条体验南疆最浓郁的穆斯林风情之旅。一座座坐落在人群集中处的清真寺，一处处在郊外孤独伫立的麻扎，一个个给当地穆斯林带来便利的巴扎，一场场按照伊斯兰教义举行的礼拜，一个个热情而对生活充满信心的笑脸，都使人感受到伊斯兰文明在这片土地上的气息。

沿喀喇昆仑山而行的这条路上，无论是乘车行驶在沙漠边缘，还是从入住的县城宾馆起来后，我常常会情不自禁地向南抬头远望，望着那些高大的山峰，不由自主地想，那里生活的人是一群怎样的穆斯林呢？他们的生活状态是怎样的呢？在这种追问中，我不由得将探访中国穆斯林文明的足迹从南疆的绿洲移开，走进

>喀喇昆仑山中的“山流水”现象

喀喇昆仑山中。

库提包甫、卡冲、达姆斯、棋盘、库勒阿哥孜……这些以穆斯林为主的牧村或居民点，坐落在喀喇昆仑山的中段。沿着位于塔里木盆地西南边缘的叶城县选择南进喀喇昆仑山，山口处的农田无声地告诉我，这里的居民还在从事农业。越往里走，农田逐渐消失，山坡上的牦牛群、羊群说明，畜牧业成了这里居民的主业。和新疆其他地区穆斯林放牧方式不同的是，这里的穆斯林只能步行放牧。即便是从夏牧场转到冬牧场的“转场”，他们也从不骑牛，也不让牛驮负东西。他们对牛的情感是外界无法理解的。

叶城河和叶尔羌河源头交汇处，是一片平均海拔5500米、面积有2770多平方公里的开阔地。两合休、帕合甫、果萨斯等10个山间盆地分布在这里，但它们彼此间却隔着20多道达坂，10多条溪流和10多条山丘，山丘顶部和底部形成了鲜明的对比：顶部常年白雪皑皑，底部则郁郁葱葱，生长着茂密的青松、野蔷薇、木通等植物。叶城、泽普、莎车等县在这些盆地里建立了林业、畜牧、狩猎基地，盆地中散落着300多个居民点，6万多人口中穆斯林占了绝大多数。他们多以盆地底部为草场，山丘底部的植物就是这些穆斯林放牧的畜群的主要食物来源。

向大山深处而行，一个个居民点依山而建，犹如一个个精心安排在山腰的黄泥城堡，墙皮上的泥黄色在淡淡的绿色中显得格外醒目。“看山跑死马”的民谚在走近这些黄泥小屋时得到了很好的体现。这片辽阔的盆地中的300多个居民点中，除了乔盘、库什拉甫等乡及其附近的一些居民点有公路外，很多身居深山的村落居民只能依靠畜力进出这片被喀喇昆仑山隔绝的地区。最边远居民点里的穆斯林，如果到乡镇的巴扎上去换取日常生活用品，有的需要走15~20天，这样的隔绝使这些穆斯林更能沿袭传统的生活方式，保留较为完整的、原生态的生活习俗。

>叶尔羌河上游地区

走进喀喇昆仑山深处的穆斯林家中，游牧生活的气息充满在角角落落。不像南疆绿洲上的穆斯林家庭，这里的穆斯林没有喝茶，也没有给客人上茶的习惯，他们也不吃马肉和骆驼肉。当他们端上自己制作的奶品——酸奶、酸奶疙瘩、奶油时，我才发现他们在这点上和山下南疆绿洲上的维吾尔族相似。而他们在使用餐桌布上，又和柯尔克孜族相同，显出一些尊贵气息；但和柯尔克孜人总是喜欢将餐桌布洗得干干净净的习惯又有区别——喀喇昆仑山里的穆斯林们有着一个不洗餐桌布的习俗。问起这个原因，答复是担心会将家当洗掉。他们的餐桌布脏了，便拿到太阳下晒晒，让风一吹就拿进屋里继续用。因此，在这里见到几十年不洗的餐桌布是一件很正常的事情。

喀喇昆仑山的婚丧嫁娶也保留着他们的特色。幸运的是，我在齐盘乡所在地遇见了一场婚礼。那天，一二百名从周围赶来的乡亲、亲戚围坐在新娘家的院子里。刚进院子的空地上，就能在醒目位置上看见收礼的人坐在一张桌子前，桌布上堆满了前来参加婚礼者送的馕、糖和花布等。陪同我的朋友塔里布告诉我，在四五年前，这里送礼大多是一两元到五元的，现在，礼钱也水涨船高了。收礼的年轻人每收到一份礼钱便会高声喊："尤素福，送了 20 元钱！""亚里布，送来 10 元钱，三个馕！"他每喊一次，围坐在院子里的人便一起喊道："阿里哈姆都

>喀喇昆仑山中的穆斯林聚居点

里拉（感谢真主）！”钱被他装进身上带的包内，馕等物品则被他身边帮忙的妇女郑重而有序地放在铺着桌布的桌子上。

婚礼是传统婚俗最核心的部分。新郎和新娘将各自的头靠近对方，旁边的人将提前放在一个盘子里的 3 支（有时也用 5 支）蜡烛点燃，然后将盘子摆在新人的头上，接着是阿訇开始为他们举办正式婚礼前的“尼卡哈”（合法婚姻的证词）仪式，院子里的男女分成两列站立观看。就在此时，猛然看见新娘突然放声大哭起来。看到我的惊奇，塔里布介绍说，这种习俗表达了新娘对父母及家人的深厚情感，逐渐变成了一种仪式。

新娘大哭过后，只见主持婚礼的阿訇开始分别问新娘和新郎，是否愿意结为夫妻、是否永远相爱而互不抛弃等问题。阿訇一般只问 3 次， 只见新郎在每问时必须干脆响亮的答复，表示对女方的热恋和忠诚；而新娘则是问到第三次时，才羞答答地低声回答。新娘不愿意马上回答，并不是不愿意，而是有意在逗逗小伙子，能看得出，她当然也有不好意思和怕羞的缘故。新娘的答复往往只有站在身边的伴娘可以听到，所以，阿訇的问题大多由伴娘再大声地向大家宣告：“愿意！”

回答完问题之后，只见一位姑娘端出一个精美的托盘，上面摆着一小瓷碗盐水，里面泡着两块小馕。那姑娘缓步走在新娘和新郎中间。这时，刚才还在低着头含羞的新娘动作迅速地和新郎抢着吃下碗里泡着盐水的馕。据当地人说，谁先抢到盐水馕，就表示谁最忠于爱情。所以，在抢馕时，男女都不甘示弱，表示他们从此相亲相爱，携手要过新生活。关于这个习俗也有它的缘由：喀喇昆仑山里的穆斯林把盐视为一种珍品，倍加爱惜，而馕又是维吾尔族生活中不可缺少的食品，选择盐和馕作为“尼卡哈”的一项内容，象征着新生活的开始，同时也比喻像盐和馕一样永不分离，白头到老。

>喀喇昆仑山里放牧的穆斯林

“尼卡哈”结束后，男方回家筹备婚礼，下午就要组织人到女方家来娶新娘，隆重而又热闹的婚礼将在男方家举行。我无法看到新娘走进新郎家的迎亲一幕，塔里布告诉我，新娘娶过门时，要坐在地毯上，新郎抱着新娘从火堆上跨过去。

我对喀喇昆仑山的关注，并不仅仅限于生活在这里的穆斯林的生活图景，而是为了探寻一条隐着的玉石之路。

1968 年 6 月，中国人民解放军某部在河北省满城西郊演习时，意外地发现了一座古墓。按照文物保护惯例，军方很快和当地文物部门联系，河北省考古研究所和河北省文物工作队随即展开了联合调查。调查时发现了另外一座古墓，其中出土的印章显示，第二座古墓的主人是西汉中山靖王刘胜和他的妻子窦绾。古墓被打开时，令专家惊奇的是，刘胜身上穿着一件由金丝串起、2498 枚玉片构成的玉衣，金丝纯度达 96%，直径不到 0.5 毫米，玉衣全长 188 厘米。

1973 年，“中华人民共和国文物展”在日本的东京和京都两地举行。展品中有一件出土于江苏省徐州的东汉古墓的玉衣，据专家推测，墓主人是汉明帝的皇子刘恭一族，那件用银丝串起的玉衣，由 2600 多枚玉片构成，全长 170 厘米。

两件玉衣的原料出自哪里呢？专家的报告令世人惊奇——玉料产自新疆！

我为完成《大河远上》一书，考察黄河源头到黄河入海口期间，到河南三门峡的战国虢国墓博物馆参观时，看到了那柄被誉为“中华第一剑”的战国铁剑。关于那柄剑的历史价值，很多学者是从其冶炼技术方面给予肯定的，但没人留意剑柄上镶嵌的和田玉。也就是说，早在西周末期、战国时期，和田玉就从新疆进入中原腹地，在传统的丝绸之路“开凿”的近千年前，已经有了一条“玉石之路”

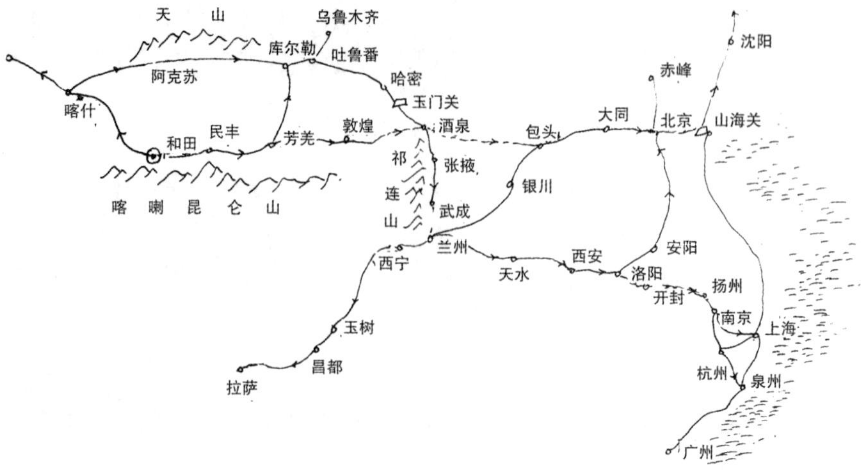

>玉石之路线路图（作者手绘）

铺架在西域和中原之间了。

“玉石之路”从形成之时至今，在3000多年的时光里，逐步闪耀着它的人文之光，丰富了中国的玉文化，使和田玉完成了“玉润中国”的使命。

至少在汉代，玉的采购就由朝廷垄断，以后的历代政权对玉的垄断基本没有断链。新疆的玉进入内地，是要过关的，从新疆经甘肃进入内地的“玉门关”的设置，就与和田玉有关。

玉石采集是生活在和田一带的民众很久前就有的职业。伊斯兰教传入新疆西部后，百年宗教战争的结果，使以和田一带为核心地的佛国于阗王朝臣民改信伊斯兰教。信仰发生变化了，但他们依玉而生的生活方式却没有变化，他们将自己的身影依然叠放在和田玉的采集、加工、销售中，使千年蔓延在丝绸之路上的玉石之路增添了另一份质地和文化。

公元1760年，清朝结束对“回疆”大、小和卓的军事讨伐之后，今莎车、和田一带所产的玉石、黄金和今焉耆一带的铜，就被确定为南疆地方向清朝政府“任土作贡”的三大贡品。从那时起，清朝就开始控制地方玉矿的开采权。乾隆皇帝命令喀什噶尔办事大臣海明，不准地方采（挖）捞（取）。并下旨，“和田所出的玉石，皆为‘官物’，要尽得尽纳”。甚至发生了公元1760年和田总兵和诚因藏匿贡玉而被处死的事件。

两年后，清政府下令在叶尔羌密尔岱山开采磬料之后，全面对产玉的河床、玉山封禁设卡伦（哨所）看守，不准普通百姓上山下河捞捡采玉。公元1769年，叶尔羌参赞大臣期成额，因将入贡选剩的次玉分售官兵，还曾受到乾隆皇帝的斥责。

讲述起和田玉来，维吾尔族的肉孜买买提作为采玉世家的传人，给我描述了清代和田及叶尔羌贡玉采集时的情境。那时，南疆的玉分“例贡”及“特贡”两种方式。“例贡”的玉也就是可以无数量限制，出产多少，上缴多少。河玉是每年采捞两次，一次是三月桃花水下泻后，一次是秋水下泻时节，大水流过，河床内卵石翻动之后。无论哪次，肉孜买买提靠采玉为生的祖辈、乡民们，都是在冰寒彻骨的水中作业的，不难想象一块南疆玉料的问世是何其艰难。“特贡”则有开采和数量的限制。

和田县和墨玉县隔喀拉喀什河相望，墨玉县的得名就是和这条“玉河”有关。我的弟弟唐舜尧如今供职于墨玉县公安局。他告诉我，墨玉县的穆斯林更多地称这条河为墨玉河。和田县城西侧是喀拉喀什河，东侧是玉龙喀什河，这两条河都发源于昆仑山，是两条著名的“玉河”。那些挽起裤子采玉的穆斯林就是在这里完成河玉采集的。

抬头遥望喀喇昆仑山时，常常对处于采玉、运玉、加工玉等链条上游的穆斯林产生兴趣。机会来了，终于能够走进喀喇昆仑山一探究竟了。

从于田县往南进入喀喇昆仑山的路有两条，西边的山路通往山村普鲁，东边的路则通往设在阿羌村的阿羌乡政府。选择东边的路进入喀喇昆仑山，沿途就能见到不少穆斯林聚居点，整个阿羌乡共有 11 个分布在山区内的自然村，每个村子的人们互相来往，只能依靠步行，所带的东西则需要毛驴驮负。其中，流水村在阿羌乡甚至东喀喇昆仑山的出名，是因为它坐落在一片“玉山”之中。

>喀喇昆仑山下的玉巴扎

走进村子，能明显看到喀喇昆仑山东部呈现出的南北向断裂带造就的谷地。春天，冰川融化的雪水会携带山中崩解的块状玉石原料汇聚于村子所在的谷地，这

>毛驴驮负着玉石原料行进在喀喇昆仑山中的崎岖小道上(尚昌平摄)

些质地为羊脂玉的玉石受河水搬运、冲刷、磨蚀呈露出分明的棱角，被当地人称为“山流水”。村子里的居民——全部为穆斯林——自然就和玉石结下了不解之缘，畜牧、种植和采玉构成了村民的主要来钱路。大部分男性村民都有过采玉、背玉、用毛驴驮玉的经历，但却没有人从事玉石加工、经营。

和喀喇昆仑山东部的很多村落一样，流水村同样随处都能听到和玉有关的各种传说、故事。走进村民家中，黄泥院墙下随处可见一些陈年废弃的采玉、背玉工具，那些锈迹斑斑的铁锤、钢钎在无言地讲述着村民和玉的故事。村西头的几户人家看上去并不显眼，但这里距离山上接送玉石处 20 多公里，是山上和山下之间的一处转运站。每个离开村子进山采玉、运玉的穆斯林都会将这里当成离开村子的标志。那轻轻一回头的刹那，生死就抛在了脑后，他们很快就将背影留给村子，他们知道自己的亲人在家门口盯着这里，嘴里念着祈祷词，祝福他们能平安归来。往往是四五天后，在家守望的女人们才等来进山的男人，驮运玉的毛驴常常会受伤、会筋疲力尽而亡，男人们也是常常会背负 10~20 公斤左右的玉石归来，将希望背回家，也将亲人们盼望的平安背回了家。团聚是短暂的，这样的离家、归家的反复过程，在这里上演了千百年了。

在古代南疆各地的伯克(首领、管理者)摊派民工，用军事化的形式分地段编营，沿河三五十人并肩一字排开，进行采捞，大的采捞队伍摊派人数达 500 人之多。这些采玉者，多是南疆境内的穆斯林民众。他们在进入采玉区之前和采捞过程中，均被当地政府登记造册。所采集的玉，用毡包裹运抵叶尔羌办事大臣处。而后，连同叶尔羌所出的矿玉、河玉一同押解北京。在《清实录》中，我看到的记载显示，和田的河玉和叶尔羌所出的矿玉，每年的贡玉在 4000 斤上下。

据《新疆图志》统计，两地每年采玉在 7000~10000 斤。清末，随左宗棠赴新疆平定阿古柏叛乱的诗人萧雄在《西疆杂述诗》中，就描述了采玉的情形——“玉拟羊脂温且腴，昆岗气脉本来殊。六城人拥双河畔，入水非求径寸珠。”诗中的“昆岗”就是和田地区南侧的昆仑山，“六城”泛指和田地区周围的六处绿洲之城，“双河”就是玉龙喀什河和喀拉喀什河，那些从和田周围地区的绿洲而来的穆斯林们，顶着冰寒踏进双河中，并不是为了寻求“径寸珠”，而是为了找寻和田玉。

和田玉在那时主要是通过“特贡”之路走进皇宫，走进中国最高端的消费市场的。宫廷造办处根据朝廷祭祀大典及皇室各种庆典的需要，派人到叶尔羌及和田专门收集制作玉磬、玉册、玉玺、玉印的材料。自乾隆二十七年至五十五年的 28 年间，先后通过办事大臣收集到京的大磬材料 7 批，由宫廷管库官员带领玉工到矿山开采玉册材料 800 片、玉印材料 50 方。仅以上几批共运出疆玉石材料 1000 余件，重量 30000 斤以上。

清代时，整个南疆地区的主体民族是信仰伊斯兰教的维吾尔族，这也说明，无论是春天还是秋季采捞时分，采玉者以维吾尔穆斯林为主。春耕秋收季节，大批穆斯林青壮劳力离开自己的家园、土地和亲人，走进喀喇昆仑山或叶尔羌河、玉龙喀什河，将自己的汗水、辛劳和与他们享受不到的玉石联系在了一起。仅公元 1778 年，叶尔羌办事大臣一次摊派民工达 3200 人；1791 年，仅开采磬料就动用 300 人，用时长达 5 个月之久。而那些穆斯林民工每人仅仅得到了 6 匹土布，大批玉石被外运，民间买卖玉石是一种犯禁行为。

公元 1778 年 3 月，长期勒索人民、私下销售原玉或令人暗地里加工玉器的叶尔羌阿奇木伯克鄂对病故，驻叶尔羌办事大臣高朴奏乾隆皇帝以其子继承父职。乾隆认为如此处理与唐代藩镇制度无异，使叶尔羌阿奇木伯克一职成为世袭政权。因此，乾隆谕令鄂对之子调补喀什噶尔，将喀什噶尔阿奇木伯克色提巴尔第调至叶尔羌。这起人事调动使得当地人民开始揭发前任伯克鄂对与高朴相互勾结、摊派徭役、串商出售官玉等情节。

高朴知情况不妙，拿出金钱买通新任伯克。没想到，新任伯克色提巴尔第封贮高朴贿赂的 2500 两元宝，并向乌什办事大臣永贵告发，永贵立即转奏乾隆。高朴原为侍郎，其祖父高斌曾为慧贤皇妃之父，其父高恒曾任盐政，叔父高晋为两江总督。1776 年，乾隆“钦差”高朴顶替玛兴阿出任叶尔羌办事大臣。高朴在新疆的任上以皇侄自恃，贪婪无度，胆大妄为。清代前期，在叶尔羌密尔岱山设置卡伦看管玉料原石。宫廷用玉，有专管大臣达三泰驻叶尔羌经理，高朴到职勾结达三泰，公开出售“官玉”，以至民怨沸腾。

由于高朴案涉及面大，乾隆下令在全国范围跟踪追查，结果挖出了一个巨大的销售和田玉的集团。清查出高朴在叶尔羌任职两年期间收受伯克贿赂、货卖玉石，贪污白银 16000 两、黄金 500 两及占有无法统计的珠宝玉石的罪行。这起中国历史上最大的“玉案”牵涉 60 余人，乾隆处死官员 4 名。

清政府如此严格控制新疆的玉石，那么，这些玉石是怎么运至北京的？

在现代运输工具出现之前，和田玉经过“玉石之路”进入内地，只能依靠人力以及畜力的体力和脚力。昆仑山北麓和塔克拉玛干沙漠南缘之间的“玉石之路”，是一个漫长而枯燥的长旅。尤其是唐宋以后，可想而知信仰伊斯兰教的当地脚夫、民工们，带给这条玉石之路的是怎样的一抹艰难的生机或亮色。

公元 1789 年，叶尔羌伯克玉素甫派民工采得大块玉三块（一青、一葱白、一白）。青玉重 10000 斤、葱白玉重 8000 斤、白玉重 3000 斤。玉素甫为了投乾隆所好，决定让人将这三块矿石巨玉整体运往北京。

当时的南疆地区，可谓戈壁连绵、沙漠千里，既无公路也没汽车，仅有驿路及一种称作辇的木轮大车靠马队拉运，在新疆境内征用的壮丁几乎全是穆斯林。他们经过 8 年时间，才运到和硕的乌什塔拉，而此时的清政府政权已经由嘉庆皇帝执掌。

乌什办事大臣都尔嘉将这种劳民伤财的情形修书上报给嘉庆皇帝，但这封奏章被当时专权的和珅扣压。1799 年，和珅被弹劾处死，嘉庆皇帝方得知此事，体恤民情的嘉庆下令：“所解玉石，行至何处，即行抛弃，不必前解。”

当年 5 月，嘉庆皇帝下令：“嗣后回人，得有玉石准其自行卖与民人，无庸官为经手，致滋纷扰。”又说：“新疆玉石，无论已未成器，概免治罪，是民间玉料既准流通，该处卡伦即成虚设，亦应如所请，一并裁汰。”“总宜恩养回民，疆宇宁静是朕之至愿，玉之多少有无，何足重轻耶？”这是中国历史上将穆斯林生命和玉石拿出来比较的唯一一位皇帝！在他内心的天平里，已经显示出了孰轻孰重。这也标志着，自古产玉的和田，开始开启玉在当地流通的大门！也拉开了新疆的穆斯林能够携带和田玉进关到内地贸易、允许南方工匠赴新疆收购和田玉的帷幕！

1821 年，清政府因为和田玉的库储丰足而停贡。1844 年，林则徐谪戍新疆路过和硕时，看到 45 年前弃置在乌什塔拉的三块大玉尚完好存于当地。民国建立后，北洋政府财政部委派湖南督军府谢彬考察新疆，谢彬在他的《新疆游记》中记述：“乌什塔拉市北田中有玉一块，体积视南方方棹略小……今残存系大者，而次者、小者早已被人零截尽矣。”民国期间因有了公路及汽车，此玉被拉至乌鲁木齐西公园“阅微草堂”南一长亭处放置。1975 年，北京来人将其调往京城，据说为朱德副主席的雕像做了底座。

如今，在和田乃至新疆，经营和田玉的穆斯林商人占据了绝对优势。他们不再像旧时的穆斯林那样奔波在漫漫长途中了，而是在自己的店面中，坐商营玉，让那些远路而来新疆的游人购买心爱的和田玉。即便是在北京、广州、上海等大城市开店的穆斯林商人们，也多是将珍贵的玉器通过飞机、火车等托运，并将精美的和田玉及其文化，传播到新疆之外更多的地方。

“先生这贵店是做什么生意的？”老者问。

梁亦清答道：“小店是个玉器作，我没有别的能耐，只靠这家传的手艺……”

“啊，您是穆斯林的明珠！”老者欣然说，“穆斯林和美玉珍宝有缘啊！和阗玉出在新疆，绿松石产于波斯，猫眼石源于锡兰，夜明珠来自叙利亚……”

这是回族穆斯林作家霍达在其获得第三届茅盾文学奖的《穆斯林的葬礼》一书中，描述的吐罗耶定和梁亦清之间的谈话，其中谈到“和阗玉出在新疆”指的就是今新疆和田一带盛产昆仑玉。这本书也描述了两代穆斯林玉石加工者的生活图景，使读者通过这部作品了解到，穆斯林也是中国玉器加工中的主力军。同时，这本书也描述了这样一个事实：在产玉的和田地区，以前是很少看到玉器加工者的，玉石的加工者反而是京城居多。

>穆斯林玉雕大师马进贵

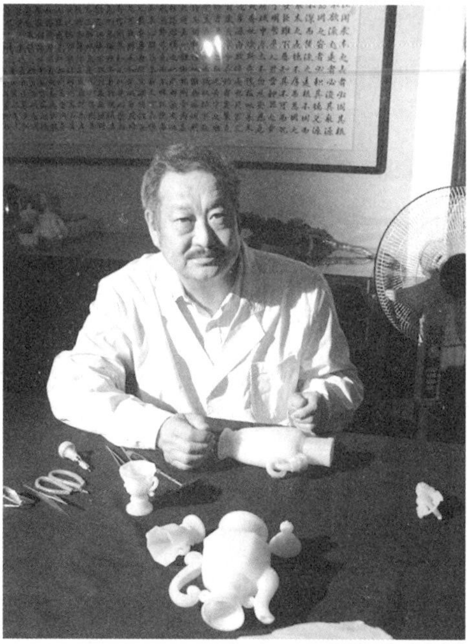

如果说梁亦清和韩子奇是霍达以文学笔法虚拟出的两位穆斯林玉雕大师，那么，在新疆，则有两位目前仍健在的玉雕大师，构筑出了一个真实的、奇妙的穆斯林玉雕高地。

>马进贵大师在创作中

由于清政府对和田玉采集采取的垄断政策，及玉采集后就被运往京城，使和田一带虽然产玉，但向来没有打磨和加工行业，因此，和田玉往往是直接销售原石。人们看到的和田玉，是内地玉匠加工后的产品或艺术品。1977 年，日本学者陈舜臣访问和田时这样写道：“这一带虽然产玉，但向来没有打磨和加工行业。玉是贵重商品，加工技术不过硬的话，反而会损伤玉石，所以通常都是直接销售原石。即使现在，当地也没有玉石加工的工匠，原石一般直接运往加工技术高的地区——主要是北京，我就是在那里参观了玉石加工厂。”

真正填补穆斯林在和田玉工艺大师席位上长期空缺的，是一位回族穆斯林马进贵。我是阅读 2008 年第 3 期的《新疆画报》，才知道这位玉界传奇人物的。而到新疆采访时，更是知道他既是中国工艺美术大师，又是中国玉雕大师，在新疆的玉石界，被尊称为“马爷”。他不仅像霍达在《穆斯林的葬礼》中描述的那位玉雕师傅那样依靠精湛的技术来完成一件件玉石工艺品，对中国和田玉来说，他最大的贡献还在于将失传多年的金银错工艺运用到和田玉的雕刻中。目前，除他之外，中国还没有另外一个人掌握这门复杂的工艺。

2012 年 6 月 27 日，通过我的朋友、原《新疆画报》摄影记者、今供职于新疆日报社的加尔肯、谢龙联系到马进贵的挚友李延东先生，方和马进贵先生通话。电话那头，他愉快地接受了我的采访。3 天后，他就让自己公司的魏旭荣小姐寄来了很多资料供我写作。大师的“玉雕之路”开始浮现——

1964 年，17 岁的马进贵考入新疆玉雕厂从事玉雕工作，两年后，他被派往上海玉雕厂学习，师从林知文老艺人，并深受教诲，为以后技艺发展打下坚实基础。1970 年又被派往北京玉器厂深造，师从柳朝国大师、蒋通老艺人，深得两位大师真传，在制作玉雕器皿方面打下了坚实的基础。如果说没遇见潘秉衡，那么，到现在，马进贵的身份可能也就是一位玉雕大师。他在京学习期间，有幸见到潘秉衡老艺人的压金丝玉器作品，并对玉器压金丝工艺产生了浓厚的兴趣。

“见到潘秉衡大师的这件作品，我的第一感觉是独特。它与一般的玉雕作品相比，显得更为突出、雍容华贵、绚丽多彩。”经过潘秉衡的介绍，马进贵才知道，他所见到的那种工艺就是已经失传多年的玉器金银错工艺。

>圣水杯

在马进贵先生的《浅析玉器中的金银错工艺》一文中，我看到了这位大师的如此描述：“金银错工艺最早始见于商周时代的青铜器，主要用于青铜器的各种器皿，车马器具及兵器等实用器物上的装饰图案。其表现手法为在器物表面上绘出精美图案，依图案之形錾出槽沟。将纯金或纯银拉成细丝或压成薄片嵌入图案中，而后打磨平整，抛光磨亮。使所表现的图案与被嵌物品形成强烈的色泽差别和耀眼的金属光泽，显得更为突出、雍容华贵、绚丽多彩。

……

“乾隆皇帝酷爱玉器，曾下圣旨命清宫造办处仿制一批金银错玉器，并赋诗赞其精美的做工（见乾隆诗集）。清道光年后，国势日弱，再未见制作。

……

“金银错嵌宝石工艺制作难度极大，工艺要求极精，图案线条要流畅、粗细一致、开槽准确，否则金丝无法嵌入。即使勉强嵌入也不牢固，尤其是金片、金丝相组合图案及纹饰繁密，弧线集中图案，开槽精度要求更为严格，制作难度更大。因为玉器表面开槽并非刀具所致，而是小如米粒的磨轮在飞速旋转下刻成，若非深厚功底实难得心应手。金银错工艺的金、银丝全部是打、压嵌入器物表面，不能用任何粘贴剂，所以既要图案线条流畅，又要开槽精度准确，镶嵌平整，对丝无痕。加工制作的难度可想而知。一道工序有误，都不可能完成。

“尤其在薄胎器物上镶嵌更是万分危险，开槽略有不慎即可磨漏，打压金丝、金片力度略大，器物易碎裂。一件精美的薄胎金银错嵌宝石玉器是很难制作成功的。制作者须具有玉器加工、金银镶嵌两种高超技艺方能完成。所以在浩瀚的玉器产品中很难见到几件金银错玉器。”

当时，潘秉衡年事已高，这门工艺面临后继无人的境地。马进贵决定向这门

>白玉错金嵌宝石西番壶

>白玉错金嵌宝石阿布杜瓦壶

玉器绝活的领域迈进。从 20 世纪 70 年代接触金银错工艺，到完成第一件真正意义上的金银错玉雕作品，马进贵花了近 30 年时间。尽管在这漫长的 30 年间，他的身份有了多次变化：担任过新疆民族工艺厂厂长，开办过自己的玉器专卖店——玉沅珠宝，参与了很多宣传和推广和田玉的社会活动，但他对金银错的研究却始终没有放弃。

2004 年，在中国玉石界的最高奖项——中国工艺美术协会举办的"天工杯"玉雕精品展示会评选中，他的"白玉错金嵌宝石西番壶"一亮相，便引起了轰动，并一举摘得银奖。业内人发现，和潘秉衡大师的作品相比，马进贵的工艺明显带着伊斯兰文化的印迹，他将伊斯兰文化巧妙地融进了金银错这个古老的工艺，古老的工艺后继有人了。

2012 年 7 月初，马进贵委托他的助手、他创办于乌鲁木齐市幸福路 118 号名家玉器城内的艺海轩琢玉坊经理魏旭荣小姐给我寄来了反映他艺术成就的《金缕之雅》。通过这本书以及收录其中的他的金银错工艺作品图，我再次开始拜读马进贵创作的艺术精品。在"白玉错金嵌宝石西番壶"上，我发现其明显带有鲜明的西域文化特色，壶的器形采用了西域伊斯兰文化的风格，并饰以伊斯兰特色花纹图案，嵌金丝、金片、宝石，把洁白的玉质、艳丽的宝石、灿烂的金丝、优美的器形、流畅的纹饰有机地结合在一起，使作品显得格外端庄华贵，风格鲜明。对此，马进贵的解释是："我是一个回族，在新疆长大，对伊斯兰文化比较了解，在玉雕创作上，并不想走别人的老路，而是要力争创作出代表新疆独特风格的作品，而伊斯兰文化就是很好的载体。"

在他的个人工作室里，摆放着的《伊斯兰的几何图案》《阿拉伯书法艺术》等书籍，明显也给这位穆斯林带去了另一种艺术养分。获 2005 年“百花杯”金奖的“黑碧玉错银龙凤纹双耳瓶”，摘取了 2006 年“百花玉缘杯”金奖的“白玉薄胎错金嵌宝石瓜棱执壶”等作品，就是明显地融进伊斯兰文化的和田玉精品。现在，马进贵每年最多只做 4 件金银错作品。他说，金银错工艺很花时间，着急也没用，慢工才能出细活。如今，他的作品创作主题以金银错嵌宝石工艺为代表，器皿造型以中国传统造型为主，结合伊斯兰文化之特色，形成了与众不同的鲜明的艺术风格。

和很多过分强调穆斯林身份而或许局限了自己的艺术视野的穆斯林艺术家不同的是，马进贵不仅以伊斯兰风格玉雕为创作主体，以新疆多民族聚居生活的实践和中国传统玉雕技艺为创作根基，来表达他心中的玉文化和伊斯兰文化相遇时的精神图景，更为重要的是，他在艺术创作中突破了民族局限，站在中华民族共同文化的高度，突破过分强化民族身份下的艺术桎梏，开创了穆斯林玉雕艺术中佛教法器的新领域。

用玉器制作佛教法器的艺术创作，最早出现在清朝中期。乾隆年间，西藏的一位活佛进贡清朝宫廷的铜鎏金金刚杵、金刚铃各一件，深受乾隆皇帝的喜爱，并下令宫内造办处以玉质材料制作金刚杵、金刚铃，并将其赐予西藏活佛。这两件开创中国玉器制作藏传佛教法器的玉雕艺术品，如今仍珍藏于布达拉宫。马进贵先生在玉雕制作的过程中，注意到了这一玉雕现象，他开始大胆突破，将金银错嵌宝石工艺引进和田玉制作佛教法器的工序中，成了国内首创。和田玉文化和藏传佛教文化完美地结合在了一起，不仅拓宽了他的玉雕艺术空间，也拓宽了和田玉乃至中国玉雕的艺术空间。

在致力于创作的同时，马进贵利用新疆宝玉石首饰行业协会的副会长的身份，一直在不遗余力地宣传和推广和田玉文化。同时，他还招收门徒，传授金银错工艺——“金银错工艺是中华民族的瑰宝，也是工艺品行业的一枝奇葩，不能没有人继承”。

2007 年 7 月 26 日，和田玉迎来了历史上最辉煌的日子—— 新疆和田玉博物馆开馆。走进占地 4000 平方米的新疆和田玉博物馆，就犹如走进了一条展示中国玉之路的长廊，因为这里馆藏有自春秋战国至 20 世纪的玉器 3000 多件，让任何一个走进者立即能感受到一个温润的艺术世界。

一条和田玉 7000 年传播之路赫然清晰地绘制在一面墙上：以和田为中心向东

到达河南安阳，向西延伸到伊拉克的巴格达，向南到达印度的德里，向北到达新疆的北庭（现新疆吉木萨尔县），“玉石之路”要远远早于赫赫有名的“丝绸之路”。

而这个馆的创办者，就是一位回族穆斯林——新疆乃至西北地区第一位国家级玉雕大师马学武。

最后一次采访马学武是 2012 年 7 月初，他恰好在北京，他的玉石人生也慢慢在我的笔下开始勾画。

马学武上小学时，正值“文革”时期，“我上小学，对课文没多大兴趣，就对画画迷得很，上课时经常偷偷摸摸在本子上画个娃娃什么的。我记得很清楚，有一次上写作课，我悄悄把语文书立起来，勾下头就在作文本上画上了。没想到，这次让语文老师‘抓’住了，叫我到办公室去。我当时吓得不行，心想这回可完了！可老师没有批评我，还笑眯眯瞅着我说：‘你这娃娃，画儿画得还不错嘛’”。

正是这位慧眼识珠的老师，这句朴素中肯的评价，鼓励马学武走上了一条绘画之路。14 岁那年，父亲将“画迷”儿子送到新疆玉雕厂学习玉雕。没想到，他带去的几幅人物画习作，让厂里接收了他，并安排他去做玉雕中最见功夫的活——“炉瓶”。

>穆斯林玉雕大师马学武

传统的玉雕工艺分四类，有炉瓶、人物，还有花鸟、禽兽，其中数炉瓶雕琢最难。对玉似乎天生有着一种别人感悟不到的灵性，马学武很快就独自完成了他的玉雕处女作——一座玉雕作品“香炉”。这件作品不仅受到了厂内老师傅们的赞赏，还参加了全厂玉雕大赛，并获得了炉瓶项目第一名。这个奖项极大地鼓舞了他，使他行进在玉雕之路上的步伐加快。

中国玉雕业在元代时就出现了南北不同风格的玉作艺术流派。南派以苏州、扬州为中心，技法圆熟，贴近市场；北派出自宫廷，以北京为中心，因材施艺，气势雄浑。

马学武去北京学艺期间，非常幸运地师从著名玉雕大师韩子良先生。韩子良的爷爷过去在故宫做玉雕工匠，作品造型端庄、浑厚大气，是玉雕界“宫廷派”的杰出人物。这也或多或少地影响了马学武后来的玉雕作品的高贵和大雅风格的形成。

跟随韩子良，使马学武得到了“宫廷派”玉雕艺术注重造型、色润形美的真传。此后，马学武又到上海、苏州等地学艺、办厂，集南北技艺之长，逐渐形成了深厚精湛的属于自己的独特风格。

早在玉雕厂工作时，马学武就深深地感知着和田玉和雕刀相遇时的快感，他对和田玉有着别人无法感知的情感。

作为一个穆斯林玉雕大师，出于对和田玉的热爱，马学武希望能建一座“新疆和田玉博物馆”。不仅能够展现出中国和田玉沧桑深远、博大精深的历史发展脉络，同时还能让人“零距离”观察与研究和田玉艺术的精妙精湛、美轮美奂；向世界递交一把打开和田玉文化宝库的钥匙，向世界开凿一扇了解中国和田玉的窗口。

>玉博物馆

2006 年 7 月 26 日，新疆“和田玉博物馆”在乌鲁木齐市正式开馆，这也是马学武自费建起的国内第一家和田玉博物馆。他还以此为依托，创办了和田玉研究院与和田玉玉雕培训学校，自己担任和田玉博物馆馆长、和田玉

研究院院长和和田玉玉雕培训学校校长，从事和田玉的系统研究、文化传承和技法传授工作。其目的，就是通过对和田玉文化的挖掘、整理、展示、传授、传播，使和田玉这一能够代表新疆悠远历史、深厚文化的民族品牌得到发扬和传承。

博物馆里展示的一些新疆玉器制作工艺及成品，从侧面说明，马学武、马进贵等穆斯林玉器大师的钻研和努力，使中国玉文化的大展台上，有了穆斯林的身影。

第十四章　头顶的风情与拜毯上的信仰

头上的风景，漂移在西域大地
无声地昭告主人的性别与身份
一顶圆帽，端庄四季
黑加卜，遮去女主人白天的娇羞
夜间，丈夫面前轻轻摘下
温热满屋，浪漫满怀
一些黑加卜引领着本色的习俗——
从红色变成白色，吉尔吉斯的新娘出场
阿訇的念诵中，维吾尔少女走向婚礼
圆帽与面纱，成就了主人的身份
完成了尊贵的另一种书写方式
周游于白昼的新疆，甚至更远
从家中到清真寺外的路上，拜毯相随
膝盖触及的刹那，暗示来自内心
领拜者的颂词，像清泉流水
拜毯之上，起伏之间
勾勒出一幅千年未褪色的图画
被树梢上的心，收录为一首赞美诗
检修着传承者的路径

离开喀什前往和田的路上，其实就是和沙漠相伴的路途，沙漠中偶尔出现的绿洲，便是苍黄大地上难得的一抹绿色。车刚出莎车县城不久，南疆第一桥——叶尔羌河大桥南端耸立的两块大匾上“南出昆仑”和“北入瀚海”的文字，明确告诉继续前行的人：从喀什绿洲即将进入塔里木盆地西南缘的沙漠地带了。

1900 年 5 月，著名的探险家斯坦因和他的 4 名随从组成的探险队，走在了这条沙漠之路上，他记下了这样的情形：“除了偶尔经过的小绿洲，绝大部分时间都是在寸草不生、荒无人烟的地带行进。”“当我步行或骑马走在这条到处都是死牲畜干瘪的躯壳和白骨累累的路上时，我不禁想到，过去的旅行者们必定是在这条干旱缺水、荒无人烟的路上跋涉前进的。”100 多年过去了，当年斯坦因走的“死亡之路”已经被宽阔的柏油马路——315 国道代替，南疆公路运输的繁忙完全体现在这条路上。尤其是随着喀什国家经济开发区的兴建，使经由和田前往喀什的车辆几乎都集中在这条路上，315 国道成了新疆最南端的东西向交通大动脉。

进入和田境内，迎面而来的维吾尔族男人头上便闪耀出一个帽子的世界。我在想，汽车没出现之前，从喀什到和田的条条路上，那些或步行、或骑驴的当地人，使这些路上移动着一个怎样丰富的帽子世界或面纱世界？在新疆，从长相或语言很难分清楚你对面坐着或站立者的所属民族，因为他们大多长相贴近，语言大多使用维吾尔语，但从帽子上大概可以分得清的。维吾尔、哈萨克、柯尔克孜、塔塔尔等信仰伊斯兰教的民族，帽子上书写着各自的特色，写着“缠头”逐渐消失后的一种头上的风景。

这里，请允许我说说伊斯兰文明进入中国后，随之而来的“缠头”。

在阿拉伯半岛，由于多是沙漠地带，不时会有沙尘暴降临，加上在沙漠中水是极其珍贵的，头发上沾上沙尘或汗水，无法随时洗头，男女老少为了防止头发被沙尘暴吹乱、吹脏，便想办法将头发保护起来，这就有了女性的盖头、男人的缠头——头上戴着一块用环形物固定的四方头巾，环形物叫“伊卡尔”，四方头巾叫“库非耶”——这不是宗教戒律的规定，而是一种生活习俗（遵守戒律缠头的，只有印度的锡克教）。

那些进入今伊朗、阿富汗、中国新疆境内做生意的阿拉伯人、波斯人或传播伊斯兰教者，逐渐将缠头和当地实际结合起来：将缠头围在紧贴于头皮的碗形帽外面。在阿拉伯语中，缠头叫“戴斯塔尔”，和我们所说的“缠头”发音不同，这就说明缠头不是从阿拉伯半岛传来的，而是从波斯语“戴斯达尔”派生而来的。进入波斯高原、帕米尔高原和新疆南部绿洲上的缠头，因为戴在头上最易惹人眼目，因此，缠头的颜色就不仅是穆斯林和非穆斯林的标志。从历史的角度看，阿巴斯王朝盛行用黑色缠头，法蒂玛王朝习惯用白色缠头。

>头上的风情（一）（尚昌平摄）

我在阿拉伯半岛采访时，就缠头问题曾经问及当地学者，依稀得到这样的一个历史脉络：据说，穆罕默德进入麦加时，身穿黑衣，头上就包着黑色的缠头，因为，在阿拉伯半岛有着“黑色缠头才是正统的”说法；也有人认为，伊斯兰教中白色很普遍，因此认为白色缠头是最佳的，毕业于著名的埃及埃资哈尔大学的人，缠头一定是白色的；也有学者说，穆罕默德原本喜欢绿色的缠头，但异教徒也使用绿色，便禁止了绿色缠头。在国内，我在清真寺里曾经见过头戴绿色缠头的穆斯林，询问其故，他们说是绿色是天国的颜色，深受真主的喜爱，凡去过麦加朝觐者在获得“哈吉”称号的同时，也具备了戴绿色缠头的资格。

>头上的风情（二）（尚昌平摄）

日本学者陈舜臣在他的《西域余闻》中指出：“19世纪末到20世纪初，缠头成为分辨近代化主义者和保守主义者的标志物。戴缠头的是保守派，戴帽子的则被看作进步派。”在和田，尽管天气很热，但那一顶顶黑色的羊毛帽成了这里别致的一道头顶风景。这里已经很少看见缠头了，维吾尔人在过去曾经被称为“缠回”，“缠”是指包在头上的缠头，“回”便是指穆斯林。自从中国的民族中出现“回族”后，“缠回”这个词已经走进了历史深处，缠头在大街上也很少看到了，仅仅是在一些清真寺里，看到一些老人还保持着缠头的习俗。

如今，新疆的“十八怪”中的“男人要把花帽戴”指的就是和田男人头戴花帽的景象。

“黑加卜！”从进入南疆，确切地说是从帕米尔高原开始丈量伊斯兰文明进入中国的路径之始，我看见那些蒙面的穆斯林女性时，心里就涌起了这个词语。

在这个词语之前，请允许我先介绍另一个词语——“查杜（Cha dar）”！这是我在阿拉伯国家漫游、采访时听到的一个波斯语词语。有两层意思，一是指帐篷或桌布，二是指大块的布。阿拉伯语里则称为“哈巴拉”。在阿拉伯国家里，无论是“查杜”还是“哈巴拉”，可以从头罩到脚，也可以当作面纱。真正的面纱则是“黑加卜”，中国的穆斯林或非穆斯林们称其为穆斯林女性的面纱。

《古兰经》规定，女性除了在近亲的男性面前之外，不能暴露自己的肉体，面部自然也被列为不能暴露的部位。“查杜”“哈巴拉”“黑加卜”就此出现了，进入中国，就有了个本土化的词汇——面纱！从喀什到和田一带，可以说是只要有穆斯林女性出现的地方，就是一个个“黑加卜”展现的地方。不同颜色的面纱罩在身材曼妙的穆斯林女性的脸上，增加的无疑是一种神秘的效果，让你觉得，那一双双会说话的眸子下面，绝对是一个个绝色的西域美女。越是面纱多的地方，越能激起人们的好奇心。

南疆可以说是一片“黑加卜”的世界，各种颜色的“黑加卜”犹如一朵朵艳丽花朵，盛开在南疆穆斯林女性的脸上。整个南疆的色彩基本是以枯黄为主，相对面积广袤的沙漠来说，绿洲反而成了偶尔客串的角色。因此，在单一色调的南疆，

>维吾尔老者正在整理做礼拜的帽子

那些脸上蒙着面纱的穆斯林女性，给这种枯燥的氛围添加了一份诗意。同时，南疆的天气很热，气候也不是很好，尤其是春夏之交的风沙，会吹乱女性的一头秀发。一个“黑加卜”不仅可以挡住酷热，免去满脸汗流的乱容之苦，也可以避免风沙吹乱头发，使南疆的穆斯林女性不仅增加了一份外界看她们的神秘感，也增加了一份端庄和肃穆。

然而，我说的这种脸上的风景也面临着褪色的威胁。犹如在中国看景色，最好还是选择在不同地域的乡村，城市已经被克隆得千面一孔。在喀什、和田这样的地级市乃至一些县城，一些年轻的穆斯林女性逐渐也不再带“黑加卜”了，相应而来的在衣着上也不再那么严格按照穆斯林的讲究了，真正的“黑加卜”世界逐渐往乡下退缩。

在南疆的日子，无论是杨树林浓荫下的乡间小道，还是土坯花墙里面的小院子，无论是葡萄架下的闲谈时分，还是去巴扎（集市，作者注）上购买日常用品，蒙着面纱的穆斯林女性，成了南疆大地上的一道移动的风景。

让人惊叹，这就是南疆！

远远看见她们缓缓地走在属于她们的这片土地上，我深深地理解这片土地的主人的角色和内涵。一层面纱并没有隔绝什么，因为她们的质朴就如这里年年葱郁的庄稼，不绝于此。面纱里面的容颜是否美丽就不显得重要，重要的是，这一层面纱，让她们自觉地维护着一个穆斯林女性的尊严。

在这种尊严面前，我们唯一能做的也就是尊重这种习俗。

这时，或许你和这些蒙面的女性擦肩而过，或许你步入一个维吾尔朋友的家中，你就能感受到主人的热情，而女主人端上的茶和馕、水果和面食，会成为这种热情的最好注解。反而，返回到和田市区、乌鲁木齐市区后，蒙面纱的穆斯林女性少了。这不意味着穆斯林风情的淡化，而是那种维护民族风情的意识在逐渐褪去，那种让人尊重的习俗正在消失着，那种神秘感正在消失着。不由得想起张承志先生在《面纱随笔》中写到的——“是的，对于可以信任的人，面纱头巾可以除去。纱巾只是女人的传统，只是文明的传统，当你懂得尊重这传统的时候，纱巾就为你掀起来了。……确实，我不知道在露面与蒙面之间，究竟哪一种更美”。

从南疆出来后，站在没有蒙面纱的穆斯林地区，看着那些没有蒙面的穆斯林女性。我知道，在露面和蒙面之间，哪个更美了！

按照传统的人文地理划分，天山之南和昆仑山之北、帕米尔高原之东、阿尔金山之西的广大地区属于南疆地区。塔克拉玛干沙漠和昆仑山之间的和田地区就是典型的南疆之南了。这片约占去新疆 1/4 的广袤土地，足有 4 个宁夏回族自治区大，是中国最能体现伊斯兰文明和穆斯林风情的地区之一。如果将中国内地的一个人塞进麻袋装进飞机，在和田机场下机后，他会觉得自己到了异域：眼见很多维吾尔族装束的穆斯林男女，耳闻一串串他根本听不懂的维吾尔语，即便是饮食都是那么具有西域风味；而如果将一个外国人同样塞进麻袋装进飞机，来到和田，他同样惊呼自己到了异域，他亦会看见很多汉族人、维吾尔人、哈萨克人、塔塔尔人在各自的民族装束中穿行在大街小巷，操着各自民族的语言，和平相处在这里。同时，他们会在繁华地带看见维吾尔文和汉文题写的店铺门头比比皆是，而政府部门、公共服务机构或部门的大门前，同样是维吾尔文和汉文的门牌。

南疆之南，就是这样一个文明交融的地方。日本著名作家池田大作曾问英国历史学家汤因比："您喜欢在历史上什么时候的哪个地方出生？"汤因比的答案是这样的："我希望出生在公元纪年刚开始的一个地方，在那个地方古印度文明、古希腊文明、古伊朗文明和古老的中国文明融合在一起。"很多学者都认为中国新疆的喀什非常符合汤因比理想中的出生地。然而，随着喀什近些年改革力度的加大，其城市化步伐加快，吸引内地的人蜂拥而入，原始而古老的气息逐渐减弱。而和田地区因为地理位置偏远，开发力度相对弱些，越来越符合汤因比理想中的出生地。伊斯兰文明和现代中国文明像两管新鲜的血液，不停地输入这块古老的地域，使其文明更加具有多元性。

伊斯兰教进入南疆之南的这片大地上后，千年间的发展逐渐积累，形成了具有当地特色的风情。进入墨玉县，距离和田市西南 36 公里处的墨玉河东岸，远远能看见离河床约 80 米的地方有一片鹅卵石高地，当地人称为"库马尔山（蛇山）"的山丘——被当地穆斯林奉为圣地的地方。带我去的维吾尔族向导肉孜告诉我，当地一直流传着这样一个传说，一位伊斯兰大修行者胡吉・穆黑甫曾与蛇结伴在此修行，归真后葬于这个山丘。肉孜指着闪耀在崖谷间的一个上下相连的洞窟说，那就是胡吉・穆黑甫修行的地方。双层石窟间有一把木梯相连，走进洞中，确实能看见有明显的烟熏的痕迹。悬崖下面还有十几个石龛，西端有 3 个看不见底的深洞。绕过这个小山，我在山后发现还有一处麻扎，肉孜告诉我，这里埋葬着在伊斯兰教传入这里之前，在宗教战争中阵亡的穆斯林将士。每年七八月份，墨玉县的穆斯林都会到这里进行拜谒。

从墨玉县到洛浦、策勒、于田、民丰县一带的行进，就是在南疆之南的穿行，沿途可见南疆古老人文景致的展示。没有高楼大厦，只有县城狭窄而古老的街巷，乡间拉车而行的毛驴，透着浓郁生活气息的篱笆泥土房，古拙的木陶和木器散落在一个个农户家中，依然发挥着它们的作用。

在于田县，和全国其他地方的女性穆斯林不同的是，这里的女人脸上蒙盖着头巾，头上却戴着唯有南疆之南才有的黑色装饰小帽，当地人称为“喀力亚坦力拜克”。一顶顶帽子，在这里成了一朵朵游动的黑色花朵。男人们则多是蓄着穆斯林们公认为智慧象征的长须，身上多穿着古代狩猎的特有对襟“箭服”。

在南疆大地上行走，尤其是看到那些遍布城乡的穆斯林女性脖颈上的丝巾时，我读来的自然是一种古老的风情在新疆女性身上的传承或续写。不由想起美国著名影星奥黛丽·赫本曾说过的这句话——“当我戴上丝巾的时候，我才感到我是一个美丽的女人”。是的，在单调枯燥的南疆视觉里，一条条色彩斑斓的丝巾不仅增加了这片土地上的斑斓色彩，也平添了这些穆斯林女性身上的妩媚和神秘。

其实，丝巾在新疆大地上，在那里生活的女性的脖颈上亮起艳丽和风情，在2000多年前就已经出现了，而且，应该是从中原地区传过去的。内地的文献资料表明，至少在2300多年前的秦代，丝巾就出现在中原地区，中国古代称之为披帛，也叫帔子，是绕于肩上起装饰作用的一种衣饰。宋人高承在其《事物纪原》中就引《二仪实录》云：“秦有披帛，以缣帛为之，汉即以罗。”《释名·释衣服》曰：“帔，披也，披之肩不及下也。”然而，和中国很多的文明见证物一样，大多是被书写在了文献中，而少见实物出现。丝巾也是如此，内地很少见到能和文献匹应的实物出土，新疆却填补了这个空白。

最早使用帔巾的是新疆古代居民，考古发现证明了这一点。1985年，自治区博物馆考古队在且末县扎滚鲁克4号墓中，发掘出土了一件保存较好的毛织帔巾，距今已有2800多年的历史。当我在新疆维吾尔自治区博物馆里看到它时，是在其中的“瀚海霓裳——西域服饰的记忆”古代服饰展览专场中。带着原始的、古朴的、历史的气息，它缓缓进入我的眼帘，那件帔巾是用浅蓝色毛纱制作的，长147厘米，宽60厘米，帔巾四周包缘，两端饰有流苏，流苏用毛纱合股而成，穗长20厘米。帔巾表面分别缝缀3条平行的红色窄条毛布，既美观，又可增强其牢固性。

1995年，中日两国派出的考古工作者组成的尼雅遗址联合考察队，在塔克拉玛干沙漠腹地的民丰县尼雅遗址中，发掘出土的一件汉晋时期红蓝色菱格纹丝巾，也是一件不可多得的丝编织佳品。当我在新疆维吾尔自治区博物馆内看到这条红蓝色菱格纹丝巾时，心里顿时一震。那时的中原，就沿着漫漫丝绸之路传去了内地的丝巾，不仅说明内地丝织品的水平和魅力，也从侧面说明汉晋时期生活在新疆大地上的女性对丝织品的青睐。虽然，它仅仅只有长 175 厘米、宽 37 厘米的面积，却承载了很多的文化信息；虽然，它的图案为蓝色、红底蓝纹和蓝底红纹 3 种菱形排列，却折射出多么斑斓的历史；虽然，它的正反两面图案同为菱形，颜色互换且两端缀有流苏，却反映了中原农耕文明和丝路西端的草原游牧文明在这里的对话和互换。据当时的考古报告显示，这件丝巾出土时系在一个女尸的头部，但从形制上看很像是一件帔巾。因此，在博物馆内看到它时，我没有将它仅仅锁定在至少有 1600 多年的历史档期上，也没有将其当作一件补充中国服饰历史的珍品。我觉得拉开它时，两端便是西域文明和中原文明，两种文明悄然相望，然后汇聚于这 175 厘米的中间，这是两种文明在南疆大地这片沙漠地带的握手与邂逅。

从博物馆出来，我无意将自己掩埋在文献资料中，而是去考证唐代时，距这里几百公里之外的吐鲁番地区，逐渐信仰伊斯兰教的西域女子，同样秉承着脖子上的这种风情的书写。我知道，这些西域大地的女主人们，在唐代就已经有用红、绿、紫、白等多种色彩的“绯罗帔子”“绿绫帔子”“紫小绫帔子”“白小绫领巾”“绯罗领巾”。

后来，当我在克孜尔等处的石窟壁画前流连时，见到翩翩起舞的飞天和虔诚的佛教供养人，竟然也戴着披帛。带帔巾的妇女形象在吐鲁番市阿斯塔那唐墓中也比比皆是，如阿斯塔那古墓出土的彩绘舞女俑、骑马仕女俑、劳动妇女泥俑、侍女立俑等，虽然身份地位各不相同，穿着的服饰各具特色，但她们手臂与肩上都披着多姿多彩的帔巾。最引人注目的是 1973 年阿斯塔那 206 号墓出土的一尊女舞俑，表现了一位活泼可爱、婀娜多姿的少女形象。女俑肩披的帔帛呈长方形，面料是橙黄色鱼子形的散点花纹绞缬罗，既轻盈又华丽，显得格外楚楚动人。

唐时生活于长安城的胡女们，就是身披帔巾的。她们时而高举，时而伸展，时而旋转，那时她们留在长安城中的舞姿翩跹，引得李白、白居易等诗人留下了歌颂她们的诗句。

改信了伊斯兰教后，西域女子的信仰发生了变化，但她们对脖颈上、肩上的风景展示却没有变，一直延续到现在。如今，在新疆的舞蹈中，在民间的狂欢中，这一道道书写在穆斯林女性身上的风景，一直绽放着。

早在伊斯兰教传入中国之前，和田手工地毯就已经驰名西域。如今，2000 多年的历史让和田地毯充满着骄傲的历史感。尤其是阿娜古丽（石榴花）、卡其曼（散点排列式）、开力肯（波浪式）等 8 个品牌更是享誉国际。

我对和田地毯的最初认识是小时候父亲去新疆时，从那里带回来了一面和田地毯。母亲告诉我，当时，父亲坐了一个多星期的火车，才将地毯辗转带回家。他郑重地告诉母亲，在昔日的新疆，地毯和和田玉一样，是为高层人士服务的，贵族们将地毯挂在墙上或铺在客厅里。那面地毯就被母亲郑重地铺在了上房的炕上，只有过春节时，才在那面地毯上睡觉、休息。至今，它仍铺在老家的土炕上，30 多年过去了，上面的图案、色泽依然清晰如新 。

拜毯是游牧部族生活中的重要物品，是被赋予了宗教信仰之灵魂的小型地毯。草原上搭建移动式的毡包时，地上铺的东西就显得很重要，一般铺和垫的材料都是牛羊的毛。随着伊斯兰教传入和田一带，教徒们每天要进行礼拜，而礼拜时需要跪拜，拜毯就开始从世俗生活走进宗教生活。

在《圣训》中有这样的记载：一天，穆罕默德正带领麦地那的穆斯林在室外做礼拜时，突然天降暴雨，穆罕默德和他的信徒们的额头、鼻尖上沾满了泥污。这段记载让我读来这样的一个事实，伊斯兰教诞生初期，阿拉伯半岛的穆斯林们在做礼拜时，并没有铺地毯的习惯。后来，为了防止做礼拜时炎热的沙漠烫伤信徒们的手腕，也为了让跪着的膝盖能够舒适，教徒们在自己的衣服上进行礼拜。

在阿拉伯国家有这样一个传说，据说天使哲布勒伊来（穆罕默德也是通过他得到神的启示的）在向阿丹施行礼拜仪式时，让阿丹跪在“萨迦得”（Sajjade，一种后来被穆斯林广泛使用于礼拜时的铺毯或小地毯）上进行，因此，用于礼拜的“萨迦得”在伊斯兰世界中有“人间秩序的玉座”的地位。

再后来，“萨迦得”逐渐被引入穆斯林的礼拜生活中。以四行诗闻名于世的奥马尔·哈亚姆曾经有这样一首描述“萨迦得”的诗——

我频频朝拜清真寺
然而，我不是为了去祈祷
曾经在哪儿盗得萨迦得
我今天前往，仍期望下一次机会

随着伊斯兰教传入和田一带，波斯地毯工艺相应进入中国，“萨迦得”也相应进入中国。和中国传统地毯不同的是，伊斯兰教禁忌偶像的宗教习俗也反映在伊斯兰教传入中国后的和田地毯工艺上。因此，和田地区乃至新疆境内的穆斯林地毯上，没有人及动物图案，大多是几何图案和蔓草图案。

1906 年 11 月 29 日，芬兰著名的中亚探险家马达汉抵达今和田时，这样写道：“和阗的手工艺品远近有名，如玉片镶嵌的花瓶、皮革制品、青铜器皿、丝织品和地毯等。手工作坊大多数规模很小，只有三四个工匠，当做出一件物品时马上就送到街市上去卖。工人的工钱和店主的利润都很低微，作坊就大不了。织毯工人工作时没有任何花样参考，唱歌是唯一劳动号令。让人感到不可思议的是，她们在那样昏暗的屋子里竟能织出十分复杂的图案来。”

在中文中，地毯的“毯”字常常指较为轻、薄的铺垫物。教徒们每天要进行礼拜，而礼拜时需要跪拜，地毯就开始从世俗生活走进宗教生活。新疆的穆斯林将小型的用来礼拜时用的毯子习惯称之为“拜毯”。因此，在和田，常常能看见那些到了礼拜时间但无法去清真寺礼拜的当地穆斯林们，或在家中，或在路边，甚至在地边，虔诚地铺开大小不一的拜毯，完成他们的礼拜仪式。在朋友牙克孜家里，我更是看到他家客厅面向西方铺放的拜毯，他说：“家中的老人因为上寺礼拜不方便，便在家中的拜毯上，面向西方来完成礼拜。妻子因为不便进到寺里礼拜，也是在家中的另一张拜毯上来完成礼拜的！”

作为艺术品的和田地毯，在当地穆斯林眼中，更是他们宗教生活中不可缺少的一部分。而在一些盛大的穆斯林节日时，本地的穆斯林也好，外地来此做生意的、临时居住的穆斯林也好，甚至恰好来游玩的穆斯林游客们，使得当地清真寺无法容纳这些人进行礼拜，很多人便带着拜毯，跪在清真寺外面进行礼拜。

>矗立在和田的中国地毯之乡的石头

目前，中国很多地方都有体现自己文化之脉或地域特色的博物馆。和田就有一座“和田地毯博物馆”。这是一座建筑面积670多平方米的专业博物馆，始建于2009年，共收藏了和田地毯精品及古今和田地毯相关资料、图片、实物展品80余件，全方位、多视角地展示了和田地毯的历史渊源、用途、类型、织造工艺等相关内容。走进这里，就有了一场对地毯进入中国后的历史通读，就有了一场和赋予信仰的拜毯的精神对话，更有了一次亲近和田地毯这种非物质文化的视觉享受。

这里的地毯荟萃了亚欧大陆上

东西方纺织技术的精华；这里的拜毯更是集中体现了伊斯兰教进入中国后，跪倒者的信仰之诚；这里展出的地毯精品是西域织毯技术和昆仑山雪水培育的适于编织地毯用的和田羊毛浪漫邂逅的产物；这里更是见证了亚欧大道上的商贾们联通各地织毯技术的艰辛。那些见证中国最早的地毯的、带着古老信息的出土毛纺织品，那些代表西域地毯最高水平、当时东亚毛纺织品的最高水准的艺术品，那些见证改信伊斯兰教后的西域人民信仰的拜毯，引领着我，完成了一次对3000多年和田地毯历史的修习，完成了对有近1000年伊斯兰历史的和田拜毯的修学之旅。

>和田地毯

站在和田地毯博物馆，站在那些精美的地毯、拜毯前，我仿佛看见一条以这里为原点的“地毯之路”向亚洲的东西方向延伸，西边甚至延伸到了欧洲，东边则是地毯行旅中对京式地毯、蒙古地毯、宁夏地毯产生的影响。

如今，和田地毯在中国非物质文化遗产上，依然有着自己独特的贡献，其中一项就是工艺大师的培育土壤。75岁的张亨德（2013年）获得“新疆第二届工艺美术大师”的殊荣，就和和田地毯有关。1959年，从西安美术学院毕业的张亨德自愿前往新疆，在自治区轻工业厅搞管理工作。和田地毯吸引了这位汉族人，他跑遍了全疆各个地方，从民间搜集了大量的地毯资料，手绘了20多本图案资料，出了《新疆地毯史略》《新疆热烫光地毯新工艺》等十几本关于新疆地毯的书。而且还自办了多期地毯图案设计班，培养了一些专业设计人员。他设计的孔雀绒丝混挂毯《天宫伎乐》、720道真丝挂毯《飞天》《西晋伎乐园》获得了中国工艺美术百花奖等奖项。

我第一次为和田地毯的精美工艺及尊贵而倾倒，是看见那面由和田地毯厂专门为人民大会堂承制的《天山颂》巨毯。迄今为止，它仍是世界上最大的美术地毯。他的设计者就是张亨德。20世纪80年代初，他和其他同事一道，开始给人民大会堂新疆馆设计地毯，设计稿经过自治区人民政府组织新疆著名的美术家们审查通过后，开始搞机架，在乌鲁木齐市地毯厂，由 60 个人三班倒织了半年才织成。30 多年过去了，人民大会堂很多东西都换了，但那幅由和田羊的秋白毛织成的地毯到现在一直没有换，反而越铺越好看，越铺越有光泽。

目前，和田地区有 6 万多人从事织毯业，他们织造的和田地毯除了畅销全国各地之外，还销往美、英、法、德等多个国家。

除了地毯，和田一带还有地毡，在满足其用来铺垫的功能外，和田地毡还出现在了迎接新娘的仪式上。欢宴过后，男方家会派出人去接新娘，原来一般是毛驴车，现在多改用汽车。进了新娘家门后，男女各分一队，吃过女方招待的饭菜后，由女客将送给新娘家的礼品、衣物等一一展示给在场的人。男客们簇拥着当地的阿訇，聆听他高声念《古兰经》中的赞词、审验结婚证。完后，男方家派出 4 名小伙子，用一张地毡将蒙着盖头、穿着新衣的新娘抬出她家的院子。按照和田的风俗，新娘出嫁，既不乘花轿，也不骑马，而是坐在男方带来的红红的毛毡中间，让 4 个男方派来的小伙子抬着，离开娘家大院。等出门后，才让新娘子坐上驴车或其他车辆。

和田的清真寺很多，最大的是人们公认的和田大巴扎旁的那座。那扇金黄色铜皮包裹的大门总是处于紧闭状态，增加了它的神秘感，一般游人只能远远地看见那些米黄色的砖块和特制花陶砖装饰成的清真寺外景。步入宽阔的院子，扑入眼帘的是礼拜殿外白色的柱子，再走近，就能看得清竹子上下石膏雕饰的花纹。院子的上面都是高高的黄色芦席棚顶，下面则是白色的灯柱式圆杆支撑着。这座清真寺和其他一些地方的清真寺有一样明显相同的地方，那就是在礼拜时间，为了防止民族宗教问题发生，外面常常会有宗教管理局的值班人员，谢绝外人入内。礼拜殿里铺满着一条条长长的和田地毯，做礼拜时，穆斯林们会整齐地一排排地跪在这些拜毯上，完成他们的礼拜。

和田地处丝绸之路上，除了是新疆乃至中国著名的“毯城”之外，更是著名的“丝绸之城”。生活在这里的穆斯林，为完善这座城市的这两张文化名片，付出了自己的努力。

1900 年 12 月 17 日，在和田地区的沙漠中进行了 6 天探险、考察的探险家奥利尔·斯坦因在一处佛家寺院里又有了意外的发现。他此前已经在沙漠中发现了多处佛家寺院遗址，但这些遗址没有引起他足够的兴奋，就在他发出一声长长的叹息准备撤离时，几块放在佛座底部的木板画出现在了他的眼前。这幅出自佛寺的板画，其内容却在佛传中找不到与之相当的画面。在本生谭（佛陀前生的故事）

中也找不到类似的场面。这让斯坦因陷入了一个未知的世界中。后来，当他看到玄奘的《大唐西域记》中关于于阗国（今和田）的记述时，才找到了揭开这幅板画之谜的钥匙。

他后来在哈佛大学进行题为“沿着中亚的道路”的演讲时，这样说道：“我所获得的这些木板画带回大英博物馆后，进行了谨慎的清洗处理，有幸在其中一块板画上发现了十分有趣的故事画。……更让人吃惊的，是我后来发现的一块木板画上绘有一位中国公主。根据玄奘的记载，这是第一个把蚕种传到和田的人。玄奘经过和田的时候，当地养蚕业之兴盛完全不同于今日。”关于中国公主将蚕种带到和田的传说，散见于很多书籍。

丝绸之路的开凿及其贸易，使中原王朝获得了大量的金钱和沿途西域各国的尊重，这也使得历代中原王朝将蚕种及养蚕技术列为国宝级的机密，蚕种和养蚕技术严禁出口。在国境上设置关卡的一个重要目的就是防止有人将丝绸工艺的机密带出去。因此，当我们阅读到当年玄奘步出国境前的那些艰难时，很多人对其深感不解，或许，防止丝绸技艺外传也是其中的一个原因。

于阗国的国王为了得到这一机密，便向中原王朝请求迎娶一位公主。据中国著名考古学家黄文弼和日本西域学家羽溪了谛考证，于阗王向中原王朝提出迎娶的中国公主是东汉末年刘氏王室之女。

于阗国王的请求得到了汉室的允许。在公主远嫁前夕，于阗国派来迎娶的使者暗地里拜见了公主，如实转达了于阗国想得到蚕种的愿望。公主抬头远望着于阗方向，想着自己将长期生活在那里，为什么不能将这一造福于阗的机密带出去呢？聪慧的公主终于有了将蚕种藏在帽子里的想法并付诸行动，边境将士，哪个敢去检查或者能想到去检查公主的帽子呢？因此，公主路经边境关卡时，才成功地躲过了边境检查，丝绸的工艺就这样走进于阗国。玄奘在西游途中，听到了这个故事后，专门在《大唐西域记》中记述了这件事。这种造福于和田地区民众的胆识和策略，自然就赢得和田国王和民众的尊重，他们尊奉公主为神明，并在都城东南 5 公里附近，建造了一座寺院以资纪念，玄奘路经和田时专门前往这座寺院拜谒公主。

斯坦因发现的那幅木板画上，中央就有一个盛装端坐的中原妇女，头戴高冕，侍女们跪坐两边。画面的一端绘有一个篮子，其中装满了形同果实的物品，另外一端绘有一件多面性的物体。斯坦因仔细端详，揣摩左边侍女手指贵妇冠冕画面的意义，这才恍然大悟——“冕下应该就是中国公主私自偷带的蚕种，篮中盛放的是蚕茧，多面性的物体就是纺丝用的纺车”。公主带蚕种的故事，被艺术家们用木板画的形式表达了出来，并且将木板彩绘画供奉在斯坦因前去和田时深有收获的丹丹乌里克佛寺。

就这样，蚕种来到了和田。和田的角色从此也得到了重写：一方面将这里出产的玉石原料源源不断地运往中原地区；另一方面，源源不断地将丝绸从中原引入再运送到西方，于是自己生产的丝绸产品也成了外贸的主要支柱。玉专卖给中原王朝，而丝绸却大量卖给了帕米尔高原以西的大片地区。丝绸和玉石的交汇，使和田成了玉石之硬、丝绸之软这两种具有垄断性资源、产品的产地！

19 世纪末期，新疆因阿古柏叛乱而陷入危局。左宗棠平定了这场叛乱并驻守新疆。他在新疆看到了和田的养蚕业后，设立了官办的蚕桑局，并从内地吸引人才前往新疆开展养蚕、制丝、染织的技术培训，官办的蚕桑局到 1910 年才被废止。

1953 年，和田建成了第一座现代化缫丝厂，“缫”是从蚕茧上抽丝的意思，这是南疆最早出现的缫丝企业，也是新疆第一座现代化的缫丝厂。1954 年国庆节，正式投产。58 年后，当我来到和田采访时，一些老人还能清晰地记得那时的缫丝厂。任何前往和田的外地人，在和田城郊 10 公里的地方，远远就能看见缫丝厂的厂房、水塔、办公楼和烟囱，那时的缫丝厂成了和田人引以为豪的地标。

缫丝厂初建时的情形是这样的：一方面积极进行厂房建设，一方面派人员外出学习。刚成立的和田缫丝厂工会副主席是一位维吾尔穆斯林买合木提。1953 年春天，他带领 70 多名维吾尔女工前往苏州学习，维吾尔女工白西汉就是其中之一。白西汉小时候，就看见家里人用一个小木车缫丝，几天才能缫出 1 斤丝。得知和田成立缫丝厂，她便积极报名参加，并被派往苏州第一丝厂学习缫丝技术。一曲民族团结之歌，在苏州第一丝厂唱起来了，那里的汉族丝工们无私地将打结、穿磁眼、做鞘、捻添等技术传给了这些来自和田的维吾尔女工。

多名和田维吾尔女工到苏州后不久，就进入夏天，她们不习惯江南的炎热，厂里便想方设法为车间降温；维吾尔人吃惯了馕，她们想自己做，但又没有馕坑，这些女工又不会砌馕坑，苏州第一丝厂的领导派人到处打听，终于请来一位会做馕坑的回族穆斯林，为她们专门砌了馕坑，解决了这些女工吃不上馕的难题；维吾尔女工在家乡习惯吃抓饭，苏州不仅没有，就连做抓饭用的黄萝卜和羊肉也很少见，厂领导便派人到上海去买；遇到穆斯林的节日，厂里专门为这些维吾尔族女工放假，并让汉族女工代替她们生产，既考虑到穆斯林的习俗，又没影响到整个厂里的生产进度。

1954 年春天，在苏州学习了一年的维吾尔女工顺利地回到了和田，成了新成立的和田缫丝厂的骨干力量。以后，和田缫丝厂又陆续招收了几批和田及周边地区的穆斯林女工，于是她们就是向最初从苏州学习来的首批女工学习技术。到 1954 年年底，和田缫丝厂 450 名生产工人，绝大多数是和田的穆斯林女工，这些女性穆斯林成了新时期和田丝绸振兴的重要力量。

当第一批去苏州第一丝厂的维吾尔女工返回和田时，有 80 多名江南缫丝女工积极响应国家号召，离开美丽的江南前往和田缫丝厂，在和田又谱写了一曲民族团结的新歌。那些江南女子，不仅安心在和田工作，并且都在那里结婚生子，将此后的生命时光奉献给了和田丝绸的振兴之中。

1963 年，是南疆地区丝绸业发展史上重要的一年。和田缫丝厂与织绸厂合并，改称和田丝绸厂。同一年，喀什投产了“外贸局缫丝厂”，当时，喀什外贸局缫丝厂有 300 多名工人，而和田丝绸厂拥有 1700 多名工人。和田丝绸开始了新的征途。

和田气候温和，有发展蚕桑生产的得天独厚的自然优势，年蚕茧产量为 3000~4000 吨，丝绸产量占全疆的 70% 左右。蚕桑生产的发展为丝绸工业提供了丰富的原料。和田丝绸厂于 1994 年就被列入中国最大的 500 家纺织企业行列之中，产值利税率名列全国纺织行业第三位，为发展和田地区的经济做出了积极的贡献。

如今，漫步在和田的市区大街也好、乡间小路上也好，随处可见美丽的维吾尔族女性，尤其是那一身丝绸的连衣裙更是让人称奇叫好。她们的连衣裙几乎都是当地一种叫“艾提来斯”的花绸，这种花绸已经成了盛开在和田女性身上的美丽之花。

“艾提来斯绸”不仅为和田维吾尔族妇女所珍爱，而且整个新疆维吾尔族妇女都喜欢穿“艾提来斯绸”制成的衣服，在中亚几个国家特别是在乌兹别克斯坦也相当流行。

走在和田市区的繁华街道上，不仅大型商场内有卖“艾提来斯绸”的专柜，即便是大街上或者下面的几个县城的繁华街道上，也能看见卖“艾提来斯绸”的店铺。随手摸去，能感到它的质地柔软，轻盈飘逸，而扑入眼帘的又是十分艳丽的色泽，怪不得维吾尔穆斯林女性们在夏天都穿着“艾提来斯绸”做成的裙子逛街、参加节日盛会。当这些艳丽之裙舞动时，在和田这样一个沙漠地带的单调环境中，是怎样的一种视觉享受。在专柜前，我留心到，这些“艾提来斯绸”的布料一般宽幅仅 40 厘米，图案呈长条形，有的呈二方连，错落有致地排列；有的为三方连，交错排列。无论怎样的宽幅和图案，在那些南疆穆斯林女性的巧手裁剪下，根据不同女性的年龄和身材，就变成了一件件美丽的裙子，成就着这些穆斯林女性对美的认知。

洛浦县的吉亚乡一带是和田著名的蚕桑产区，被认为是“艾提来斯绸”的中心产地。穿行在这个乡的几个村子间，看到几乎家家户户都会织“艾提来斯绸”，甚至在当地还有这样的说法：不少家庭当男方娶亲或女方择婚时，往往要打听对方会不会织“艾提来斯绸”，技艺怎么样，并以此为择偶标准。和那些美丽的手工艺濒临消失的危险一样，和田一带也盛行起了机器制作出来的绸子，在市场上同样打着“艾提来斯”的招牌，但其直观、质地、手感都难与和手工织出的“艾提来斯绸”相媲美。

“艾提来斯”，岂止是一种丝绸，更是一种需要拯救保护的民间工艺甚至民族瑰宝，否则，丝绸之路上的“绢都”命运，真会遭遇重写！

第十五章　沙漠中的三副陌生面孔

踩沙而行，三个叶尔羌河边的群落
三朵玫瑰，隐蔽在比时间更为遥远的岸边
从阿瓦提开始，一场艰难的辨认起步
我试图寻找被沙漠阻隔的一丝破绽
梳理三朵玫瑰的纹理，计算它们的芬芳时分
风沙过后，抹去胡杨林中的脚印
就像我的青春，被一首不成功的诗歌掩埋
一头年迈的毛驴，陪我走在黄昏的叶尔羌河边
路过的多浪人，请别将我误认为探子
借宿的克里雅人，我为一场迷乱的逃离而来
罗布人，我不会给这里的平静增添忙乱
我是唯一的确认者，给你们提供一次义诊
将发炎的档案焚烧干净，重新书写一部非虚构
还原这村庄里秘藏的阳光婚礼宴席
给三支被遗忘的集体命名，颁发身份证
让他们的晴朗，晾晒在黄金牧场
让他们的儿女，认我为亲人
共同挂起一张通往春天的草图
让一场失去意义的辨认，失败于此

>多浪托格拉克

>多浪民俗园

多浪，确实是一支神秘的穆斯林。我是在阅读荷兰著名的探险家马达汉的日记时，发现了对他们的记载。于是，沿着这位探险家的足迹和日记记载的指引，走进他们曾经生活过的地区——叶尔羌河流域，他们就是多浪人。

确切地说，我是前往阿瓦提县。这个距离阿克苏仅 67 公里的地方名称来源于维吾尔语，意思是“繁荣、昌盛之地”。站在阿瓦提，回头看我从阿克苏而来之路，望着南去巴楚、和田的古道，处于要冲的阿瓦提迎接着、目送着一辆辆南来北往的车辆，为一个个行旅提供驱除疲倦的住宿、饮食，这样的地方真配得上这样的名字。然而，阿瓦提却并不是它原始的名字，它的原名叫“多浪”，这里更是古代多浪人的家园。在阿瓦提县城内，今天仍有一条街道名为“多浪路”。

至今，中外的学术界也无法精准地说清多浪人的原始族源。对他们最早的廓清只能上推到 13 世纪。那时，蒙古人西征的铁骑征服了今新疆大部分地区，天山以南及中亚广大地区是成吉思汗次子察合台的封地。察合台死后，蒙古宗王为了争夺继承权，在南疆及中亚地区引起了长期的军事纷争，这场纷争贯穿了 200 年的时间——14 世纪末到 16 世纪末。

南疆大地就此陷入了战火之灾，庞大的察合台汗国分裂成了许多互不统属的小王国，各小国中的民众为了躲避战乱而纷纷外逃。然而，他们的外逃足迹始终无法走出战乱阴影的笼罩，从这个小国逃出者，会被另一个小国收为俘虏。他们被新的贵族、农奴主强掠为奴，或在新的部落、庄园里从事劳动，或被充实到征战军队的前线。察合台时期，将这些难民和奴隶称为“多浪”——意指“集中”“成堆地聚在一起”的人。

最先不堪忍受欺侮而进入叶尔羌河下游平原荒无人烟地区的多浪人，是蒙古杜格拉特部与维吾尔人。他们带着各自的信仰而来，开始和大漠胡杨林为伴，日子虽然艰难，但算是逃离了做奴、从军的命运。逐渐地，越来越多的多浪人、新疆境内不同地方的穷苦人向叶尔羌河下游集中，形成了一个相对集中的部族。

时隔数百年，我无法判断多浪人最初来到叶尔羌河下游一带时的信仰究竟是哪种？但可以肯定的是，他们中既有信仰萨满教的草原牧民，也有跟随蒙古军队信仰佛教的察合台汗国的臣民，更有蒙古军队来之前就皈依伊斯兰教的穆斯林。随着岁月推移，这些定居于一起的集中于叶尔羌河下游的人，在远离人世的荒漠旷野、原始胡杨林中融合着、摩擦着、对峙着、宽容着，或狩猎游牧，或从事农耕生活着。究竟是哪种信仰在他们中占主导地位呢？谁也无法说得清楚，可以肯定的是，这些逐渐形成了独特生活习俗、语言、文化、艺术和心理特征的多浪人，到清朝初期，已与周围地区

>多浪男人（已故德国探险家勒柯克摄）

>正在缝补衣服的多浪妇女（已故德国探险家勒柯克摄）

信仰伊斯兰教的其他维吾尔人迥然有别。

记得几年前看中华书局于2008年出版（第1版）的德国学者勒柯克的《中国新疆的土地和人民》一书时，曾经有对多浪人的一点描述。而我从旧书摊上买的那本书却被一位朋友借去丢失了。2012年秋天，我写信给好友、著名出版人、时任中华书局总经理的李岩求救，他热心地帮我找到并邮寄了一本《中国新疆的土地和人民》。2012年深秋的夜晚，我在灯下再次翻阅这本书时，也开始再次从零星的记录中了解多浪人。

1934年4月，勒柯克带领考察队进入新疆境内，开始了为期11个月的文化考察和掠夺。从喀什前往库车的路上，一天，他们在一个叫东干——玛查理的地方，住进一位叫米拉普·阿尤布的刀郎人家。在他的认知中，"这是一支小民族，据说源于蒙古族。150年前从西部蒙古人或者准噶尔人的统治下迁移过来的。他们住在图舒尔盖（Tüschurgä）、巴楚(Maralbaschi)、阿克苏一直到察迪克尔（Tschadir Köl）之间的地区。以前作家把他们描绘成体态矮小天资贫乏的人。维吾尔人也跟着学舌说他们：他们让妇女和女儿去伺候不速之客，而他们自己在有客人的时候则躲到相邻的棚子里去。其他人认为妇女们的习惯是任何时候都要接待他们的朋友。客人把套鞋放在门前，这样就可以阻止主人进门了。我认为这些事情是编造的"。这段记录让我读来一个信息：那时，玛查理一带的多浪人是处于一种妇女占主导地位，甚至可能还带有明显母系社会色彩的时期；他们不仅不是维吾尔族，生活还常常为维吾尔人所嘲弄。

勒柯克在巴楚一带看到的多浪人的生活场景是"人和牲畜一起住在半地下叫'撒特马（satma）'的芦苇棚子里。在地上挖一个1米多深的洞，周围用芦苇围起来，再用别的芦苇捆盖在半米到2米高的棚子上，再用散芦苇盖严"。那时，他们虽然说维吾尔语，但很多词语是连维吾尔人也不懂的，而且，维吾尔人不吃鱼，但多浪人却非常喜欢吃鱼。

如今，在巴楚县城或阿克苏城内寻找多浪人已经非常不容易了，多浪人在中国的民族谱系中早已不存在。那么，新疆还有多浪人么？他们居住在哪里呢？

为追寻多浪人生活的地区，我将自己的目光伸向叶尔羌河流域的阿瓦提县乌鲁却勒乡等地。

夏秋季节的叶尔羌河因为洪水泛滥而迸发出一种野性的生命力，沿途到处可见大片原始胡杨林和广袤的草地荒原。不由使我想起清代诗人萧雄在他的《听园西疆杂述诗》所描写的情境——胡桐杂树，蔓野成林，自生自灭，枯倒相积，小山重复其间，多藏猛兽。水草柴薪，实称至足。这也在清代学者吴其浚《植物名实图考》卷三十五《木类·胡桐泪》中得到印证——“今阿克苏之西地名‘树窝子’，行数日程尚在林内，皆胡桐也”。他说的“树窝子”就是阿瓦提县，这个名称20世纪50年代仍在当地人及阿瓦提县周围的民众中流传。他说的胡桐就是阿瓦提境内原始胡杨林的写照。

沿着从县城到乌鲁却勒乡的简易公路而行，行至距离县城东南18公里处，就到了乌鲁却勒，当地人还是习惯地拿旧有的名称“乌鲁桥”来称呼这里。古老的多浪语已经消失了，这里的居民操着维吾尔语。在维吾尔语的语境中，“乌鲁桥”是荒滩上的畜圈。乡政府所在的村子就叫多浪村。清朝光绪年间，因为多浪人移居至此而得名，现在，村子里的1000多口人在身份证上全部标注为维吾尔族。多浪，作为一个族群已经彻底在历史的记忆中了。

在多浪村停留休息时，走进一户人家，主人出来向我打招呼时，我发现他的装扮、身材、身高等和阿克苏一带的维吾尔人没什么明显区别，整个村子的男人也不像勒柯克所描述的是那种个子矮小的人，这使我不由得对那个德国人当年描述的真实性产生怀疑。

这个多浪人叫土尔迪逊，我不知道原来的多浪人的名字是怎样的，但可以肯定，眼前的这个多浪人的名字，已经带有明显的维吾尔人的特色。他听见我在门口问询时的声音后，立即走到大门口来看，站在我眼前的这个多浪人的脸上，写满了迎接客人的热情和友谊。按照多浪人的讲究，无论认识的还是陌生的，来到门口的都是客人，主人都应该到门口热情地迎接、问候并要请客人进屋、入座。在土尔迪逊的招呼下，我才了解到多浪人的待客程序：首先是招呼客人进屋落座，就座的地方是一铺大炕。在这样的地方就座，坐姿有两种：一种是跪坐，这是传统的、标准的坐姿；另一种是盘腿而坐。和我接触过的柯尔克孜、乌兹别克人一样，多浪人将客人邀请到房间内落座后，他们会在客人面前铺上专用的餐布来摆放食物。按照他们的讲究，客人不可将脚压在餐布上，更不可坐在餐布上，不可将脚掌伸出对向餐布或其他客人，也避免从别的客人面前经过。

我选择盘腿而坐后，他端出了家里的馕、方块糖、冰糖、葡萄干和他的多浪女人自制的小点心、果酱和杏干、新鲜的水果等，让我品尝这些东西。这样，也就使他有时间去厨房烧茶。在他们的眼里，请客人喝新烧的大碗奶茶才是最重要的！一抹茶香顿时弥漫在简易的房子里，也弥漫着主人的热情和淳朴。他热情地给我示范，让我将馕掰碎放进奶茶碗中吃，让我品尝他自己种的甜瓜。“如果是冬天来，那就没有这样新鲜的自家产的水果了！”

这时，邻居家有人来，他和邻居见面时首先有一个亲热的拥抱，然后热情地向邻人介绍我。每天都见的邻居，却如此热情地行礼，我对此很纳闷。土尔迪逊哈哈一笑，向我介绍：多浪人在行见面礼的时候有身体的接触、面颊与嘴唇的接触，像拥抱礼、碰胸礼、贴面礼、吻礼等。同辈的亲人、好友之间见面相互拥抱。但多浪人的异性之间是没有这个礼俗的。

在这里，我还得提醒一下读者，在多浪人家里做客时，一定要注意一些和内地不同的民族禁忌：不能眼盯着主人家的小孩并称赞小孩漂亮，不能抱主人家的婴儿；主人为你倒茶的时候你要双手举起茶碗，但绝对不能表示“礼尚往来”而殷勤地替主人倒茶；在多浪人家里是不能帮主人做事的，尤其是不能到他家里做饭的地方去；等等。

一个温馨的上午过去了，漫谈的时间显得很匆促。午餐来了。按照多浪人的习俗，招待远路而来的客人时，他们要做“玉古勒”（银丝擀面），因为这种面食有汤有面，吃了利于解除疲劳。除此之外，我眼前的餐布上还摆满了包子抓饭、油炸包子、拉条子等食物。

吃过饭后，土尔迪逊得知我还要继续深入到多浪人的村镇去，便用喝茶和吃水果的方式来呈现他接待我的最后一道程序，让我体会到多浪人待客的有始有终。按照多浪人的讲究，在土尔迪逊家做客完后，他送我走出家门，而我也不能出门便扬长而去，而是在出门后，再次回过身来，向他行了一个告别礼。

在多浪人分布的地区穿行，我发现在城镇或者村子中散布着规模大小不同的清真寺，这些清真寺有的有编制，有的没有。村镇里面的清真寺，大多因为有多浪人去礼拜、有阿訇常驻、有穆民去维护，显得很有生机。而那些散落在村庄外的戈壁滩上或公路旁的清真寺，则因为缺少人气而显出几分寒碜，有的甚至是用土块围起来的，多浪人称它们为“依登米吉提”——翻译成汉语的意思是“孤独的清真寺”。它们孤兀地站立在戈壁滩上，就像一个个慈祥的路边老人，给行人提供简单的休整一样。虽然因无人管理而落寞在人们的视线之外，但是，当一个个经过这些清真寺的路人恰好遇到礼拜时间，它们便悄然敞开怀抱，接纳路人进去礼拜，完成它们的使命。

晚上来临了，多浪舞在胡杨林里亮出了身姿。这是带有明显游牧部族色彩的民间文化，以狩猎为表现内容的舞蹈中，猎手所执的火把明显有萨满教的影子。

舞蹈结束后，一切似乎归于宁静。突然，一首歌直逼我的心扉，击疼了远路而来这里的心。后来，通过翻译才知道那首经典的民歌就叫《旅人歌》：

你穿着雪白的裙子，镶着鲜红的花边，等待着心上的人儿，呆呆地坐着望眼欲穿。

你穿着美丽的丝裙，手捧鲜花在门外留恋，热恋着心上的情郎，却掉进了灾难里面。

你是多么好的姑娘啊，就像含苞的花蕾一般；我想送一束花给你，又怕双手打颤！

多浪人有着自己的独特婚俗。结婚那天，在女方家里上午举行“尼卡哈”的宗教仪式。仪式结束后，已是午后时分，穿上结婚礼服的新郎和伴郎及朋友们唱歌、弹奏多浪人的乐器，前来女方家迎亲。以前，条件不好时，新郎一般都是骑着毛驴或马前往新娘家的，现在一般是骑着摩托车或开着汽车。新娘则打扮得漂漂亮亮的，头蒙面纱在家等候。新娘的好友们在男方的迎亲队伍快来时，立即把大门关上，索要礼品，而负责索要礼物的是伴娘。女方在得到礼品后才允许迎亲的人进门。新娘的好友要负责招待迎亲来的宾客，并要给每一位宾客赠送手帕等礼物。

当新娘离家出门时，要和家人分别并流下喜悦激动的眼泪，这时女方家的人要开始祈祷并唱起多浪人的送女告别歌。歌词大意：请多多关照我的女儿，愿青年夫妻和睦相处，等等。新娘的嫂子会陪同她离开家，前往新郎家。

送别歌后，新娘由舅舅抱着上驴或上车。迎亲队伍中的多浪小伙子们会打起手鼓，弹起都它尔，拉起手风琴和小提琴等乐器，走在迎亲路上，新郎和新娘分别乘车随后。按照多浪人的传统习俗，迎亲队伍走过的地方，沿途的乡亲可以在半路上拦截，这时新郎要向大家施礼，给孩子们散发喜糖。

新娘进屋时要跳火盆，这个习俗让我不由想到他们的祖先来到这里之前或刚来这里时，信奉着对火崇拜的宗教习俗。看新娘成了男方亲友的一个项目，新郎揭开新娘面纱的刹那，大家选出的唱喜歌者要唱喜歌，曲调和歌词都要即兴编唱，歌词的大意要赞美新娘美丽、贤惠和祝福新生活，歌词则是幽默而逗人发笑的内容。

唱完喜歌后，客人们喝茶、吃喜糖、吃干果和点心。完后才是吃喜宴，一般是馕、手抓肉和抓饭。喜宴之后，年长的和老人会到一间房子去聊天。年轻的小伙子和姑娘则会留下唱歌跳舞，第一支舞会留给新娘跳。之后是大家的狂欢。多浪人跳的舞蹈和维吾尔民间舞蹈几乎没什么区别。

在多浪人生活区域内穿行，发现了他们不少奇特的习俗。比如，多浪妇女生小孩，坐月子都必须在娘家，他们觉得妇女在娘家生小孩、坐月子，自然会受到

>斯文·赫定

自家亲人无微不至的呵护和照顾。妇女在自己家坐月子，是男女双方家庭都认同的最佳选择，同时，从女方家而言，也借此表示并未忘记已出嫁的女儿，亲情依旧。

孩子出生满40天时要举行的“毕须克托依”，也就是把孩子放在摇床的仪式，就得在娘家举办。来祝贺的客人全是妇女和儿童，可以说是一个由女性扮演主角的家庭宴会。不仅娘家人主办，来客中的小客人必须未满7岁，而且数量上不得少于7个。在多浪人心中，这一点和维吾尔族一样：单数是十分吉利的。

克里雅，这个神秘的族群因为斯文·赫定和斯坦因两位探险家的发现而为世人知晓。寻找克里雅人，是近几年在南疆升起的一股探险热潮。

1896年1月，斯文·赫定沿着新疆塔里木盆地的克里雅河追寻它直到沙漠的尽头。沿着古木参天的河岸，他一直向塔克拉玛干沙漠深处走去，发现这里不仅有成群的野骆驼在奔跑，而且也是大批野猪的乐园。更出乎他意料的是，竟有一个牧民群落在这里繁衍生息。这个牧民群落就是克里雅人。20世纪初，斯坦因也来到这里，对克里雅人的生活进行记载。但是，这里并未因斯文·赫定、斯坦因的记述而喧嚣起来。直到今天，克里雅人依然平静地生活在沙漠深处。

在地图上寻找克里雅是徒劳的，只能找到一个名叫达里雅布依的地方，原因是他们聚居地的大河沿村是达里雅布依乡所在地。早在1959年，达里雅布依乡就成立了。以前，克里雅河全年都有河水流过大河沿村。到了20世纪80年代，为了开垦上游的20万亩荒地，于田县在克里雅河上游修建了水坝，拦截了克里雅河60%的水量，导致了大河沿一带长期没有河水浇灌而成了一片荒漠。

现在，即使是每年雨季水量最大时，克里雅河也只是流进沙漠100来公里，就消失得无影无踪。大河沿村成了浩瀚沙海中的孤岛。走近这个神秘的沙漠穆斯林群落前，我从新疆石油勘探队得知这样一个故事：20世纪80年代，国家一支石油勘探队前往塔克拉玛干沙漠进行野外作业，当勘探队员进入这一区域时，见到令人惊奇的一幕—— 沙漠中央，一座座简陋的木房子构成了一个原始而朴素的村庄，见到汽车来，惊恐不已的村民，因从没见过这种庞然大物而被吓得四散奔逃……不久，很多报刊都报道了相关的内容，称在塔克拉玛干沙漠中央发现了原始部落。

>斯坦因

1989 年，新疆维吾尔自治区政府派人来到这里，根据这里在克里雅边的地理形势而给这里取了个汉语名字——大河沿，随后在这里建立了学校，培训医护人员和兽医，解决用电、用水问题，开办邮政所和信用社，现代文明的根须延伸进了这里，克里雅人桃花源式的生活方式开始被现代文明所渗透。

为了寻找这支中国穆斯林中颇为独特的一族，我从于田县城出发，沿着克里雅河东岸坑坑洼洼的土路行进。这是一条枯燥撒满沿途的旅程，很长的一段行程内看不到一点儿人烟，唯有清澈如碧、蜿蜒如带的克里雅河从沙漠上缓缓流过，给枯黄的大地带来一丝难得的希望。北行 220 公里，克里雅河的水流变得越来越少直至消失，才算到达现在的大河沿乡政府所在地。这里目前集中了一二十户人家。在南北距离达 500 多公里的全乡范围内，仅有 263 户、1290 位克里雅人分散居住在克里雅河下游的 110 多万亩胡杨、红柳丛林里。如果乡南端的一个男子娶了北端的女子，那么这个女子回一趟娘家，就是一趟千里沙漠中的长途旅行。

乡政府和学校，是 1989 年由自治区政府拨款修建的，已经有些陈旧，但依然是这里最豪华且醒目的建筑。走进校园内，100 多名学生使这个荒凉的地方续写着现代文明的输入。以前，乡民靠骆驼和毛驴来运输他们所需的生活用品，现在，乡民们可以坐车到县城去赶集，卖掉柴火和羊皮，换回珍贵的茶和盐及其他生活用品。

一个个克里雅人将家安在胡杨林、红柳丛中，拐进去，远远就能看见每户人家的屋顶上都安装着太阳能电板，以此产生的太阳能电力，能使他们在夜晚享受到光明带来的快乐。乡政府附近安装的电视发射塔，使周围人家有了电视。

按照国家的民族划分，克里雅人被划分为维吾尔族的分支，但他们有许多生活习惯与维吾尔族不同。沿着克里雅河一路走来，随处可见的胡杨使这里成了中国最大的原始胡杨林，克里雅人的羊群一年四季都可以吃到胡杨树叶，村民们也用胡杨、红柳树干搭盖棚屋，靠放羊和挖掘沙漠药材维生，这些人可谓真正的“胡杨人家”。

如果有婚嫁的事情，主人家必须提前20天甚至1个月，骑着毛驴，深入到那些或散布在胡杨林中，或隐在沙丘边，或藏在茅草深处，或卧在河滩上的克里雅人的院落，一户传一户，将信息带至所有人家。由于克里雅人居住分散，户与户之间相隔几公里、几十公里，乃至上百公里，村民之间平时难得见上一面。在这里，可谓走几十公里的叫串门，走上百公里的叫走亲戚。喜宴那天，被邀请者自然会非常珍惜这个日子，将婚礼看成祝福新人的机会，更是看成他们叙旧拉家常最好的时机。而青年们，则是将婚礼看成自己交朋友的良机。甚至，一些精明的克里雅商人会把摊点摆到婚礼现场，使婚礼成了一个克里雅人的民间狂欢。和中国其他穆斯林地区不一样的是，克里雅人的婚礼不仅是他们生活中最隆重的吉庆，而且婚礼的高潮是揭开新娘的盖头的那一刹那；更为独特的是，克里雅人新娘的盖头不是由新郎揭开的，而是由她的娘家人来完成的。

走进克里雅人的生活区，他们的住所通常由若干个大大小小的房间组成。普通的一间房子差不多要用去百来棵胡杨树——这应该是真正的胡杨屋。那些房子没有地基，以粗大的胡杨在沙地上像围栏般分割成门厅、客厅、厨房、大大小小的卧室乃至储藏间。我无缘看到他们建房的过程，通过向导的讲述才知道，他们的屋顶是先用椽子搭建出基本的轮廓，然后，在粗木间用更细小的胡杨枝、红柳枝把缝隙弥合起来，剩下的空隙则用黏稠的河泥堵上，这样就成了一个能挡住风沙，能在三九天御寒，也能在三伏天防暑的胡杨屋的墙面。千万别以为这样建成的房子会因为采光不够而黑乎乎的，聪慧的克里雅人会在门厅里铺上松软的细沙，墙壁木柱之间特意留着取光的空隙，阳光从中挤进来，使他们的“胡杨屋”采光合理。由于生活环境的特殊，他们的厨房里并没有国内其他穆斯林地区的灶台，而是在沙地上掘出一个浅坑，类似于西南少数民族的火塘。由于克里雅人生活的环境地处沙漠腹地，炎夏季节地表的气温通常要高达50摄氏度以上，他们在夏天唯一的选择就是待在家里睡大觉。

克里雅人一枝独秀于中国穆斯林饮食的首选，是他们用羊肉做成的炭饼。一张再普通不过的炭饼分量也在5公斤以上，炭饼看上去像是超大的馅饼，馅是用香甜的羊肉碎丁加上一点点洋葱碎末混成的，外面包裹着重达数公斤的面粉。能将这样一个庞然大物烤透，确实体现了克里雅妇女们的功夫和技巧，一般而言，克里雅妇女往往要从小在火坑边学上十几年才有可能掌握这样的技巧。

炭饼对克里雅人而言，就如同馕对维吾尔族人一样，但前者由于地理条件等因素限制，并没有得到相应的席位。由于做炭饼就得有面粉，这就使克里雅人一直有着赶着毛驴、骆驼去县城买面的传统。近些年来，随着克里雅人生活水平的提高，摩托车和汽车逐渐取代了毛驴和骆驼。

围绕着塔克拉玛干沙漠而行，除了克里雅人这样的穆斯林外，罗布人也吸引了我关注的眼光。

罗布人是怎样的人？犹如没有夏尔巴做向导人类就无法登顶珠穆朗玛峰一样，没有罗布人，俄国探险家普尔热瓦尔斯基、瑞典探险家斯文·赫定、英国探险家斯坦因等人就无法走进罗布泊，无法挖掘楼兰古城。

>普尔热瓦尔斯基

1876 年，俄国探险家普尔热瓦尔斯基前往新疆的罗布泊地区进行考察，他发现那里生活着一群偏离现代文明的族落——罗布人，他们单凭罗布麻挫的绊马索和红柳弓箭就能猎杀野骆驼。

野骆驼驼峰矮小，四肢细长，耐旱能力极强，它们性情温顺，机警顽强，反应灵敏，同时拥有极强的记忆，能发现水源并在种群中传递。令人最想不到的是，它可以用盐水解渴。它灵敏的嗅觉，可于几公里之外发现敌人，一旦受惊，可不停地跑 3 天。但就是这样的动物，却被罗布人阿不都热依木在当年 6 年内猎获过 13 只，这个罗布人因此而被普尔热瓦尔斯基看中，成为他的向导。

在阿不都热依木的带领下，普尔热瓦尔斯基在塔里木河下游发现了两个湖，西边的叫喀拉布朗，东边的叫喀拉库顺。喀拉库顺湖是塔里木河当时的终点湖。于是，普尔热瓦尔斯基认为：这就是史书上说的罗布泊。当他用当时清朝的地图进行对照时，却发现那个罗布泊的位置与现在的喀拉库顺湖一南一北，相差很大，他由此判定中国地图上罗布泊的位置标错了，并呼吁清朝的地图需要重新绘制！

他的意见一经发表，立刻引起普遍注意。

罗布人并没有记录下他们自己的历史，他们自己的故事也是口口相传，这就使他们的族源蒙上了一层神秘的面纱。有人认为他们的祖先是蒙古人，由阿尔巴台率领他们的先人从伊犁地区迁入。也有人认为他们的先世蒙古人和卡尔梅克人是同一民族。卡尔梅克人，原是突厥语对蒙古土尔扈特部族的称呼（土尔扈特，本是蒙古族卫拉特四部之一，还有三部为准噶尔部、硕特部、杜尔伯特部），明朝末年为寻找新的生存环境来到了当时尚未被俄国占领的伏尔加河下游里海之滨，后来被俄国排斥，在渥巴锡汗率领下于清朝初年大部分返回新疆，约 1/3 人仍留原地，现发展成卡尔梅克自治共和国（俄罗斯的一个共和国）。也有人认为罗布泊的罗布人、麦盖提县的刀郎人、克里雅河尾闾的克里雅人、喀纳斯湖畔的图瓦人，均是成吉思汗西征时军队中的老弱病残因遗落又坚毅生存下来，并与当地民族混血的后裔。

普尔热瓦尔斯基一直坚信，罗布人和塔里木河下游的居民有着极其复杂的血缘关系。其实，无论他们的族源如何、他们的先民们信仰如何，可以肯定的是，随着伊斯兰教深入到南疆地区，罗布人或多或少地受到周围生活的穆斯林影响，逐渐成了一个穆斯林族群。

普尔热瓦尔斯基在他的《走向罗布泊》一书中，留下很多罗布人的资料。他还拜会了罗布人首领昆其康伯克，深入过一个叫阿不旦的罗布人村庄。他笔下的罗布人将罗布麻粗布和野鸭皮缝在一起做衣，少有羊皮大衣。夏天，他们戴棉布或毡子做的绣花小帽，冬天男子戴狐皮帽，女子戴绒毛朝外的野鸭皮或天鹅皮做的帽子。穿的鞋子全是用一张动物皮制成，小腿外绑一层罗布麻做护腿，夏天都光着脚。这些风土人情的确与新疆信仰伊斯兰教的维吾尔族人习俗有相当大的不同。普尔热瓦尔斯基发现，罗布人千百年来几乎与世隔绝，有自己的罗布方言、以捕鱼为生。清代的《回疆志》中也记述，“罗布人不种五谷，不牧牲畜，唯小舟捕鱼为食，或采野麻，或捕哈什鸟剥皮为衣，或以水獭皮并哈什鸟之翎，持往城市货卖，易布以代衣”。这里所说的城市就是今天的库尔勒。

普尔热瓦尔斯基称罗布人是他所见最野蛮的部族。他说，贫穷而又软弱的罗布人在精神上也是贫困的。他们所理解和想象的整个世界就局限在四周环境的狭小框子里。除此之外，他们什么都不知道。他们的智力不超过所需要的范围：捕鱼、捉鸭，再加上其他一些生活琐事。

如今，沙漠中只剩下了为数不多的罗布人，他们在沙漠中的海子边捕鱼、狩猎、种庄稼，保持着原始的风俗习惯，生活充满了神秘色彩。

普尔热瓦尔斯基探险之后，他的学生科兹洛夫也选择了前往罗布泊。同样，阿不都热依木担任了科兹洛夫的向导，他们抵达了野骆驼的神秘栖息地阿提米希布拉克（即六十泉）考察。科兹洛夫将自己制作的一具野骆驼标本运回了俄国，引起欧洲人的极大兴趣，因此瑞典人也想搞到这些“沙漠之舟”的标本回去。

“老人戴着一顶羊皮镶边的破帽子，披着件已发白的破旧的维吾尔式短大衣，腰上扎条布带子，脚上那一双破靴子告诉人们它曾穿行过了多少沙漠、草原和树丛。”这是著名的探险家斯文·赫定 1931 年 4 月 5 日乘船前往罗布泊时遇见的一位老人。1899 年 11 月，斯文·赫定乘船顺塔里木河考察时，这位叫奥尔得克的老人就曾经给他做过向导。

1899 年，奥尔得克受雇于斯文·赫定。在给这位瑞典人带路过程中，37 岁的奥尔德克发挥了罗布人所有的特点，不论钉马掌还是捆驮架，他一瞧就会。同时他极为熟悉罗布荒原，特别是喀拉库顺附近的情况，另外，他对探险、测量考古都兴致勃勃，因而成了斯文·赫定探险中的向导兼助手。

1900 年 3 月 28 日，探险队正准备安营扎寨时发现队中唯一的铁铲遗留在上一个宿营地，于是派出随队的奥尔德克回去寻找，因为他承认是由于自己粗心丢失的。奥尔得克半夜骑马离开，由于遭遇风沙，直到天亮才回来。回来时除带回那把铁铲外，还有一些雕刻着精美图案的木板和古钱。这引起了斯文·赫定的兴趣，他在日记中写道：“这些精巧的蜗卷文和草叶文雕刻使我眼花缭乱了，我打算再回去，但是这想法太愚蠢！我们只有两天的用水，于是我决定今年冬天做好准备，必定要回到那座古城去。”他后来在书中写道：“忘记铲子是何等的幸运啊！不然我决不能回到那古城，实现这好像有定数似的重要发现，使亚洲中部的古代史上得到不会料到的光明。”

斯文·赫定第二年又回到这里，在奥尔得克的帮助下再次造访了那个古城遗址，在这里出土了大量文物，包括武器、古钱币、丝织品、生活用品和颇具中亚希腊化艺术风格的雕花建筑构件、各种佉卢文木板文书、魏晋木简残纸等。他回国后将文书分送有关专家研究，德国威斯巴登的卡尔·希姆莱教授通过对佉卢文书的研究，发现木简中多次出现“kroralna”这个地名，且汉文文书也有“楼兰”一名，据此推断这座古城就是淹没千年的楼兰，这一论断得到中外学界的赞同。后来，人们更多地关注了斯文·赫定和他在楼兰挖掘的成果，很少有人去关注奥尔得克。

历史上，楼兰是西汉时西域三十六国之一，又是西汉通西域的枢纽，在古代四大文明的碰撞交融中占有极其重要的地位。楼兰城是楼兰王国的政治、经济、文化中心，它西北通尉犁、焉耆，西南接若羌、且末，东至敦煌，古丝绸之路南、北两道就是从这里分道的。楼兰城作为亚洲腹地的交通枢纽，在东西方文化交流中曾起过重要作用。汉朝、匈奴和周围一些游牧民族国家经常为争夺楼兰进行大规模战争。楼兰被人们称为“一块紧张的世界史的纪念碑”。曾经盛极一时的西域重镇，在公元3世纪后迅速地悄然退出历史舞台，直到1700年后的今天，还保持着她“谢幕”时的姿态，令人恍惚觉得历史仿佛就发生在昨天。

奥尔得克，在罗布语中就是野鸭子之意。罗布人有个传统，孩子生下来后母亲第一眼看见什么就用什么叫他的名字。例如，奥尔得克的哥哥叫作“派来”，含义是手套，但据奥尔得克的孙子说，奥尔得克原名奥斯曼，因为水性超乎寻常地好，才被父亲改成“野鸭子”。

1901年底，斯文·赫定结束在罗布泊一带的探险后，回到喀什噶尔，和送他至此的奥尔得克要分手了，他说“我们会再次见面的”。

想不到这一个再次要等到近32年后。1931年春，斯文·赫定重返罗布泊时与“野鸭子”重逢了。两人有这样的对话——“喂，你好奥尔得克，我们分手32年了，你生活得怎么样？”

“真主保佑，先生，自从为你工作以来我一直生活得不错，但很久以来我都以为再也见不到你了。”奥尔得克的这句答复明确了他的身份——一位穆斯林。

此时的奥尔得克已过古稀之年。斯文·赫定是这样描述奥尔得克的——“他来到面前，眼含热泪拉着我的双手，艰苦的岁月在他的手上留下了厚厚的老茧。这真的是奥尔得克！我仔细地打量着这个老朋友，时光的磨难留在了他的脸上。他很瘦，额头上刻下了深深的皱纹，胡子挂在尖尖的下巴上，看上去很衰弱。老人戴着一顶羊皮镶边的破帽子，披着件已发白的破旧的维吾尔式短大衣，腰上扎条布带子，脚上那一双破靴子告诉人们它曾穿行过了多少沙漠、草原和树丛”。斯文·赫定还给奥尔得克画了一张素描，给我们留下了这位罗布老人的唯一形象。于是，年过七旬的奥尔得克再次成为探险队中的一员。

1934年的春天，在奥尔得克的带领下，斯文·赫定考察队中的考古学家贝格曼得以走进了以往历史中从未记载过的、离楼兰仅100多公里的小河墓地。罗布人称为“有一千口棺材的坟地”，中国著名的探险家杨镰称之为“新疆最神秘和最吸引人的地方”，也是一个“死神的立柱殿堂”。

罗布人是很好客的。如果你到了罗布人家中，这里除了会有大碗的酒、大块

>小河墓地

的手抓肉，还会有音乐，有歌舞。罗布女子会为你弹起冬不拉，唱起悠扬的民间歌曲，还会有穿着花裙子的姑娘和小伙子们随着音乐尽情起舞，这时候的快乐一定会感染你，让你禁不住加入其中。斯文·赫定走进罗布人村落时，村民倾其所有，以鱼、鸭蛋、芦笋、菖蒲竭诚欢迎这位不速之客。在他眼中，村落中的少女大方健康，不避生人，老人则谦和矜持，不苟言笑。之后，斯文·赫定前往罗布人的首府——阿不旦。

凭着普尔热瓦尔斯基书中的一幅插图，斯文·赫定在独木舟靠拢阿不旦码头时就认出了罗布人的头人昆其康。那位当时已 86 岁高龄的罗布人精神矍铄，思路敏捷，他告诉斯文·赫定，阿不旦是他的祖父建立的。斯文·赫定非常详细地记录了阿不旦的生活情况，比如罗布人每家有一个或几个专门为了捕鱼而由人工修整的水道——“恰普干”。

加入斯文·赫定考察队的穆斯林还有船工萨迪克、阿帕克、哈依提、伊斯马尔等罗布人。1931 年 4 月 27 日，阿帕克、哈依提和伊斯马尔等人因撒谎而让斯文·赫定“气愤地把这几个叫作歹徒和骗子，并告诉他们不会得到原有的报酬”，他们则“低着头一句话不说，而后走到篝火边带着羞耻沉默地躺着”。

1934 年，斯文·赫定带领中瑞西北科学考察团的成员再次来到这里。这时，昆其康已经去世，他的儿子托克塔担任了斯文·赫定的向导。小河墓地再次被挖掘，它的规模之大，葬制之奇特，数目之众多，所汇信息之丰富，在新疆来说没有墓葬是如此的。而自 1934 年小河墓地发现后，到 2000 年才由新疆考古学家王炳华再次发现，可见这墓地是怎样的难以寻觅，可见罗布人是怎样熟稔于这片荒漠。结束小河的考察后，斯文·赫定赠送了奥尔德克两匹好马和一杆猎枪。

然而，那时的罗布泊环境已经开始恶化，原意是“水草丰美，适宜人居住”的阿不旦逐渐为人们所弃，开始搬到了一个叫奥特开提干乌依的地方——含义是“火烧了房子的地方”。据说，一次，罗布人为驱赶蚊蝇点燃芦苇，结果控制不住火势而将村子烧光了。于是罗布人再次搬迁，来到了位于阿不旦西南一天路程的玉尔特恰普干，罗布人仍把这里叫作阿不旦。

1942 年，80 岁的奥尔得克去世。1995 年，瑞典的斯文·赫定基金会出资，为这位陪伴瑞典人出生入死并协助其做出重大发现的罗布人修建陵园，于是占地 1000 亩的一座公园式墓地在尉犁县城郊的胡杨林中悄然屹立。身为一名穆斯林，“野鸭子”的墓葬格局只有宗教里德高望重的阿訇才能享受。

当 20 世纪上半叶享誉世界的考古探险家和东方学学者斯坦因出现在新疆并前往罗布泊时，罗布人托克塔成了他的向导。

斯坦因在他的《沙埋中亚废墟》一书中这样描写托克塔——“身高肩阔、头发稀疏，为蒙古人种特征，但仍能与塔里木河两岸的那些靠捕鱼和游牧为生者明显区分。他说的是种含混不清、元音突出的罗布方言，且用词古怪，以致从叶尔羌与和田带来的几个维吾尔人几乎就听不懂他的话”。斯坦因不禁这样评价托克塔：“有这个伙伴太令人欣慰了。”他也这样评价罗布人：“他们每个人都是硬汉子，粗鲁而品行端正。”

斯坦因率领 45 人的庞大队伍，用 7 峰骆驼，12 头毛驴来驮运全队的行李和一个月的粮食。1900 年 12 月 12 日那天清晨，他和这些罗布人一起从罗布村落——塔瓦克勒村出发，村里几乎一半以上的罗布人出来看他们启程。跟随斯坦因的还有两个当地罗布人猎户，一个叫阿合买提·麦尔根，一个叫卡斯木，他还将卡斯木称为阿訇。而这两个罗布人曾经给斯文·赫定做过前往丹丹乌里克考察时的向导。

卡斯木在他们从出发前就带领一个小队先行进入沙漠，沿途在可以宿营搭建帐篷的地方挖好水井，供探险队大队人马所用。斯坦因这样说：“他们人很好，惯于沙漠游猎，极为吃苦耐劳。”在准备出发时，这两个人就在当地为他召集了 30 多位罗布人担任民工。在楼兰，他收获了建筑木雕、毛毯碎片、家具、绣鞋、青铜艺术品等，还有200多件写在木片和纸上的汉文、佉卢文文书。更让人惊奇的是：他还发现了一把1901年斯文·赫定考察时遗留的金属卷尺。后来，斯坦因在一次英国皇家地理学会举行的宴会上将卷尺郑重地交还给斯文·赫定。是楼兰，也是罗布人将这两个分属不同国家、怀着不同目的的探险家联系在了一起。

1907年1月22日，斯坦因前往民丰县，正赶上穆斯林的封斋日。他雇用了当地一位叫哈桑的穆斯林担任驮工。哈桑告诉他，一个叫易卜拉欣的乡民在民丰县通往伊玛目加帕尔·沙迪克麻扎的路上，捡到了两块写有文字的木板。斯坦因便请易卜拉欣担任向导，前往伊玛目加帕尔·沙迪克麻扎，他们沿着尼雅河走了3天，才抵达伊玛目加帕尔·沙迪克麻扎，沿途看见一些为前往麻扎朝拜者搭建的庇荫建筑。接着，他在穆斯林向导的带领下，发现了著名的尼雅遗址。

斯坦因在楼兰“寻宝”时发现，这里的出土文书没有一件晚于公元330年，由此他判定：楼兰古城应是公元4世纪被废弃的。从楼兰发掘出的律法中有这样的一条：砍伐一大树罚马一匹，伐小树罚牛一头，砍树苗罚羊两头。出土文书中还有不少关于用水紧张、不能下种、要求配水和水资源严格控制的记录。这说明生活在楼兰一带的民众是很重视环境保护的。

楼兰国消亡后，罗布泊湖畔生活的罗布人以鱼为食，悄然远离外界的视线。直到1757年，参赞大臣阿剌纳追剿乱兵时，在罗布泊荒漠中发现了这些“土著”。于是，罗布人就开始有了纳税的义务了。每户人家须交纳两张水獭皮作为全年的税赋。

罗布人本来就不多，战乱的迁徙及1852年爆发在小罗布淖尔的鼠疫，给罗布人造成巨大的灾难。罗布人四散逃亡，部分西迁至今洛浦县，部分散居在若羌、轮台、尉犁县境内。

90年前，塔里木河的再次改道，使曾经烟波浩渺的罗布泊失去了昔日美丽的湖景而彻底干涸，固守在罗布荒原的楼兰遗民在家园远去、风沙四起的严酷现实前，只能选择逃离。

1952年，尉犁县在塔里木河上筑起大坝。20世纪60年代，孔雀河再次建筑起多座堤坝。此时的罗布泊已是河流干涸了，海子变成戈壁沙漠，老阿不旦消亡了，新阿不旦也消亡了，罗布人成百上千年赖以生存的罗布泊也流干了其最后一涌眼泪。以捕鱼为生的罗布人失去了家园，他们不得不四散重新去寻找新的家园。一部分人来到了米兰绿洲（今36团场），一部分人沿塔里木河逆流至尉犁县的墩阔坦、琼库勒、喀尔曲尕，另一部分人则穿越茫茫塔克拉玛干沙漠到达克里雅河的上游（现和田市的洛浦县、于田县）。

我追寻这些穆斯林的足迹出现在罗布泊南岸的若羌县米兰镇时，目标是罗布人的最后一村——阿不旦村。

阿不旦村的男女老少，都会说汉语，交流不成问题。村民们大多为自己的出身寻找到一个合理而尊贵的身份——他们是 1896 年斯文·赫定进入罗布泊时，受到接待的当地首领清廷册封的世袭五品伯克昆其康的后裔。比如，村民买买托呼提就说自己是昆其康伯克的第七代后裔。

米兰清真寺是当地穆斯林进行宗教活动的最大场合，当寺里的阿訇艾合买提·吐地悠长的呼唤声响起后，村道上便出现了越来越多的村民前去礼拜。平常做礼拜不超过 10 人的米兰清真寺，由于那天是古尔邦节，有 160 多人去上寺礼拜。从七八岁的小孩到 90 多岁的老人，他们知道寺里的礼拜殿无法容纳这么多的人，便自己带着颜色、大小不同的拜毯，铺在大殿外的地面上，神情肃穆地聆听艾合买提·吐地的诵经和讲演。清晨的米兰一片清寒，但这些来礼拜的村民们，非常虔敬地跪在拜毯上，没有一个人因为寒冷而乱动或中途退场。

从寺里礼拜归来后，他们缓缓走向村外去上坟，为去世的先人念经，采取在墓碑上描写逝者的生卒年月、坟顶填土等方式来缅怀先人。

“古尔邦”是阿拉伯语的音译，有“牺牲”“献身”的意思，所以古尔邦节又名“宰牲节”。返回到村里后，家家开始宰羊了。罗布人后裔在古尔邦节宰牲时有着许多讲究，比如不宰未满两岁的小羊羔和未满三岁的小牛犊，不宰眼瞎、腿瘸、缺耳、少尾的牲畜，要挑选体壮健美的宰。这就是他们的“血祭”。把血祭的牲畜宰好，大块的连骨肉炖到锅里之后，男子们才开始互相拜节，妇女们则留在家里炖肉、摆放节日食品、烧茶，准备迎接客人。

村子虽小，但节日的内容同样丰富。第一天，罗布人后裔首先是给在近期内发生过丧葬等家难的乡亲拜节，表示慰问；其次是给夫妻双方的长辈拜节；最后，给近邻和村内长者拜节。在这种礼节性的活动中，除了给夫妻双方的老人拜节是夫妻同去之外，其他的拜节是男女分开进行的。

这时的阿不旦村，每家那漂亮的大客厅里更是洋溢着节日的欢快，一圈茶几有序摆放，所有茶几上摆满了馓子、糖果、糕点等各色食品。屋子里温暖如春，铁炉子的热气裹着煮羊肉的香味飘散在每一个角落。

从第二天到第三天，全村人开始互相走访，村道上会不时出现三五成群的男女老少。路上遇见的，无论贫穷富裕，甚至平时偶尔有些矛盾的，在这时都会同时谦恭地伸出双手，互道古尔邦节好、你好、我好、大家好，所有的不如意都在这一天轻轻飘去。

节日期间，随意走进任何一家，村民们都会热情地端上备好的馓子和各种干果点心，而热气腾腾的大盘手抓羊肉更是必不可少的。

阿不旦村的村民近几年有不少人去镇上买了楼房，许多家庭既有村子里的小院子，也有镇上的楼房。不少村民们夏秋季节住在瓜果飘香的院子里，冬春季节便去镇上的楼房，他们称为“暖房”。

如今，随着罗布泊的干涸，以捕鱼为生的罗布人也逐渐成了牧民，吃鱼的次数相对也就少多了。刚刚成长的芦苇，连根拔起来，咀嚼下部分白色湿嫩的根也就算是他们的一道菜肴了。在罗布人中百岁老人并不少见，也许这样简单的饮食结构正是他们长寿的秘诀之一吧。除了渔猎，罗布人也会在土地上种上些小麦和玉米，但属于少数。

在斯文·赫定的笔下，那时的罗布人生活在荒漠深处的一处处绿洲中，养活他们的更多是湖泊和面积大小不一的海子，现在，这些海子也逐渐消失在了日益干旱的罗布泊了。那时，罗布人的婚俗是一夫多妻，丈夫可随意将妻子赶出家门而另娶。而一般婚嫁中的聘礼和嫁妆，除了小船、渔网、干鱼、罗布麻线这类生活用品外，还有小海子。现在，他们早已经和其他民族一样，实行一夫一妻制了。

罗布人世世代代以捕鱼为生，他们认为，鱼是人类的祖先，也是代表男女性生殖的象征。门上是鱼的图腾，两边是罗布人男子（左）和女子（右），他们崇尚爱情、坚贞不移。上部木人图的意思是男子在追求女子。两边分别是阴阳门，男根充满生命力，女性生殖赋予神圣感。远古时期人们由母系氏族过渡到父系氏族产生了对两性神秘的崇拜。 进的时候男子进左边，女子进右边。出的时候，都要从右边出来，表示对女性生殖的崇拜。所以，罗布人村寨正门形如一个戴着帽子的人的头部，两侧是鱼的图腾。罗布人制作的渔舟不仅有捕鱼的功能，还有另一个功能。这些渔舟体积很小，但却一致，都是长 3.5 米，宽 0.5 米，皆以胡杨干凿空而成，称为“卡盆”。不用时，为防卡盆开裂，会将其埋入沙中。这与广东这边过端午节后埋龙舟同出一辙。罗布人死亡后，也会将遗体装入小舟里，盖上另一小船以做棺材，再做浅埋。

虽然是信奉伊斯兰教，但罗布人除了将鱼奉为图腾外，他们的舞蹈中还有“狮子舞”。与汉族人表演的狮子舞完全不相同，罗布人的“狮子舞”堪称中国西部少数民族仿兽舞蹈中的瑰宝。它由一人披挂冉须和带着铜的装饰，舞蹈者踏着纳格拉鼓的节奏，手舞足蹈，既有仿雄狮威风凛凛的手、眼、身、法、步，又有扑、爪、腾、挪、跃等驱邪捕食形态。无论是表现形式还是艺术风格，无不意境深邃，超凡脱俗，具有无与伦比的艺术价值和研究价值。

罗布人，作为一个种族已逐渐融入当地维吾尔人的群体中了，除老一辈罗布人外，新生代的罗布人的习俗、宗教、语言、生活方式已与普通维吾尔人没有太大差别了。关于他们的文化记忆，随着时间的推移正在随风飘散……

第十六章　毛驴背上，信仰花开

龟兹之后，毛驴带走谁的脚步
拜城起步，一场普通的歌舞带着微笑
出天山，进关内，过黄河
步入长安城时，唐代的瞳孔猛然放大
请问，哪个诗人能忽略那时的龟兹
请问，哪个国度的使者不想带回胡旋舞
刻在灵州石板上的胡女，裙裾之声
常常从夜半走出，响彻半部大唐诗歌总集
何况，还有画家的远望和想象
还有远征军人的详细汇报
龟兹之光，升起在唐帝国的烟囱
最远的一缕，飘进《库车县志》
如今，龟兹被一个叫库车的县名取代
废弃的佛窟，空忆盛唐时的开明和繁华之象
刻意错写的情节，被放大成廉价的高傲
新书书店的四季，冷清无比
小小少年，在口传的误史中远离历史
从汽车站出走，步入天山南北的打工者行列

被毛驴泄露的消息会是什么
被码头欺骗的游客来自何方
驴背上的信仰，开成一朵自信的蔷薇
被成千上万个库尔班大叔盲目礼敬
礼拜完毕，码头边的巴扎陡然混乱
他们，一直没停止对外来者的警惕

进入阿克苏境内时，我直觉上首先是对“南疆”之说的拨正：传统地理学是以天山为界将新疆分为南北两大部分的，其实，天山以北是北疆；天山以南到塔里木以北的广袤地区恰好处于新疆中部地区，应该为中疆；塔里木盆地以南到昆仑山以北的地区是真正意义上的南疆。

到拜城之前，采访新疆旧事时常听见老人们说一个词语——“巴依”，这是个被误解的词汇，老新疆人常常称呼那些内地人心中带有贬义的“地主”“老财”时，就叫“巴依”。到了拜城，我方明白，拜城是个混合语：“拜”是突厥语“巴依”的音译变音而来，意为富庶；城则是内地人根据城市的概念，后缀在“拜”后，可见，拜城是一片富庶之地。“中国细毛羊之乡”、“黄油菜之乡”、国家“西气东输”工程的主力气源地等名称或角色背后，都书写了这里矿产资源的富足。

拜城的富庶不仅表现在它的物产和经济发展程度，更是体现在其文化和文明的丰富性上，中国内地、印度、希腊乃至两河流域的文明都曾在这里撞击、交流和融合，产生了它独一无二的文明现象。如今，遍布城乡的各种文物古迹，如古城、壁画和石窟中，无不散发着佛教文明时期的迷人背影。而世俗生活中的穆斯林的巴扎集会、节日期间的大型礼拜、从传统中缓缓而来但又有着穆斯林加工的歌舞

>拜城的穆斯林聚会（任克良摄）

>拜城的穆斯林（任克良摄）

表演等，无不又透露着这里的伊斯兰风情。

从行政意义上而言，拜城属于中部新疆的阿克苏地区，地处天山南麓中部，全县20多万人口中，穆斯林就占了88%，因此，汉族人常常戏称自己在这里是“少数民族”。到拜城，当地的旅游部门清一色亮出的景点几乎都是自然景色和佛教文化的产物——洞窟、壁画、佛寺遗址等，后者无声地诉说这里的宗教历史有着丰富的交替性。

曾经生活在这片土地上的人种有塞种人、印度人、吐火罗人、匈奴、回鹘、突厥、蒙古、吐蕃、柔然等民族，他们就像一支支带有蓬勃力量的支流，或急或缓地流过这片土地，在伊斯兰教没有到来之前，最后汇成了“龟兹”这条文明大河。

库车即古代之龟兹，曾经是西域一个佛教盛行之地。库车（又译为苦叉、苦先、曲先等）意思就是虔诚的佛教徒居住的地方，这里曾出现过像鸠摩罗什这样在佛教界享有盛誉的高僧大德。

喀喇汗王朝以后相当长的时间里，库车一带的居民仍信奉着佛教，深远的佛教文化使这里成为抵御伊斯兰教向东扩张的一道高大而有力的墙或阵地。巴尔托里德评论喀喇汗王朝伊斯兰教形势时曾说：“当时伊斯兰教往东传播比较困难，那里有文化的回鹘人像一堵墙似的挡住了该教的传播。”

14 世纪中叶，蒙古察合台后王秃黑鲁·帖木儿汗在苏非派长老贾拉里丁和其子额什丁和卓的劝谕下改奉伊斯兰教，后来，又胁迫其属下 16 万蒙古人集体改信伊斯兰教，揭开了新疆境内第二次伊斯兰教大规模传播的序幕。后来，额什丁和卓在秃黑鲁·帖木儿汗的支持下，率领一支庞大的传教队伍进入库车展开宣教活动，这是伊斯兰教进入新疆中部地区的开端。这支队伍以可汗的名义号召居民皈依伊斯兰教，对于自愿加入者，给予布施、减免赋税、保护人身财产安全等奖励。对不愿放弃佛教信仰的僧侣、民众则进行迫害，或被杀或被流放，有些佛教徒则逃往吐鲁番等地避难。库车一带的寺庙被捣毁，经书被焚烧，佛教的黄金时代开始退幕，伊斯兰教时代来临。

要了解这一过程，得离开县城前往乡下。这次，我的“无声而文明的向导”是新疆青年作家刘亮程的那篇《墩麻扎村禁地》，按照这篇文章的描述，出拜城向东北方向而行，很快就到了该县亚吐尔乡一个不起眼的小村落——墩麻扎村。

>墩麻扎村

四周的群山将这片河谷地带细心地呵护着，使其不为外人轻易发现，犹如这里的乡民细心地呵护他们的文化、宗教生活一样，他们的生活同样不为外界轻易知晓。这也让我在看到清晨或傍晚村子里升起的炊烟时，不禁觉得这些炊烟造成了村子的迷蒙之色和神秘之感。同样，村民们的宗教生活的独特也有着外界无法

>墩麻扎村的多元宗教文明

理解的神秘感。

在绿柳如荫、小溪潺潺的村子里，村民们较为原始地保持着祖辈留下来的古老而又传统的生活、生产方式。同时，他们的宗教心理是佛教和伊斯兰教复杂而又和谐地并存于内心中，并存于一个村落的整体信仰中。

麻扎是古波斯语中“墓地”的意思。从村子里往上看，“墩”在维吾尔语语境中是“高处”的意思。在村子里观望，最醒目的便是村里的一座山岗。那里既有萨满教的羊头冢，也有佛教的神龛，更有伊斯兰教的清真寺，三种宗教的遗迹在这个看起来狭小但又有着无边宗教魅力的地方并存，也并存于村民的信仰中。对这种宗教并存的现象，村民们倒是非常尊重的，没人去乱动一草一木，也不在羊头冢或佛教神龛上乱指乱画。在他们朴素的认识里，虽然这些建筑建成的时间不相一致，但是现在都在村子里，就是村子里的财富。他们便也就呵护着这些带着他们先民信仰痕迹的胜迹。

那个小小的山岗是一处新疆大地上信仰替换的缩影，和拜城乃至整个新疆大

>见证多元文明的墩麻扎村

地一样，这里的居民最早信仰着万物有灵的萨满教。后来，当身怀弘扬佛法的僧侣们托钵捧经来到这里时，他们的内心喜悦地接受了佛教。村子里出现了他们建的佛寺，他们礼佛的身影出现在寺里寺外。更为虔敬者则带着工具，走出村子，在村外的河岸开凿佛窟。

如今，村里早没了寺院，但佛教洞窟依然坚强地屹立在河岸边的山坡上。那时，一缕缕佛香升起在村子里，更是熏染在村民们的内心里。后来，伊斯兰教来了，村民们被迫改信伊斯兰教。一位睿智的村民给我这样打比方——“就像一块庄稼地里，种了两种庄稼，小麦套玉米的那种，不也很好么？你能说哪个好，哪个不好？村子里的穆斯林有不少人排除佛教，这不对，毕竟山上的那些佛像也是先民们信过的！”如今，村民的信仰已经几乎看不出明显的佛教印记，但村外的佛窟确实是无言地在告诉村民：这里曾经是一片佛土，佛的影子依然存在。

在电话里，拜城文物局的吐尔逊江向我印证了这样的事实：墩麻扎西墙壁上的残留建筑虽然是一座清真寺，但它早期却是一座佛寺，那里的一座一人高的圆拱壁龛，就是供佛像的。伊斯兰教刚传入新疆时，早期的清真寺仿照佛寺建筑，或者直接将佛寺改做清真寺。刘亮程在《墩麻扎村禁地》中这样写道：“这或许是一种传教策略，那些被迫改变信仰的人们，走进熟悉的寺院，里面的佛不在了，以前塑着佛像的壁龛上，挂着一方白布。人们对着白布和布后面不让人看见的圣物祈祷叩拜。村民信仰了伊斯兰教，但萨满教和佛教的东西依旧没丢，被毁的佛像，以一种隐秘的形式存在下来。据学者研究，维吾尔族麻扎的凸字形的结构，就是佛像形象。当地老人喜欢剃光头，也是僧人传统的遗续。而插在麻扎上的树枝和系在树枝上的布条，则是萨满教的东西。那些树枝像一根根无线电天线，接收着宇宙中的灵动。从古老的萨满教到佛教到伊斯兰教，宗教像一个个尊贵客人，留住在村里。就像他们不轻易丢掉旧东西，那些属于古代的，也一样属于现在将来。时间在这里迷失方向，几千年的岁月都没有走开，拥挤在这个隐秘河谷的小村庄里。”

村子其实还有个当地人习惯上叫的名字——古勒阿塔麻扎。阿塔是“老爷”的意思，古勒在维吾尔语中是“花园”的意思。也有人说古勒是维吾尔语“库里”的音译，而“库里”在维吾尔语中是一种巫术的意思。村民的口传历史中，当年，来这里最早传播伊斯兰教的是一个叫阿塔的穆斯林，他死后，大家在河岸的高处那块像花园的地方修建了他的墓地，此后，便按照伊斯兰教教义来礼拜他。这便有了古勒阿塔麻扎的地名，那块高地及那处麻扎就成了村民心中的圣地。

和村民们在那块山岗上安葬了哥哥阿塔后，弟弟沙卡提卡沿着出村的那条土路而行，在沟口出拐向另一个河沟，在那里传教。后来，那个村子的乡民也安埋他于村子里，并将村子取名为沙卡提卡。

和新疆大地上的麻扎崇拜一样，古勒阿塔麻扎村的那块高处的麻扎，自然也就成了村民们的敬仰之地。在他们的概念中，有人生病了，去那里祈祷会得到康复；村里有年轻人要结婚了，做父母的会做一锅抓饭，端到麻扎上去，请村里的穷人去吃，图个吉利和喜庆；而那些结婚后很长时间不见怀孕的妇女，会选择没人注意的时分，去麻扎上祈祷。这些去麻扎的人，在麻扎前安安静静地跪一阵后，至今大多还保持着萨满教的一个习俗——在麻扎的树枝上系一根布条，然后离去。

更为惊奇的是，小村庄的佛窟至今被村民们看守着，有 3 个孩子的维吾尔妇女再乃甫就是这样一个看护者。她的丈夫好多年前生病死了，3 个孩子随着她在这里安静地过着艰难的日子。在村民的眼中，再乃甫还有一个身份——县文管所聘请的文物看管员。她的职责就是看管她家屋顶山壁上那个里面已经没有任何佛像、壁画的佛窟 。她虽然好多年没有进入到其中，但她的心中清楚，那是先民曾经敬仰的地方，她每天都会有意无意朝佛窟望一眼。由于村里的村民都被打上穆斯林信仰的烙印，因此，大家对佛窟的内心感受很微妙。据吐尔逊江介绍，在刚解放时，拜城县还有不少深受龟兹时期遗留下来的佛教文化影响的老人，在家里偷偷地供着佛像。而在拜城，我曾遇到过一些年轻人，他们由于去乌鲁木齐、内地学习、做生意，了解了龟兹时期的佛教文明和这里的伊斯兰文明进入的背景后，不少也开始学习、了解甚至归信佛教。

拜城以自己的胸襟接纳了几种文明，同样，这片土地上的穆斯林也接纳着来自不同文明的主体。任克良是我曾经在甘肃景泰县工作时的一位好朋友，后来他远去西域，供职于拜城县县委史志办，他在黑英山乡阿热布拉克村采访过的这个故事充分能说明这一点。

“阿热布拉克”，在维吾尔语中是“中间的泉”的意思。然而，这里山高气寒，土地瘠薄，完全是一个孤悬于天山半腰的维吾尔人的村庄。20 世纪末最近一次统计人口为 12429 人，维吾尔族 12428 人，唯一 1 名“少数民族”是村西头的汉人吕天长，已经于 2011 年去世，但他身后留下的故事，诠释了村里唯一一个来自中原汉族男人和天山脚下维吾尔女子几十年的相爱故事。

吕天长的故乡是河南省唐河县郭滩公社前吕湾大队，他去拜城之前，概念中似乎没有一丝穆斯林的概念。1964 年秋天，吕湾被一场洪水几乎淹没，也淹没了他对故乡的那一份留恋。21 岁的他，踏上了寻找一个比故乡更能养活他的地方。

一年后，吕天长出现在了新疆农一师五团一个连队的所在地——拜城县乡下。没想到，不久就遇上了清理“盲流”。连队指导员给时任拜城县黑英山公社党委书记张简言写了封信，让吕天长带着去黑英山。就这样，吕天长被安排在了黑英山公社的基建队，一天，修建涵洞的吕天长看见一个迎亲的队伍走过，漂亮的新娘——18 岁维吾尔族少女赛尼汗・尕依提，沿着娶亲的吉庆气息走向新郎家。当工地上的人们停下干活给娶亲队伍让路并赞叹新娘漂亮时，吕天长也禁不住被新娘的美貌所吸引。一直在博孜孜克日格河边的亚吐尔村生活的赛尼汗・尕依提在回头一撇时，看到了她生命中第一个汉族人——吕天长。匆匆的眼神交汇，并没有给他们带来更多的东西。

赛尼汗・尕依提的婚姻并不顺利，1969 年，她嫁的男人抛弃了她和刚刚牙牙学语的女儿。回到娘家的赛尼汗・尕依提非但没有得到父亲的安慰，反而得到要将她再嫁的消息。她带着女儿前往吕天长所在的基建队干活谋生，得到吕天长的呵护。慢慢地，爱情在两个不同民族的年轻人中发芽。他们组合了一个新的家庭，赛尼汗・尕依提的女儿不仅有了一个爱护她的汉族爸爸，还有了“吕广莲”这样一个汉名。这是整个黑英山一带第一个汉、维结合的家庭，吕广莲也是这一带第一个女性汉名，而乡亲们则按照民族习惯管她叫“阿那木·吕”。

不久，赛尼汗·尕依提又生下了儿子，按照当地习俗，她和吕天长一起去附近的清真寺，请阿訇给孩子取了穆斯林的名字——艾合买提；吕天长则按照中原习俗、老家吕姓中的“广”字辈，给儿子取名“吕广云”。

1970 年初，黑英山公社基建队解散了，得知他们情况的阿热布拉克生产队队长努尔·玉素甫，说服了村民，接纳了这个特殊的家庭。这是个完全伊斯兰化的村庄，语言、生活习俗、思想观念等和吕天长的完全不同，他凭着自己的宽容和忍耐，起早贪黑地和村里的穆斯林社员一起干活，凭着自己粗略懂些木工手艺，给村民们打制简单的农具、家具，无偿帮助村民建房，凭着自己的努力换取了村民的理解和越来越深层次的接纳。

1973 年 8 月，他们的第三个孩子出世了，吕天长按照当地习俗请阿訇为孩子洗礼取名买合木提，同时，按照中原礼数取名为“吕广军”。1975 年 10 月，他们的第四个孩子金美尼娅出生，她也同时有一个汉族名字“吕广华”。

1992 年，赛尼汗·尕依提去世，从和吕天长结合的那天到生命临终，他们俩从来没有红过脸。后来，有不少好心人给吕天长介绍对象，他都谢绝了。他心里只有他的赛尼汗·尕依提，一个中原的汉族男人，和一个天山脚下的维吾尔族女子，谱写了一曲汉维结合的和谐乐章。

目前，拜城县是一个以维吾尔族为主的多民族聚居县，境内居住有 20 个民族，其中中国境内的所有信奉伊斯兰教的民族在这里皆有，他们相互帮助共同幸福地生活在这片土地上。

和喀什、伊宁等新疆城市一样，库车也分为新城和老城。若非主麻日，吸引老城热闹的是古老的龟兹渡口两旁、沿街饭馆、商店以及最具库车特色的渡口巴扎；而在主麻日里，最热闹的便是库车清真大寺和麻扎两处了，也只有这两个地方和主麻日的相遇，方能体会到库车浑身散发出的伊斯兰风味。

在新疆有两个著名的“大盘”：一个是起源于沙湾的大盘鸡，另一个则是库车的“大盘舞”。头顶大盘舞“萨玛瓦尔”是公认起源于新疆库车县的，从公元 4—7 世纪龟兹乐舞鼎盛时期到现在，一直是炫耀在库车人头顶上的一个移动的桂冠。

早在伊斯兰教传入库车之前，在公元 4 至 7 世纪龟兹乐舞鼎盛时期，“萨玛瓦尔”就已经在这里民众的头顶上起舞了，在库车的克孜尔千佛洞第 38 号窟里如今仍能找到类似的画面。伊斯兰教传入这里后，信仰佛教的民众改信伊斯兰教，虽然宗教信仰发生了变化，但世俗的娱乐生活被延续了下来，“萨玛瓦尔”舞便是一例。伊斯兰教反对生活中的歌舞娱乐，使这一民间艺术形式日渐出现颓势。目前，在整个库车一带，会跳“萨玛瓦尔”舞的人很少，已濒临失传。

艾合买提·毛拉克是库车县唯一能轻松、娴熟地将“萨玛瓦尔”舞完整表现出来的艺人。当他的表演完整结束后，那支从他头顶上拿下来的大盘子有多重？8公斤！他表演时，大盘子内还有1顶大茶壶和16个茶碗。因此，在我的眼里，那纯粹就是一个头顶的茶之舞！和世界上很多舞蹈比起来，头顶那么重、那么多的器物，甚至手臂上还要能再摆上碗，这对力量和技术的要求都很高，因此只能由男性表演。在我的眼里，这更是一场力与艺同时展示的男人的舞蹈！

2005年，艾合买提·毛拉克曾经在龟兹歌舞团工作，在那里成就了他的“萨玛瓦尔”舞。后来，他调离了歌舞团，前往库车县乌尊镇文化站担任站长。在那里，他将本来就属于民间的“萨玛瓦尔”舞从舞台回归民间。工作之余，他同库车文化站的艺人们到一些民族风情餐厅演出，使“萨玛瓦尔”通过餐厅、表演场地、民间节日等渠道走向其原始的土壤中，培育出更为灿烂的“萨玛瓦尔”之花。2007年6月，这朵民间奇葩已跻身于新疆维吾尔自治区首批非物质文化遗产名录。

在艾合买提·毛拉克等人的推动下，更多的库车民间艺人也开始推广“萨玛瓦尔”舞，拜克日·卡德尔就是其中一位。如今，他不仅是库车县少有会跳“萨玛瓦尔”舞的民间艺人，而且于2008年被新疆维吾尔自治区文化厅命名为这一项目的代表性传承人。

沿着伊斯兰文明之旅进入中国时，在帕米尔高原上的阿克陶、疏附、乌恰等县，我就在那一条条枯寂的山路上看见一个个驴车无声而寂寥地行进着。车上坐着或劳作完毕回家，或前往另一个村子走亲戚，或去镇上赶巴扎，或去县城置办生活用品的维吾尔族、柯尔克孜族人，这场景描绘出了一个冷色调的高原驴行图。在那些新疆西部的广袤地域中，你一旦接近乡村就会发现驴的数量猛增；而临近县城时，更是看见各个方向涌来的毛驴一下子让你觉得到了一个被毛驴而非人主宰的集镇了。驴的身影，驴的独具特色的高亢叫声，驴的拥挤，公驴看见它动心的母驴时产生的亢奋，驴在正午阳光下沉默的神情，等等，都掩去了人的主角地位。那时，我不由在内心里感叹：“进入了一个驴的世界了！”没想到，接近库车时，映入眼帘的毛驴和毛驴车以及跟在毛驴后面、坐在驴车上的穆斯林，构成了一幅更大的、流动的、似乎没有终笔的画面。穿越于这幅画中，你会觉得这里似乎有无穷的毛驴，感到整个库车县就是一辆大驴车，拉着这个新疆第二大县的历史和文化前行。无论是在乡间还是县城，无论牵着毛驴的维吾尔大叔多么神情饱满，无论毛驴车上的小伙儿脸上的胡子刮得多么净光，姑娘们头戴的小花帽、身着的花裙子多么鲜艳亮丽，这些好像都让位给了毛驴。在新疆的穆斯林，哈萨克人选择了马，柯尔克孜人选择了牛和羊，维吾尔族人则更多地选择了毛驴。

如果说一片地域上的各种生命构成了一部灵动的生命大合唱，那么，南疆的毛驴、内蒙古草原的马、青藏高原上的牦牛，是这三大地域的主唱。

出于对人文历史和地理的喜好，我每到一个地方都喜欢搜集当地的地方志，从中找寻自己需要的写作线索。但到库车时，发现了别的地方没有的、特为动物而出的志书——《龟兹驴志》，其中记载道：早在 1944 年时，库车县 10 万人口拥有 25000 头毛驴，平均 4 个人就有 1 头驴。时代在前进，随着农机拥有量的增加，当地农民对毛驴的依赖程度在降低，如今，库车县有 40 万人口，4 万头毛驴，毛驴拥有量成了平均 10 人 1 头。就这样的水平，在中国的县区中，库车无疑还是人均驴拥有量最高的吧！

为什么会有这么高的毛驴拥有量呢？当我从中部新疆穿越后才明白：库车端坐在从库尔勒到阿克苏近 800 公里中部新疆的中间地带，是辽阔而富庶的中疆地带物资集散地和中转站。在一幅摊开的新疆地图前，我审视良久后发现，从市场集散的角度看，库车在整个中部新疆具有网络齐全的放射状的功能。昔日的西域三十六国中，龟兹是其中的一个大国，库车是这个丝绸之路上的各个方国的中心。从那时起，这里的物资集散的根须历经千百年的时间推动后，完全能覆盖到周围的轮台、拜城、沙雅、新和等县，甚至连塔里木油田、巴音布鲁克和巩乃斯草原也能涉及。而在南疆铁路没有开通前，从库尔勒到阿克苏的商贸通道上，一直活跃着一个个“毛驴商队”，为中部新疆的商贸不停输送着新鲜血液。即便是现在，从库车县城到乡下，在公路不发达的中部新疆各县的乡下，毛驴依然是当地的主要运输工具。除了这个因素外，当地人对毛驴的感情，也使毛驴能够一直活跃在历史舞台上。尽管有的家庭没有了毛驴的实际用途，但出于千年来人驴共处的情感，毛驴不再简单地只是一种工具，很多家庭将其视为家庭中的一员，有的将毛驴视为一种财富的象征，有的将毛驴当成一种情感寄托。尤其是一些上年纪的老人，在他们的理解中——“作为一个库车人，怎么没有毛驴呢？没有毛驴的家庭，那还叫库车人的家么？”在这种情感的影响下，每到重大节日或巴扎时，他们便骑着毛驴或赶着毛驴车，一群一群地拥向库车县城。那时，他们的内心因为和毛驴在一起进城而充满喜悦！

库车，古时的龟兹古国，曾经是丝绸之路上的著名佛都。那时，来往于库车四周的大路小街上，库车的驴驮载着一个个高僧大德或一卷卷佛经，成就了这里的佛教传播或集会。伊斯兰教传入这里后，驴睁大眼睛看着双方的较量，它们无法选择主人或信仰，但它们冷眼地观看，收藏了当年的那一场场激烈的宗教战争，看着曾经笃信佛教的库车人，一夜间似乎将心拿在库车河里翻洗了一番，他们杀佛僧、毁佛像和佛寺，立志要将佛教从这里清除出去。最后，新的主人、信仰伊斯兰教的穆斯林跨上一个个驴背，带着一卷卷《古兰经》，出没于库车城内或乡下。就这样，库车接纳了佛教和伊斯兰教在这里缔造的两次巨大而辉煌的精神运动。库车的毛驴也驮着或主动、或被动选择伊斯兰教的新主人，往返于家中和一座座清真寺之间。

>库车清真大寺

刚到库车时，我耳际响得最多的是三种声音：陌生的当地人操持的维吾尔语、毛驴行进在大街上“嘚嘚嘚”的声音、铁匠铺子里传出的叮叮当当的声音。尤其第三种声音，使我一直纳闷这个小城里怎么会有那么多的铁匠铺子，整天叮叮当当地打铁。这个县的农民用的镰刀等铁具怎么会有那么大的市场呢？后来，才发现，毛驴走的路多了，蹄子会被磨得发疼，需要给毛驴钉上一个铁掌；驴的嚼子、拉车用的铁环、鞍子等全是铁制品；乡下农民要种瓜种树，需要农具。人和驴的巨大需求，为库车县城催生一个令人敬重的行当——铁匠，他们既能为毛驴钉掌，也能锻打农具。这便让库车县城路边或乡下集镇上，既有炉烟熏黑的铁匠们的脸庞，又有了炉火映红的铁匠的笑容。

第十七章　巴扎，驮在驴背上的市场

夺走眼睛的巴扎

巴扎，这个词汇何等陌生
可以让字典张皇于交易的刹那
巴扎，这个场景何等亲切
可以让一对年轻人瞬间相爱于此
这里完成生命最后一站的牛羊
等待着阿訇的念词和清水里的刀子
这里埋下的春天
歌唱于一只蝴蝶的九月告别
这里相遇的面孔
目击了青春被渡口扣留的无奈
玫瑰在这里可以再续生命
间谍在这里继续打探，爱情在这里找到出口
这遍布新疆的门牌，醒目而独特
这永不失踪的号码，已栽成天山南北的庄稼
手提镰刀的青年，跟在一辆毛驴车后
傍晚，一捆发着青草气息的爱情被驮回家

一件红色的女衣，飘在乡间小路上
他们呀，相识于巴扎，此刻前往巴扎
巴扎装满白天的喧嚣
黄昏之后，将自己领进夜色还没到来的空白
夜晚的巴扎，失去双腿
兀自回忆被篡改的信仰，面色失血
借宿拐角的流浪少年，空腹仰天
命运的裁决书，始终没有问世
哪能有一部精准的书突破黎明的防线
告诉他们，信仰之前，还有信仰！

>话剧《大巴扎》剧照

当“巴扎”这个来自波斯的词语进入中国后，它的语义发生了变化。在古波斯语里，它是“集市”“集镇”的意思，在维吾尔人的语境中，还有“杂乱”“拥挤”的意思，这层语义，不到新疆确实无法真实感受。

如今，新疆人说的“巴扎”，就相当于内地的交易市场。无论是乌鲁木齐市区内的国际大巴扎，还是喀什寸土寸金的“香港巴扎”及那座全球最大的巴扎；无论是库车的渡口巴扎，还是伊犁交易牛羊的“皇宫巴扎”；无论是和田经营玉石的“石头巴扎”和玫瑰唱主角的“玫瑰巴扎”，还是麦盖提县的“也克先拜（星期天）巴扎”；无论是英吉沙县的“小刀巴扎”，还是吐鲁番的“高昌巴扎”；等等。谁也说不清新疆到底有多少巴扎，就像没人能数得清新疆有多少麻扎一样。麻扎是用来被新疆穆斯林礼敬的，而巴扎则是用来驮载民间物资交易的。

当初，波斯人翻越帕米尔高原进入中国新疆大地、新疆大地上的民众改信伊斯兰教后，“巴扎”也逐渐走进他们的生活，使新疆形成了到处是巴扎的景象。如今，随着时间的流逝，巴扎这种传统的交易载体的功能也发生了变化，新疆的穆斯林不仅在这里完成了日常的物品交换，也在这里进行着信息交流。男女青年还在这里进行浪漫婚姻的前奏。外地游客在这里体验着浓郁的穆斯林贸易方式。少年随着父母走进巴扎，在那里制造着、寻找着快乐；年轻人在巴扎里寻找着浪漫与爱情；中年人在这里的卖出买进之间挣钱或换回家用品；老年人来这里则是寻味当年留在巴扎上的快乐，或者来这里和年轻时的伙伴聊天、打发所剩不多的岁月。在新疆人的心目中，巴扎不只是贸易、交流、谈天、说爱的地方，更是一个制造幸福与值得回忆的地方。而在外地人的眼里，巴扎就是新疆的一个文化符号、一个象征。

巴扎就是一册册浓缩新疆城市或乡村的风景之书。这些书装订成册，就是一部宏大的巴扎长卷。对巴扎的考察，也就成了我考察伊斯兰文明在新疆传播的重要环节。

在新疆传统的历史中，去赶巴扎的人几乎都是依靠毛驴驮运去他们交易的土特产。如今，乌鲁木齐、喀什乃至库车县等地的巴扎因为城市化而失去了毛驴驮运的景象。一处处巴扎会收留这样的历史记忆：郊区农民一大早就赶着毛驴车、马车，骑着毛驴去赶巴扎。城镇居民也纷纷出城。巴扎像一瓶打开的巨大的黏合剂，将城里人、乡里人紧紧地黏在了一起。高峰时，“集市”和“混杂”这两层语义在“巴扎”得到体现。

按照伊斯兰文明进入中国的线路图，喀什无疑是首先接纳并形成具有新疆本土特色“巴扎”的地方，这里是新疆巴扎之旅的首站。作为新疆第一个接受伊斯兰文明的大城市，喀什自然也就扮演了首先接受、融合、发展“巴扎文化”的角色。喀什的巴扎文化自然也就有了自己的特色，由于其地处新疆乃至中国面向中亚的前沿地带，这里就成了一座内容庞杂的国际巴扎。在市区东北角的吐曼河边，那座新疆最大的集市贸易场所——喀什大巴扎确实另有个名字——中亚国际贸易市场。每天，都有源源不断的外地商人、游人涌往这里，有源源不断的中国货、外国货涌往这里，丰富着这里的巴扎文化。

在喀什逛巴扎，更多的是一种享受，因为存在时差，按照内地正常上班时间起床，漫步于吐曼河边时，这里还是一片宁静，只有早起的清洁工和经营者悄然地进行着各自的工作。雾气缓缓升起于河面，喝早茶的维吾尔族老人熬的茶香也慢慢四散于街区中，维吾尔妇女早起后有着用水洒地然后扫地的习惯，那是担心尘土飞扬起来。如今，喀什成了一座大城市，楼房住户还能保持这种习惯么？但是，早起的店铺经营者将水洒向街边时，水和大地接触，散发出的泥土香味，很快就从历史深处疾速而来，为这个城市添加了一份特殊的味道！太阳出来后，巴扎就像一个慢慢被揭开面纱的美丽的维吾尔族少女，露出了她的美丽和神韵。

在喀什，还有一处有名的“香港巴扎”，它原来叫安江热斯特巴扎，因为位于艾提尕广场北侧的安江热斯特巷内而得名。前些年，被当地人简称安江巴扎，因为紧邻艾提尕清真寺，当漫步于那条长不过 200 米，宽 10 余米的巷子时，方能感受到巴扎的拥挤和繁华，当地人将其和香港相比，便就有了“香港巴扎”的名字。700 多个摊点密集在这条古老的街道上，加上从艾提尕清真寺礼拜后来这里购物的人，从艾提尕广场游览而来的游客，喀什老城中距离这里较近的市民，等等，他们的到来，使这个巴扎成了新疆最拥挤的巴扎。

在喀什疏附县，还有一处奇特的“牲口巴扎”。这是一个主要进行牲口交易的巴扎，一位叫吾沙尔的维吾尔族大爷因为制作名为“刀郎沙克”的冰水，成了那个巴扎上最醒目的一道风景。这位生活在乡下的大爷，进行了一项持续了 50 年的事情：每年冬天或春初，将河里的冻冰拉回自家窖里，等到天热时，那些巨大的冰块被拉到巴扎上，交易的人们在炎热天气里，能喝到吾沙尔大爷调制的杏仁冰水、葡萄干冰水简直就是一种享受，乃至当地人有的戏称那个巴扎就是吾沙尔巴扎或冰水巴扎。后来，吾沙尔的事迹被拍摄成纪录片，2013 年 9 月 10 日，在央视 9 频道播出。

新疆的巴扎很多，但在伊宁以回族为主体民族的少数民族乡——愉群翁——有一个很有名也很独特的“皇宫巴扎”。为什么叫“皇宫巴扎”呢？在当地有这样两种说法：其一，这里曾经是清朝的绿营“屯兵”之地，为皇帝种地纳粮，故名皇工，后人误将“工”写作“宫”；其二，这里为湟渠工程开凿时的大本营，故名湟工，皇宫系“湟工”之误。而我通过走访后认为，清代，从青海河湟一带来这里的穆斯林，也参加了这里的屯田活动，他们被称为“湟工”。因此，这里形成的“巴扎”就被当地人戏称为“皇宫巴扎”。

花 5 元钱的班车票、大概 40 分钟时间，就从伊宁到了愉群翁回族乡境内的“皇宫巴扎”。这是伊犁河谷最大的一个巴扎，其出名之处在于这里的活畜交易。赶到时，正赶上星期三的巴扎交易，牛羊和看货的穆斯林使巴扎充满了一幅忙碌的景象。牛羊的味道也充斥着整个巴扎。农闲的日子里，谁也无法阻挡周围穆斯林逛巴扎的热情脚步，很多满载着各种货物的毛驴车和摩托车从周围往这里蜂拥赶来，让巴扎变得热闹了起来。漫步巴扎中间，才知道来这里的不仅是当地人，还有许多乌鲁木齐、南疆地区的牛羊贩子来这里收购。据常年在“皇宫巴扎”收购牛的回族穆斯林马合福介绍，这个巴扎一天的活畜交易量在 5000（头）以上。仅牛一项的交易额就达几十万元。那些常年出入在这里的或者新来的穆斯林们，穿梭在牛羊群中间，无言地观看着，然后将手放在帽子底下、衣服底下捏来捏去，这种回族穆斯林特有的交易方式——手谈——在这里已经成了“通用交易方式”。在这里，被交易的牛羊似乎成了巴扎中的主角，充斥在巴扎角角落落的小商小贩——卖小吃的、售瓜果的、交易农用土特产品的穆斯林以及那些带有民族风味的驴鞍马具、毡毯花帽、铁器小刀等小商品则似乎成了配角。配角也好，主角也罢，一起都构成了巴扎的繁华和热闹，从不同角度给巴扎输入了不同的内容。

近些年来，当地的回族穆斯林利用“皇宫巴扎”的优势，开始养牛、养羊。和内地大棚养植蔬菜相似的是，还没到村子就能看到家家户户盖着白塑料布的暖圈，走进暖圈，才发现里面养着毛亮膘肥的畜群以及放着堆积如山的饲料。如今，“皇宫巴扎”成了伊犁河谷最大的农副产品、小商品和市场信息的集散中心。它不仅成了当地农民生活中一个最大的社交场所，也成了当地穆斯林的一个重要的精神文化传承基地，民族传统文化的符号和信息也通过巴扎一代一代地传承下来。

在和田，除了著名的“石头巴扎”外，还有全疆独有的只卖玫瑰及其衍生产品的“玫瑰巴扎”。因此，我对和田巴扎的印象是“石头遇上玫瑰”。玫瑰花的季节，巴扎突然被玫瑰的暗香沉迷，卖玫瑰的店主安然地享受着玫瑰花香，前来买玫瑰的大多是年轻的女孩子，她们没有内地或者西方女性那样等待男友送花的习俗，在她们的“花语概念”里，玫瑰就是一种美的展示。当然，不少男性也会自然地去买，他们不会像年轻女孩子买上后，迫不及待地边走边闻，而是将玫瑰插在帽子上，甚至摆在家里。在他们的“花语概念”里，称玫瑰花为“卡孜力古丽”，认为它更多的是实用：花香带来享受，食用玫瑰花对身体有益处。这就是和田的“玫瑰巴扎”上除了鲜花外，还有玫瑰粥、玫瑰酱、玫瑰药，甚至玫瑰酒的原因。买上玫瑰香料的人们，将其带回家，在洗浴时用上它，该是怎样的一种浪漫和刺激？而在和田一带，还有这样的习俗：老人去世后，要用放了玫瑰花（没有鲜花时用干花替代）的清水来净身，然后才送往清真寺里，请阿訇念经、举行葬礼。

集市是一种商业行为，也是一种信息交流的载体，但和别的地方的集市不同的是，库车的集市因为新疆维吾尔穆斯林的自身特色而变为巴扎，更因为这里的集市有了毛驴而灵动了起来，并具备了自身特点。每逢巴扎时，从城外各个角落、各个方向延伸而来的柏油路、土路、乡间的小道上，到处可见毛驴。一旦进城，整个库车县城一下子被驴和驴车塞得满满当当的，尤其是在狭窄路段，人让驴，驴避人，说不上是驴文明还是人文明。在库车还能经常看到这样的情景：从乡下来的老人赶着毛驴车行进在县城内，有的不懂红绿灯，往往是到设置红绿灯的十字路口时，即便是红灯亮了，旁边的车辆全都停在斑马线前，只有他们昂首而过。开始，交警会劝告他们，他们会拿出新疆式幽默回复：“那个不听话的灯，一会这个色，一会那个色的，那是管城里不听话的人和车的，我们的毛驴听话得很，不用它管！”

最典型的一个库车式、从内地引进的、有关毛驴的笑话：麦苗正青时分，当地一位农民赶着毛驴要进城，由于天热，他便将毛驴随意拴在路边的树上，自己靠在树干上睡着了。没想到没拴好，毛驴挣脱后兀自跑到麦地里吃人家的麦苗去了，刚好上面的领导下乡视察，发现这一情况后，立即一边让人将毛驴赶出麦地，一边叫醒那位农民，领导责怪他为什么要让驴吃麦苗？睡得正香的农民稀里糊涂地被叫醒，心里不悦，便回答说：“地是我家的麦地，驴是我家的毛驴，吃什么还要请示你们领导么？”旁边陪同的村领导一看便澄清：“领导，这根本不是他家的麦地，这是某某家的，我知道的！”农民一看穿帮了，便走上前去，没好气地踢了毛驴一脚，一边咕哝道：“你以为你是领导，走哪就可以吃到哪！”

农民牵着毛驴到县城，小心翼翼地穿过一个热闹的巴扎。突然，毛驴不老实，一起蹄子将旁边的一个卖鱼者的鱼盆踢翻了，盆里的水流光了，里面的鱼全部乱蹦乱跳的。农民赶忙收拾地上的鱼，完后拿上卖鱼者的水桶去巴扎旁的水渠，便提来水倒进盆里。一切收拾好后，准备离开，被卖鱼者拦住不让走。农民说：“你的鱼一点伤也没有，水我给你也端来了，还要咋的？”卖鱼的说：“鱼和水都没问题，关键是你的驴将我放在盆子上的捞鱼的网子踢破了，让我怎么捞鱼？”农民一看，鱼网果然被驴给无意中踢坏了，只好给人家赔钱，完后将驴踢了一脚，说：“你这个不省事的驴，你以为这是互联网的那个破网不值钱？”

穿过县城，抵达一个乡村。赶着毛驴的农民的目的地到了，原来他赶的那头公驴，是应这里的一个农民之邀，来为他家的母驴配种来的。配完种后，这位农民赶着他的毛驴就要离开，这让母驴的主人很是纳闷：以前都是母驴的主人要给公驴主人钱的，今天他怎么还没拿到钱就要走？便问其故。那个农民回答道：“你呀，落后了嘛！看看城里的人，去卡拉OK什么的地方玩，要完后不都是男的给钱？我驴是公的，要完了你的母驴，怕你学城里人问我要钱嘛！”

到了礼拜时间，那些正匆匆忙忙地赶往清真寺的穆斯林便将驴车停在路边，自己兀自去礼拜。等出来时，驴依然在那里乖乖地站着，有时一条街上会依次摆开一个驴的阵势，驴们无声地在那里等着主人，几百年来，没听过谁家的驴在这种情况下丢掉的。

时间长了，有时驴会造成交通拥堵，交警也没有办法。幽默的库车人谈起毛驴来总结了几大好处：一是像领导，走到哪就能吃到哪，但不需主人操心；二是嘴严实，你干什么事情它都很忠诚于你，不会说出去的；三是干多少活，都不会冲主人发火，不发牢骚；四是它出外干一天活，无论多累，也能将你驮回去或拉你回家；五是它吃草料就能带着主人出外或干活，不像带着主人跑的汽车，费钱且不环保。

库车的巴扎因为其内容丰富而显出其在新疆众多巴扎中的席位，由于这里地处新疆腹地，贯通新疆的东西南北，各地的物产基本都能在这里出现。到瓜果飘香季节，无论是伽师的瓜、吐鲁番的葡萄、库尔勒的香梨、伊犁的苹果还是本地的杏干，甚至全国各地的一些水果，都能在这里的巴扎上亮相，构成了库车巴扎中的“水果巴扎”。而在“饮食巴扎”上，具有新疆特色的馕、叶尔羌流域的鱼、来自北疆的酸奶等，构成了一个内容丰富的大饭桌。见到这种情形，脑海里蹦出了《十二木卡姆》里的一段歌词——“我穿过喀什、莎车、和田，浪迹在大漠荒原，最后到达策勒于田。我在巴扎上向人们讨得一些钱，买上肉、油和茶倒在一起把锅儿填满，又向策勒人乞讨了许多红枣和杏干，与那些乐手们围着篝火寻着开心和愉快……”

随着交通条件的改善，这里的“蔬菜巴扎”上同样有各类新鲜蔬菜。而库车最具特色的，则是这里的“渡口巴扎”。

库车本身不大，我步行前往龟兹古渡方向，骑着摩托车拉客的当地维吾尔族小伙子不时赶过来问我是不是坐他的车，那种摩的多是三轮摩托，后面铺上厚毛毯，谈好价钱后，客人就坐在上面。一阵摩托车的轰鸣声中，飞快赶往渡口方向，自然就少了些慢慢体会这个城市的情趣，而骑车小伙子在利益驱动下的过分的热情无疑破坏了我步行丈量这座小城民俗风情的心境，也深为刘亮程笔下的毛驴车的胜景消失而感慨。

在老城行走，眼里早没了真正的库车老城的那种味道，巷子里的民居多是近几年修建的。昔日西域著名的佛都龟兹已经变成了遍地穆斯林，昔日浩浩荡荡的库车河犹如一位母亲因哺育过很多孩子而日益干瘪的乳房，古渡也就逐渐失去了它真正的含义。龟兹不再，古渡失真，唯有古渡边的巴扎依然维系着这里的民俗之脉。在这里，满眼都是维吾尔人、多浪人以及从帕米尔高原来到绿洲定居的塔吉克人、柯尔克孜人，能看到汉人的话，可能就是那几个负责收费的工商人员和我了。

库车老城的巴扎没有喀什的巴扎那么大的名气，更没有乌鲁木齐的巴扎那么大的规模和气势，但这里恰恰因为少了份现代气息而保持了更多的本色和原味，又不是那么僵化得墨守成规。这就是它融合了古老与现代、世俗与神圣、宗教与商业的沧桑，让我看到昔日库车——重工业是“钉马掌”，轻工业是“打馕”，传统手艺是“宰羊”的旧风貌。

如今，选择到乌鲁木齐逛二道桥巴扎去的游客要比商人多。为什么？因为乌鲁木齐的二道桥巴扎已经成了一种文化现象，一个旅游景点，一个乌鲁木齐的城市象征和国际化符号。从二道桥脱身而来的巴扎街，起自市区南门的汗腾格里清真寺，止于胜利路与延安路交会的塔塔尔寺。两个清真寺就像两个肃穆而恪守职责的卫士，守护这条巴扎街，也就使它更具有了伊斯兰文化的特色。

旧时的巴扎街就像一位曾经在乌鲁木齐街头摆烧烤摊的维吾尔族小伙子，穿着自己的民族服装，操着自己的乌鲁木齐口音，默默地做着这点小生意；现在的巴扎街，就像一位发财后发福的维吾尔族老板，穿上了国际名牌，不时用汉语和内地客商交谈，偶尔操着外语和外商签订合同，已经成了生意遍及世界各地的富翁。这里的巴扎已经超出了原来的地理概念和巴扎概念，聚集了乌鲁木齐的三大名巴扎：位于龙泉街山西巷子的新疆民街，浓缩了新疆 15 个地州市、13 个世居民族的景观；位于天池路上的新建的新二道桥市场，沿袭了旧二道桥市场的格局和特色；位于解放南路与团结路、和平南路三角地带的新疆国际大巴扎 。

巴扎街里面做生意的也大多是从中国各地甚至中东亚一带而去的穆斯林，但生意的范围在潜移默化中不断扩大，就像一波清水上，总有不断增大的石子投入其中，那一道道波纹扩散着自己的范围。

英吉沙小刀、喀什的巴旦木、吐鲁番的葡萄干、库车的杏包仁、和田的艾提来斯绸、疏附的乐器、阿勒泰的牛肉、伊宁的薰衣草、库尔勒的香梨等 。乌鲁木齐人对外地来的朋友自豪地说这里的新疆土特产：“只有你想不到的，没有你看不到的。”就像我在麦盖提的巴扎上转时，陪同的当地维吾尔人朋友幽默而自信地告诉我：“在我们麦盖提的也克先拜巴扎上，除了买不到‘鸡的奶子’以外，其他都可以买到的！”

虽然这些都从不同侧面代表新疆的土特产依然是巴扎街上的主角。但对不少人来说，到乌鲁木齐逛巴扎，不再是单纯的购物了，这里成了到乌鲁木齐办事、访友、旅游的人们无法拒绝的一个地方。在巴扎闲逛过程中，汇聚于此的中国、中亚各国的货物已经失去了原来的吸引力，取而代之的是一个流动的亚洲人种博物馆缓缓开启：漂亮而带着些野性之美的维吾尔族女子、仿佛还带着草原青草气息的哈萨克汉子、身材魁梧面带自信的乌孜别克汉子、犹如刚从帕米尔高原闯入乌鲁木齐这个大城市而略带拘谨的塔吉克人，不仅新疆境内的穆斯林汇聚这里，还有来自全国各地的游客，甚至从俄罗斯、哈萨克斯坦、阿富汗等国来的商人、游客，以及慕名而来的白色长外衣罩着全身的巴基斯坦虔诚的穆斯林和吉尔吉斯斯坦来留学的学生，等等。他们的进出，使巴扎上自然就充满了一种国际化的味道。和中国别的省会城市里逛著名的商场、大厦不同的是，在这里购物、陪朋友闲逛的当地穆斯林也好，外地穆斯林也好，闲逛或购物途中，到了礼拜时间，他们很快就能到清真寺去礼拜。

乌鲁木齐的巴扎就像一个精力充沛且不知疲倦的维吾尔族小伙子，白天喧嚣热闹，晚上同样热情四溢。到了晚上，巴扎内的店铺关门了，热闹转到了大巴扎对面的团结剧场门前的夜市上，清一色的民族小吃摊打开了一道美食夜宴图的前奏，“大口吃肉，大碗喝酒”的乌鲁木齐人的夜生活画卷依次展出。而巴扎上的露天表演广场则展示的是这个城市曼妙的一面，喀什的都它尔舞、库车的顶碗舞、模拟唐代“胡旋舞”开发出的拜城民间舞蹈、吐鲁番的麦西来甫等，让巴扎舞动了起来。

由于时差，每每到晚上 11 点多时，大巴扎才带着些许的不舍和意犹未尽的遗憾，向来这里的客人无声道别，将自己安顿进一个短暂的夜晚，也等待着第二天晚上的狂欢与尽兴。

在乌鲁木齐市，还有成立于 2012 年 10 月的，新疆众多巴扎中年龄最轻、品种最奇特的“相声巴扎”。

相声巴扎的创始人叫莫兴伟，山东人，著名相声表演艺术家李立山的得意门生。2004 年，从部队转业的莫兴伟听从李立山的建议，留在了乌鲁木齐，他看中 20 世纪六七十年代从内地前往新疆的一批曲艺艺术家们耕耘出的沃田，利用巴扎这种形式，招收了 16 名曲艺人员成为相声巴扎的首批成员，以“疆味相声”为突破口。2013 年元旦，相声巴扎的首场演出在新疆话剧院举办，取得很大成功，使相声和巴扎实现了成功握手。

第十八章　吐鲁番，葡萄架下的诗与经

葡萄架下的经声

那个下午，葡萄架下的狂欢如约行进
突然而来的波斯刀，刺疼高昌古国的王座
手无寸铁的民众，失措于征服者的屠杀
幸存者，改变了信仰，修改了姓名
树梢上的一滴佳酿，退隐到了心底
中亚的夏天，从此改变了葱绿
经声更替，淘洗沙哑的嗓音
孩子们被引领着，更改了星期五的内容
一场看似肃穆的教诲，矫正着他们的信仰之株
仿佛低旋的斧子，修改一架葡萄的命运
迷乱的沙尘，不停刮过聆听者的心空
即便有反抗，也被一口痰堵在咽喉
越过一片月光，骑在骆驼上的阿訇
眼，留在关内的老家——一片婆娑
心，飞过关外的城墙——写满潦草
一枚枚钉子，插在鲜花开满的异乡

吐鲁番的葡萄熟了，努尔哈姆嫁了
土峪沟的黄泥小屋塌了，庄稼疲倦了
东天山的露珠，打湿清晨赶路者的布鞋
他的角色，被更多人看成是亚洲的探子
今夜，借宿的诗人戴上眼镜
打量那个血迹掩埋的黄昏，信仰交替时的秘密
掩卷时分，你只能向一首自己的诗借暖
你的眼泪，憔悴在远方寺院的钟声之外
你的脚步，被挂在屋角的蜘蛛网扯绊
你将一场秘密的内心书写，藏在黎明的木椽
你将一场记忆的呼唤，带向陌生的远方
他们想将你绑送回唐朝，让中榜的胡人判决你
而你，只想依靠在这首诗歌旁
选择一个美好的秋天，终老在吐鲁番
和一枚葡萄，消失在别人的忽略里

新疆是有味道的，比如喀什是充满孜然味的，伊犁是充满奶香的，库尔勒是充满梨香的，吐鲁番则是在酸甜交替的葡萄味中散发着城市香味的！

5000 年前到 3000 年前之间的南高加索地区，光照充足的旷地上生长着一种喜光的矮小灌木，当森林替代了旷地后，为了适应新的环境，争取较多的光照，这种灌木逐渐演化为攀缘植物，成为今天人们熟悉的葡萄远祖。这种演变过程中，其自身也演化出了多汁的小型浆果，浆果的香味吸引了飞鸟的啄食，这些飞鸟带着这些浆果的种子飞行于天空，经过它们消化道排泄出的种子落在不同的地区，也就有了葡萄的传播。那些飞鸟携带葡萄种子而飞行于亚洲北部天空时，葡萄便也飞翔了起来，随着鸟儿迁徙于南高加索和原苏联中亚西亚南部诸共和国以及阿富汗、伊朗、小亚细亚邻近地区，这里就成了栽培葡萄的最初产地 。

一缕中亚的秋风缓缓吹过，高加索山下传来一阵清香，“在枝干粗壮的树下，一卷诗抄，一大杯葡萄美酒，加一个面包——你也在我的身旁，在荒野中歌唱——啊，在荒野中，这天堂已够美好！”这是 11 世纪波斯著名的穆斯林诗人奥马尔·哈亚姆在他的《柔巴依集》中歌唱的情形，这种情形出现在了中亚诸多地方。其中谈到的“葡萄酒”，就是公元前 329 年，亚历山大东征时，带到中亚的一份珍贵礼物。随着这份礼物进入中亚的还有亚历山大带去的口缘处雕有葡萄藤和希腊神祇的酒器和酿酒方法。

在伊斯兰教传入中亚之前，葡萄酒带给这里民众的经常是《突厥语大词典》中描绘的场景：“让我们吆喝着各饮三十杯，让我们欢乐蹦跳，让我们如狮子一样吼叫，忧愁散去，让我们尽情欢笑。”狂欢之后，是亚历山大酒后失控地杀死自己的挚友克莱提斯，是中亚大地上到处弥漫的葡萄酒香。亚历山大杀友后 200 年，出使西域的张骞在这种酒香里看到“（大）宛左右以蒲陶为酒，富人藏酒至万余石，久者数十岁不败”，于是给汉朝带回了葡萄的种子，使中国引进葡萄比法国早了 200 年，于是便出现了《史记·大宛列传》中描述的“离宫别馆旁尽种蒲陶”的情形。也就是说，汉朝时期，新疆大地上已经弥漫起浓郁的葡萄酒香了。伊斯兰教禁止喝酒，但是，这里的民众皈依伊斯兰教后，深入其灵魂深处的酒香却无法根除，这也是如今新疆很多地方的穆斯林仍喝酒的原因之一吧。日本学者陈舜臣在他的《西域余闻》中这样记载——“较之汉人，大宛国人更爱杯中之物。然而随着时代变迁，风俗也随之变化。特别是自伊斯兰教传入西域之后，提倡禁酒的宗教戒律使饮酒人口大量减少”。

唐朝时，远征西域的唐军攻破今吐鲁番一带的高昌古国后，得到了葡萄酒的酿酒方法——“造酒成绿色，芳香酷烈，味兼醍醐，长安始识其味也”。（见《册府元龟》）。葡萄酒香沿着古老的丝绸之路进入内地，唐初的边塞诗人们已经在“葡萄美酒夜光杯”的酒香中习惯了饮葡萄酒，元稹在他的《西凉伎》中写道：“吾闻昔日西凉州，人烟扑地桑柘稠，葡萄酒熟恣行乐，红艳青旗朱粉楼。”便是葡萄酒在凉州被狂饮的写照。

其实，早在我的“伊斯兰文明的中国之旅”行至塔克拉玛干沙漠南缘时，就已在那一道绿色长廊里，领受了新疆的葡萄的气势。构成那道长廊的主角就是葡萄，那条著名的千里葡萄长廊位于和田县巴格其镇，距县城区 12 公里，长廊长 1400 余公里，葡萄长廊年产葡萄 700 吨。1990 年 8 月，江泽民总书记到和田视察工作，走过和田县一道道葡萄长廊时，不断称赞这是“奇迹！奇迹！”回到宾馆后，他兴致勃勃地挥毫书写了“天下奇观”四个字。

那道戈壁绿洲的一大景观，犹如条条绿色的长龙蜿蜒在巴格其镇的村村落落，现已成为当地生态观光旅游业的一大亮点。葱绿茁壮而又生机勃勃的葡萄长廊绵延千里，蔚为壮观，使我穿行在酷热、单调的南疆之南时，感受到了一场沙漠枯黄中出现的人类创作的绿色视觉盛宴。

其实，在整个南疆之南，长短不一的葡萄绿色长廊在每个县都有，绿色褪去后，便是葡萄的隆重上市，仅玉田县的葡萄千年产量就超过千吨。

和吐鲁番的葡萄比起来，南疆葡萄长廊的数量、品种及文化内涵和知名度，就显得弱多了。“吐鲁番的葡萄哈密的瓜，喀什的烤肉昭苏的马，和田的美玉伊犁的花，楼兰的美女名扬天下！”从这样的民间口传中，不难看出吐鲁番葡萄的民间口碑。

唐代的诗人李颀这样描写黄昏饮马于交河城的情景——

白日登山望烽火，黄昏饮马傍交河。
行人刁斗风沙暗，公主琵琶幽怨多。
野云万里无城郭，雨雪纷纷连大漠。
胡雁哀鸣夜夜飞，胡儿眼泪双双落。
闻道玉门犹被遮，应将性命逐轻车。
年年战骨埋荒外，空见蒲桃入汉家。

那时，吐鲁番一带的葡萄，就已经开始走向中原地区。吐鲁番是全国最干旱、最缺水、最炎热的地方，然而，这里的葡萄却能让人想象到一道道葡萄树的阴凉和绿意来。这是葡萄和吐鲁番互相选择后的一场浪漫。这场浪漫的主角就是吐鲁番无核葡萄："一场一沟"，一场指的是红柳河园艺场，一沟就是著名的葡萄沟了。

吐鲁番的葡萄不仅是在葡萄沟里长出来的，更是在著名的"一诗一歌"中走向全国的。"诗"是著名诗人闻捷的这首《葡萄成熟了》，让吐鲁番的葡萄名誉大江南北。

> 马奶子葡萄成熟了，坠在碧绿的枝叶间，小伙子们从田里回来了，姑娘们还劳作在葡萄园。小伙子们并排站在路边，三弦琴挑逗姑娘心弦，嘴唇都唱得发干了，连颗葡萄子也没尝到。小伙子们伤心又生气，扭转身又舍不得离去："悭吝的姑娘啊！你们的葡萄准是酸的。"姑娘们会心地笑了，摘下几串没有熟的葡萄，放在那排伸长的手掌里，看看小伙子们怎么挑剔……小伙子们咬着酸葡萄，心眼里头笑眯眯："多情的葡萄！她比什么糖果都甜蜜。"

诗中描绘了维吾尔小伙和姑娘间的爱情，而那首唱遍大江南北的《吐鲁番的葡萄熟了》，讲述了一位美丽的维吾尔族姑娘阿娜尔罕和驻守边防哨卡的哈萨克战士克里木的爱情故事，传递出了两个穆斯林青年男女之间的爱国之情与纯洁爱情。

> 克里木参军去到边哨，临行时种下了一棵葡萄，果园的姑娘（哦）阿娜尔罕哟，精心培育这绿色的小苗。啊！引来了雪水把它浇灌，搭起那藤架让阳光照耀，葡萄根儿扎根在沃土，长长蔓儿在心头缠绕，长长的蔓儿在心头缠绕。
>
> 葡萄园几度春风秋雨，小苗儿已长得又壮又高，当枝头结满了果实的时候，传来克里木立功的喜报，啊！姑娘啊遥望着雪山哨卡，捎去了一串串甜美的葡萄，吐鲁番的葡萄熟了，阿娜尔罕的心儿醉了，阿娜尔罕的心儿醉了，心儿醉了。

吐鲁番的葡萄不仅能吃，不仅成为诗歌、音乐的题材，更是不少绘画艺术的表现素材。诸如，著名油画家徐青峰在油画《吐鲁番的葡萄熟了》中，给读者展读了一个美妙的画面——葡萄成熟的季节，维吾尔少女的家中来了提亲的媒人，为了支开害羞的女儿，父亲让穿着民族服装的女儿去采摘葡萄款待客人。从盛满葡萄的提篮里装点的葡萄叶子来看，少女的心思是细腻而又羞涩的。让我们不由想象到怀春的少女走到家门口时听到了屋里传来的谈话，不由地慢下了脚步，害羞地低下了头，脸上泛起了红晕，真可谓吐鲁番的葡萄熟了，维吾尔族少女的爱情也来到了 。

“夏季的白天炎热气候难忍耐，人们对傍晚的到来翘首企盼。人们在屋顶上盼望山风的吹来，认为那是生命的享受迫不及待。”夏天，任何走近吐鲁番的人，都能明显感受到阵阵热浪，我的心里自然就吟咏起出生于吐鲁番巴格里村的维吾尔族现代著名诗人、现代维吾尔文学的奠基人之一的阿布都哈里克·维吾尔的《夏夜》。

>在自家院子里娱乐的维吾尔族人

吐鲁番的葡萄被内地所知是高昌回鹘国时期，而这一时期也正是其境内宗教文明更迭最为激烈的时期。

高昌回鹘国时期，境内一度佛教、摩尼教、袄教和景教等宗教并行，各种宗教文化互相影响。回鹘人在从摩尼教改宗佛教的过程中，把摩尼教的某些观念引入佛教信仰中去，用摩尼教的神名代替佛教。

10 世纪前半期，信奉伊斯兰教的呼罗珊王阿布尔·哈森·纳沙尔（913—942），曾企图杀掉在撒马尔罕的 500 名摩尼教徒。高昌回鹘王知道后，派人警告说：“在我国中，伊斯兰教徒是三倍于在你国中的摩尼教徒。如果你们杀死一个摩尼教徒，我将把国中的伊斯兰教徒加以监视，甚至杀了。”这段故事说明，在高昌王国时期，吐鲁番等地已经有不少穆斯林生活于此。

夏天的吐鲁番，是中国最热的城市。在这里最大的感受是酷热，占当地人口超过一半的穆斯林群众，信仰虽然从佛教改为伊斯兰教了，但对葡萄种植技术的传承、发扬、革新却没有变化。他们会在不同季节按时走近葡萄架，侍弄一季季的葡萄，就像他们会恪守自己的信仰，按时去寺里礼拜一样。

在全市几百座清真寺中，维吾尔人的清真寺占大多数，而且多集中在城区，和别的地方不同的是，这里的清真寺里也栽植着绿茵茵的葡萄。那个炎热的正午，当我走进市区内的维吾尔清真寺大院内时，眼前顿时一亮，院子里的葡萄树在大殿的前檐和地面之间，撑开了一片绿意和凉意，让人产生此寺只应此地有的感受。

当我按下快门拍摄这一景致时，奔向大殿去礼拜的维吾尔穆斯林们，匆匆投来友好一笑。

葡萄，不仅给这里的清真寺带来阴凉，给当地穆斯林群众带来经济收入，更是因为葡萄节的连年举办，使它成了当地穆斯林群众文艺活动表演的一个载体。

1990年初，西北五省区“纪念中国丝绸之路2100年”活动拉开了序幕。作为“纪念中国丝绸之路2100年”大型活动的一部分，吐鲁番市提出每年举办一次“中国丝绸之路吐鲁番葡萄节”的想法 。葡萄，为这个城市注入了新的内容。

1990年8月20日上午10点整，首届“中国丝绸之路吐鲁番葡萄节”开幕。此后，这个节日成了这个城市的一个重要组成部分。在这个盛会上，除了当地提出的经贸活动外，吐鲁番的民间艺术和地域文化在这里得到了全面展示。带有浓郁的维吾尔民族特色的“麦西来甫”“纳孜库姆”木卡姆等，在这里找到了另一种表演的渠道。而在观看这些表演时，就有了吐鲁番独到的穆斯林风情。在新疆最大也最漂亮的城市广场——吐鲁番文化旅游广场上，前面的葡萄姑娘雕像仿佛也投入了这里的一场场民间狂欢，2400多株吐鲁番的市花——月季发出淡淡的香气，来来往往的维吾尔族群众的头顶上也会漂移出一道花花绿绿的“多帕风景”。

“多帕”是维吾尔语中花帽的意思，吐鲁番一带的维吾尔族男女老少都喜欢带花帽子。在他们的概念中，花帽不仅是日常生活的必需品——可以夏天遮阳、冬日保暖，还是一种展示一种头顶美观的方式，更是馈赠好友、贵客的礼品。和新疆其他各地的花帽相比，吐鲁番的花帽在形制、花纹、色彩上尽显了自己的特色。单就花纹而言，这里的花帽多选用菊花、梅花、莲花、牡丹等非新疆产的花种，或许，这也是深受内地中原文化影响的一种反映。当地的男性一般还要根据不同的节庆佩戴不同的花帽。在他们的理解中，一个男人再穷，也要有几顶帽子，帽子是他们热爱生活的体现，是参加各种民间文艺活动的门票，是参加亲朋好友举办的各种聚会的通行证。男帽一般呈长方体，有四个角，大多分蓝、白、绿三种颜色，样式相对女性的简单些。女帽的色彩就显得丰富，丝绒面上还会点缀些她们喜欢的各色的珠子、亮片等，尤其是在月光下、篝火旁的一些民间游艺活动中，她们的帽子就会因此而闪闪发光。

一顶顶帽子无声地诉说着头顶上的风情，也无言地书写着主人的性别、年龄、喜好等。青少年的花帽一般显得朝气、活泼；成年男子的多是淡雅、素朴；知识分子多选择带浅绿色的，偶尔绣着小红花；家庭殷实的妇女则会选择自己定做的、镶有小珍珠的、图案复杂的花帽；就连老人，常常也会戴着艳丽夺目的花帽出现在各种场合，这在其他地方也很少见。

葡萄架下，腾出来的更是维吾尔人的传统文化实践空间——麦西热甫。葡萄架下，千百年来就悄然流传着维吾尔人的这样一句民谚：“想让孩子学习文化知识，请让他去学校吧；想让孩子学习做人，请让他去麦西热甫吧。”

在新疆，很多地方都有麦西热甫，但在葡萄架下狂欢起来的麦西热甫恐怕是以吐鲁番的为经典吧。早在 2010 年 11 月，在联合国教科文组织“保护非物质文化遗产政府间委员会”第五次会议上，“麦西热甫”获审议通过，列入 2010 年“急需保护的非物质文化遗产名录”。这一飘荡在葡萄架下、葡萄架旁的绿洲“欢乐颂”也正面临着时代的洗礼。

葡萄的季节，无论是乡下庭院的葡萄树旁，还是城区的文化广场上，都会有自发聚集的人们，无论男女老少，或上百人，或十来个人，尽情进行他们的麦西热甫。

那时，可看见参加麦西热甫的人们围坐成圈，随着乐队开始演奏木卡姆，进入有节奏的歌舞曲的时候，参加聚会的人们会自动围成一圈，开始从稳健趋向热烈、欢快的舞蹈。一轮高潮过后，便是短暂的休息，接着会出现另一轮高潮，一轮一

>火焰山图景

轮的高潮，就像夏夜之风一阵一阵吹来，吹得葡萄树叶一阵一阵发出欢快的声音一样。

麦西热甫在维吾尔语中，意为“聚会”“场所”，是古代维吾尔族先民祭祀、祈福、庆典活动的遗存和发展。《魏书·高车传》中就记载了这种民间娱乐形式。千年以来，它成了一场场绿洲上的狂欢节，一片片实践维吾尔族传统习俗和展示维吾尔族木卡姆、民歌、舞蹈、曲艺、戏剧、杂技、游戏、口头文学等的主要文化空间，一个个民众传承和弘扬伦理道德、民俗礼仪、文化艺术等的主要场合，一节节构成维吾尔族传统节庆和民俗活动乐章的重要组成部分。

在 20 世纪初，新疆还能见到 120 多种不同文化功能的麦西热甫，而现在只能见到 30 余种了。正因为如此，这个古老的艺术既被列入国家级非物质文化遗产名录，也被列入“急需保护的非物质文化遗产名录”。

吐鲁番因为火焰山而出名，对于很多穆斯林来说，能够去火焰山下的吐峪沟麻扎是一次难得的朝拜。刚出吐鲁番城区，就能看见远处的火焰山。走在火焰山中那条南北走向、长约 20 公里的黄土小路，路边的桑树和白杨树张开了绿色的翅翼，挡住了酷热，也挡住了因天气炎热而带来的心情烦躁。这种清凉，在吐鲁番地区显得非常奢侈，令人好像一下子走在了一个不属于炎热的吐鲁番的地区。

黄泥小路、宝石绿的宣礼塔、头戴白色缠头的年迈村民、褐红的山体、绿色的桑树，这一切构成了吐峪沟的底色。在维吾尔语里，吐峪沟是“行不通的沟”。确实如此，沿着火焰山下的那条小路而行，尽头就是鄯善县吐峪沟乡麻扎阿勒迪村，但在当地甚至吐鲁番地区，人们更多地喜欢称呼其为“麻扎村”。

在吐峪沟流传这样一句顺口溜：“土房土房，土坯砌房，不用木材不用砖墙，冬暖夏凉干净舒爽。”从天山一路向南而来的河水夹带着黄土流到山南干燥的火焰山后，黄土发黏，当地百姓因地制宜地发明了一种用黄黏土晒制成土坯后再建房的方法，建起的房屋冬暖夏凉。对于吐鲁番盆地气候干旱、炎热缺水、夏季气温高达四五十度、冬季干冷的居民来说，这种黄黏土房不仅成了他们的住房，更成了和坎儿井、葡萄齐名的吐鲁番“三宝”之一。随意步入其中的一家，在土味中体会到的是宁静和安逸。

纵行新疆，我见过很多穆斯林或非穆斯林的建筑，但在我认为最能体现这片大地上带着土的味道和民族建筑智慧的，无疑是吐峪沟民居和喀什高台民居。高台的民居因为身居喀什城区，而旧时喀什处于中亚腹地，现在又是中国新增的国家级经济开发区，那些民居在旅游时代一下子扑入更多人的眼帘，而吐峪沟的这

>吐峪沟的黄泥小屋

>吐峪沟的清真寺

>吐峪沟麻扎村七圣人麻扎

些房子，一如这里生活的穆斯林群众，带着些无奈中的淡定，沉默着自己的沧桑。

一条坎儿井从门前缓缓流过，清澈的流水使村子在如此炎热的火焰山下，显出一丝清凉。好多院子里都有树龄不一的桑树，最大的看上去也有200多年的历史。至少，那些百年以上的桑树，一定记住了这样一幕：1902年至1904年，格伦德威尔和勒柯克分别以柏林民族人类学博物馆、皇家普鲁士考察队的名义，4次到这里，对吐峪沟内的佛教古寺进行了测量、拍照、绘图和挖掘。面对这座火焰山下的一片清凉之地的美丽景色，勒柯克禁不住发出赞叹："这个地方被称为吐峪沟（弯曲的沟的意思），真是一个极适当的名称。在谷的深处，小溪分成无数的沟渠，那水使黄土变得极肥沃。吐峪沟的小村，以种植葡萄为业，吐鲁番的葡萄，即产于此。其形椭圆，无子，味极甘美……此地又产杏、梅和桃，西瓜也多，有非常硬的梨，当干熟了时才可吃，味道极好。"

吐峪沟里的黄泥土屋里安置着村子里500多户人家，除了出于生存的原因外，他们的内心里，还有一个神圣的使命——守护村里的"七麻扎"，这一守就是300多年。

在村民的民间口传历史中，这里埋着5个来自域外的伊斯兰教传教者和当地第一个皈依伊斯兰教者以及他的一条忠实的狗。传教者和那条狗被集体埋在了这里，因此有了"七麻扎"之说。

从村里的桑林小路到"七麻扎"，有一个50多米长的缓坡。坡边两侧有好几根木立柱，立柱上绑了色彩不一的布条，这和我在库车乡下的墩麻扎看到的情形一样，明显是当地民众接受伊斯兰教之前信奉萨满教、佛教的一种心理延续。印证我的这一看法的显然还是勒柯克的记述，他在沟里的一座佛寺里发现过钱币——“大部分是中国唐代的，不过也有萨珊王朝的，也有喀什噶尔叛逆王子时伊斯兰教的”。

我目光落在那个洞口，洞内有6个土坟和一块不规则的石头，或许，那就是传说的6位传教者和那只忠诚的牧羊犬吧。洞内有一个木棍，被村民们传为那6位传教者中的一位用过的，导游说，摸一下可以消灾免祸，这个说法更是引起外地来此游玩、朝拜的穆斯林摸木棍的想法。步入那个神秘而肃穆的穹隆里，面积只有十几平方米，被分隔成8个圆弧的墙顶面上写满了《古兰经》经文，地上铺着花绿的大块地毯，地毯上摆放着来礼拜的穆斯林敬奉的物品。

“七麻扎”出现后，为了求得圣贤的福祉，许多有影响、有地位的穆斯林死后也埋在“七麻扎”周围，这就是很多和我一样的人在山脚下看见一片麻扎的原因。勒柯克来到这里时，挖掘完大量的佛教艺术品后，竟然也动起了挖掘“七麻扎”的想法——“不过，很不幸的，当我们想进入时，那门已被很多旗帜盖着”。而他在挖掘沟里的佛教遗迹时，就住在村里的清真寺里。通过一张勒柯克拍的照片，我看到，当年的“七麻扎”是颇有气势的，土坯围着的陵墓很具规模地横卧在沟内的山坡上。

在麻扎村，更为传奇的是，有一位从祖辈那里传承了点长明灯而守护麻扎的老人，他是整个家族中守灯的第七代。如果按每个点灯人点50年灯来计算，他的这个家族已在这里点了350年。他的家族中流传着这样的一个情节：在夜晚，点亮一盏明灯巡视麻扎一番，旨在使圣人的光芒更加明亮，更加长久。

这个严格来说属于非穆斯林的传承，让我很容易联想在内蒙古鄂尔多斯草原上采访守卫成吉思汗陵的达尔扈特人，他们就是在800年间持续不断的守灯者。在这样一个穆斯林之地，怎么会有这样一个非穆斯林的传承呢？伊斯兰教传入这里之前，整个吐鲁番佛教盛行，或许，这里的民众皈依伊斯兰教后，依然秉承了流传在此千年之久的守灯习俗。

这里虽然是穆斯林心中的圣人麻扎，但新疆的麻扎太多，加上这里距离市区远，交通不便，其实没多少穆斯林来这里礼拜。倒是有不少非穆斯林游客来这里，主要是为了看这里的佛教遗迹——千佛洞。佛洞里佛像、佛经在20世纪被西方所谓的探险家盗挖一空，留下一段伤心的历史。每每看到不远千里、万里从外地来到这里参拜的非穆斯林，村里的维吾尔人很是不解。

时间仿佛在这里失去了重量，当年的宗教战争的硝烟早已散去，留存在佛教文明记忆中的隐痛少有人去顾及。曾经在这里交集的佛教文明和伊斯兰文明一下子拉开了历史距离，但是，那些记录吐鲁番佛教辉煌印迹的洞窟和书写当地皈依伊斯兰教的维吾尔村民心中的圣人麻扎，却在现实的空间里仅仅相邻百米，而且并存于一条宽只有一公里的窄峡谷里。一种文明的遗迹，一种文明的现实，默默地存活在这里。

村里的年轻人，一旦到吐鲁番、乌鲁木齐等城市打工，很少有人愿意回来，他们不再眷恋吐峪沟，眷恋麻扎！主要原因是——这里的贫穷。

时光在缓缓流逝中，改变的岂止是这些？在吐峪沟，已经很少看见年轻的穆斯林像他们的祖辈那样虔敬礼拜了。离开吐峪沟的路上，想起著名新闻人浦熙修《新疆纪行》中描述的这样一幅画面：“在暮色苍茫中，那骑着马或牵着骆驼的维族晚归人，在沙漠中面向西天跪下、虔诚地做着晚祷的图画，给我们的访古之行添上了无限的诗意。”而我寂寥的行旅中，一直没看到这样的画面，如今的吐鲁番乡下，由于年轻人大多出外打工，年迈的人们苦守在村里。傍晚时分，很少看见路人，即便看到一两个穆斯林，也没有了过去的穆斯林在礼拜时间，放下手中的活或行李，虔敬地完成他们的功课的情景。因此，这一带，也就没了浦熙修所看到的那种带有生机的画面。

在鄯善穆斯林心中，除了享有“中国历史文化名村”美誉的吐峪沟乡麻扎村，还有一个很著名的村镇，那就是穆斯林民间艺人聚集的鲁克沁。鲁克沁其实是一个有着两千多年历史的著名古城，在当地的文史资料记载中，这里在汉代名为柳城，唐代设置柳中县。这里曾经是清代大小和卓、鲁克沁王的庄园，额敏和卓的王府所在地，这些穆斯林著名人物和这里的不同关联，使这个小镇充满了穆斯林的人文历史。令镇上的人自豪的是，他们认为这里是吐鲁番木卡姆的发源地，吐鲁番木卡姆指的就是鲁克沁木卡姆。在小镇徜徉，明显能感受到这里的“无鼓不歌，无鼓不舞，鼓变乐变，乐变舞变”木卡姆氛围。在镇文化站能看到“民族艺术之乡”的中老年艺人们的民间演出队，他们中的成员曾经还出国演出过鲁克沁木卡姆，并被英国女王接见过。仔细琢磨，这里的木卡姆虽然按当地学者所言其历史渊源可追溯至高昌乐以远时期，但明显和莎车乃至南疆一带的木卡姆不同，里面吸收了不少内地歌舞的因素，这和吐鲁番身处内地和新疆腹地之间的地理位置有关。

巴扎之多是新疆的一大特色，清真寺之多，同样是新疆的特色，看起来两者有些不搭界。倘若这两者相遇一起，会是怎样的呢？在吐鲁番市的鄯善县，就有个东巴扎回族乡，乡政府所在地的村里就有个清真寺！

绿的葡萄园和黄的沙漠，仅存在于一条狭窄的小渠两端，就像两个厮杀了一场的勇士，谁也无力再将对方伤害。这样的黄、绿对峙之地，最明显的就是位于鄯善县城东 1.5 公里处的东巴扎乡——一个居住有回、维、汉等三个民族的回族乡。这里地处丝绸之路要塞，是丝绸之路东西交通的必经之路。沿着丝绸之路而行，从玉门关进入哈密绿洲再进入吐鲁番盆地需经赤亭古镇（今鄯善县七克台乡附近），而从赤亭古镇再出发，经过的第一站就是东巴扎。

公元 1727 年，清政府下令在今鄯善县城东 1 公里的地方构筑一座土城，这里逐渐成为当地的政治经济文化中心。到 1759 年，清政府在这里设立辟展大臣，这里逐渐成了清代吐鲁番六城之一。随着 1771 年清政府在这里设立了辟展巡检，衙署就设在这里。公元 1873 年，中亚浩罕国军事头领阿古柏由南疆入侵吐鲁番盆地，为抗拒清军，这支侵军下令废弃原来的老城，另筑一座新城，这就是今天的鄯善县城。在新疆，老百姓把有买卖的集市都叫巴扎，因老城位于新城东边，为了区别新城的巴扎，当地人在老城的巴扎前冠以“东”，东巴扎因此得名并沿用至今。到清末民初，东巴扎仍是鄯善县商贸中心。

走进东巴扎，街道布局整齐，大街上的居民的装束能让人明显感到这里回族人数量之多。这里的回民多从事棉花和葡萄的种植，使这里成了鄯善县的粮棉高产区。始建于 1907 年的东巴扎清真寺，不仅是当地最醒目的宗教建筑，也是自治区的重点文物保护单位，更是生活在这里的各族穆斯林进行礼拜的地方，大殿可同时容纳 300 多人礼拜。

>吐鲁番卡孜汗清真大寺

如今，吐鲁番地区有近千座清真寺，其中维吾尔族的清真寺 800 多座、回族清真寺 50 多座。这些清真寺从建筑学的角度看，大致可分为两类：一类为近似庙宇的殿堂式建筑，回族清真寺、东大寺、西大寺就是这类的；另

一类为中亚式尖拱形洞式门宙、弯窿式圆拱屋顶，如维吾尔族喀孜哈纳清真寺。

斗鸡是鄯善县每个周末的大巴扎日常能看到的情境，这种古老而原始的民间游戏一直在当地人中间秉传着。在东巴扎的巴扎日，同样能看到当地穆斯林精心守护并传承的这种民间游戏。鄯善县的鲁克沁镇被誉为新疆的斗鸡之乡，那里的鸡活着是“公鸡中的战斗鸡”，死了那一身因锻炼不已而硬气十足的肉，让人咬起来也吃力不已。

吐鲁番是历史上著名的佛教中心之一，又是中西文化交流的重镇。

伊斯兰教传入之前，吐鲁番是丝绸之路上著名的佛教中心。这里的民众一直深受佛教文化影响，他们的宗教习俗更多地体现在佛教文化上。公元982年，宋朝使者王延德出使高昌时记述当地有“佛寺五十余座，皆唐朝所赐额。寺中有大藏经、唐韵、玉篇、经音等，复有摩尼寺、波斯僧（指祆教徒），各持其法，佛经所谓外道者也”。也就是说，到宋代时，这里的宗教信仰还是以佛教为主。

到12世纪初，宗教战争不可避免地在塔里木盆地西部和南部绿洲一带展开。向东扩张的伊斯兰教与高昌回鹘国形成交接之势。著名的秃黑鲁·帖木儿汗死后，他的儿子黑的儿火者汗继位了。叶尔羌汗国时期的穆斯林学者米儿咱·马黑麻·海答儿在他的《中亚蒙兀儿史——拉失德史》中这样评价：“黑的儿火者汗在位时，曾经举行过圣战（ghazát）进攻契丹。他亲自攻占了契丹的两个边陲重镇哈喇和卓和土鲁番，强迫当地居民皈依伊斯兰教，因此，这两个地方现在被称为‘达尔·阿勒·伊斯兰’（Dar al Islam）。作为蒙兀儿诸汗的驻地来说，这个地区的重要性仅次于哈实哈儿。此外还有人说，在那次战役中，这个地区根据神圣伊斯兰教律的规定而被分割开。落在这位汗手中的是一片锦缎和一只灰牛。这位汗这样做的目的是为伊斯兰教王国增光。”

这段记述中的哈喇和卓与吐鲁番就是高昌回鹘国都交河古城和今天的吐鲁番，两地相距约40公里。这也是史籍中对吐鲁番地区发生的宗教战争的唯一记载。关于达尔·阿勒·伊斯兰（Dar al Islam），《中亚史》的作者王治来先生根据1965年的荷兰来登英文版的《简明伊斯兰百科全书》的注称：“它指的是这样的地区，在那里建立了穆斯林的权力，那里的居民信仰了伊斯兰教，而不信伊斯兰教的居民在那里要服从穆斯林的统治，没有完全的自由和权力。”这一次战役后，吐鲁番地区彻底伊斯兰化了，成了穆斯林的居住地区。

在维吾尔族民间手抄本文献《额什丁和卓传》中，对这一事件有着足够的补充。在这本书中写道：战争之前，额什丁和卓曾派遣其子阿布·纳赛尔丁去高昌王国的都城——哈喇和卓去传教，秘密发展了一批信仰者。当黑的儿火者汗率军攻打哈喇和卓时，阿布·纳赛尔丁率众作为内应策应攻城，在城内放火。通过这本书的描写，我的眼前闪现出了这样的场景：交河古城被围了三层，来进攻的穆斯林遭到了城内军民顽强抵抗。城破之后，居民遭到了血腥屠杀，佛教建筑遭到彻底损毁。根据伊斯兰教的规定，经过战争被征服的地方成为重税区，异教徒将受到严厉惩罚，课以重税并被强制放弃原来的信仰。战死者和被屠者的血留在了这里，不愿放弃佛教信仰者选择了远逃他乡，就这样，交河古城成了一片废墟！

《突厥语词典》的作者、穆斯林学者麻赫穆德·喀什噶里在书中就多处描述了喀喇汗王朝的穆斯林与回鹘人的战争。他将高昌回鹘人称为“塔特”，意思是不信仰伊斯兰教的回鹘人，并称他们是“最凶恶的异教徒”。喀喇汗王朝军队曾多次攻入回鹘地区，并试图以武力强迫居民放弃佛教信仰，但遭到回鹘人的有力抗击。回鹘人不仅成功地保持了自己的宗教信仰和文化传统，而且还几次反攻到以喀什噶尔为中心的喀喇汗王朝的辖地。喀喇汗王朝居民和高昌回鹘居民虽然出自于同一族源并且操基本相同的突厥语，但宗教信仰的不同将他们引上了对立之路。

可怕的屠杀像瘟疫一样很快传播，以致穆斯林军队后来进攻吐鲁番城时，城内的居民担心遭到屠戮，选择了放弃抵抗，开城投降。按照伊斯兰教的规定，放弃抵抗的地方被视为和平区，居民能够被赦免罪恶，允许保留原来的生活方式和信仰，但仍须向伊斯兰教统治者纳税。吐鲁番城就这样被保留了下来！但是，城内的佛教遭到沉重打击。佛教僧侣被杀，佛教建筑、文物、典籍遭到破坏。从该地区佛教遗址的考古挖掘发现，人为破坏的痕迹十分明显。考古学家认为，该地区佛教建筑、洞窟等被毁或被遗弃的年代均在伊斯兰教进入这里后。勒柯克来到这里后看到这样的情形：“当我从黄土尘埃的堆中把门口的土掘开时，我看见一个佛教僧被杀的干尸，他的袈裟上全是血迹，全室堆积的摩尼教写本有二尺多高。”在他的《吐鲁番旅游探险》中这样记载：“在南部的圆顶建筑的一间中，我们称它为死尸所。……当我们把各方面都观察以后，我们把底部掘开，看见古圆顶的遗迹，于是猝见数百个被杀堆积纵横的死尸。从他们的衣服来判断他们是佛教僧侣。上一层的都很完整——皮肤、发、干眼、致死的伤痕，大半是全可以辨认的出。有一个头颅，被刀从头顶直刈砍到牙齿，为状更惨。”勒柯克由此判断：“这可怖的事端的发生，大约在第九世纪中叶，同时也是城的毁灭时期。”新疆社会科学院语言研究所的李树辉先生经过研究后进一步指出：“其发生的时间当在东察合台汗国时期，起因便是伊斯兰教的‘圣战’。……据此推断，勒柯克所记述的宗教屠杀惨案当就是这次‘圣战’的恶果。”（《摩尼教在维吾尔族中消亡的时间和原因》，见 2012 年第 22 期《丝绸之路》）

元朝，以蒙古帝国法律——大札撒的形式规定：尊重一切宗教；允许各教平等自由传播；禁止不同宗教互相仇杀等。这使新疆各地的宗教形势发生了微妙变化。

明代，吐鲁番王室是高昌王亦都护后裔，王室成员及居民还多信佛教。公元 1414 年，陈诚去中亚时途经吐鲁番，一方面留下了《使西域记》中的记载：吐鲁番“信佛法，僧寺居多”；另一方面，这时的吐鲁番也有不少伊斯兰教徒。《明太宗实录》中记载，公元 1416 年，“吐鲁番地回回法忽儿丁等贡马百七十匹”。这说明，那时，生活在这里的穆斯林已有相当不错的经济与政治实力。

公元 1424 年，吐鲁番王尹吉尔察被虔诚的伊斯兰教徒别失八里（今吉木萨尔境内）的首领歪思汗所驱逐，这标志着吐鲁番地区的伊斯兰教势力完全取代了佛教的地位。这里有长达 16 年的时间不向大明王朝进贡，直到公元 1452 年，吐鲁番入贡明朝的使者即为当时的吐鲁番王——也密力火者，此时，吐鲁番王室的伊斯兰化已彻底完成。也密力火者带着狂热的宗教情感，屡次出兵征伐，使吐鲁番

>新疆现存最大的古塔——苏公塔外景，旁边是一座清真寺

地区自此成为天山东路以武力向哈密及甘肃河西走廊传播伊斯兰教的重要基地。

走出吐鲁番城区，向东郊行2公里，进入到木纳格村内，新疆现存最大的古塔、全国重点文物保护单位苏公塔赫然入目，这也是我国百座名塔中唯一一座伊斯兰风格的古塔。

额敏和卓是吐鲁番历史上一位爱国的精神领袖、民族英雄。他的8个儿子中，除了长子努尔迈哈默特因病早殇生平不详外，其余的7个儿子在平定准噶尔部分裂以及大小和卓叛乱活动中，屡立战功，多次受到清政府的嘉奖和表彰。六子伊斯堪达尔曾经任喀什噶尔阿奇木伯克。1793年任协办大臣，加恩赏戴三眼花翎，先后3次去北京朝觐，乾隆、嘉庆皇帝赐宴款待，赏赐黄缰，优礼有加，享获殊荣。额敏和卓出资7000两白银建造苏公塔，他死后，额敏和卓的次子苏赉满子承父业，承袭了吐鲁番郡王爵，成为第二位吐鲁番郡王。苏公塔由他的次子苏来曼继续投资建设，建成于1777年，至今已有200多年的历史。

苏公塔的整个建筑群由古塔和清真寺两大部分组成。远远就能看见高44米的古塔，塔门入口处，很容易看见两通阴刻石碑立于塔下，一为维吾尔文，一为汉文。

古塔是灰砖结构，立身塔下，抬头仰视，浑圆的塔身由一块块土砖构成，15种格调的几何图案分布其中：波浪、菱格、团花……循环往复，变化无穷。塔的内部没有用一根木料，而是在塔的中心用砖砌出72级螺旋式阶梯当作中心柱体，既代替木结构支撑加固了塔身，又可做梯攀登通达塔顶，这是木材奇缺的吐鲁番维吾尔族建筑大师们创造的具有伊斯兰建筑风格的艺术珍品。

塔下的清真寺宽敞宏大，且目前仍在使用。可容千人以上的礼拜大厅，穹形的拱顶，造型美观的马蹄形卷顶，众多的壁龛，幽暗的布道小室，构成了这座伊斯兰建筑风格的古塔，也散发着浓烈的宗教生活气息。

在吐鲁番，坎儿井是绕不过去的。可以说，没有坎儿井，就没有吐鲁番。

在吐鲁番的日子里，我发现了当地的几大怪：“男女老少将花帽戴，火车被风吹了盖；达坂城的姑娘名在外，坎儿井年年挖开了晒。”第一怪是指这里的穆斯林群众不分男女老少，都喜欢戴花帽子；第二是说这里的风大，能将火车掀翻；第三是很多人听了王洛宾改编的《达坂城的姑娘》后，误认为达坂城的姑娘很美丽，到了达坂城后才发现那里的姑娘并不是想象中的那般美丽；最后的这个怪现象，并不是人们理解的豆腐渣工程要年年翻修，而是必须年年挖开竖井上的土包才能清理淤泥！

2012年11月，国家文物局正式公布了重新设置的《中国世界文化遗产预备

>去挖坎儿井的当地穆斯林群众

名单》，吐鲁番坎儿井正式入选。按照国际惯例，在每年召开的世界遗产大会上，每个国家要推荐两个遗产，文化遗产和自然遗产各一个。今后我国申报的世界文化遗产，将从重新设置的《中国世界文化遗产预备名单》中产生。这意味着坎儿井这一来自民间的智慧之作、以其艺术性和实用性在今天仍在发挥作用的水利工程，已经跻身于世界文化遗产的行列中。

我得首先说明什么叫坎儿井。

这片干渴的土地，对水充满了热望，然而，这种热望历经千万年的考验后，似乎被判了“无望的死刑”。天山雪水缓缓流来时，还没来得及和这片土地邂逅，便被巨大的干渴吸纳殆尽。长年的干旱少雨，使吐鲁番人远眺白雪皑皑的天山时，心生怎样的感慨。不知道从哪天开始，一个聪明的智者以地下运水的答案，给他们的无望和感慨画上了句号。他们将清澈的雪水流入了地势低矮的盆地，就有了绿了葡萄、肥了庄稼的地面直井和地下暗渠相结合的水利灌溉工程——坎儿井。

说实在的，没有去“火洲”吐鲁番之前，看到一些文章说，坎儿井和长城、京杭大运河一起并列为中国古代三大工程，心里涌出的总是质疑！到了吐鲁番，看到地下悄然运行的一道道坎儿井，看到一道道雪山之水浇灌出的绿洲、庄稼，看到一个个弯着身子、钻进坎儿井中的“淘井”人的艰辛后，对坎儿井能跻身中国古代三大工程而心生敬意！

虽然坎儿井在哈密、昌吉、喀什等地也有分布，但无论从数量、规模、历史沿革，还是从周边居民的依赖度来看，吐鲁番坎儿井都最具典型性。新疆现存坎儿井 1540 条，其中 1108 条在吐鲁番，这就使吐鲁番扮演起了“中国最大的坎儿井博物馆”的角色。

要是从理论上了解坎儿井，去吐鲁番的坎儿井博物馆做一次纸上的旅行就行了，但要是想了解那些暗藏于大地之下的水之奥秘，就得弯下腰，步入这条地下运河的内脏，只有这样才能揭开它蜿蜒而行的秘密。

真正想目睹坎儿井这个地下运河以暗渠和竖井构成的立体画面，想了解这种立体工程的魅力，就得去塔力甫坎儿井，那里拥有 379 个竖井，是吐鲁番竖井最多的坎儿井地区。在这里可以领略到坎儿井的开掘魅力——在离田园大约 20 公里的平原或山脚砾石地带上，沿着坡面选好一条线，在这条线的地下挖一条直通水源处的暗沟，一端露出地面，另一端则深入暗沟。为了保证水源能徐徐流出，暗沟要保持一定的坡度；为了输出泥沙和保持通风，暗沟每行三四丈或四五丈就得开凿一处直井。随着暗沟的延伸，直井也就越来越深，最深处可达 30 丈。出于担心人在夜间走路不小心陷下去或减少暗沟里的水蒸发的考虑，直井口平时是用沙砾堆成馒头一样的小山丘遮蔽起来的，到春季清除淤泥时才开启。至此，我才明白为什么自己站在山坡上，从远处眺望这片土地时，会看到平原上一处处馒头状的土包。原来，这就是坎儿井的地面标识。

为了满足采光和通风的需求，也为了清淤和修理的方便，这里的农民发明了在挖横向暗渠的同时挖纵向的竖井，根据地势一般每隔 20 至 70 米就挖一口竖井。它的开掘方法和采矿工程中开平巷的方法很相似。单纯从吐鲁番的高坡处向下俯视，只能看见戈壁和绿洲间星罗棋布地隆起无数土包，它们就是坎儿井竖井的井口，用挖井时取出的沙土堆积而成，以防止人畜杂物掉入井中。年深日久，因为水汽的充足，滋润出井口周围葱郁的草木。

涓涓而流的雪山之水就通过坎儿井浇灌着这方绿洲。当地民众改信伊斯兰教后，对这项伟大的水利工程的依赖却没有发生变化，淘井的传统依然在他们手中延续。那些依靠坎儿井灌溉的村庄里，哪个村子里能少了淘井人被地面掩盖的身影？

坎儿井和吐鲁番互相选择了对方，但这种选择却出现了尴尬。很多老人都记得，小时候，他们用的坎儿井水不仅水量大，而且很清澈。现在，坎儿井的水量不仅少了，有时还有断流现象。1957 年，吐鲁番 1000 多条坎儿井的出水量为 5.62 亿立方米，灌溉 32 万亩田地，到 2003 年出水量减至 2.31 亿立方米，灌溉面积 13.2 万亩，均不足原来的一半。目前，这种恶化现象仍在继续。2012 年，被称为“坎儿井之乡”的鄯善县达浪坎乡，59 条坎儿井全部干涸；吐鲁番地区共有 1108 条坎儿井，有水坎儿井仅剩 238 条，年径流量约 2.1 亿立方米，农田灌溉率仅为 10％左右。

昔日总长度约 4000 公里的“地下运河”面临着真正的危机。

“淘井”需要从一人宽的竖井口下到 30 米深的井底，沿着曲折的暗渠清理泥沙，再完全依靠人工将泥沙一点点运送到地面上。由于井下潮湿阴冷，很多暗渠又矮又窄，“淘井人”在井下只能弓着腰侧着身，劳动强度很大。以前，深冬时节的吐鲁番可以说是新疆最繁忙的地方，以种葡萄为生的维吾尔族农民们会集体出动，为坎儿井清淤掏捞、加固渠道，以便来年水能够更顺畅地从山上流到每个农户的田地里。然而，这几年，年轻人外出打工的多了，很多人对种葡萄带来的经济效益不重视，认为没有自己出去打工挣钱来得快。到了传统的冬季淘井时，也不愿意回来，剩下村里的老人们，淘井时可谓心有余而力不足。

第十九章　穿越哈密，圣者的背影

哈密回望

新疆的门户，甘肃的近望
一场书写的开端，另一场叙述的末章
传教者失败于此，坟头添草
谱曲者沉思于此，回忆盛景
东天山下，我走过分明的四季后联想——
一个被选进宫的哈密瓜，香气沿途
一个带着体香进京的西域少女，端庄美丽
两者的命运，有着怎样的相似或关联呢
戈壁和森林被写进同一章的练习曲
一支支乱箭，射穿了天山古道的宁静
互相残杀，成就了王位上的骄傲神色
马上的匪首，至今让亲人含羞
他们操着异乡口音，踢疼哈密的门槛
他们的失败，以正义者的血换取
通往乌鲁木齐的路，因他们而一直慌乱
被追杀的平民，低声诵经于途

这东天山脆弱的心脏，被暴乱者的马蹄踩碎

谎言的书写，从暗角开始杜撰首章

一只从帕米尔飞来的雄鹰，打翻砚台

将最后一段真相递给大地

约定的阅读，等待图书管理员开锁

一场征服从这里开始

哈密出场。从东往西，这里是进入新疆的第一城，是一部新疆大书的开卷！从西往东，这里是新疆的东大门，是一部新疆历史长卷的精彩末篇！

公元 1419 年，中亚地区的帖木儿王朝的沙哈鲁王派遣了一个由 510 人组成的庞大使团出访明朝，他们沿着古老的丝绸之路，穿行在新疆大地上。一天，当他们来到哈密时，随团中的一位叫盖耶速丁的画家，看到了这样的情形：一条街道旁边，一边是宏伟壮观的佛教寺院，内有大佛一尊，大佛两侧有许多小佛。在大佛之前还有一个用铜铸造的工艺精美绝伦的十龄童子，佛寺墙壁上绘有技巧熟练的壁画。佛寺对面的街道边，有一座清真寺，这是迄今所知哈密建有清真寺的最早记录。这位画家回去后，将这次出访的所见所闻记录了下来，整理成《沙哈鲁遣使中国记》一书，眼见到的哈密的这一两种宗教并存的事实，就来自这本书。从这位画家的描述中可以得知，迟至 15 世纪 20 年代，哈密民众的信仰还是以佛教为主，但伊斯兰教已经进入这里了，两种宗教开始并存在这里，哈密民众的宗教信仰曾经历过一个尽管短暂但并存鼎立的阶段。

就在盖耶速丁离开哈密的 20 年后，这里的宗教版图发生了巨大变化。

公元 1439 年，被朝廷封为哈密忠顺王的蒙元后裔倒瓦答失里改信了伊斯兰教，自称“速檀”（苏丹的异音，作者注），这是哈密王族中第一个改变信仰的人。王室对宗教推行的力量，开始显现。尤其是倒瓦答失里死后，他的弟弟卜列革继承王位后，这种力量变得更加强大。他下令用各种手段强迫当地民众改信伊斯兰教，屠杀或驱赶僧人、佛教徒或不愿信伊斯兰教的民众，烧毁了大量的佛教寺院，大肆焚烧佛经。在这些政策威逼下，不愿意归信伊斯兰教的民众有的逃往甘肃、内蒙古境内，再未返回这里；有的则逃往天山以北的巴里坤草原；有的把佛经、佛像和祭具秘密珍藏起来，希望有朝一日重见天日。盖耶速丁在哈密城内看到的那座寺院以及三堡白杨沟、黄田庙尔沟佛教建筑，就是毁于这一时期的。

和很多新疆的地方一样，哈密同样有新城和老城之分。老城就是建于公元 1717 年的“回城”，位于哈密市西南郊。沿着哈密市回城乡政府向西行约 1 公里处，陪我一同前往的维吾尔朋友阿力迪指着路南边，用维语轻轻说出“阿勒同勒克”，意思是“黄金之地”。这就是哈密地区历代回王的埋葬地——回王陵，墓地前是哈密规模最大的清真寺——艾提尕清真寺。

回王陵，这个古老丝绸之路上的建筑，像个盛满了 233 年历史传说的华美匣子，见证了古老的阿拉伯商人从这里沿着丝绸之路进入中原地区，更是见证了改信伊斯兰教后的历代回王在哈密的辉煌与衰落。

>莫理循拍摄的三堡

“回王”的称呼，会让很多人误认为这里埋的回族人，其实非也！清朝时期，朝廷习惯上把聚居在天山以北的蒙古人称为准噶尔部，简称准部，把聚居在天山以南的维吾尔人称为回部。哈密地区的“回城”“回王”“回王陵”就此出现。民国以后，回部一词逐渐被废弃，而“回王”“回城”等称呼却被沿袭下来。

公元 1697 年，康熙皇帝封哈密地区的额贝都拉为一等札萨克，拉开了这个家族控制哈密地区的历史。到 1930 年，统治哈密的沙木胡索特病逝，这个家族在哈密存活了 233 年，历经九世。

带着哈密地区维吾尔穆斯林共有的虔敬，阿力迪带着我步入回王陵后，不禁放慢了脚步，脸上也立即写满了肃穆。指着最为壮观的那座陵墓，他说：“这是七世回王伯锡尔的麻扎，高 17.8 米，东西长 20 米，南北宽 15 米。”映入我眼内的这座麻扎的主体建筑以土坯为胎，四周是砌着蓝花祥云图案的白瓷砖，穹顶则是绿色的琉璃瓦，穹顶中央竖有葫芦造型和弯月，白砖绿瓦在蓝天白云下组成了一种和谐的结构。围绕麻扎四周走完，这才发现其四角为圆柱造型，东面两个柱子是实心的，西面墓门两侧的圆柱是空心的。阿力迪告诉我，墓内有螺旋的台阶可以抵达墓顶。

为什么在九世回王中，只有七世回王伯锡尔的陵墓修建得如此富丽堂皇？阿力迪的答复给我描述了这样一幅历史画卷。

伯锡尔在位长达 54 年，经历了清代的嘉庆、道光、咸丰、同治四帝。他统治哈密地区时，恰逢新疆处于一个大动荡的时期：公元 1826 年，南疆发生大和卓波罗尼都之孙张格尔之乱。张格尔曾经出逃到浩罕国，后又潜回喀什并发动叛乱，引发新疆局势动乱。清廷急令陕甘总督杨遇春率 3000 将士进驻哈密，并任命伊犁将军长龄发兵 4 万进剿张格尔叛军。如此庞大的军队进疆，补给成了问题。伯锡尔在国难之际主动表态，让哈密成为军供总粮站。从甘肃运来的 50 万斤军粮抵达

>哈密回王陵

>哈密回王陵侧影，典型的伊斯兰教形制的麻扎

>哈密回王陵正门入口

>坐落在七世回王伯锡尔陵墓西侧的哈密艾提尕清真寺

哈密时，伯锡尔立即调集牛、马车 1000 辆，组织当地民众向吐鲁番地区运粮。军粮运到吐鲁番后，伯锡尔又令他的弟弟将军粮一直送至阿克苏前线，保证了平叛清军的军需。

公元 1830 年，中亚乌兹别克族建立的重要汗国——浩罕国首领浩罕挟持张格尔之兄玉素甫和卓入侵南疆。伯锡尔又调集牛车千辆、健马 300 匹、羊千只去支援平叛清军。公元 1864 年，为了配合清朝在新疆的开渠屯田工作，伯锡尔更是提出“捐办渠工”，协助清政府在新疆开垦大批良田。

同治年间的东部新疆，对穆斯林来说是一场场灾难落临的年份。一个叫妥明的东乡族人乘同治年间的陕甘回民起义之际，投奔到甘州提督回族人索焕章门下，后者推荐他为甘州教长，妥明借机网络河西、新疆一带的反清穆斯林势力。

1864 年春天，回族军官马金受都统平瑞支派，到乌鲁木齐各地的汉族人中间暴力征粮，招致当地汉民抵抗乃至发生械斗，马金乘机煽动乌鲁木齐的回民造反，使整个乌鲁木齐陷入乱状。得知这个消息后，妥明召集甘州的回民，四处散布乌鲁木齐的回民被汉人追杀得无家可归的消息，煽动不明真相的甘州回民举事，并鼓动他们前往乌鲁木齐“拯救受难的穆斯林”。索焕章和妥明带着自己的追随者赶往乌鲁木齐，攻破乌鲁木齐的汉城后大肆屠杀汉人并逼死了乌鲁木齐提督业布冲额。随后，索焕章推举妥明为“清真王”，自封“大元帅”。带领追随者围攻乌鲁木齐的满城，攻破满城后屠杀军民上万人。

妥明的母亲是一位深明大义的穆斯林，她苦苦劝说儿子不要分裂祖国，但未能奏效。妥明还是宣布成立“清真国”，并下令修筑“王城”，改年号为“清真二千八百九十三年”。不久，他就开始扩张势力，向西侵略到乌苏，向北一直发展到塔城一带，成为北疆地区最大的一支分裂祖国的穆斯林武装势力，向东则进逼哈密，迫使清军困守巴里坤城。在哈密，当地回民马兆强、马环等响应妥明建立的所谓的“清真国”号召，图谋策划分裂暴动。在这种情形下，伯锡尔和哈密一同接受着历史的考验。

这时，伯锡尔的两个穆斯林妻子站了出来。第一位是他的维吾尔妻子迈丽巴妞（曾因伯锡尔的声望和影响被清政府封为福晋），第二位是伯锡尔从京城娶来的一位回族女子，被称为小福晋。她们都劝说伯锡尔不要为眼前势态迷惑，要站在维护新疆大局的角度，不要和分裂势力站在一起。伯锡尔采纳了她们的意见，决定和清王朝中央政权保持一致。马兆强、马环带领的穆斯林武装以“同宗同教，共谋大事”为诱饵，对伯锡尔所在回城围而不打。

伯锡尔派王府的二等伯克夏斯林潜出回城、向驻巴里坤的总兵提督何倌求援。何倌派游击凌祥、芮林和把总赵万杰，率兵2000人增援哈密。伯锡尔乘机出兵，收复了被叛军攻陷的汉城。当年初冬，叛军卷土重来，驻守在哈密的清军出城迎敌，400多人阵亡。伯锡尔在头堡派迈丽巴妞去搬援军，自己与小福晋并肩抗敌。那是两支穆斯林武装的激战，小福晋在激战中落马被乱马踏死，伯锡尔负伤被擒。在提审时，伯锡尔突然夺旁立者长矛，刺伤两人，被叛军的乱刀砍死。

后来，当左宗棠收复新疆后，将他的事迹上奏朝廷，伯锡尔被追封为和硕亲王。这不但在哈密回部历史上绝无仅有，就是在新疆各地王公中也是首屈一指。朝廷还特意特拨库银2万两修建了他的陵墓，这就是为什么他的陵墓在历代回王陵中最宏伟的原因。朝廷还按内地风俗，特准在哈密老城为他专门修祠，其事迹还被收入《清史稿·忠义传》中。

伯锡尔死后，迈丽巴妞成为哈密的主政者，继续组织哈密民众同各种反叛势力做斗争。

1865年，浩罕国的一名穆斯林军官阿古柏在英国人的支持下，带领一帮匪徒入侵南疆。尽管遭到了维吾尔族、柯尔克孜族等穆斯林民众的抵抗，但这帮匪徒还是占领了喀什地区的回城、疏勒、英吉沙、莎车等地。接着，阿古柏致书当时占据和田的哈比布拉，声称自己要前往和田去拜谒当地的麻扎。看到书信后，哈比布拉深为阿古柏的这份宗教情感所感动，他带着热情出城迎接阿古柏，没想到却遭到阿古柏的伏击和捕获，遂死在了阿古柏的屠刀下。阿古柏带领匪徒进入和田城后，开始大规模屠杀。在《伊米德史》里记载：和田城内有5万多穆斯林死于这次屠杀。当阿古柏的匪军进攻库车时，遭到城内穆斯林的顽强抵抗，阿古柏的一个儿子死于进攻库车城的巷战中。

占领南疆后，阿古柏勾结沙俄势力，宣布成立哲德沙尔汗国。驻疆的清军遭遇到前所未有的危机，整个新疆面临着被分裂出祖国的危险。1870年5月，阿古柏的匪军进攻吐鲁番，遭到当地居民长达半年的抵抗，后因守城的穆斯林首领叛变，吐鲁番沦陷。当匪军进逼到哈密城下时，迈丽巴妞带领哈密民众开始顽强抵抗，使阿古柏势力最终没能攻下哈密，转而到别地骚扰。这年11月，阿古柏入侵乌鲁木齐，“清真王”妥明带领跟随自己的回民迎敌，战斗在城外的5个地方展开，站在两个阵营的穆斯林厮杀在一起。野心膨胀在阿古柏的内心，疯狂也伴随着这种野心。侵占乌鲁木齐后，阿古柏下令屠城式杀戮，连妇女儿童都未能幸免，600多名各族少女被充为他的后宫。

就在阿古柏势力入侵、妥明的“清真国”到处骚乱之际，从内地而来的另一支穆斯林武装使动荡的局势变得复杂起来——这就是从陕西起义的回民首领白彦虎。1873年7月，举事失败后的白彦虎从宁夏、甘肃一路逃至哈密地区，联合哈密回城维吾尔族头目玉素甫占领回城后，接着进攻哈密新城、老城。在久攻不下之际，白彦虎竟然下令手下暗中接近迈丽巴妞，想将她绑架到吐鲁番，利用她的声望让吐鲁番、哈密一带的穆斯林归顺自己。那一夜，哈密城内，有了一男一女两个穆斯林之间的对话。

“如果你跟随我们前往吐鲁番，我们就不去攻打哈密城，让你的家眷免遭伤害！”

“哈密是我的家，我哪儿也不去！就是杀了我，我也不离开这里！”

“我们的人已经潜入哈密城和回王府，不答应我们的话，那我们今夜首先就会杀掉回王府里的所有人！”

沉思良久，为了使哈密城的百姓免受苦难，迈丽巴妞带着无奈的心情，迈着沉重的脚步，前往白彦虎的军营中，作为人质被扣留了。

就在那个炎热的时节，白彦虎降附了阿古柏，开始走上一条叛离祖国的路。在派人攻打巴里坤城的同时，他派出人到哈密乡下强收粮食，抢夺马匹和牛羊，有的村庄在遭到村民反抗后被焚毁，这激发了这些乡村里的穆斯林牧民、农民深夜潜入城中，和守城官兵一道坚守。

1876年4月7日，一代名臣左宗棠从兰州移师酒泉，准备向阿古柏部发起进攻。这一消息传到新疆后，鼓舞了很多维吾尔族民众抵抗侵略者的信心。白彦虎却将迈丽巴妞送到阿古柏设在库车的军营里囚禁起来，想以此牵制哈密民众。迈丽巴妞不仅没有屈服，反而暗地里让人给哈密民众带话：“世受皇上天恩，不敢做叛逆之事。”

清政府也多次派一些在疆的地方官员救援迈丽巴妞，她的儿子哈密王迈哈默特也曾设法营救，终于使迈丽巴妞从库车脱身回到哈密。她继续组织民众抗击入侵者和叛乱者，曾经跟随左宗棠西征的晚清著名诗人萧雄在哈密任幕府时，曾经看到过迈丽巴妞——“曾见其雪衣单骑，往邻居沙勿体家会事。其时贼焰初解，野多豺狼，男子尚怯惧，彼竟提短刀，飞鞚长歌，往返于十余里山隈沙碛之间，气亦壮哉！”这位汉族诗人深为迈丽巴妞这位穆斯林巾帼而感动，为她写下了一首诗——“百啭歌喉骤马骄，娇娃也带雁翎刀。当年八百朱颜妇，想见分防抗汉朝。”

回王陵最东面的那座，主人是末代回王沙木胡索特。他自公元1882年袭封后，在回王的位置上稳坐了48年，是历代回王中统治时间最长、积累财富最多的一位，但他的陵墓却显得很普通。这是为什么呢？辛亥革命以后，民国总统袁世凯特准沙木胡索特一年双俸。但这种“好景”不长，在各地封建王公纷纷倒台的大背景下，沙木胡索特不敢为自己营造豪华陵墓，这就是他虽然是历代回王中搜刮到最多财富的人，但陵墓却不是最大的原因。它没有完全囿于伊斯兰穹顶式的建筑风格，设计时大胆吸收汉族、蒙古族的建筑特点，形成了多种建筑风格于一体的特色，这在新疆麻扎建筑中是独树一帜的。

回王陵显得尊贵而大气，但是，回王陵对面的带有贫民色彩的麻扎更有它的意味。漫步其中，没有时下“景点”那种被收费的不快，没有高高仰视一代代当地郡王的疲累，在一颗平常心下走进这里，更能感受到生与死其实离我们是那么近，土砌的麻扎里散发出的是一个个普通生命的气息。随着时代发展，这里的穆斯林中不少人也开始接纳清明节这样一个对亡人寄托哀思的节日。于是，一束束从花店里买来的花被恭恭敬敬地敬献于此，有的将花摆放在罐头瓶里，有的用石块压住花枝。为了怕那些守旧的穆斯林指责，他们或早早地来到这里，或者在夜色中来到这里。花是形式，重要的是他们一代代地秉传着对麻扎、对亡者的恭敬之心。

回王陵不远处，哈密市大营门西南侧的恰瓦克高地上，有一位穆斯林的麻扎，就隐身于院落中的绿色穹顶下。当地人已经习惯称呼它为“圣人墓”了。这让我突然明白，这里应该是中国穆斯林生活、习俗的一个分水岭。至少，埋葬贤者的地方，已经开始了从麻扎到墓地、拱北的叫法区别。

墓主人是盖斯，最早来到中国传播伊斯兰教的专业传教者，一个将传奇和神秘留在中国的外籍穆斯林。墓地四周有高数米的围墙，沿着朝南开的大门步入宽敞的庭院，只见院中的桑榆一片繁茂之象，陪伴着墓主人的亡灵。这里是中原文化和西域文化交融的最前沿地带，不仅墓地的说法接近内地，就是主体建筑也融合了汉族与穆斯林的建筑风格。尽管，这里同回王陵一样采用了下方上圆的结构，但这里明显多了周围的汉唐风格回廊，将拱拜包裹其中，四角飞檐拱顶，顶下由24根粗大的圆木做支撑，回廊四周有栅栏将其围住。

进入墓门，是一个长方形小室，做工精细的穆斯林彩毯铺满了整个地面。在甘肃和新疆交界一带，有很多不能去麦加朝圣的穆斯林教徒，认为来到这个小室诵经祈祷，可以取代去麦加朝觐，这和我在和田见到的“穷人的麻扎”的功用是一样的。进入墓室，中央是一座穆斯林式的坟台，看管人员说，这里就是圣人盖斯的最后归宿。这一点，和很多地方的穆斯林一样，存在着明显的以讹传讹的弊端，因为盖斯的最后归宿点并不在这里，这是迁来的墓地。

>哈密盖斯墓外景

伊斯兰教向外传播过程中，一些虔敬的穆斯林身负着传教使命，开始走上一条条漫长而陌生的传教之路，来到中国的有 3 个著名人物——盖斯、吾艾斯、万嘎斯。在一些穆斯林学者的著作中，认为这 3 个人是公元 635 年来到中国的。这个年代显然是他们想人为提前伊斯兰教徒进入中国的时间。

>哈密盖斯麻扎

事实是怎样的呢？

唐朝初期是禁止民众自由旅行的，尤其是走出国境，如果出国须持相当于今天的护照的公文——“过所”。这样做，一方面是为了保护民众的人身安全和财产安全，另一方面主要是防止境外敌对势力的间谍和情报人员的渗入。因为唐初对北方的突厥、西北的西域各政权发动的几次战争，就因为对方谍报人员潜入内地刺探军情而失利。公元 629 年，著名的僧人玄奘前往印度求佛法，到河西走廊的凉州城时，因为唐朝和突厥的战争一触即发，加上他没有“过所”而被扣留；玄奘到唐朝和西域的最边缘的城市瓜州时，再次被瓜州州吏李昌扣留，因李昌是佛教徒，才默许玄奘偷渡出关。对国内的人审查尚且如此，从西域入境者的审查更是严格，一段时间内，来往的商旅、僧人更是几乎断绝于这条路上。公元 630 年，唐朝著名的大将李靖就带着唐军发动过对突厥的战争。公元 635 年 4 月，李靖大败吐谷浑并将其追赶逃亡到于阗一带。西北地区更是唐朝严加防范的地方。对来往于西北的人员盘查得更加严。而在阿拉伯半岛，信仰伊斯兰教的阿拉伯军团忙于攻打东罗马帝国的大马士革，连今伊朗的波斯高原都没收复。那时，整个新疆境内还处于佛教盛行地区，穆罕默德怎么可能派出使者前往中国传教？此后几年间，唐朝西北边境持续紧张，到公元 639 年，占据今新疆吐鲁番一带的高昌国王麴文泰彻底断绝了西域贡使前往唐朝内地，引发唐朝政府派大将侯君集攻伐。这一段时期内，东突厥残余势力横行西域，使西域陷入内乱。直到公元 651 年，阿拉伯军团才征服波斯帝国，整个波斯高原归于阿拉伯帝国，至此，从阿拉伯半岛前往中国的道路开始通顺，阿拉伯帝国遣往中国的使节第一次抵达中国长安，逐渐拉开阿拉伯帝国境内的穆斯林来中国的序幕。

公元 7 世纪中叶后，从阿拉伯帝国境内出发的传教者，翻越帕米尔高原，沿着古老的丝绸之路进入中国境内的新疆大地。盖斯、吾艾斯、万嘎斯是他们中的 3 位，行至哈密境内，接近甘肃的星星峡时，盖斯由于身体透支严重，病逝于这里。吾艾斯行到甘肃玉门市境内的回回堡时病逝，万嘎斯孤身一人前往到长安，后来选择前往广州，打算取水路回乡，没想到病逝于广州。

后来，伊斯兰教在中国逐渐扎根，越来越多的穆斯林在星星峡自发修建了盖斯的墓地——新疆穆斯林称为盖斯麻扎或圣人麻扎，甘肃境内的穆斯林习惯称为“圣人墓”，因为其主体建筑顶部是绿色琉璃瓦，回族人更是习惯按回族人的说法称为“绿拱北”。后来，哈密王在星星峡为盖斯修建了一座气势磅礴的陵墓。

《新疆图志》记载：“星星峡山麓有回纥墓……土人为醵金建屋，覆其垄，祷辄响应，匾额充栋，亦有施锦幢墓上者，恒积至尺许。”

> 1910 年，《泰晤士报》记者莫理循拍摄的星星峡

1939年，新疆在星星峡开始驻守军队，驻军因为修建兵营需要，拆毁了墓地。1945年，穆斯林教徒在哈密重新修建了盖斯新陵墓，就是如今在哈密的“圣人麻扎”。

从公元14世纪到16世纪，从阿富汗和中亚相继来了很多穆斯林传教士，在哈密进行伊斯兰教的传播，他们有的病死于传教途中，有的是在圣战中牺牲的，后来的穆斯林为了纪念他们，便为他们修建了麻扎。如今，在哈密，共有雅勒古斯托云麻扎等麻扎50多座，有影响力的达28座。

亡者已然远去，生活在这片土地上的穆斯林们依然传承着、创造着他们的生活，“肠灯”就是他们秉承了多年但却面临失传的一个“非遗”项目。

肠子里的灯？在哈密一听到“肠灯”这个词语，就勾起了我的采访兴趣。然而，真要见识这项濒临失传的工艺，就得去哈密的山区穆斯林家里，沁城乡就位于那片山区。

离开哈密市往东北方向84公里才到沁城乡政府所在地。沁城，因清代称为“塔勒纳沁”而得名。1805年，时任哈密帮办大臣的成书称赞这里是“漠外寸草不生，唯沁城有林木水泉之胜，土人谓之小江南”。他曾赋诗道：“杨柳数株泉一道，沁城已是小江南。”从沁城乡沿着崎岖的山路向东北方向而行，穿行在东天山末端的地区，小堡村就像这条路的一个句号。这是由维吾尔和哈萨克两个穆斯林民族构成的村子，站在村子高处，远远就能望见蒙古国的阿尔泰省境内。村子里的人长期过着游牧生活，这就使他们想尽一切办法利用能用的资源。93岁（2014年）的长寿老人阿斯甫·买买提尼亚孜和其他长寿的穆斯林一起，生活在这里，但只有他一个人会“肠灯”的制作手艺了，是名副其实的最后“让肠灯发光的穆斯林”了。

由于地理位置非常偏远，加上地处边境线上，来到这里的外人很少，这使村子尽量保持了一种原貌。村民的房子多是土坯房，阿斯甫·买买提尼亚孜的家就很朴实地坐落在那一片土房中，年迈的老人已经无法进行户外活动了，和村里很多老人一样，老人不会说汉语，只能用手工来展示肠灯的美丽。

在长期的畜牧业中，生活在这里的民众一边利用东天山的草场资源畜养马、骆驼、牛、绵羊和山羊，一边进行牲畜交易，换取自己日常所需的生活用品。白天，他们在青草间度过自己的放牧生活。夜晚，他们要制作牧业生活中需要的马鞍、皮绳子、皮衣和毛织品等，而完成这些工作，需要灯光，这就是“肠灯”产生的背景。

当绵羊或山羊的细肠子、羊内腹油、芨芨草、棉花和炼油锅等制作肠灯必不可少的原料摆在我面前时，我的眼前也就逐渐展开了一幅制作“肠灯”的画卷：年轻时，阿斯甫选择山羊、亲手宰羊，将羊肠子洗净、把水沥干，再把羊肠子切成约二三十厘米的长度，然后，将肠子的一头用线扎紧，把肠子吹上气之后，再把另一头扎紧。充满空气的羊肠子被小心地拿到火上烘烤“定型”，这样做是为了更好地把动物油脂装进去——“由于山羊油更容易固化成型，因此，我们更多的选择山羊”。羊肠子的“定型”工作一般需要两三个人配合着做才行，往往是一个人负责烘烤，另一个人把山羊的内腹油拿出来，放进锅里炼化，剩下的一个人负责将芨芨草切成和备好的肠段一样的长度，再裹上棉花备用。等烘烤工作完成后，负责拿山羊内腹油的那个人就把备好的肠段一头打开，配合备芨芨草的那位，将裹上棉花的芨芨草插进肠子，然后倒入炼化的山羊油，将肠子倒满以后，便放到一边晾干。两三个小时后，等油脂凝固变得坚硬后，“肠灯”便完成了。

“肠灯”不但满足了村民的夜晚照明、干手工活、干家务的需求，而且也为他们亲朋好友之间在夜晚举行麦西来甫等娱乐活动提供了照明。

老人重复这样的制“肠灯”的工作长达70多年，随着岁月流逝，那些和阿斯甫·买买提尼亚孜年轻时制作“肠灯”的伙伴们一个个离开人世了，村民们长时间忽略了一个现象：能制作“肠灯”的人，竟然就剩老人一个了。尤其是2001年以后，村子通电了，作为村民们照明主要工具的“肠灯”，在村民的眼里便失去了实用功能，成了多余的摆设。阿斯甫十几岁就跟爷爷学会了“肠灯”制作，而爷爷是跟爷爷的爷爷学的，谁也无法说清楚“肠灯”的起始年代。然而，它濒临失传的时代却猛地来到了。

所幸的是，哈密市非物质文化遗产保护中心的工作人员，已经对“民间土法制作肠灯技术工艺”进行了记录，并开展了一系列保护措施。2010年11月，“肠灯”被列入地区级非物质文化遗产代表项目名录。

“七七”事变后，抗日战争全面展开，日本军队彻底封锁了中国的海岸线。不久，英国迫于日本的压力关闭了中国西南通往国外的滇缅公路，各国援华的物资只能从新疆运往内地。古老的丝绸之路成了中国抗战时期的国际交通要道，哈密成了这些物资运输的唯一中转地。为了保证这些物资运输的畅通，1938年，哈密地区的穆斯林和汉族民众一道，承修七角井到星星峡全长370公里的公路。整整一年里，这条路上不时会有穆斯林的身影，他们积极参与抢修被破坏的公路、护送筑路材料、抢修车辆等工作。这一年，中国经济委员会在新疆专设了中央运输委员会，在七角井特设“中转站”，在哈密和星星峡设立“援华物资转运站”和接待站。这些站内，更是不乏穆斯林的身影，他们和其他各族的工作人员一道，负责接运各国援华物资和接待来往车队。

鉴于哈密担负起如此重大的任务，同样是在这一年，国民党政府在哈密设立了通航站渝哈航线办事处。“兰新号”飞机的试飞就是从重庆起飞经兰州、酒泉到哈密的，这也促使国民党交通部和苏联中央民用航空管理局签订了《哈密与阿拉木图间定期飞航合约》。从 1937 年 7 月到 1939 年，苏联援华的军火中的 985 架飞机、82 辆坦克、1300 门大炮、14000 多挺机枪和大批弹药、装备都是通过哈密运往抗日前线的。

这一年 11 月 12 日，哈密成立了“抗日救国救援会”，当地穆斯林群众和汉族同胞一道，积极捐款、捐物，仅捐款购买的飞机就有两架。不少穆斯林司机也积极加入到运送抗日物资的行列中。他们从哈密装上物资后，穿越河西走廊后抵达兰州。到兰州后，等待卸货的夜晚，他们情不自禁地低声唱起了家乡的民歌。没想到，一个战时普通的夜晚，一位普通的维吾尔司机不经意的低声吟唱，使一个年轻的汉族小伙听到后，竟然创作了一首风靡全国的歌曲。

年轻司机的名字湮没在了时光深处，没能留下来，而年轻的汉族小伙不仅将自己的名字留了下来，还成了一代音乐宗师，他就是王洛宾。

1938 年的一天，拉运抗战物资的车辆从哈密来到兰州，王洛宾所在的“西北抗战剧团”为这些长途而来的司机举办了一场慰劳联欢会。一位年轻的维吾尔司机为了表示答谢，现场演唱了一首当地民歌。虽然大家听不懂那个司机用维语唱的歌词内容，但那种旋律却让在场的人耳目一新，王洛宾更是迅速地记下了那首歌的大致旋律。联欢会结束后，王洛宾特意向那位年轻的维吾尔司机请教，反复唱录了那首歌。

第二天，王洛宾特地赶到他在兰州卖葡萄干的维吾尔朋友卡德尔处，让他翻译了歌词——“有个地方叫达坂城，那里有个巴郎子（维语，小伙子，作者注）长得很帅，那里有个羊缸子（维语，女孩，作者注）长得很漂亮，他想娶她做老婆。”当天晚上，王洛宾以一位音乐人的身份开始审视这首歌，经过一次次修改，一次次试唱，夜深时分，一首他取名为《马车夫之恋》的歌出来了——

达坂城石路硬又平呀，西瓜大又甜，

那里住的姑娘辫子长呀，两个眼睛真漂亮。

你要想嫁人，不要嫁别人哪，一定要嫁给我，

带着百万钱财，领着你的妹妹，赶着那辆马车来。

第三天，这些远路而来的司机要返回哈密了，“西北抗战剧团”给他们举办了欢送会，王洛宾登台演唱了自己用汉语改编的这首歌，并配以从年轻司机那里学到的维吾尔舞蹈。歌和舞的表演，赢得了在场观众的热烈掌声和认同。这首《马车夫之恋》很快就风靡兰州城。这首歌也就是后来风靡大江南北的《达坂城的姑娘》。《达坂城的姑娘》，逐渐被国人熟悉。这是他一生中第一首改编后广为人知的新疆民歌，也是他第一次创作出的以穆斯林青年为主角的音乐作品。从此，他和哈密，和新疆，和新疆的穆斯林有了一个漫长的音乐之约。

1934年，哈密地区的哈萨克人流牧到青海境内的党金山一带。1939年，迁居酒泉境内的700多户哈萨克人越过祁连山进入青海省北端的牧场。为了能够长期生活在青海北部的那片草场上，这些哈萨克人派了30多名代表携带礼物前往西宁，请求当时主政青海的马步芳允许。没有事情的时候，他们便去公园里游玩，兴头上来，就唱哈萨克民歌。那时，王洛宾恰好在青海昆仑中学担任音乐教师，一天，他去西宁北门外的湟中公园，听见有人演唱哈萨克民歌，没想到这一听便上瘾了。给王洛宾留下印象最深的是这首哈萨克民歌《都达尔和玛利亚》：

可爱的一朵玫瑰花，塞地玛利亚，可爱的一朵玫瑰花，塞地玛丽亚。那天我在山上打猎骑着马，正当你在山下歌唱婉转入云霞。歌声使我迷了路，我从山坡滚下哎呀呀，你的歌声婉转入云霞。强壮的青年哈萨克，伊万都达尔，强壮的青年哈萨克，伊万都达尔。今天晚上请你过河来我家，喂饱你的马儿带上你的冬不拉，等那月儿升上来，拨动你的琴弦哎呀呀，我们相依歌唱在树下。

王洛宾就此也深深迷上了哈萨克民歌，走上了一条结缘哈萨克民歌之路。抗日战争胜利后，著名导演费牧将这首歌作为他执导的电影《小城之春》的主题歌，使其唱红神州大地。

后来，他听说在西宁的一家工厂里有个哈萨克女工会唱很多哈萨克民歌，便前去请教哈萨克民歌，并让他的一位在西宁卖葡萄干的维吾尔族商人朋友阿卜杜·哈萨尔翻译歌词。于是有了那首表达哈萨克人对民族前途担忧的《玛依拉》改编初稿——“花手巾遮不住白发苍苍，从前的好歌喉已失去光亮，门前的拴马桩如今已空荡荡空荡荡，年轻的哈萨克们不知去向何方？”

让王洛宾动心并改编的另一首民歌《高高的白杨》也和哈密有着密切的关系。这是一曲监狱砖坯上谱成的爱情绝唱，经王洛宾改编后不仅唱红大江南北，更是引发了一场轰动一时的著作权官司。

高高的白杨排成行，美丽的浮云在飞翔，一座孤坟铺满丁香，孤独地依靠在小河旁，一座孤坟铺满丁香，坟中睡着一位美好的姑娘。枯萎的丁香引起我遥远回想，姑娘的衷情永难忘……

清朝末年，随着伊犁地区的水利开发，政府从新疆境内征调民工前往伊犁修建水渠，其中就有不少哈密维吾尔族、哈萨克族、回族等穆斯林，这些新疆东部的穆斯林横越新疆，带着对家乡和亲人的思念，带着故乡的民间小调，踏上了一条背井离乡的茫茫之途。他们在伊犁劳动的间隙，便唱起了这些民歌，慢慢地，这些民歌流传在了伊犁地区，被伊犁人逐渐认可为“伊犁民歌”。

1960 年 4 月，王洛宾受人诬陷，被判处有期徒刑 15 年，关进了位于乌市八家户的新疆第一监狱，开始劳教生活。一次劳动休息时，王洛宾无意中听到有人在唱一首伊犁民歌，那种旋律顿时击中了他的心，也激发了他的音乐细胞。那首民歌的旋律深深地印在了他的记忆里。

9 年后的一天夜里，熟睡的王洛宾被牢门突然打开的声音吵醒，只见狱警押进来一名维吾尔族青年。通过谈话，他才知道这个青年叫吾甫尔江，是新疆某科研单位的工作人员，布置新房时不慎撞碎了毛主席的石膏像，被打成了“现行反革命”。就这样，他们成了患难与共的狱友。进来后，吾甫尔江一直积极劳动，争取提前出狱完婚。然而，有一天，前来探监的姑妈带来了一个粉碎吾甫尔江梦想的消息——他日思夜想的准新娘阿依古丽不堪忍受那时的武斗、抄家带来的折磨，跳河自尽了。新房屋后的荒滩上，新添了阿依古丽的坟，吾甫尔江的姑妈特意在坟上插上一束盛开的丁香花，以此表示哀悼。

姑妈讲述时，王洛宾在旁边默默地听着，而从那一天起，吾甫尔江却完全变成了另一个人，并留起了长须。他每天劳动完毕，回到牢房便望着窗外高高的白杨树，低声地吟唱着故乡那些忧伤的、思念亲人的民歌。日复一日，吾甫尔江对爱情的坚贞，让王洛宾深为感动。他在心里默默地许愿：为这个年轻人谱写一首歌！

一天劳作间隙，王洛宾和吾甫尔江在白杨树下休息。吾甫尔江又吟唱起故乡的歌，令王洛宾奇怪的是，他那天唱的一首歌的旋律竟然是他九年前听到的那首。看着白杨树高大的躯干、缓慢移动的浮云，想到吾甫尔江的姑妈讲述时的那束丁香花，那座埋着阿依古丽的孤坟，王洛宾顿时来了创作的灵感——“高高的白杨排成行，美丽的浮云在飞翔，一座孤坟铺满丁香，孤独地依靠在小河旁，一座孤坟铺满丁香，坟中睡着一位美好的姑娘……”

《高高的白杨》就此诞生了。这旋律中，就有哈密民间音乐的影子。1986 年初冬，位于乌鲁木齐市中心的北门地段，竖起一块巨大的音乐会广告牌——“人民音乐家王洛宾作品音乐会将于 11 月 10 日在八一剧场举行”。那天，诞生于狱中、诞生了 17 年的《高高的白杨》第一次公开亮相，引起了现场观众的强烈共鸣。

改编后的《高高的白杨》一经发表，立即引起了中国音乐界的关注，音乐教育学家把它作为中国音乐界最高学府——中央音乐学院的教材。王洛宾还把这首歌《高高的白杨》带到了联合国，为 150 多个国家的大使们演唱。

1949 年，王洛宾随王震的部队进入新疆，哈密是他们进入新疆的第一站，这里充满的异域伊斯兰风情更是让王洛宾的内心激动不已，这里的一切对他而言都是新鲜的、能激发艺术创作激情的。一天，他在哈密城内的一条小巷子漫步，突然，他前面的一户民居大门推开了，一个维吾尔族妇女端着盆子走了出来，向路上泼水。当水泼到地面上时，那个妇女才发现走来的王洛宾，但已经晚了，水在地面上溅起的泥点飞到了王洛宾穿的毡靴上。在新疆尤其是南疆很多地方，当地妇女都有将洗脸水等端到门外、泼到外面的土路上的习俗。在我看来，这是由于这些地区干旱，门前的路面非常干燥，他们不愿意浪费水，即便是这点水也要洒在路面上，起到湿润路面的作用。那个维吾尔妇女的这个举动，竟然就激发了王洛宾的艺术才思，一曲《我不愿擦去鞋上的泥》问世了——“那天我打从门前过，你正提着水桶往外泼，泼在了我的皮鞋上，街上的人们笑哈哈哈哈。什么话也没有对我说，你只是眯着眼睛望着我。我不愿擦去鞋上的泥，是因为你亲手泼上的，一辈子永远不忘记……”

从此，王洛宾开始了他的新疆生活，同时，他的音乐版图中也开始出现了穆斯林的因素。

“阿拉木罕住在哪里？吐鲁番西三百六。”这首广为传唱的新疆民歌《阿拉木罕》，栩栩如生地描绘了一位新疆穆斯林姑娘阿拉木罕的美丽：曼妙的身材，弯月般的眉毛，多情的小嘴，勾人心魂的眼睛……

自这首歌创作以来，关于阿拉木罕是哪里人的争论就一直没有停止。有人说阿拉木罕是库车的“一朵花”，也有人说她是迪化（乌鲁木齐）的一只“夜莺”，还有人说她是哈密最闪亮的一颗“蓝宝石”。其实，她是哪里人并不重要，重要的是她身上集中体现的新疆穆斯林少女的美。而我在考察后认为，王洛宾改编的这首歌也和哈密有关，甚至，阿拉木罕的家乡就在哈密，至少，她在哈密市陶家宫乡东栏杆村生活过。

“东栏杆”，维吾尔语意为“落脚休息之地”。这是一个典型的南疆小村落，静静地置身于婆娑摇曳的树木中——杨树、杏树、枣树，还有几棵老桑树。从村子里伸出的一条弯曲、凹凸不平的马路，连接着村子和外界。村民们认为这里是阿拉木罕的故乡，他们的证据是村里那 6 株粗壮而古老的桑树。他们说，阿拉木罕当年亲手栽下了 9 棵树，活到如今的就剩 6 棵了，看那写满沧桑的树身，怎么算也有 100 多年了。80 多岁的村民阿拉木罕·司马义和他那 70 多岁的两个兄弟，就说自己是阿拉木罕的 3 个孙子。

在阿拉木罕·司马义的家里，至今还珍藏着一面铜镜，他说：“这是奶奶阿拉木罕留下的唯一东西了！”

100 多年前的小村，和现在的变化估计不是很大，一个浪漫的爱情故事，在这个村子里发生了：夏天时分，坎儿井带给这个村子以生机，羊群漫步在青草上，果园开始呈现出一片蓬勃之象，过路的人们走进热情的主人家喝茶、吃馕。那时，年轻小伙霍加姆尼亚孜的家紧靠大路边。他不仅英俊潇洒、能歌善舞，还热情待人。由于他家在村头紧邻马路处，便成了来往商队休息的地方。据村民讲，哈密九世回王沙木胡索特（1881—1930 年在位）6 次进京朝觐时，也曾经在这里停下来休息片刻。

沙木胡索特继位后，继承了母亲迈丽巴妞传统，着力恢复和发展生产，哈密成了东部新疆最富庶的地方，吸引了越来越多内地和南疆的百姓来这里落户。

1887 年 9 月的一个傍晚，第二次进京的沙木胡索特，赶到东栏杆村时住在了霍加姆尼亚孜的家里，受到了热情款待。晚上吃饭时，能歌善舞的霍加姆尼亚孜为他弹唱起来——

春天您带着我们播下一粒麦种，金秋我们收获了幸福；这礼物比世上一切都贵重，你是太阳让万物生长。

请准备好九只肥羊、三十只鹅，再备好美酒和瓜果，来吧！美丽的少女唱起来；来吧！英俊的小伙舞起来。

那天的弹唱给沙木胡索特留下了很深的印象，返回哈密后，他特意将霍加姆尼亚孜带回王府，使其成了一位“有工资”的王府艺人。一天，沙木胡索特看见平时爱说爱唱的霍加姆尼亚孜突然变得沉默寡言了，便问原因，才知道，一位出生于库车的姑娘阿拉木罕，在迪化宣布摆擂台对歌招亲。他听人说，擂台摆了好多天了，但没有一个人能够对得上她的歌。

哈密王听完后，决定支持他去迪化城对歌应亲。

见到阿拉木罕的那一刹那，霍加姆尼亚孜算是真正理解“吐鲁番的葡萄哈密的瓜，库车的羊缸子（维语，姑娘的意思，作者注）一朵花”的说法了。从小就生活在库车的阿拉木罕真是漂亮。她的父亲是当地有名的工匠，会做一手好活，母亲是裁缝，巧手能缝出各种各样的花裙。阿拉木罕从小就受到母亲的影响，跟着母亲学会了针线活、民间舞，跟着父亲学会了唱歌、弹奏都它尔。到了 16 岁时，已经出落成美丽、大方、活泼、能干的大姑娘，成了库车名副其实的“一朵花”。

当时，在库车的民间流传着许多赞美她的歌，其中一首这样写道：不知道她的人都说，阿拉木罕是什么样？樱桃小嘴细柳腰，大眼睛弯月眉。看到她的人都知道，她的嘴比樱桃还红，她的腰比柳还细，她的眼睛能勾走你的魂。

18 岁那年，由父母做主，阿拉木罕嫁给了一位有钱的商人，跟随商人来到了迪化。后来，商人因为很多人来他家为了看阿拉木罕，醋意大发，竟然休掉了阿拉木罕。为了能寻找到自己的幸福，阿拉木罕决定用自己的方式，寻找自己的意中人，便有了摆擂台招亲的事情。霍加姆尼亚孜最终凭借自己的智慧打动了阿拉木罕的心，并将她娶回了哈密。

1890 年的金秋，一个喜庆的上午，哈密王亲自主持婚礼，在哈密木卡姆的陪伴中，霍加姆尼亚孜和阿拉木罕在王府举办了婚礼。他在那个盛大而热闹的场合，现场即兴唱给自己的新娘子一首赞美她的歌——《阿拉木罕》。完后，阿拉木罕跟随丈夫回到了东栏杆村。那首《阿拉木罕》很快在哈密传唱，尤其是东栏杆村，《阿拉木罕》简直成了村歌，男女老少都会唱。1939 年，在西宁教书的王洛宾在东关两家开店铺的维吾尔族人那里，无意中听到了这首民歌，便将其改编成了如今走遍海内外的那首《阿拉木罕》。

王洛宾不仅在哈密以哈密地区的穆斯林为题材改编、创作了不少音乐作品，还将新疆其他地区的民歌改编成了一首首脍炙人口的，以穆斯林男女爱情、生活为主唱的音乐作品：以达坂城维吾尔族姑娘为背景的《达坂城的姑娘》，根据巴里坤商队的生活创作的《哪里来的骆驼队》，在乌鲁木齐创作的《撒阿黛》，根据伊犁民间小调改编的《玛依拉》，在喀什创作的《半个月亮爬上来》和《掀起你的盖头来》，在和田沙枣花香中走出的《沙枣花儿香》，根据库尔班大叔的故事改编的《萨拉姆毛主席》，等等。人们也是通过他的这些音乐作品，了解了新疆穆斯林的生活、习俗等。

哈密瓜，是哈密地区最大的一张透着甜味的名片。这种种植了 2000 多年的瓜果被国人所知的一个主要原因是清朝时期朝贡进京，其深为皇室人家所爱。站在哈密城乡的一个个瓜摊前，吃着那流蜜般的哈密瓜，我的一个疑虑出现了：这些经哈密穆斯林和其他各族同胞种出的甜蜜天使，在清代时，这里的穆斯林瓜农们是沿着怎样的一条路，如何将大批瓜长途跋涉送进京城的？

作为贡瓜，哈密瓜进京之路的起点在哪里呢？我选择的是南距哈密市 10 公里的一个名叫卡日塔里的村子。“卡日塔里”在维吾尔语中是“柳树茂密挡住了阳光”的意思。然而，真正站在村子里时，才发现这个名字是生活在这里的民众对其赋予的一种期望，村子的北部和哈密绿洲接壤，其余三面都是戈壁。村子因为是历代哈密回王向清朝宫廷进贡哈密瓜的地方而被誉为“贡瓜村”。沿着村路而过，那一颗颗品种不一的瓜确实能让人的脚步慢下来，不身临其境是很难想象它们被切开时，空气中弥漫起瓜香时的诱惑。“黑眉毛”“热瓜蛋”“甜掉牙”“满地金”“一包糖”“拜鲜克奇”“波斯皮芽子”等 70 多个品种的哈密瓜，构成了这里的瓜之盛宴。

在这些品种中，村民们引以为豪的还是给他们带来荣誉的加格达瓜。初次看到这个名字，我很容易想起中国东北那个叫加格达奇的城市来，然而两者无任何瓜葛。加格达瓜是一种晚熟的甜瓜，比起那些成熟期在 7 月的瓜品来，加格达瓜要到 9 月下旬甚至 10 月才完全熟透。

现在，让我穿越时光隧道回到 1698 年秋天，再现一幅图景：那年，又一茬的哈密瓜熟了，和往年不同的是，哈密瓜的命运在这一年发生了变化。回王额贝都拉在王府接待了从京城来的理藩院郎中布尔赛，后者来哈密主要讨论编旗入籍的事宜。在宴席上，回王额贝都拉命人在饭后端上加格达瓜。从吃下第一口时，布尔赛的口感和味觉就被彻底征服了，他不仅对这种前所未见的甜瓜大加赞赏，还建议额贝都拉把它作为贡品献给朝廷。额贝都拉便派人前往那天吃的加格达瓜的主人——吾鲁古·吾守尔家的瓜地了挑选了 100 个上等加格达瓜。和以往对待这些瓜不同的是，前去挑瓜的兵士们仔细打开带来的桑皮纸，将这些瓜包好，然后，又用马莲草垫衬好箱子，一个箱子里装进一个瓜。100 个瓜被连夜运进王府，开始贮藏起来。

在叶尔羌汗国统治哈密期间，哈密城管辖许多小村镇，每个村落称“爱曼”，每个“爱曼”都有一名“王子伯克”负责征收百户赋税和差派徭役之事，另有一名“叩克巴什”的官吏负责管理耕种（《西域闻见录》卷 7）。为恢复察合台汗国遭受严重破坏的社会经济，叶尔羌汗国采取诸多经济措施，移民、兴修水利等，产生了预期的效果。各地五谷杂粮、瓜果、葡萄，无不丰饶，出现了史书中记载的“桑麻遍地，马牛成群，蜜果充园，人人富厚”的情形。哈密的不少特产就成了进贡朝廷之物。

公元 1465 年，明朝政府对哈密贡使贸易做了规定：哈密使团规模不得超过 200 人，在会同馆开市 5 天，与官商、私商交易。进京的使团人员，正使、副使以及从人都分别按等级发给粮米。使团进京之后，公私事办理完毕，于规定的两个月限期之内返回。而额贝都拉派出的运瓜团就是沿着明朝时期的哈密贡使走的路，通往京城的。

1698 年冬的一天，额贝都拉奉诏入京朝觐时，贡品中除准备了小刀、大布、鹿角、梧桐碱、羊羔皮等土特产品外，还有那 100 个乘着毛驴车开始漫漫长途的加格达瓜。那天，额贝都拉在王府内举行了一场隆重的仪式后，下令出发。为了防止颠簸，额贝都拉下令用毛驴车拉运这 100 个瓜，望着即将出发的毛驴车队，额贝都拉仿佛也望见自己的仕途正在逐步通达。

经过 70 多天的长途跋涉，这些瓜终于抵达京城。令人惊奇的是，历经颠簸的这 100 个“加格达”甜瓜个个完好无损。1699 年元旦的朝宴上，康熙皇帝和群臣品尝了这种甜似蜜、脆似梨的西域奇瓜，并大加赞赏，当时问额贝都拉这个瓜叫什么名字？回王因为此瓜没有名字一时回答不上来，康熙皇帝便以哈密地名命瓜名，哈密瓜由此得名。

据清《回疆志》记载：“自康熙年间，哈密投诚，此瓜始入中国，谓之哈密瓜。”此后，“贡瓜年年渡卢沟”成为定例，而哈密瓜遂名闻遐迩。

1698 年深秋季节进京时，这些瓜第一次用驴车，主要怕马车快颠坏了瓜。1699 年晚秋季节，开始改用马车运，但数量上一直控制在 100 个瓜。这次更有经验了：当地群众把瓜放到坛子里，一个坛子里放一个，然后倒进蜂蜜，把瓜淹没，再用泥巴糊好坛子。放蜂蜜的理由在于，不管天气多冷，瓜不会冻坏还能保鲜。

额贝都拉进京路线大体是从哈密城出发，经黄田、沁城、庙尔沟、明水出新疆，然后经甘肃北部的马鬃山进入内蒙古额济纳旗、包头，再经过山西的大同进京。运瓜者平安到达京师后发现，驮运的瓜完好如初。光绪年间进士、翰林院编修宋伯鲁在《食哈密瓜》诗中，对此有记载：“龙碛漠漠风抟沙，胡驼万里朝京华。金箱丝绳慎包匭，使臣入献伊州瓜。上林珍果靡不有，得之绝域何其遐。金盘进御天颜喜，龙章凤藻为褒嘉。”

2013 年 5 月 18 日的《人民日报》上刊登了原中共新疆维吾尔自治区委员会第一书记王恩茂的儿子王北会写的《最浓最深天山情（心香一瓣）》一文。其记述了这样一件与哈密瓜有关的趣事：自1969年离开新疆后，王恩茂一直关注着新疆，和新疆各族人民的联系从未中断。1973年秋，有两位素不相识的维吾尔族老人，行程3600多公里，背着哈密瓜前往安徽芜湖看望王恩茂。王恩茂的夫人这样回忆当时的情景：他们像久别的亲人一样，双手紧紧握着恩茂的手，用不太流利的汉语讲述他们在“文革”中所遭受的苦难和对恩茂的思念。望着老人那淳朴的面容和闪着泪花的眼睛，我们的心久久不能平静。恩茂声音颤抖地对老人说：“感谢你们到这么远的地方来看望身处逆境的我，真太不容易了，新疆的人民群众真是太好了。形势会好起来的，你们会有好日子的。回去请代我向乡亲们问好。”老人听了这番话，又一次紧握恩茂的手，恋恋不舍地告别了我们。这可能是哈密瓜被人背着在中国大地上最漫长的一次旅行吧，也体现了哈密瓜在新疆维吾尔群众心中的位置。

如今，生活在卡日塔里村的村尼牙孜·哈斯木老人，就是加格达瓜的第七代传人，继续着哈密瓜的种植。

随着哈密回王政权大厦的倾倒，贡瓜时代早就结束了，但哈密瓜却一直延续着一条持续旺盛的外销之路。即便是现在，村尼牙孜·哈斯木和乡亲们种的哈密瓜，远销到欧洲后，售价每公斤达十几欧元。

进入21世纪，哈密瓜不再单纯走“卖瓜”之路，而是走向一条向全国各地栽植之路。我在海南省的儋州市排浦镇华头坡的瓜菜种植基地，就曾看到原来在祖国北疆吐露香味的哈密瓜的“再版”。12月的天气，海南一年中较为凉爽的季节，绵延数百米的钢架大棚此起彼伏地出现在海滩上，一个个金黄色的哈密瓜悬挂在白色的“帐篷”里，散发出阵阵清香。

2011年，身为儋州市海燕种植养殖农民专业合作社理事长的郭孔敏，向儋州市农委提出种大棚哈密瓜的想法，很快得到回应和支持。在海岛的钢架大棚里种出了土生于北疆的哈密瓜。

2013年6月29日上午，我在位于昆明市五里多小学的赛典赤衣冠冢拍照时，意外地发现了一个新疆维吾尔族小伙子在衣冠冢东边的五金小区街巷口卖哈密瓜。问他知道赛典赤么，小伙子摇摇头用新疆式的幽默答复我：“我不知道什么赤，只知道我的哈密瓜很好吃！”当我告诉他，赛典赤当年跟随忽必烈从西域来到昆明，并且升至相当于云南省省长位置的大官，他的眼睛立时瞪得很大，连忙说：“那你带我去看看他睡觉的地方！”随即，他跟年轻的妻子简单地交代了一下，便随我去赛典赤的衣冠冢看，听我简单地讲述了赛典赤的事迹。返回瓜摊，我们继续交谈后才知道，这个叫亚申的年轻人来自新疆和田县，听人说哈密瓜在南方也很受欢迎，便带上自己的妻子和3个小孩子，在当地雇了一辆大卡车，用两个箱子装上了一家人简单的衣物便南下。大卡车走了整整6天，于6月14日才到昆明，便在五金小区的巷口摆起了哈密瓜摊。那金灿灿的、打开后便弥漫着迷人瓜香的哈密瓜很受当地人欢迎，就在我们交谈过程中，不时有市民前来购买。两个席梦思床垫、两个大皮箱、一摊瓜就是他带着哈密瓜南下后的全部家当。大点的两个小孩在床垫上蹦来蹦去的，累了就悄悄地躺在上面休息，最小的孩子在他妻子的怀抱里静然地打量着这个陌生的环境。因为昆明市民欢迎哈密瓜，因此，他就给家乡那边人打电话，让他们装好后再给他送来。按他的计划，要等到9月才停止在昆明的哈密瓜生意。每到周五，他就会去位于昆明城内的顺城清真寺或迤西公清真寺完成自己的宗教功课，吃饭时便带着大点的两个孩子去五里多小区附近的回民清真餐馆，回来时给妻子带点。这一家跟着哈密瓜香味南下的穆斯林，已经完全适应了在昆明的“哈密瓜生活”。

第二十章　祁连山北端，戈壁滩上的一弯新月

两个小孩指着郊外，开始了争执——
新疆的那个说：“是麻扎！”
甘肃的那个说：“是拱北！”
寺里的阿訇笑答：“都是一回事。”
他们继续赶路——
攥着一首被删改歌词的《瓜州曲》
有关嘉峪关钢厂内的一间洗水房
故事就此多了份版本
那卷被祁连雪卷走的经，匆匆而逝
我试图丈量，故乡与流放地之间的距离
一场莫名其妙的暴乱后，沉寂良久
突然出现一批陌生的寄住者，要求简单——
凶年不断，寻找一个能供孩子出生的季节
异乡风大，仅求一块放种子的田亩
月夜深处，端出记忆
油灯映窗，礼拜的背影起伏着
种子艰难地走进冰雪的春天
孩子顺利降临在母亲的期盼里

一个移民的村子，叫小金湾
一个现代的城市，叫嘉峪关
没问世的村史里，隐瞒的细节颜色渐淡
外出的打工者，怀揣祝福上路
站台上传来——“本次列车的终点站到了！”
几十年来，从北京来的T43列车总是准点达到
列车长告诉我，最后的800里是顺着祁连山而来
终点站的名字是：嘉峪关！

在新疆境内，当我站在星星峡的盖斯墓旧址前时，我清楚，从帕米尔高原一路行来的几千公里到了一个新界桩处了！这里是我伊斯兰文明之旅的新疆终点。眼前，甘肃打开了大门!

2013 年春节后的新疆和甘肃交界地带，被一个冬天零星飘落的积雪覆盖，祁连山北麓的戈壁滩在一片白雪的映照下显得更加冷清。我踩着一地的清冷，一人来到这里，继续我“伊斯兰文明的中国之旅”中新疆和甘肃交界地带的穿行和探寻。

沿着当年伊斯兰教从丝绸之路上蔓延的方向，一出新疆境内，瓜州是第一个迎迓我进入甘肃的地方。这是著名的《凉州词》中“羌笛何须怨杨柳，春风不度玉门关”的玉门关真正所在地，也是《送元二使安西》中“劝君更尽一杯酒，西出阳关无故人”的阳关真正所在地。对于伊斯兰文明的中国之旅而言，这里也是一个真正的关口，从这里往南而行，新疆境内的大片雪山、戈壁、沙漠、绿洲逐渐消失了，出现在那些穆斯林眼前的，逐渐是依靠祁连山雪水浇灌出的大片绿洲——八百里河西走廊，一个农业主唱的地区，农耕文明在这片土地上扎根已久，瓜州就是这八百里河西走廊大卷的序言。

处于河西走廊最西端的瓜州，是连通甘肃和西域的门户。瓜州曾经历经了瓜州、安西再到瓜州的更名历程。这里盛产瓜果，自古就有瓜州之称。中原王朝征服西域时，这里有了安定西域的战略地位，这里安则西域安。因此，到唐代时已经有了安西之名。新中国成立后，一直沿袭安西之名。据说，很多人沿着河西走廊进入凉州后，经酒泉到安西便走完了这一程。但河西走廊盛产美酒，走廊上的民众热情好客，每有客人来便摆酒相迎，让客人吃好喝好，这便让外界有了这样的戏说——“踏上河西酒廊后，第一站的酒就将人喝凉了，到了酒泉直接安息了！”安西之名让这里的民众颇为不快，2006 年，安西县便又改成瓜州区了。

站在瓜州，我在回头的刹那仿佛看见，自唐朝以来，那些来往于这条文明古道上的穆斯林，或商或旅地穿越这里。成吉思汗远征西域之后，被征俘的穆斯林工匠或将士，也从这里踏进内地。战火熄灭后，他们落居内地，遥望故土却无法回乡，这里便成了他们远眺家乡时眼光之旅的一处驿站。明代初期，西域和中原王朝产生了对峙、叛离，在吐鲁番、哈密一带叛乱的穆斯林进逼下，“关（指嘉峪关，作者注）西七卫”全部内迁至肃州（今酒泉，作者注）以东。公元 1516 年，明政府将徙瓜、沙划拨于肃州管辖境内，开始了一个朝代的“划关而守”。

我在明代历史中找到了一个和伊斯兰文明有关的词语——“寄住”。这个词语是我查阅《明实录》《明史》及明人奏议发现的，但对这个词语背后的穆斯林

>瓜州县的苦峪城遗址（一）

移民史的体会，则是在走进瓜州、肃州后。这个词语的表面含义是指一个人或一个部族离开故土前往异地暂时居住。《明实录》中就出现了与河西走廊相关的“寄住”一词22次。在使用语境上，它的每次出现，几乎都无例外地指向哈密、吐鲁番一带的维吾尔人向东跨越过古阳关，进入“内地借住”。这些“寄住者”往往不外乎两类人：一类是指那些来往于河西走廊和西域之间的穆斯林贡使、商人及零星逃荒避难者等。他们常常是匆匆的过客，即便有些零星的商人，也多为“夏做水果，秋收皮毛”的穆斯林“季节性商人”，明朝政府对他们或是安置到各地夷馆，或是临时指地安插，不存在集中安置的问题。另一类则是指随边疆民族地方政权集体迁入的人口，由官府修建城堡或指定牧区予以暂时安置。从1435年开始到1756年，从哈密、吐鲁番一带先后10次来到瓜州境内的穆斯林，就属于后者，他们得到了集体安置，形成了“穆斯林寄住”现象。

明代时，哈密卫是朝廷设在关外、距离京师最远的一个卫，但也是受朝廷正规军的保护最弱而受瓦剌、吐鲁番强敌威胁最大的一个卫，这就决定了这里是明代关西七卫中政权最不稳固、内迁寄住最频繁的一个卫。

在瓜州城内，感受不了多少穆斯林风情。当年，著名的探险家斯文·赫定来到瓜州城时留下了这样的记载：“安西是一块境况不佳的小绿洲。总人口估计有900户人家，其中有300户住在城里。安西还有按西宁马步芳命令派驻的150名东干（这里指回族人，作者注）士兵。”如今，这里早就没了派驻的穆斯林士兵，

>瓜州县的苦峪城遗址（二）

由于我抵达时刚好是春节期间，城里的宾馆里倒是住着不少去内地过完春节要返回新疆的汉族人，为这个小城增添了更多的人气。

走出瓜州城，我的目标是苦峪城——位于瓜州县城东南 60 公里的桥子乡境内的一片废城。曾经充足的灌溉水源一度支撑起了这片绿洲的繁荣兴旺，历史上有名的锁阳城就在这里，唐代的瓜州州治就设在这里。明代，这里因为悬乎关外，民众逐渐离开，当哈密、吐鲁番爆发民乱时，这里是朝廷安置从哈密、吐鲁番东来的穆斯林避难者的理想地点，这里自然就成了瓜州境内最早大规模接纳新疆境内穆斯林的地方。

明代，哈密卫的“四破四立”是指哈密城被叛乱的穆斯林四次攻陷、明军四次收复的历史。哈密卫四次被袭破后，均有大批哈密难民逃至瓜州境内，被朝廷安置在苦峪城，过或长或短的“寄住”生活。

哈密城在明代的第一次“被破”是 1460 年到 1466 年间，哈密忠顺王卜列革死后无嗣，居住哈密北山的瓦剌野乜克力部乩加思兰“乘隙袭破其城，大肆杀掠，王母率亲属部落走苦峪，犹数遣使朝贡”。考虑到穆斯林的生活习俗，朝廷特意将这批来自哈密的穆斯林安置在苦峪城，他们在此生活了 6 年后才返回哈密。

第二次始发于 1473 年正月，摄行哈密国王事把塔木儿卒无后嗣，吐鲁番速檀

>瓜州县的苦峪城遗址（三）

>瓜州县的苦峪城遗址（四）

阿里乘机袭破哈密城。为安置纷纷东来的哈密难民，明朝廷再次指定苦峪城为暂住地。和上次不同，朝廷专门给这些穆斯林发给布匹、口粮、种子，帮助其渡过难关和恢复生产。由于这次前来的穆斯林人口数量很大，以至于“哈密夷众流亡之余，存者无几”，甚至出现了苦峪“城小难容”的难题。鉴于此，公元1477年10月，明朝政府拨款对苦峪城进行第二次整修加固，并在此重建哈密卫，将苦峪城作为复兴哈密的基地。这次，避难的穆斯林在苦峪城生活了9年。

第三次是从1488年开始的，哈密城第三次被叛乱的穆斯林占领，那些不愿意选择叛离朝廷的穆斯林不得不再次奔回苦峪城。由于这次人数增多，流徙的哈密穆斯林有的流散到沙州（今敦煌，作者注）地区，有的甚至远走嘉峪关内的肃州、金塔等地。为了能更好安置流徙而来的哈密穆斯林，公元1489年，明朝廷对苦峪城进行第三次整修，将流入关内的哈密穆斯林集中安置在苦峪城。

第四次城破发生于1493年4月，吐鲁番速檀阿黑麻率兵夜袭哈密城，将新立的忠顺王陕巴俘虏而去。哈密失守，城内的穆斯林难民再次东进甘肃。明朝廷仍指定苦峪城为集中安置点，并对苦峪城进行第四次整修。第二年，寄住在苦峪城的穆斯林人数已达2000多人。这些穆斯林中有回回、畏兀儿和哈喇灰三个族属。为加强管理，朝廷命令回回都督签事写亦虎仙及失伯颜答管回回，畏兀儿知院阿难答及指挥使苦木管畏兀儿，哈喇灰千户拜迭力迷失、平章革失铁木儿及舍人迭力迷失虎力管哈喇灰。公元1495年，苦峪城发生大火，房舍被烧，寄住在哈密的穆斯林被全部转移到苦峪城以东的赤斤城安置，待苦峪城修好后再次将他们集中于此。这次，哈密穆斯林在苦峪城“寄住”达20年，是历次“寄住”时间最长的一次。

公元1496年，甘肃副总兵彭清率精兵4000人夜袭哈密取得成功，吐鲁番守将牙木兰遁归。但哈密仍是遭遇屡被袭破的命运，城内的穆斯林“自以穷窘难守，尽焚室庐，走肃州求济”。对于这些要求，明朝廷除了沿袭指定苦峪城为安置点外，增加了沙州，至此，敦煌有了穆斯林集中居住的历史。公元1500年，寄住苦峪城的哈密穆斯林民众已达3000人左右，创历次“寄住”人数最高峰。

哈密局势如此，明朝内部在经过很长一段时间的“哈密弃与守”之争后，最终于1529年宣布放弃哈密。这样，第四次寄住苦峪城和瓜、沙二州的许多哈密穆斯林失去了故土，返乡的路被隔绝了。后来，由于拜牙孜叛国和吐鲁番发起武力进犯，这些寄住者连同从哈密城新来的穆斯林难民陆续向嘉峪关内的肃州转移，肃州开始迎来了穆斯林集中居住的历史。

清朝前期，统治天山南北的是准噶尔蒙古政权，准噶尔叛乱后，归附准噶尔政权的哈密、吐鲁番两地的维吾尔穆斯林备受其苦。随着清朝平定准噶尔叛乱的日期接近尾声，哈密、吐鲁番的维吾尔穆斯林也转身向清朝廷再次申请内迁寄住，便有了清代在河西走廊的两批维吾尔穆斯林寄民。

在酒泉城内阅读《重修肃州新志》，我了解到了哈密和吐鲁番的穆斯林在肃州境内的"寄住"历史：第一批移来的是140户吐鲁番鲁谷庆、皮禅两部的维吾尔穆斯林，他们被安置在肃州境内的威虏堡。这支吐鲁番维吾尔穆斯林在威虏堡寄住了20年时间后，并没有返回吐鲁番，而是在哈密住留下来。雍正初年，"大学士、将军富宁安既撤兵，回族请内附，安插于金塔……"这也使我明白，"寄住"的穆斯林范围逐渐扩大，已经延伸到了今酒泉市的金塔县。而朝廷给他们的安抚措施中有"肥田五百亩，所管部落一百四十三户，每户肥田一顷。每亩下籽种一斗，各给农具一付"。

公元1732年，在提督颜清如带兵护送下，额敏和卓率吐鲁番十七城维吾尔穆斯林10000余人倾城东迁，到达哈密塔尔纳沁时为9273人，中途因伤病减员，第二年抵达瓜州时剩下了8013人，创历次"寄住"人口新纪录。

对于这一次吐鲁番维吾尔人的整体而来，清朝廷极为重视。瓜州地方官府在瓜州城西南专门修建了五座城堡以供他们居住。五堡依次取名头堡、二堡、三堡、四堡和五堡，俗称"回民五堡"或"瓜州五堡"。直到民国年间，河西走廊的民居仍在沿袭墩堡旧风。"居民多各自为堡，聚族而居，建碉堡瞭望，以为防御。盖明代备北虏之遗规，今犹存也。"

当地官府无偿给他们划拨了大片土地和农具、耕畜等生产资料，铁锅、水桶等生活必需品也由官府供给。清代疏勒河上最大的两道干渠——南渠和北渠，就是为灌溉这些寄住穆斯林的田地而修建的。而且，对他们实行免税政策。

寄住瓜州期间，额敏和卓被清朝廷封为辅国公，颁给扎萨克印信，为这些寄住的穆斯林建立起了新的管辖制度。1755年，清军彻底平定准噶尔割据政权，天山南北形势安定下来。第二年9月，额敏和卓率众返回吐鲁番，结束了在瓜州长达23年的寄住生活。这些寄住的穆斯林回去后，将在瓜州学习到的先进的农业技术带了回去，甚至他们后来安置的地方，也仿照在瓜州时期，分为一堡、二堡等五个堡子。

那些维吾尔穆斯林走了，给这片土地留下一道背影。如今，在瓜州，集中生活的穆斯林地区都是东乡、回族等族乡。在瓜州区内，就有七墩回族东乡族乡、沙河回族乡、腰站子东乡族乡等穆斯林自治乡。

离开瓜州的那一刹那，我不由想起1934年12月18日那天发生在这里的一幕：斯文·赫定乘着汽车驶出瓜州城南的绥远门，一小时后，他来到了一个三岔路口，去敦煌的往西拐，去中国内地的则经玉门往东走。他那天选择的是前往玉门方向，我却选择前往敦煌方向。

公元1273年，马可·波罗到达敦煌时，留下了这样的记载："居民多是偶像教徒，然亦稍有聂思脱里派之基督教徒若干，并有回教徒。"

至此，我要对"伊斯兰文明的中国之旅"中出现的一个新的词语"回回"做一个回顾性解释。目前，在中国的金石文献中，公元1346年定州礼拜寺中的石碑最早出现"回回"二字——

> 吾独无所尊乎？吾回回人，拜天其事也。不知此地亦有吾属而知所以拜天者乎？左右对以：回回之人遍天下，而此地尤多，朝夕亦不废礼。

这里的"回回人"是信仰伊斯兰教的民众的自称，并非宗教称呼。一个疑虑出现了：在中国境内最早记述"回回"字样的石碑出现的73年前，竟会有"回教徒"出现？要么是马可·波罗在他的游记中臆造了"回教徒"这个词语，要么是后来的翻译者臆造的这个词语？

中国唐宋时期古籍中的"回回"多是指回鹘或回纥，并不是指信仰伊斯兰教者。《元史》中大多说的"回回"也是指生活在今新疆境内的回纥人。因此，马可·波罗所说的"回教徒"并不就是今天我们说的回民。

但可以肯定的是，马可·波罗游记中的记述，让我了解到这样一个信息：元代初期，敦煌一带就有了穆斯林教徒。当年，英国探险家奥里尔·斯坦因还没到敦煌时，就"从回民商人那里收集了敦煌绿洲附近以及它北面和东面遗迹的有关情况"。那时，从哈密到敦煌乃至从张掖到喀什的整个丝绸之路上，大批的西方探险家完成对中国西域的探险、文化掠夺、文物破坏等活动，基本上都是靠这些穆斯林来带路的。

敦煌是丝绸之路上的著名的佛都，但相比于和田、库车、喀什、吐鲁番、哈密等曾经的佛教圣地上的虔敬的佛教徒被迫改信伊斯兰教的命运而言，敦煌是幸运的。这种幸运在我看来有两个因素：一个是位于玉门关之内的敦煌属于关内之地，伊斯兰东进的武力征伐并没抵达这里；另一个原因是清朝末年的回民举事的乱火没有烧及这里。当年，英国探险家奥里尔·斯坦因到敦煌时留下的文字为这个原因做了注解——"在下午的时候，我抽出时间，回访汪大老爷和林大人。一路上，看到老朽的房门上精美的木刻以及各种装饰，我又一次为敦煌没有遭到残忍的东干人的破坏而感到庆幸，但其他地方就没有这么幸运了”。是的，清朝末年的西北回民举事，很多学者从军事和政治的角度去审视其对清朝政权及西北汉民地域的破坏，但从佛教建筑的角度而言，这种破坏确实是野蛮的。

从敦煌市的新建路上往东慢慢踱过去，快到沙梁巷时，路边那座清真寺醒目地出现了。当地学者也好，我也好，无法说得清楚这里是不是当年马可·波罗来到敦煌时看到的穆斯林集中的地方。风沙吹过，一段历史尘埃被吹尽，真相出现：明清时期，来往于内地和新疆的穆斯林商人、行旅逐渐增加，他们行至敦煌时，所需要的住宿和饮食问题自然也就成了商机，看中这一商机的穆斯林在敦煌城北的沙梁巷搭建简易的饭馆、旅馆。

生活在甘肃北部阿克塞草原、党金山下的哈萨克人前往新疆也好，新疆哈密一带去内地的维吾尔人也好，内地前往新疆境内做生意的回族人也好，因为信仰的认同，逐渐也将这里看作旅途中休息的驿站。因为宗教生活的需要，每到礼拜时，他们便在这里的一片空地上搭棚礼拜。

1932 年，由于这里定居的穆斯林逐渐增多，加上这一带实际受控于信仰伊斯兰教的青海军阀马步芳。因此，当生活在敦煌北梁巷的赵一壁、阿依甫、马才等穆斯林向时任敦煌县县长杨灿会提出建清真寺的要求时，曾经在兰州生活过、熟识穆斯林生活的杨灿会很快批准了这一请求。这一年春天，修建敦煌地区第一座清真寺的工匠们来了，带着当地穆斯林的热望，他们开始了紧张的施工。经过一年多时间的施工，敦煌第一座清真寺出现在了北梁巷。那时的清真寺，共有礼拜殿 9 间，讲经堂、阿訇房、厨房、水房、教室等 25 间。清真寺出现了，敦煌地区的穆斯林有了自己的精神家园，随着前来礼拜的穆斯林人数增加，这座清真寺开始无法满足他们的宗教生活需求。1937 年，当地穆斯林在清真寺又续扩了 3 间礼拜殿。1945 年，他们在清真寺的北边又增建了 5 间房子，作为讲经堂和教长室，使清真寺建筑面积达到 1110 平方米。

1981 年，敦煌县政府拨款 3 万元，对清真寺进行了维修。1985 年，当地穆斯林集资修建了邦克楼式大门。先后于 1993 年和 1996 年两次集资，在寺内修建了淋浴室、锅炉房，并成功地打出一眼水井，从那时起，前来礼拜的穆斯林做大净、小净的水就不再从外面往里运了。

2002 年，随着敦煌旅游业的快速发展，不少外地穆斯林也从中看到了商机。他们纷纷前往敦煌“淘金”，使敦煌的穆斯林数量猛增。为了满足他们的宗教生活，

>敦煌清真寺和敦煌伊斯兰教协会在一起

当地穆斯林决定再次扩建清真寺。他们拆除了老寺，在原址上重建清真寺大殿、南北厅房、水房、大门等，这就是我眼前见到的敦煌清真寺的最初模样。

两个小门分居两侧，正中间的大门正上方有椭圆形花边，正面用中文写着“敦煌清真寺”，为外地来这里的穆斯林提供了一个醒目的标识，大门背面的字样为阿拉伯文。和全国各地的清真寺一样，大小门洞外为长方形，内为圆尖拱形。顶端檐边处镶嵌着大理石花边，门洞内为一道黑色的铁栏门，连同灰白色花岗岩贴面的门洞墙体，给人以凝重之感。从门洞步入寺内，两排双层砖混结构的厅房分

>敦煌清真寺

居在南北两侧，房子前挂的小牌子上写的字样，明确了这些房子的功能和用途：阿訇住房、讲经堂、接待室、水房、学习室等。

如今，敦煌市的旅游业吸引了来自全世界各地的游客，其中有不少穆斯林也慕名来到这里旅游观光。这也就吸引了来自国内其他地方的穆斯林来这里经商，尤其是从事餐饮业和旅游商品的销售，这些穆斯林人数有4000多人。敦煌唯一的这座清真寺，就成了这些穆斯林们坚守纯正信仰的场合。

看着礼拜殿前的日历上出现的2013年字样，我突然感悟：从初建时的1933年至今（2013年），敦煌清真寺已然走过80年风雨。80年前的那个春天，沙尘暴和往年一样吹过这里，那一夜的油灯下，在北梁巷一处简单的住房内，赵一壁、阿依甫、马才等几个穆斯林带着他们的虔敬和理想，悄然在这片土地上埋下了一粒种子——修建清真寺。几代人过去了，几十年过去了，这粒种子不仅破土而出，还顽强地生长于斯、壮大于斯。清真寺的一次次扩建，何尝不是在拓展着敦煌穆斯林的信仰之路？何尝不是在擦亮他们的信仰之灯？

在茫茫戈壁的这一片绿洲之上，在佛教文化盛行的精粹之地，这里的穆斯林以自己的执着，亮起了一弯清真之月。这座清真寺以自身的存在和独特方式，在丝绸古道上展示了一道独特的风景线。

沿着传统的丝绸之路而行，你会遇见多少黄泥古堡？那将是一个多么庞大的数字？从另一个角度而言，丝绸之路即一条遍布古堡之路。每个古堡都暗藏着由一个个故事构成的历史链条，有的因为人去堡废而断了那根链条，有的依然顽强地延续那民间的文脉——它们在远离正史的角落，默默地收藏着历史的真相，有时甚至是历史的伤口。有了这些古堡，一部丝绸之路的历史才保留了真正的貌相和质地，对伊斯兰文明进入中国而言，这些古堡就像一份份历经千年没有褪色的证词，将它们串联起来，何尝不也是一篇关于伊斯兰文明沿着丝绸之路进入中国的大篇章？——原貌、亲切、大气！

从帕米尔高原的明铁盖废堡到吐鲁番火焰山下的黄泥小堡，我的“伊斯兰文明的中国之旅”可以说是被各种古堡一路陪伴过来的。然而，当我沿着因连霍高速贯通而被冷落的312国道行至新疆和甘肃交错地带时，那一处身披枯黄外衣的古堡，那么刺眼地从一地积雪中孤兀而立，打疼了我的眼睛！按照此前的文案准备，我知道它接纳着一处旁落的历史——惠回堡。

昔日连接河西走廊和新疆的312国道，就是传统的丝绸之路。这条昔日繁华的“皇家大道”上，如今就剩下旁落命运中的冷寂。这是2013年的春节期间，顺着丝绸之路铺陈起800公里长的祁连山，承领着一个冬天慢慢飘积的白雪之轻，变白的山体使整个河西走廊显得清寒而单调。

在这种清寒和单调中的行进，是乏味而艰难的。脚下的312国道就像一条血管，连接地处甘肃境内的河西走廊和新疆，两边互相输送着物资、人员、技术乃至文明，使这条古老的大通道有了丰盈的历史和厚重的辉煌。在寂然中行于其间，比起唐代那些充满边塞梦的将士、诗人们，比起元代那些骑马从西域进入中原的穆斯林们，我觉得自己的孤旅有着自己的图景和心境。或许，这更能真实地感受这条大动脉从辉煌到旁落乃至遗弃的命运。沿途几乎看不见车辆运行，远处积雪皑皑的祁连山，近处空旷的戈壁滩默默地收藏着这里发生的一切，其中自然包括我要找寻的一段历史！惠回堡就是收容一段被忽略的历史的简朴如陶罐的容器 ，一个为数不多的穆斯林在匆匆来去的间隙里曾经生活的、存放信仰的地方。

那么，这座古堡的具体位置在哪？它和穆斯林有什么关系呢？当年，范长江做他的“西北行”时，留下了这样的记载：“车出嘉峪关，经七十里戈壁至惠回堡。住民约四五十家，凋零气象……”

2013年2月14日，整个甘肃北部大地并没有任何西方情人节的气氛，一切显得非常冰凉。踩着这一地的冰凉，在甘肃石油公司玉门石油分公司的周志军经理的陪同下，我们沿着312国道而行。他告诉我，每次来往于玉门和酒泉市区之间，他都是坐车行进在连霍高速公路上，从高速公路北侧望过去——“常常能远远地看见路边有一座看上去很气派的清真寺，但从没进去过，因为这一段国道已经近乎废弃，我们几乎不走国道，只能从高速公路上远看那座清真寺！”这是穆斯林建筑在中国的整体境遇的一例。一道看不见的墙，

>惠回堡（一）

>惠回堡（二）

总是横在我们看不到的地方，阻隔着认知贯通于不同信仰、不同族群的人中间，让本该属于公共文明的建筑、知识，被冰冷地置放在人群的彼岸。

接近玉门市清泉乡以东 15 公里处，远远就能看见一座古老的土堡横卧在戈壁滩上，靠近公路一侧已然没了堡墙，东、西、北三边的堡墙顽强地屹立在寒风中，堡内是村民们搭建的塑料大棚。

我探寻的目的地到了：惠回堡！

“清泉没有泉，小金湾不产金；玉门不出玉，惠回堡里没回民。”悄然步入古老的堡子，里面确实已经没有一个回民了，向里面的年迈村民询问有关这里、有关回民的历史，那几个老人抬起头，眼里布满了迷离之色，大多是摇摇头说不大清楚，没人能够给我一个满意的答案。

村民依靠科学种田步入小康生活之列，家家的房屋建设及里面的家具都显示出村子的富庶。很难让人想象 1936 年范长江在玉门返回酒泉的路上，见到的那一幅类似电影《1942》中的情境：“十六日，我们由玉门回酒泉的路上，遇到成群的逃荒农民，他们都是惠回堡一带的农民，一切收入缴了公款和高利贷，逼得自己没有吃的东西，只好离家逃亡，光腿的孩子，小脚的女人，女人怀里还多半有不能行走的婴儿，烂棉絮、破麻袋、水壶和柳筐……没有次序地驮在小毛驴背上。男子们身披着或反提着破羊皮袄，一步一歪，无精打采地在戈壁上走着。我们西来时，他们尚勉强支持着，不到十天工夫，他们抵不着饥寒的压迫，只得向他方去乞食了。或者他们理想的目标是玉门、安西、敦煌这些城镇，他们哪知道，那面的农民也是一样的逃亡呢！”这些逃荒的农民中，自然不乏惠回堡中的穆斯林。他们在那样的灾年，和祖国一同感受着饥饿带来的痛楚。原来，惠回堡是个养活不了人的地方，然而，这是一个能养活信仰的地方！

在河西走廊上，像惠回堡这样的古堡很多，让人从外面看不出这里和其他古堡有什么不同。然而，古堡东边，一座气势巍然的仿古回民拱北（穆斯林中圣者墓地的意思，相当于新疆人所说的麻扎，作者注）和现代建筑特色的清真寺并立，这种情形背后，会有着怎样的宗教隐秘呢？

步出村子，我往东边的拱北和清真寺慢步而去。清真寺的大门很高，门西侧是两层高的楼房，宽阔的窗户装上了绿色的玻璃，正西的清真寺礼拜大殿两侧也是绿色的玻璃墙。而比这更气派的则是清真寺后面的一幢带有中国传统建筑特色的高楼，猛地看上去，它仿佛是从江南园林里移植过来的一座高楼。

整个清真寺大院被清冷笼罩着，不见一个人，积雪的地上，洁净一片，仿佛寺里常年洁净的信仰。走向东侧的一排平房，挑选其中一间屋顶上冒着烟的房子进去，除了简单的炊具外，里面的陈设非常简陋。正面墙上挂着一幅麦加天房图，主人是从临夏回族自治州来的回民马德元，他是被距离这里几十公里的小金湾的东乡族穆斯林村民们请来看守这块拱北和这座清真寺的。小金湾？一个怎样的村子？为什么那里的东乡族穆斯林会大老远地从临夏请人来这里看守呢？

这是位于玉门市北 62 公里、祁连山北麓的一片开阔地。一处村落干净地出现在雪野里，偶尔从庄户里走出一两个头戴白帽子的男人或头戴盖头的女性，远远就能看见的一座清真寺，提醒任何一个外来者：这里是东乡族穆斯林聚居的农庄，行政上属于玉门市小金湾乡。

小金湾是个新生的村子！ 1990 年，经国务院批准，由甘肃省“两西”建设指挥部负责实施少数民族移民。甘肃临夏市境内的东乡族穆斯林收拾好简单甚至有些寒碜的家底，带着难舍故土的复杂情感，离开他们的祖先在积石山下开辟的家园。1000 多公里的长途跋涉绘制了一幅漫长的迁徙线路图——从甘肃南部的积石山下出发，穿越河西走廊来到北端的祁连山北末。他们在这片陌生的地方开始新家园的建设。

和年长的村民们聊天，提起最初来的那几年，很多人都以摇头来遮盖当初的艰辛。他们中几乎没人去讲述那种难言的艰辛，他们认为那是他们创造新家园、新生活的一门必修课。毕竟，他们现在的生活要比在故土时富裕，他们现在回故乡时都是老家人羡慕的对象。短短 6 年时间内，这些东乡族穆斯林移民构成了玉门市唯一的移民乡和少数民族聚居区——小金湾东乡族民族自治乡，使祁连山最北麓的戈壁滩上出现了伊斯兰文明的一弯新月。如今，全乡的 5000 多人中，东乡族的比例占到 99%。这些村民是甘肃最北边居住的东乡人，也是中国最北端的东乡族穆斯林，更是我的“伊斯兰文明的中国之旅”中遇见的，在中国信仰伊斯兰教的东乡族人的第一处家园。

在小金湾已经住了 18 年的苗生林（至 2013 年）是从临夏迁移来的东乡族穆斯林，他和乡亲们见证了小金湾作为东乡人一个新家园的诞生。

我跟随苗生林走在小金湾，看着一栋栋崭新的伊斯兰风格的商业门店，看着一个个头戴白帽子或盖头的村民出入村里，自然就能感受到这里的东乡穆斯林风情。村民们刚来这里时，种植的主要作物是小麦、玉米和土豆，和周围的其他民族乡民相比，他们没有什么种植优势。这些年来，他们开始注重科学种田，虽然我没有看见他们的种田模式，但村民的谈话，给我描绘出了一幅夏天的田园景象：他们不再像在临夏老家那样只种植一种植物，而是在这片贫瘠的土地上开辟了一种新的高效立体复合套田——小麦地里套种棉花，孜然中套种了红花或食葵，小麦地里套种枸杞，等等，他们使“平躺”的土地“立了起来”。

养羊是东乡人的普遍喜好之一。当初，小金湾乡周围的其他民族的村民们看到这些东乡群众千里大搬家时，下车时，怀里抱着羊羔。对他们来说，从家乡带来的不仅是羊，更是一种对生活的怀恋和继续。但是，这片土地在迎迓他们时还非常贫瘠，加上国家实行退耕还牧政策，无法提供野外放养羊群的条件，这些东乡人开始放弃原来的牧羊方式，也放弃了一种传统的生活方式。他们选择了家庭分散养殖和暖棚规模养殖相结合的方式，这也是我在这里看到不少大棚的原因，每户东乡家庭平均有一座增收养殖暖棚。在甘肃临夏时，东乡人就创出了“东乡手抓”，这是陇上穆斯林饮食中知名的品牌。到小金湾后，他们继续打造这一品牌，使全乡出现了 20 多家“东乡手抓”店，使玉门市境内出现了“小金湾的手抓，清泉的羊肉”两大品牌。

羊羔是他们从家乡带来的一种显性的物种，信仰则是他们装在内心的永不离弃的陪伴。从甘肃南部的临夏到北部的玉门，他们怀揣着那把信仰的火苗，给乍到异地的孤独身躯一种温暖。北庄清真寺就是在这种情景下诞生的，这是小金湾穆斯林心中的圣地。这座清真寺虽然建得时间不长，但是甘肃省最北端的清真寺，乡里的东乡、回族等穆斯林的宗教活动基本都在这里进行。

惠回堡旁的这座清真寺里，马德元递给我一本只有 42 页的小册子，绿色的封面上方写着“先贤吾艾斯拱北简介”的字样，正中是一幅麦加天房图片，下面的小字是“甘肃省玉门市吾艾斯拱北管委会编印”。他告诉我，拱北管委会主任马学明和阿訇马胡个不在，他就代表他们送我这本册子。通过对这个册子的阅读，我逐渐勾勒出了这里沉没很久的一幅历史画卷。

按照中国穆斯林的民间口头传说——吾艾斯是和盖斯、万嘎斯是一起沿着丝绸之路来到中国传教的虔诚穆斯林。因为长途跋涉、餐风饮雨，吾艾斯行至这里时，不幸身亡。后来，生活在新疆和甘肃交界地带的穆斯林提议给他修建了墓地。关于穆斯林的墓地，在新疆大多取源于波斯语——被称为“麻扎”；而一出哈密进入甘肃，这些墓地有了新的名称“拱北”。因它位于玉门市境内的惠回堡旁，在中国穆斯林中间又被称为玉门拱北或惠回堡拱北。这处墓地是伊斯兰文明从陆路进入中国境内的第一处“拱北”。这也表明，从这里往南而行，基本进入一个回民逐渐增多的地理单元中，一个回民在穆斯林聚居区占主角的地域。

带着对先贤的敬重，带着穆斯林的传统，不知道从什么时候起，几个哈密地区的穆斯林悄然来到今清泉乡中沟村，选择在这里定居了下来，守护这座在他们心中神圣的墓地。在玉门、酒泉期间，我查阅大量的当地史料后，了解到惠回堡内的回民墓地的最早记录是在明代。第一个记录来自《明史·列传》：“出嘉峪关西行，行二十里，曰大草滩，又三十里，曰黑山儿，又七十里，曰回回墓。”第二个记录是明成祖时吏部员外郎陈诚于永乐十二年出使西域，历经新疆和中亚地区 17 国，回来后写的《西域行程记》，在《西域行程记》中这样记述：“（明永乐十二年正月）十八日，晴。早起，向西行，南北皆山。约行七十里，地名回回墓，有水草处，安营。”而这一地名我在《甘肃通志》的记载中得到印证——“玉门县，惠回堡，县东二百里。”第三个记录则是《嘉峪关市志》中记载的“明朝嘉靖八年添筑骟马城、上柏杨、下柏杨，回回墓，红泉等五座墩台，都分布于西北，为当时的必经之路的沿线”。而此前的文献记录中，均无回回墓的记述，这就证明，回回墓是在明代出现的。

我在惠回堡的另一个重要发现是——回回墓主人不是吾艾斯一个人了，而是三个人。拜读岑仲勉的《中外史地考证》，文中这样记载：“嘉峪关西八十里为大草滩（其地广而多草）。滩西四十里为回回墓（以地有回回三大冢，故名……）。”也就是说，明代时期，这里的地名仅仅是回回墓、回回三大冢，而非惠回堡，是三处墓地连在一起的。

出于军事防卫需要，清朝政府在嘉峪关到古玉门关一带修建城堡，惠回堡就此诞生。在《肃州志》中，我仔细查阅惠回堡的初建年代：“雍正五年建，系靖逆通判黄汝镜建。”

站在古堡内时，我的眼前摹画出了这样的图景：雍正五年春末，惠回堡一带的土地彻底解冻，万物复苏。肃州城内的通判黄汝镜接到朝廷之命，为了防止西域各种叛乱势力侵略关内，清政府决定在嘉峪关以西的古丝绸之路沿线，设置城堡、派驻军队把守。大批肃州乃至内地的工匠被征调而来，在戈壁滩上的烈日暴晒下，骟马城、西域城等古堡修建而成。修建在回回墓西侧不远处的古堡就此取名惠回堡，这便是“惠回堡”的来历。

如今，古堡的墙体依然有 2 米多高，根据《肃州志》的记载，清朝时的惠回堡城墙高达 10 丈，那该是怎样高大恢宏的一座古堡。整个古堡周围合计达 1.2 里，堡内的主人显然是驻守的军士。古堡的东面有一处城门，城门上的城楼早已被毁。漫步于堡内，依然会发现当初设在堡内的千总公署的残砖破瓦。城东侧曾经还有一处演武厅，一个个内地来的士兵在这里展示他们的军技——堡内曾经有 200 间驻兵的营房。

清朝中后期，随着来自新疆的叛乱压力减弱。古老的丝绸之路又恢复了往昔的繁华，新疆境内乃至更远地区的穆斯林又带着他们善于经商的热情和获取利润的心情，来往于丝路之上。由于古堡地处肃州（酒泉）到沙州（敦煌）的要道上，有驻军能提供给养和安全，来往的穆斯林慢慢地选择在古堡四周休整、住宿，使古堡重新焕发出活力。带着惠及回回人的愿望，来往于这里的穆斯林逐渐称这里为惠回堡。带着一种敬重心理，来往于此地的穆斯林在民间口传历史的引导下，逐渐传说墓地里埋的是来华传教的吾艾斯——他们心中的圣者。

清朝末年，惠回堡及其以西的不少地方，还散居着不少穆斯林。1805 年，一位叫祁韵士的文人从北京去新疆，离开惠回堡后，看到的是“自此而西，回民比屋皆是”的景象。

1842 年 8 月 11 日，农历七月初六，因禁烟被发配的民族英雄林则徐一行西行往新疆。出嘉峪关后，扑入林则徐眼帘的尽是戈壁荒漠，突然出现在他眼前的惠回堡，给他留下了这样的印象——“驻千总一员，兵一百名。此处有林木水泉，颇为关外所罕。”除了驻军早已不在外，他所描写的情景依然有着佐证：如今，这里依然是林木茂盛，拱北内的水泉依然汩汩而清流。不由让我念咏起曾经读过的一首清代诗人汪隆的《惠回堡》——

地启边关第一程，敦煌从此赋西征。荒原犹指番回冢，化宇令屯甲骑营。山拥晓烟村店集，风吹沙径野泉清。升平万里游踪远，车马辚辚过堡城。

19世纪后期，山拥晓烟、村店云集的古堡内逐渐多为回民居住。公元1882年，玉门县府以5000元的价格，将墓地一带的地权变卖给一位姓程的汉族村民，后来辗转到汉族人萧砚田手中。但堡内依然有穆斯林居住。光绪三十三年（1907）三月初一，方希孟行至这里，依然看见“堡内外皆回民，行台在西坡上，宽敞整洁”。到1911年时，惠回堡内还有20多家住户。

1936年春末，时任国民政府军事委员会上将参议、回部总代表李公谨奉命到河西走廊等地“劝告汉回各族亲善”。到酒泉时，他听当地穆斯林说，在嘉峪关外有一处惠回堡，堡边有一处穆斯林圣人墓。5月3日，李公谨带人前去视察，现场看完后，他决定和萧砚田交涉赎回这块土地。无论哪个民族，对圣者的尊敬心是相同的，身为汉人的萧砚田听说这里埋着穆斯林的先贤，当即表态分文不取，将土地无偿归还。5天后，萧砚田就让外甥张锡山和马致善将土地契约送给李公谨。李公谨当即将这张契约交给肃州清真寺保管，并“嘱寺立碑道谢萧”。1936年10月19日，李公谨将此事立碑以记：“先贤于我国有功，政府通令全国军民人等保护古迹，故悬此碑，永志不忘云耳。”至此，这方墓地的神秘色彩因为官方穆斯林要员的如此态度而达到巅峰，古墓的主人被彻底认定为圣者。

因为这里地处连接新疆和内地的咽喉位置，自明清以来，很多来往于内地和新疆的穆斯林达官显贵在这里留下了凭吊的身影和墨迹。除李公谨外，有军政部长白崇禧、骑五军军长马呈祥、三十六师师长马仲英等。

后来，周克礼、马进仁等3户临夏回民义务前来，默默地看守这块日渐荒废的墓地。新中国成立后，由于堡内的回民搬迁一空，当地民政部门将堡名更换为“新民堡”。1958年，周克礼、马进仁等迁居新疆伊犁，这里再次陷入了荒凉中。1962年，一位东乡族老妇人来到这里，悄悄地看守过一段时间。

“文革”期间，红卫兵多次要冲击墓地，时任大队书记的周生华虽然是个汉族，但他敬重穆斯林在这里长期守护的情感，便利用自己的身份，多次劝退了红卫兵。并动员其他村民，巧妙地用土坯和席子将拱北的土墓庐围了起来，里面装上了粮食，给红卫兵说这里已经改成了粮仓，使土墓庐一直保持到1986年。

2003年，周生华去世，在他的影响下，他的长子周建明至今仍常到拱北去，他说：“我父亲大半辈子都在默默地保护着吾艾斯墓，并一直教导我们要保护好

>吾艾斯拱北远眺

回回的先贤墓，不能破坏，他生前和周克礼及其父亲都非常友好。他临终前嘱咐我们，要和穆斯林搞好团结，互相尊重！”

2013 年 2 月中旬，我在嘉峪关清真寺里见到退休的祁新民时，听到了这样一段经历。1967 年，从临夏来到嘉峪关钢厂工作的回民祁新民告诉他的老乡、临夏回民马星阁：“在离这里西边几十公里，有一个穆斯林的圣人古墓没人看守！”马星阁听完后当即决定去看守。祁新民和玉门东站工作的回民丁万才以及一位姓纳的回民商议，每人拿出点钱，在拱北的北院内修建了一间简易房，供马星阁居住。

马星阁在这里悄悄地看守了 3 年后才离开。那是怎样寂寥的 3 年时光，一个人以没要也无法要任何报酬的零代价，默默地完成了一个穆斯林对圣者的虔敬举意。这时候，对这些并没有多少宗教知识的底层农民来说，墓地的主人是谁已经显得并不重要了，他们彰显的是生活在中国底层的穆斯林对他们心中圣者的态度。

或许是马星阁临走时有托付，或许是新民堡里的汉民出于对拱北的敬重，马星阁走后，一位叫张玉年的汉族村民偷偷地住进马星阁住过的那间简易房子，开始了一个汉族人守护穆斯林拱北的日子。比起马星阁的 3 年看守来，张玉年以孤独而悄然的 5 年守护，完成了一个汉人对这块墓地的看守。这时候，宗教并不存在于此，存在于这些底层农民——汉族的、回族的、东乡族的——内心的，是对圣洁之人的敬重，是对一份属于自己或他人的信仰的敬重。

张玉年的 5 年孤守结束后，接着，是另一位叫郭学成的汉族老人（他曾任大队书记并和周生华商议，将拱北巧妙地改成粮仓）开始一年多时间的守护。这是惠回堡内拱北何等的荣幸！这种对种族、信仰领地的跨越，这种维护信仰之盏的光芒不息的接力，放眼中国乃至全球穆斯林或非穆斯林世界，该是怎样的一种力量绽放，该让那些固守民族或宗教私域的狭隘者有着何等的反省或羞愧！

>吾艾斯拱北

1976 年，国家宗教政策的春风也吹到了这座历经磨难的拱北，新疆和甘肃交界处的穆斯林又开始来这里进行祭拜及其他宗教活动。

1980 年 9 月，时年 76 岁的马星阁再次来到这里开始义务看守拱北。随着老人的到来，这座拱北也开始人气旺盛起来。1981 年，临夏人马文奎带领自己的工程队到此整修。1985 年，甘肃临夏的东乡人马吉利出资修建墓庐。那年九月初六，挖掘的民工挖到地下 2 米多深时，突然出现塌方，继续挖掘时，从墓穴中挖掘出吾艾斯的肉体。据挖掘者回忆：“先贤的贵体完好无损，皮肤、头发、胡须等丝毫不朽，鲜活如初。当时将先贤金身搬移到新建的墓庐中，修缮了墓穴和墓室。”

这段回忆不由地让我产生怀疑，按一些穆斯林学者引用的回族民间口述的《回回原来》《西来宗谱》及当地穆斯林的口传，吾艾斯埋在这里已经有 1200 多年，按玉门市境内的地理条件，埋在地下的尸体经过 1200 多年是不可能“鲜活如初”的，结合明代正史资料《肃州志》《玉门文史资料》及林则徐等人的亲眼所见所述，我认为，这又是一典型的回族式的误传历史。也就是说，吾艾斯不是唐代来华的，即便是唐代来的，也不可能是唐朝初的唐太宗时期。已故的北京大学教授陈垣在《回回教入中国史略》一文中写道：“中国回教书中有一部极鄙俚而极通行之书，名曰《回回原来》，又名曰《西来宗谱》。其言回教入东土之始，谓始自唐贞观二年。

>吾艾斯拱北过圣纪（一）

>吾艾斯拱北过圣纪（二）

>吾艾斯拱北过圣纪（三）

识者多鄙此书为不足信。”他认为《回回原来》等史料中记述伊斯兰教于唐贞观二年传入中国是历法演算之误——“所谓贞观二年者，实永徽二年也”。在《旧唐书》《册府元龟》等唐代史籍中，都记载永徽二年大食遣使者来到大唐朝贡，并非传教。在《唐会要》里还有这样的记载：当时，唐朝政府下令特制雌雄两个铜鱼，上面铭刻来唐朝贡的使者所在的国名，放置在使者所在国家。永徽二年之前，唐代政府并没有铭刻大食国名字的铜鱼，因此，也从此可断定大食国的使者第一次到唐朝是公元651年。公元655年，大食国再次派遣使者前往唐朝，这次来的使者在唐朝的皇廷上宣传说自己的国家有34年，已经有三代国主。这一年又被后来成书的《旧唐书》作者误认为公元651年——陈垣教授为此指出："《大食传》盖误以永徽六年使者之言为永徽二年使者之言也。永徽六年为回历三十四年至三十五年，正回教第三代哈里发（教主）奥自蛮在位之时。"因此，按照《回回原来》等书所言来中国传教的穆斯林中的所谓"圣贤"是唐朝贞观时期来的说法，明显有着人为想提前穆斯林来华之嫌。

大食与中国正式通使确自唐永徽二年（651）。也就是说，阿拉伯国家正式来到唐朝的使节是哈里发奥斯曼时期，那时，穆罕默德已经过世，何来他派遣弟子传教？而且，唐朝政府接纳的穆斯林使者是从沿着传统的丝绸之路来自大食的，也就是今天说的伊朗，而非穆罕默德生活的今沙特地区。据中国著名的伊斯兰教研究者、《回族研究》原总编杨怀中先生在他的《唐代的番客》一文中也认为，唐永徽二年是唐朝和大食两个国家在政治、经济关系方面正式通使的时间，"并未说传教的事"，"伊斯兰教传入中国的标志，是礼拜寺的修建，是原教职业者的到来"。著名的回族史学家白寿彝在他主编的《中国回回民族史》中也写道："大食朝贡使到中国来，是一件事；回教传入中国，是又一件事。我们说，回教传入中国，与大食商人或大食朝贡使有相当关系，是可以的。但要一定说回教传入中国，与某次朝贡使有关，是不可以的。并且，大食朝贡使虽于永徽二年始来，但在这一年以前，谁也不敢说，没有回教人到中国来过啊。"也就是说，至少在唐朝和大食通使之前，玉门甚至整个河西走廊乃至新疆境内，是没有伊斯兰教的传教者的。就此，可以说，盖斯和吾艾斯不是唐朝贞观年间来到中国，应该最早是元代！而惠回堡附近及堡内有穆斯林则是明代了！

而惠回堡此类"埋着唐代来华传教的圣裔"之类的故意性错误，在中国很典型，一些穆斯林学者为了人为地提前一些建筑、文化遗迹建的时间，往往非要提到唐代否则不能体现其历史价值。其实，这反而伤害了一份有质地的历史。诚如不少学者做了西安城内的大学习巷清真寺的伪碑，上面写出是唐代之碑。结果被日本学者桑原骘藏以不可辩驳的事实指出是伪碑，且被回族史学大家白寿彝先生认可后，是一件令人多么尴尬的事情。因此，惠回堡拱北里口传的及不少未曾到实地考察就以讹传讹的——这里"埋着唐代的穆斯林圣裔"的说法，从侧面也告知中国的不少典型的"学者"与"专家"，一个伟大的民族是不需要伪传的历史来做伎俩性的点缀的，一处能令人敬重的文化遗迹是不需要靠年代是否久远来体现的！因此，当我礼貌地接过马德元递给我的那本《先贤吾艾斯拱北简介》时，真希望我是最后一个拿到它的人。因为我知道，不做拨开历史伪云的工作，不做实地考证或沉入史料的考察者，会从中读到伪知识且将其传播的。而时下遍布书店的诸多有关穆斯林的书籍，正因为弥漫着此类伪知识，而在无形中伤害了一个民族、一种信仰、一种宗教的尊贵与优雅！

1992 年，马星阁老人带着他敬畏圣人的笑容，带着他未能继续守护拱北的遗憾离开人世，被安葬于拱北后面的平地上，与他安葬于此的还有 5 位自民国时期以来看护拱北的穆斯林。后期陪伴他的王忠义继续看守拱北的任务，接着是临夏人马拜克阿訇。我想，再过千年，马星阁和其他曾经坚守于此的那 5 位普通的穆斯林，不就是当地穆斯林心中的圣者么？何须给他披一件“镀金”的外衣呢？他们的身份是普通的，但他们的精神领地是高洁的，是值得后人来此朝拜、礼敬的，或许也会有人来这里默默守护的。从这种角度想，吾艾斯是不是唐代的，又究竟有多大意义呢？

在时下中国，哪个城市的房价能卖出沙发的价？非玉门莫属！

离开惠回堡后，往西行至清泉乡，312 国道的南侧赫然出现一条简易公路。这条路的终点就是位于戈壁腹地、祁连山下的玉门油田——中国石油工业的“摇篮”。

在新中国第一口油井、第一个油田、第一个石化基地等荣誉背后，是玉门油田昔日的光荣和繁华。然而，随着油田资源的濒临枯竭，玉门市所在地从这里撤往西距这里 100 多公里的玉门镇上。但路边的指示牌却还没换掉，因此，外地去玉门市办事的人，往往还是沿着这条基本废弃的公路走到老市区。

远处的祁连山，身披一层白雪冷然地俯视这片生机索然的戈壁滩，废弃的公路上几乎没有车辆行驶，不远处偶尔还能看见一两只野羊或野兔子。这种情景一直陪着我走近原来的玉门市——如今已成中国最大的“废城”。

走进原来的玉门市核心地带的南坪区，只见一处处楼房空荡荡的，“中国房价最便宜的城市”“中国最大的空城”“中国最大的殇城”等外界的戏称，使这里充满着寒酸。沿着主街道解放街而行，路边积着薄雪，整个大街上几乎空无一人。给这个新中国第一个石油工业基地员工带来精神生活或寄托的电影院、书店、邮局、公园等都被废弃。突然，路边一座空空的房子引起了我的注意——那是一座清真寺建制的房屋，门头上写着“玉门清真寺”。隔着残碎的玻璃窗往里看去，正中间的房子是担当礼拜殿的，旁边的小屋子则散乱地堆着些穆斯林小白帽。隔着一层玻璃，仿佛也隔着一段时光之膜，让我依稀看见这个城市里为数不多的穆斯林，在没有正规的清真寺的情况下，在每个主麻日里，在穆斯林的节日里，在一弯戈壁新月的冷照下，跟着自己的信仰聚集于此，虔诚地来到这里完成他们的功课。

1939 年，国民政府就提出开发玉门油田，没有资料显示那时的开发大军中，有没有穆斯林来到这里。1957 年 12 月，新中国宣布第一个石油工业基地在玉门建成，来自新疆、甘肃的开发人员中，就有穆斯林的身影。他们和其他各族人民一道，积极投入到玉门油田的建设中，使之成为中国石油工业的大学校、大试验场、大研究场所。特殊的岁月里，宗教生活逐渐退居到内心，这些穆斯林在一个个月明星稀的夜晚，在劳累之余，内心里会不止一次涌起自己的民族身份感，自然也就在内心里一遍遍地默念着自己知道的功课。

玉门油田一度还担负起了为中国石油工业“出产品、出人才、出经验、出技术”的历史重任，其中就有不少穆斯林石油工人从这里走出，他们再次加入到玉门油田的石油工人“东去会战大庆，南下开发四川，跑步上长庆，二进柴达木，三战吐鲁番”的征程中。玉门油田曾先后向全国各油田输送骨干力量 10 万多人、各类设备 4000 多台（套），被誉为中国石油工业的“摇篮”，没有资料显示，这 10 多万大军中穆斯林所占的比例。那个时代的中国著名诗人李季曾赋诗盛赞玉门：“苏联有巴库，中国有玉门，凡有石油处，就有玉

>玉门油田被废弃的清真寺(一)

>玉门油田被废弃的清真寺（二）

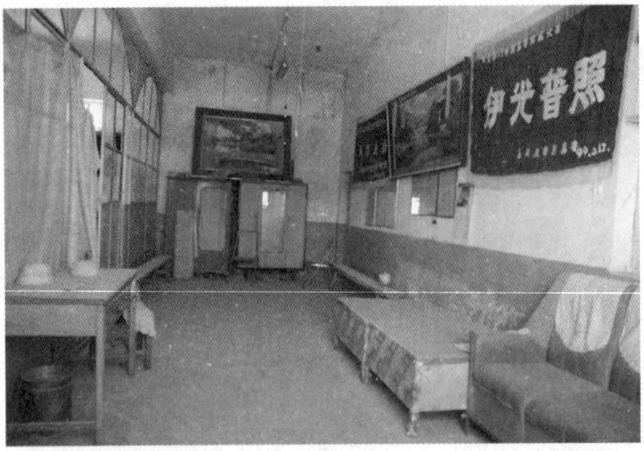

>玉门油田被废弃的清真寺内的礼拜室

>被废弃的石油工人电影院

门人。”恐怕连他也忽略了，凡有石油处的玉门人中，自然也就有穆斯林。

在甘肃省委、省政府和中国石油天然气集团公司的关心帮助和支持下，玉门油田生活基地于2005年在酒泉建成并搬迁投运，极大地改善了油田职工的生活状况，进一步促进了玉门油田的和谐发展。而我在酒泉城内的清真寺里遇到玉门油田来的穆斯林时，谈到老玉门城区的那座简易的清真寺时，他们的眼里顿时含着一种依恋，那是他们投身祖国的石油工业发展时的精神寄托，是他们作为穆斯林生活在玉门市的见证。

嘉峪关市是甘肃最北边的一个市，也是因为钢铁工业发展而崛起的一座现代化城市。酒泉钢厂的兴起，带起了嘉峪关的兴旺，前者在起步发展过程中就有穆斯林的建设身影，后者的快速发展，更是吸引了越来越多的穆斯林来这里工作，定居。

在我给自己命名并完成的“伊斯兰文明的中国之旅”中，嘉峪关是我第一次见到东乡穆斯林担任阿訇的地方。从惠回堡向东而行，进入嘉峪关，在城市的东南方，看到嘉峪关清真寺，刚好是这里的穆斯林做完礼拜。他们一个个穿着不同，头上的小圆帽颜色、形制也不同。等到礼拜的人基本散尽，我便慢慢地走了进去。

宽敞的大厅墙壁上，贴着清真寺向穆民们公布的各项开支，能看出这里的穆斯林向寺里出的乜贴还是比较高，也能从侧面看得出来，在嘉峪关这个收入较高的地方，生活于此的穆斯林的生活相对也是比较富足的。

马维礼阿訇的那一脸黑色的络腮胡子、深凹的眼眶、头上的缠巾，让我一看

>嘉峪关

就分辨出他不是内地常见的回族，也不是新疆境内的维吾尔族或哈萨克族。一问才知道，他是个典型的东乡人，来这里做阿訇已经好几年了。他是我从北而南进入甘肃见到的第一个东乡族穆斯林阿訇。坐在简易但整洁的阿訇室内，他开始向我讲述嘉峪关穆斯林的来历和生活。他边讲边打开手提电脑，向我展示他在“中穆网”的“河州社区”里发表的关于嘉峪关穆斯林的简单文章。

当时，83 岁的祁新民也恰好在马维礼阿訇的房子里，这位第一个到嘉峪关的穆斯林，不时为阿訇的讲述做着补充，这就使嘉峪关穆斯林的历史脉络显得清晰起来了。

祁新民的老家在甘肃南部的临夏，1963 年，国家倡导知识青年“上山下乡”，当时在家乡教书、已经成家的祁新民便响应国家号召，前往甘肃河西走廊中部的金川市从事建筑工作，后来，相继到西宁、兰州西部的连城铝厂、酒泉钢厂等单位工作。初到位于嘉峪关市区的酒泉钢厂时，有 60 多名临夏的回民，也有为数不多的东北回民，厂里为此特意开设了清真灶，给他们提供清真饮食，宗教生活则没有。他们在能去的情况下，便骑着自行车赶到酒泉的清真寺去，完成他们的功课。后来，他们向厂领导提议，希望能有个做礼拜的地方。当时由于穆斯林去世后在医院太平间“洗水”（指按照伊斯兰教规定对亡者擦拭的方式，作者注）不方便，酒钢穆斯林职工又向单位申请洗水房。厂领导请示上级后，便在富强路上盖了一间洗水房子，用来停放亡去的穆斯林的埋体。

1982 年，在那间洗水房的基础上，修建了一座二层阿拉伯式礼拜殿，这就是嘉峪关清真寺的雏形。

1984 年，酒钢公司修建体育馆时要占用那间清真寺，市上划给了 180 万元人民币作为补偿，市政府重新划拨了 3000 多平米土地，并补增了 40 万元人民币用于修建清真寺，加上群众集资，一座耗资 300 多万元的三层阿拉伯式礼拜殿开始建设。2002 年，在文化中路修建了嘉峪关清真寺，走进干净、肃穆的礼拜大殿，马阿訇骄傲地说，这里能容纳 1500 多人同时礼拜。目前，嘉峪关生活的穆斯林有维吾尔、哈萨克、东乡、回族等各个民族的穆斯林近万人，他们都将这里看作自己的精神家园。

>嘉峪关清真寺

第二十一章　河西走廊，伊斯兰来华的东方大通道

那时，你们怎么会想到
一场无意中的歧视，与别人无关
罩巾后的黄金面孔，收敛了笑容
黎明上路，连一滴露珠都来不及带上
种子，陪伴在这干渴的东方大道上
一株凋零在春天的内心，怎么能照顾亲人
因此，你们踩着祁连山下的积雪
开启一场没有秋夏的播种
多少年后，谁能料到追杀者的至期如此迅疾
一支远征军的意图被模糊在祁连山下
他们不仅是战俘，但改变他们的确是凶手
留下的，是我无法动笔的今夜
一卷发黄的愧色之籍，何其难写
一只山丹之西的鹰，发出无奈的呓语
一座飞翔的寺院，唤不醒今夜沉醉的凉州
沿着东方大道，一座座石材的纪念碑等待观众
那些埋着的声音，早已锈迹遍体
一次打捞，能让历史道出多少真相？
一次记录，又该如何避开华丽的辞藻？
一片漫长的丝绸，在这里写满谜面

早在哈密时，一本《哈密回王史料》中的一段记载就走进我的阅读视野中：17 世纪时，归信伊斯兰教的蒙古汗王察合台汗第七世孙木罕买提夏，从伊犁举兵东征哈密地区，成为哈密第一个伊斯兰教统治者，标榜其为木罕买提夏和卓（按照任继愈主编的《宗教词典》的解释，和卓是波斯文“Khwaja”的音译，也叫“火者”“霍扎”等，意思是“显贵”或“富有者”，也是伊斯兰教对圣裔和学者的一种尊称，作者注）。

木罕买提夏在哈密地区建立起了第一个伊斯兰教政教合一的王权，王府是这个政权的象征，为了赢得更多哈密地区的穆斯林尊敬，他下令在王府镌刻了一块石碑，上面镌刻的汉译文中称自己是“穆罕默德的圣裔”。他的儿子额贝都拉继承其位后，自然就顺理成章地标榜自己是圣裔，彻底完成了一个蒙古族贵族向“穆斯林圣裔”的身份置换。他认为自己的家族是有着高贵血统的“白骨头”，哈密地区非王族的穆斯林、非穆斯林都是“黑骨头”。为了保持“白骨头”的纯洁性，他下令禁止自己的家族与“黑骨头”通婚，这位木罕买提夏家族的第二位首领，就成了哈密回王家族的第一代回王。而此后哈密地区归信伊斯兰教的蒙古人，被他们称为“哈喇灰”。“哈喇”一词在蒙古语和阿尔泰语系诸语族中，均为“黑”或“黑色”之意，“灰”即“回”的译音。“哈喇灰”原为蒙古人，这是不是相对额贝都拉标榜自己的“白骨头”血统而带有歧视含义的称呼蒙古人呢？

公元 1678 年，额贝都拉继位的第十年，哈密回王政权曾归顺的叶尔羌汗国被准噶尔汗国所灭，哈密地区转属于准噶尔汗国所统治。第二年，在新疆发起叛乱的噶尔丹派兵侵占哈密，并实行武力与暴力镇压，这就激起了哈密地区的民众的愤恨和反抗。当时，清朝还未能统一新疆。公元 1696 年的昭莫多大战，清军战胜噶尔丹，额贝都拉顺势倾向清朝并如《清圣祖实录》中说的那样“遣人进贡来降”。而《亲征平定朔漠方略》中收录时任清朝川陕总督吴赫的一封奏折为此也做了佐证——“哈密回子头目额贝杜拉达尔汉白克，差回子阿林白克，赍奏章，及进贡独峰骆驼一头、马二匹、骆驼八头、小刀一柄。诚心归投皇上，等因到臣……诚心向化来降……”额贝都拉顺势托进京进贡的儿子阿林带给康熙皇帝一封信——“臣等白帽之族，自古以来，皆系皇上之人，向来进贡受赏”。这写记录、奏折、书信无不显出额贝都拉的穆斯林身份及反对哈密地区分裂祖国的行为。而他的这一举动自然得到康熙皇帝的认可，特赐给蟒袍、貂帽、金带等物。

公元 1697 年初，在噶尔丹食物断绝派遣其子塞卜腾巴尔珠尔掳掠巴里坤的时候，额贝都拉立即派遣长子郭帕伯克带领三百兵生擒噶尔丹之子及其部属，并将其押送北京。不久，额贝都拉在哈密的政权受到了准噶尔的策妄阿喇布坦的威胁与压力，他上书朝廷“祈皇上降敕，使勿害臣，给臣敕印……更恳移回子屯于肃州……使臣地声息，得时至圣上之前”。这封收录在《清圣祖实录》中的奏折表明，这是生活在哈密地区的穆斯林大规模迁移到肃州的原始动机。

清廷接到额贝都拉的上书请求后，认为他“诚心向化”，为“以示鼓励”授予额贝都拉为哈密地方的“札萨克一等达尔汗”，并颁札萨克印，赐红纛，批准了将这里的穆斯林移驻肃州的请求。而这些迁移肃州的穆斯林中，就有一支哈喇灰。至此，额贝都拉成为清朝正式册封的地方长官，哈密与清政府之间正式建立了臣属关系。额贝都拉家族统领哈密 233 年的基业从此开创，所以习惯上一般称他为第一代哈密王。

那时，哈密一带的哈喇灰生活状况与习俗是怎样的呢？《亲征平定朔漠方略》的这一段记载引起了我的注意——“回子风俗，与蒙古无异！”这就导致了清朝在哈密地方实施了蒙旗的盟旗制度和中原地区的保甲制度。

这些哈喇灰人的宗教生活中，开始普遍信仰伊斯兰教，《古兰经》是指导他们在政治、经济、文化、生活习俗等各方面的一切行为的准则。

哈喇灰，到肃州后的生活怎样？他们的习俗在这里发生了怎样的变化？他们至今还在么？

《哈密地区志》中记载：“辅佐忠顺王的有三等夷人，回回、畏兀儿、哈喇灰。”在哈密，我还找到一本由中共哈密地委宣传部于 1996 年编的《可爱的家乡，哈密》一书。其中这样记述：“明代，哈密的主体民族有回回、畏兀儿、哈喇灰三种人杂居。回回，是从阿拉伯、波斯迁来的传教士、商人、军士等信仰伊斯兰教的人；畏兀儿是指维吾尔人；哈喇灰是指信仰伊斯兰教的蒙古人。”后来，“回回”和当地畏兀儿人的长期交往中，特别是当时哈密畏兀儿人大部分改信伊斯兰教后，他们便逐渐融为一体了。哈喇灰则聚居在哈密城东南，在当时的哈密属于上层阶层。

1488 年，哈密城第三次被叛乱的穆斯林占领。和前两次一样，逃离哈密的穆斯林再次选择向甘肃境内逃生，这些穆斯林中就有哈喇灰。由于这次逃亡的穆斯林人数增多，以前他们寄住的苦峪城容纳不下这么多人，一些穆斯林便前往沙州、肃州等地，这是肃州境内出现哈密逃亡的穆斯林身影之始。第二年，明朝对苦峪城的第三次整修完成后，就将这些流居的穆斯林集中到了苦峪城。也就说，这些哈喇灰仅仅在肃州城郊区内有了一次短暂的停留。

1493 年 4 月，哈密被吐鲁番速檀阿黑麻率兵攻陷，哈密的穆斯林被迫第四次东进甘肃，2000 多名穆斯林寄住在苦峪城。这些穆斯林中同样有回回、畏兀儿和哈喇灰三个族属，为加强管理，朝廷命令“回回都督签事写亦虎仙及失伯颜答管回回，畏兀儿知院阿难答及指挥使苦木管畏兀儿，哈喇灰千户拜迭力迷失、平章革事铁木儿及舍人迭力迷失虎力管哈喇灰。”值得一提的是，这些哈喇灰人中，有的依然信奉佛教，他们到苦峪城后还修建了佛寺和佛塔。

明朝政府放弃哈密后，寄住苦峪城和瓜、沙二州的穆斯林由掌印都督奄克孛刺率领开始东迁肃州，全部被安置在肃州城的东关，这是哈喇灰第一次成规模地进入肃州城定居。从族属上看，寄住在肃州东关的穆斯林主要是畏兀儿和哈喇灰两种。据 1528 年甘肃地方官查报，寄住肃州的畏兀儿有 370 人，哈喇灰人共 510 人，不难看出，定居于此的穆斯林中，哈喇灰占多数。

这些穆斯林定居肃州城后，逐渐“不食猪肉，与回回同俗”；逐渐在这里安居乐业，不少更是从事经贸。范长江当年到酒泉东关，看到的是一个经贸被来自新疆穆斯林几近垄断的景象：“他们除将新疆土产输入内地外，并销售苏联出产的各种布匹等件。苏联布匹价廉质坚，深受一般消费者欢迎，故缠商的商业，颇为不坏。三道沟之缠商来往者颇多，他们赶着骆驼队或者毛驴子队，穿过沙窝、

>2013 年 2 月 15 日作者（右）与酒泉清真寺的马援阿訇

戈壁东西运送。他们性情忠厚驯善，身体壮实，青年男子和少女，颇富欧洲人的美丽。”他说的三道沟，是位于今玉门镇和酒泉瓜州区之间的一处驿站。

我所看到有关肃州境内哈喇灰的文字记述，大概算是在英国探险家斯坦因的探险手记中了——当他在敦煌北部的一处戈壁滩上寻找烽火台遗迹时，在一个牧群旁发现了两个骑着蒙古马、看上去很粗野的健壮牧人——“这两个人是东干牧民，对疏勒河、敦煌县城南面山谷里和高地附近的牧地都很熟悉。他俩长相粗野，举止粗狂，难怪路人都不敢相信他们。然而，凭我的直觉，我意识到，与那些温和、不愿走出家门、沉默的中国人对比起来，这些粗犷的游牧民族更值得我尊敬。尽管以前叛乱时，东干人作为土匪和叛军，做过很多凶残的事情。但是，我更欣赏他们坦率无忌，口无遮拦，勇猛剽悍，对本地的情况很了解”。斯坦因有权力尽情享受他对这些信仰伊斯兰教的牧民的欣赏，但他不知道这些说着蒙古话，甚至按照蒙古人的生活习俗完成生活中小的细节或大的活动的牧民，就是哈喇灰中的一支。从哈密东部的黑戈壁地带到阿拉善荒漠中，这些操着蒙古话的穆斯林被一些学者称为“蒙古回回”，其实，他们的身份就是哈喇灰（关于阿拉善荒漠中的哈喇灰，我曾数次深入到阿拉善荒漠到黄河谷地之间的荒原中寻找过，有关他们的情况，将在本系列书的《大河倒影》中专门提及）。

走进历史上的肃州清真寺，门头的字样已经改成了“酒泉清真寺”，地处城东的这座清真寺对周围的穆斯林生活影响很大，清真寺的马援阿訇告诉我：他是从临夏来到这里的回民，如今，来这里礼拜的既有当地回民，也有从临夏来的东乡人、宁夏来的回民，但大家都将这里看成一处团结酒泉城内穆斯林的场合，不少人特意选择了在清真寺周围居住。随着他的讲述，我抬起头来看，寺北边的一处居民楼的外观设计就是完全的伊斯兰风格。

如今，生活在酒泉城内的穆斯林多是东乡族和回族，他们的记忆传承中，已经没有人清楚哈喇灰这个概念了。明清时期的那些哈喇灰，要么融入到当地的穆斯林中了，要么离开肃州城，跟随着他们的牛羊到肃北草原上去了，这也算那片草场上有人信仰伊斯兰教的原因吧。

在日本音乐家喜多郎的音乐作品里，在斯文·赫定的探险日记里，在西方诸多沿着丝绸之路来华的文学家、传教士的笔下，河西走廊被称为“皇家大道”，即便是生活在嘉峪关的诗人、我的好友胡杨的作品里，还以“东方大道”来指这条盛满文化交流的浩然走廊。然而，学者、文人、探险家们更多是从自身对佛教在这条路上的影响力来书写的，很少有一本系统地来描写其中的伊斯兰文明痕迹的作品。“爱国是信仰的一部分”——按照《古兰经》的这个规定，这条路上同样有着穆斯林人士的爱国之举，这些义举其中之一便是我行至张掖时采访到的。

早在 1935 年 10 月时，中国工农红军在长征之旅中突破甘肃南部的腊子口天险进入甘肃岷县地区时，政治工作干部向将士们开始宣传“回民区域的政治工作”。我在 1979 年出版的成仿吾写的《长征回忆录》读到了其中的几条：1. 进入回民区域，应先派代表同阿訇接洽，说明红军北上抗日的意义，得到回民同意后，才准进入回民村庄宿营，否则露营；2. 保护回民信教自由，不得擅入清真寺，不得毁坏回民经典；3. 不准借用回民器皿用具，在回民地区不得吃猪肉、猪油；4. 宣传红军民族平等的主张，反对汉官压迫回民。

这些针对回民的政策在长征途中得到了很好的执行，也赢得了沿途回民对红军的认可与尊重。然而，在河西走廊一带，执行民族政策的红军却遭到了回民军阀的残酷杀戮。

1936 年 11 月 8 日，毛泽东及中央军委电令彭德怀、朱德和张国焘率红四方面军和红一方面军退回陕北，再图发展。而已过黄河的红四方面军 3 个军则组成红军西路军，力图在河西建立根据地，单独执行打通“国际交通线”的任务，准备接受在新疆哈密的苏联军事援助。当时苏联已经将 1100 吨箱装军火物资运送到了哈密，等待红军的到来。11 月 10 日，西路军正式组成，全军总数为 21800 余人。其武器只能装备全军一半人马，弹药更是缺乏。

当时中国西北盘踞着两大穆斯林地方势力，一股是以宁夏马鸿逵、马鸿宾为首的“宁马”势力，另一股就是盘踞青海的马步芳、马步青的“青马”势力。西路军进入河西走廊后，蒋介石下令回族军阀马步青、马步芳进攻西路军，阻止其沿着河西走廊向新疆进发，这就意味着，西路军必须和盘踞青海的穆斯林地方军阀“青马”交手了。

西路军渡过黄河后， 已进入甘肃省景泰县境内时，首先就遭遇了来自甘、青两省交界地区信奉伊斯兰教的回族、撒拉族、东乡族人组成的青海马家部队士兵。他们在长期对外族的征战中，擅长骑兵奔袭与白刃格斗，经常残杀俘虏，形成了很强的内聚力，但也伴生了不少惨绝人寰的残暴行为。

沿着当年红军血战马家军的景泰县一条山、古浪县倪家营子、凉州城、高台县城、临泽县等丝绸之路上的城镇乡村而行，当年的血腥似乎还一直留着，浓稠之处成了历史的一道伤疤，一路艰难辗转的西路军元气渐伤，也一次次遭遇了那些马家军中的暴行。尤其是古浪之战后，红九军放弃古浪向永昌退去，许多红军重伤员无法带走，只好留在古浪，并留书信希望马家军善待俘虏。第二天马家军进入古浪空城，第一件事就是把红军伤员全部杀光。在河西走廊上，只要攻破红军苦守的地方，马家军都会采取将男性红军屠戮、女性红军俘虏虐待的暴行。

在今张掖市高台县，马家军的残暴也呈现出了人性之恶的一面。1937 年 1 月 5 日，西路军指挥部各机关和红九军在张掖市西南的甘浚堡遭到马家军骑兵突袭，结果部队被打散，损失 200 余人及大部分电台等通信设备。此后西路军各部队联系不便，严重影响了统一指挥。高台血战中，包括军长董振堂在内的红五军 3000 余人激战至最后，大部战死，少数重伤被俘。马家军不但屠杀了全部俘虏，还残忍地将董振堂和军政治部主任杨克明的头颅割下，送到西宁去向马步芳请功。

经过马家军惨无人寰的追杀、屠戮，西路军遭到毁灭性的损伤，最后只剩下李先念、李卓然等率领的红军队伍走出祁连山。当时，带领左支队突围的程世才回忆道：为了减轻负担，工委只留下一部电台，每个连配备两挺机枪和若干步枪，将多余的电台和枪支都毁掉了。部队“循着高耸入云的祁连山迤逦前进。两边都是白雪茫茫的雪山，我们就在中间的崎岖小路上行进。沟里的风很大，虽然那时已是春天，气候仍很寒冷。沿途人烟稀少，只有一些稀疏的蒙古包，行军找不到向导，靠指北针走。吃饭找不到粮食、炊具，就用牛羊粪烧（烤）牛羊肉，刺刀做菜刀，瓷脸盆做锅，探条穿牛羊肉，既无盐吃，有时又无水吃。夜晚在山沟里露营，用枪托做枕头，大家冻得睡不着，有的竟至冻死。战士常不洗脸，浑身生满虱子，有的脸上死过七层皮。还有伤病员无药可上，大家脑子里时刻顾虑着敌人追袭上来。那时困苦真是达于极点，战士中有悲观情绪，我们就抓紧政治工作，加强部队团结，不断向战士做解释工作。行军时干部都不骑马，让伤病员骑，又找骆驼骑，有的一个骆驼骑五个人”。直至 1937 年 4 月底，终于摆脱盘踞河西走廊的马家军的追杀，到达新疆，只剩 420 余人。一条河西走廊，在近代史上留下了一曲西路军的悲歌，西路军 21800 余名将士中，力战牺牲的超过了一半，被俘的有 6000 余人。

一方面是马家军顽固地阻止西路军进入河西走廊一带，并残酷地追杀这支几乎没什么抵抗力的疲惫之师；另一方面，出于民族大义，一位穆斯林出现在营救西路军的前沿——他叫马德涵。

公元 1868 年农历正月初三，马德涵生于西安的一户回民家中。父亲靠中医不仅养活家小，并支持马德涵先后学习于四川陆军军官学堂、四川高等美术学堂。1906 年，马德涵加入同盟会成都分会，后来又彻底从戎。接到甘肃省督军马安良的电谕邀请后，马德涵从四川北上甘肃，受命任甘肃省传习所主任。由于他的声望，主政青海的马麒在创办“宁海军”后，便邀请他出任教练官，同时兼任马步青的家庭教师，这使得他能够来往于甘肃、青海的回族军队上层中间，给他们留下了良好的印象。

1928 年，为了照顾年迈多病的母亲，马德涵回到了西安，靠绘画卖画维持着清贫的生活。

“九·一八”事变后的那个星期五的上午，西安小皮院清真寺里出现了这样一幕：前去做礼拜的马德涵，抓住进寺礼拜的穆斯林礼拜完毕但还没有散开的时机，开始了他筹谋已久的一个演讲。他向清真寺内的在场穆斯林群众痛斥日寇在华暴行，并当场宣布：组织成立他暗中筹划了很长时间的西安回民救国同盟会（两个月后改为陕西省回民抗日救国会），他的演讲和宣布得到了那天前往清真寺的回民们的大力响应。随后，西安的回民推举他为西安回民救国同盟会会长，西安城内的五六百回民参加，这使马德涵在西北回民中的影响力大为提升。

1937 年初的西北，似乎比往年显得更为寒冷，这股寒气更是逼近西安，最能明显感到这股寒气的是来到西安的周恩来，他既要为西安事变的和平解决而奔忙，又要努力开展对西路军的营救工作。

一天上午，周恩来正在西安八路军办事处工作。突然，从事地下工作的吴鸿宾（回族）急匆匆地走进来，向周恩来汇报西路军在河西的危险处境，尤其指出，马步青的骑兵彻底包围了西路军，随时可以歼灭西路军官兵，这些已经几乎丧失战斗力的官兵命悬一线。周恩来抬起头，焦急地看着吴鸿宾，似乎从他的脸上找到了解救方案：“能不能找到和马步青说上话的人？最好能和平解决这件事，最好是个回民？”

马德涵！吴鸿宾的脑海中立即闪出这个名字。随即，他向周恩来介绍了马德涵的情况。

得到周恩来的允可后，吴鸿宾连夜走进马德涵家——借住他的挚友、回族爱国民主人士马子健的府中。吴鸿宾只是说有几个朋友在张掖被马步青的骑兵围住，请他出面说情。至今，没有文献资料显示那晚的谈话内容，但结果是明白的——马德涵应允了！吴鸿宾赶快向周恩来的秘书张文彬做了汇报，张文彬让吴鸿宾转告马德涵，这件事是周恩来同志委托的。吴鸿宾便再次走进马德涵的家中，这次，两个西北回民的长时间谈话，事关西路军被困官兵的生死存亡。马德涵当即慨然应诺周恩来的这一要求，并前往西安八路军办事处拜见了周恩来。

随后，鉴于马德涵耳朵失聪，按照周恩来的嘱咐，吴鸿宾找到了他的一个朋友，出生于宁夏海原县的回族商人马宪民，他们带着一项秘密而神圣的使命，踏上了去河西走廊的路。

马宪民年轻时在西安结识了东北军张学良总部的秘书、回族人张穆及其他回族青年林常盛、马子犹、马福泽、丁正熙等，他们曾共同组织了“中国回族救亡联合会”。马宪民担任宣传部长这期间，和周恩来、张文彬有过接触。

当张文彬提出要他协助马德涵去营救西路军时，马宪民当场答应。

1937 年 2 月底，69 岁的马德涵与马宪民、张文彬抵达兰州。第二天，马德涵就以个人办画展为名，前往青海省驻兰州办事处，提出要去凉州拜见马步青。得到马步青的应允回电后，马德涵一行乘坐前往凉州的汽车，经过两天的时间才到凉州。按照组织安排，他们到凉州（今武威）后，先去北门外的海藏寺，和那里的一个中共地下党员接头，由那个地下党员负责将马德涵掌握的西路军被俘人员情况、河西战况，以及和马步青谈判的情况发电报告诉西安的共产党组织。

由于之前有师生之谊，马步青在凉州城内的官邸接见了马德涵，并聆听了他对西安事变的和平解决、国共合作抗日及西路军被困河西的看法。针对马步青强硬对待西路军的态度，马德涵开始耐心劝说。他说：“咱们是宗教弟兄，你父子待我知己，我才敢与你畅谈时务。我比你大几十岁，读了些书，游了十几省，总比你阅历多。……”河西的冬夜，虽然寒冷，但马德涵心怀激情地和马步青一直谈到深夜两点钟。

第二天，马德涵带领张文彬和马宪民去赴马步青的宴请。张文彬当场亮出自己的身份，正式向马步青提出了西路军的改编问题和生活问题。加上马德涵的一旁劝说，马步青口头答应将如数释放被俘红军，愿将自己改编红军组建的工兵团和童子军遣送西安，还亲自写了两封介绍信，一封由马德涵带着去见张掖驻军统交韩起功，另一封由张文彬带到西宁，交付给马步芳，以解救被俘到西宁的西路军。

随后，马德涵便和张文彬分头行动，自己径往张掖而去，准备营救被围困在张掖黄番寺的 500 余名红军指战员。韩起功见是上司马步青介绍来的绅士，态度大为改变，他告诉马德涵说：“黄番寺被围的红军已被解除武装，对人员都未加伤害，不久前已送往青海去了。”

在河西的几天里，马德涵利用自己的特殊身份，到扣押所和医院看望了被押红军和红军伤员。从张掖返回武威后，马德涵和马步青再次相遇，马步青当面提出要请马德涵留在武威当土药征收局局长，马德涵以马麟就要从麦加回到西安与他商量事情为由谢绝。马步青给马德涵400元钱，以表师生之谊。一周后，马德涵返回西安，随后张文彬也从青海赶了回来。留下了一曲爱国之歌！

1937年4月，时任青海省主席的马麟从沙特麦加朝觐归来，路过西安，准备停留几天，马德涵按照周恩来的嘱托，以自己的名义在住所宴请马麟。那天，当马麟按时赴约时，马德涵请出了先到但隐身于侧室的周恩来、张文彬，并介绍说："马主席，这位是周恩来先生。"席间，周恩来巧妙而又扼要地把共产党团结抗日的主张向马麟做了说明，并希望他回青海后能阻止马步青对被俘红军的屠杀政策，优待并送还青海的红四军人员。

后来，马德涵再次把吴鸿宾保荐于马麟，使吴鸿宾能够以合法身份，奉周恩来指示去西宁了解被俘红军的待遇情况。通过马德涵以及其他途径，经过一年多的努力，8000多名被俘红军官兵终于回到了革命队伍中。

为了感谢马德涵对革命所做的贡献，1938年夏，周恩来在武汉特地送给他一副德国制造的助听器。毛泽东也曾委托周恩来给马德涵赠送了一条毛毯，一块粗毛呢布料。马德涵也委托周恩来给毛泽东、朱德赠送了自己的书画。

1949年6月初，国民党胡宗南残部与马继援部率军反攻共产党，马德涵带领西安的回族知名人士起草了《西安穆斯林告马军官兵书》，由解放军第一野战军在扶眉前线广为散发，起到了宣传党的政策、安定人心的作用。《群众日报》还刊登有马德涵拥护新政协，望速建民主联合政府的发言，题为《马德涵先生代表回族希望速建民主联合政府》，号召回民团结起来支持解放军解放大西北。

新中国成立后，马德涵在陕西历任省、市人大代表，政协委员，省民盟委员，省、市人民委员会委员，省、市民委副主任。1951年，周恩来打听到马宪民居住在兰州，生活拮据，批示甘肃省委即刻解决马宪民的工作问题，并给马宪民写了一封信，信中说："马先生在国难时期，宣传抗日主张；在西路军遇难时期，又不顾个人安危，毅然走进河西走廊营救西路红军，我们没有忘记你，希望你为党和新中国继续工作。"之后马宪民被安排在兰州民族事务委员会工作，先后担任民委委员、伊斯兰协会委员、甘肃省政协委员等职。

1978年10月13日，时任国家民委主任的杨静仁在给陕西省委统战部的批示中说："马德涵先生1937年受我们敬爱的周总理委托，同马步青谈判，营救了我众多西路军人员，为革命工作做出了重要贡献……。"这是对这位回族爱国人士留在河西走廊的那段佳话的高度评价！

2013年8月7日上午7点多，全球穆斯林的开斋节。位于祁连山最东南端的

>条山清真大寺

甘肃省景泰县县城所在地一条山镇东郊5公里处的条山村，村里唯一的清真寺里，出现了我的身影。我是专为本书的完成前去拍摄配图的。

1992年夏天，大学毕业后，我就选择了腾格里沙漠南缘的景泰县工作。那时，在《景泰县志》中就读到了这里有关民族宗教的这样记述：“县内信仰伊斯兰教的主要有回族和东乡族，他们都是19世纪30年代经商、躲兵从宁夏和甘肃临夏等地来景泰定居的，分布在一条山、芦阳、正路、大安等乡镇。据1990年全国人口普查，共有教徒302人。”

这点简单的描述背后，忽略一个事实：清末时期，从这里走出了一代教主。

伊斯兰教传入中国后，自然也就开始了一条本土化的进程，门宦制度的出现便是这种进程的一个见证。

穆罕默德去世后，在第四任哈里发阿里时期，阿拉伯半岛、波斯高原上出现了因争夺政教合一的继承人问题而出现的派系——哈瓦利吉派、什叶派和逊尼派。前两者当时都极力反对叙利亚总督穆尔维叶出任哈里发，就此与倭马亚王朝对立，和伊斯兰教中的教派彻底不同。从教派的角度看，逊尼派和什叶派互相对抗，逊尼派注重继承穆罕默德的宗教教义。在伊斯兰教历80年后，和穆罕默德同时期的人只有113岁高龄的哎奈斯一个人了。四大哈里发之后，长达40年之久的“依知麻尔”（见过“先知”面的人集体开会管理宗教）掌管体系，因哎奈斯的学生哈乃斐的卓著声名和渊博学识而终结，四大伊玛目掌教（哈乃斐、马立克、沙斐仪和罕伯里）的法学学派取代了“依知麻尔”。伊斯兰教历 200 年到 300 年期间，是四大伊玛目的学生掌握政权。

此后，伊斯兰世界虽然出现过其他学术组织、热潮，但四大法学学派的思想主张接近逊尼派，又承认逊尼派是正统派，因此，逊尼派把他们纳入了自己的教派中。公元 10 到 11 世纪，在伊斯兰世界中出现了苏菲派，中国著名的学者马通在他的《中国伊斯兰教派与门宦制度史略》一书就指出——苏菲派“主张崇拜‘圣徒’，拜谒‘圣徒’坟墓，并赞同在墓旁祈祷、举行宗教仪式以及献礼等，而实际这些礼品全为教主、主持、当家人以及传教师所得。同时，认为对当地‘圣徒’坟墓的拜谒，是与到麦加朝觐有同等意义”。

苏菲主义在南宋时期就传到中国，但那时的教徒多以个人隐修为主，有的也悄然传教，并没有形成具备影响力的教团。16 世纪，沿着传统的路上丝绸之路，苏菲主义进入新疆境内，形成了白山派和黑山派，被统称为“依禅”。

公元 14 世纪，在今乌兹别克斯坦的布哈拉附近的巴维丁村，塔吉克人穆罕默德·伊本·白哈丁·布哈里（1314—1389）在他家乡师承凯斯里·阿里罕主张低声念诵赞词，以“纳格什班迪耶”著称于世，后师承苏菲长老巴巴·赛玛希和赛义德·阿米尔·库拉勒学习正统苏菲学理，受高声念诵迪克尔，成为苏菲学者，并在布哈拉形成一个道堂中心。

16 世纪初，纳格什班迪耶教团有 3 个支系先后传入中国新疆。穆罕默德·巴给是纳格什班迪耶教团创始人纳格什班迪耶的第七代再传弟子。巴给的弟子艾哈迈德·希尔信迪被中国穆斯林称为伊玛目·冉巴尼。

17 世纪，苏菲主义学派逐渐渗进甘、宁、青等西北地区。18 世纪后，一些教团传入中国后，开启了一条教团或教派的中国化之路，落地后逐渐形成了门宦——据考证，这一词汇最早是见于光绪二十三年三月，时任河州知州杨增新的《呈请裁革回教门宦》。对于这一嬗变，马通同样说道：“教派没有严格的组织，仅以清真寺为活动中心，各清真寺之间一般也无联系，而门宦则上有教主、道堂，下有清真寺，形成一个严密的组织，教主一呼百应，教徒唯命是从。同时门宦之间，各自独立，互相排斥，毫不相让，矛盾和冲突从来就没有间断过。”

从教派到学派，从苏菲到门宦，一路走来的这一伊斯兰教现象，伴随着门宦这个新鲜的词汇，逐渐被西北地区的穆斯林接受——“说明中国伊斯兰教已与中国传统封建制度和儒家思想紧密结合在一起，逐渐形成了独特的封建门宦制度”。

18 世纪中叶伊玛目·冉巴尼的六传弟子夏·奥里亚·依合万·嘎里把纳格什

班迪耶学说由印度传入新疆阿克苏，并在那里建立阿印科道堂，之后又传入内地，对中国的四大门宦虎夫耶、哲赫林耶、嘎底林耶、库不林耶形成一定影响。

西北地区的穆斯林敬称依合万·嘎里为阿印科道祖，阿印科道堂所在地虽小但在伊斯兰教史上占有最重要的地位，那里是中国伊斯兰教门宦中洪门的源头，也是西北主要门宦的源头，而洪门的创始人洪寿林就出生在条山村。

当我探寻伊斯兰文明之旅的脚步走到祁连山南端的景泰县时，位于县城东郊的条山村出现了。中国伊斯兰教门宦中洪门创始人——洪寿林就出生在这里。

将阿克苏和条山村联系起来，我的眼前立即浮现出一条阿印科道祖之后的谱系图。依合万·嘎里将教权首传马方（被信众尊称为安西大湾太爷），安西大湾太爷后来又将教权传给了信众尊称为安集海太爷的安集海太爷，接着是酒泉一位叫肃州韩的虔敬信徒接过了这个道统。从他开始，这个神秘的门宦开始传向内地。肃州韩再传至青海门源县大通老太爷。大通老太爷传给了甘肃景泰县碱沟井老太爷，碱沟井老太爷传给青海大通县凉州庄太爷，从凉州庄老太爷手中接过这一教权的，便是洪寿林。

由此可以看出，伊玛目·冉巴尼是纳格什班迪耶教团的第八代继承者。阿印科道祖是伊玛目·冉巴尼的六传弟子，而洪寿林则是阿印科道祖的第八代继承者。

1852 年，洪寿林出生在条山村的一个贫寒家庭。同治年间发生的西北地区回民举事，他随父亲流落同心县的石圈村（今洪岗子）。父亲不久去世，洪寿林便到寺坊做杂工，闲暇时间，便认真地聆听阿訇讲经，攻读阿文，默默地走在一条寂然求学之路上。后来，又在宁夏南部的泾源县、固原乃至陕西有名的清真寺去求学。

1897 年，虎夫耶门宦教主、凉州庄太爷马栋指定洪寿林为继承者，从此开启了虎夫耶洪门门宦。在今宁夏同心县下流水乡洪岗子村设道堂传播纳格什班迪耶主张，其一生共传 3 个弟子，其中八传青海大通塔尔乡尔什雅太爷，九传宁夏洪维宗。虎夫耶洪门门宦作为中国伊斯兰教苏菲派的一支，经过多年发展，逐渐成了广布于甘、宁、青、新、陕等地的一支显赫的宗教支派。

1936 年，中国工农红军攻克同心县境内的下马关，占领豫旺城，红军所到之处，秋毫无犯，严格尊重回族风俗习惯和宗教信仰，保护清真寺，赢得洪寿林的敬佩。当红十五军团政治部先后派侦察科长聂秉和小童等前来洪岗子拜访他时，他不顾马鸿逵特务的监视威胁，热情地接待红军联络人员。为保证安全，他将联络人员安置在自己修身办道的“静房”里。听取了红军团结抗日的主张和民族宗教政策后，他愉快地接受了红军的主张，并与红军保持着联系。1936 年 10 月下旬，洪寿林接受红军代表请求，给马鸿宾做工作，使其所属部队避战让路。随后，红二、四方面军和前往会宁迎接的红二军方面都顺利地到达了同心县城。为了表达对他热爱人民、拥护红军的行为的表彰，红军代表唐天际、程宗受、马青年一行数十人送来一幅丈余长的红绸大锦幛和 150 只羊，锦幛上题有“爱民如天”四个大字，落款是“汉族同胞程宗受（系程子华化名）、唐天际敬赠”（唐天际墨迹）。为感谢红军，洪寿林盛情欢迎，并以民族佳肴炒羊羔肉和蒸花卷款待了红军指战员，临行时每人赠银圆两块，还特备了两箱蜡烛，送给红军，寓意“共产党和红军走到哪里就给哪里带来光明”。

1937 年农历七月二十四日，85 岁的洪寿林老人归真。临终前，他再三叮嘱家属：“家中匾幛很多，唯独红军送的缎幛是贵重之物，你们要妥为保存，将来定有用场。”儿子洪清国遵照父命，将缎幛细心包藏起来，直到 1949 年解放，作为珍贵文物贡献给国家。如今，缎幛珍藏于宁夏回族自治区博物馆。

一个从条山村走出的贫穷孩子，在坎坷的一生中完成了一代大阿訇的使命，成就了伊斯兰教洪门门宦的光大。

就在老人去世前一年，即 1936 年 10 月，一条山却遭受了一场灾难。中国工农红军一、二、四方面军长征在甘肃省白银市境内的会宁县会师后，为了执行宁夏战役计划、打通西北地区的抗日局面，红四方面军一部奉中共中央军委命令，西渡黄河。10 月 28 人，红三十军先头部队进入白银市境内的景泰县。在景泰县境内，红军和马步青、马步芳军队的 8 个旅浴血奋战 10 多天，而马部的军队人员中就有不少回族人。10 月 31 日，红三十军追击敌军至一条山村。这时，蒋介石委任马步芳为西北“剿共”第二防区司令，马步芳派前线总指挥、回族军官马元海率领另一个骑兵旅及青海的民团 1 万多人，援驰一条山。

《景泰县志》中这样记载：“1936 年，在一条山村建清真寺一处，传教阿訇 5 人。”也就是说，在 1936 年之前，这里是没有清真寺的。就在清真寺建成不久，那座位于村子西北角的清真寺，被红军八十八师一个营控制，以堵截围在村里的马进昌团的外逃。马元海不顾自己的穆斯林身份，下令手下团长、回民马步銮向清真寺猛攻，战斗异常猛烈，红军因寡不敌众而丢失了清真寺。

一条山激战，是红军渡过黄河后，和马步芳、马步青的回族军阀部队的首次较量。史称“血战一条山”，自此拉开了红军西征河西走廊的序幕。

第二十二章　黄土深处的信仰之薪

地下埋着的薪

一粒无辜的种子，仓促中走进土里
被干涸收获成一场寂寞
一把薪火，被改换心脏
被病毒熄灭为一场凄厉的轮回
告密者，给这难得的晴朗拉上帘幕
最凄厉一声，来自黎明前的监牢
告别着那埋着深恨的时代及遥远的亲人
临终前的箴言，从兰州城飘到平凉府
直到如今，被删改成一部无字之册
秘密流传于月夜的乡下泥屋
黄土深处，月色里沁出的血污
将亲人的村庄隔成两片仇恨，再没和解
他们雇人，写着各自祖辈的历史
解读者，又该以怎样的角色辨认
一豆灯光下的诵读，真相和尊严渐失
炕桌上摊开的经书，疲倦于长久等待里

少女绣下牡丹，少年带走“花儿”
村外，瘦了的麦垛噤声于官府的巡查
一场湿润空气的落雪，远离期盼
黄土上的恍惚，目送一场葬礼的结束
主人，是一位抱着薪火的来者
祭奠的场景，注定在百年后才能解密

从景泰县境内的五佛渡口跨过黄河，身后是青藏屋檐的祁连山末端，眼前便是带有广袤的黄土高原地区特色的靖远县。

我出生在靖远县，到县城上高中时，我就和穆斯林有了最早的接触。那时，靖远县在国家工商局成功地注册了我国第一个羊羔肉商标——靖远羊羔肉。如今，在以靖远县为原点辐射，各个方位的国道、省道边上，或几百里或几千里，沿途的店面中不乏“靖远羊羔肉”的招牌。据说，这个招牌就是一位叫阿西亚的靖远回民创办的。

我为了本书的写作来到靖远县时，内心里涌起一种敬意——对出生在这里的中国伊斯兰教研究大家、中国回族学研究奠基人杨怀中先生。杨先生曾答应为本书做审稿专家，没想到，就在本书临近结束时，我准备将打印好的书稿送呈先生府上时，他意外地生病了，而且是脑疾，一声长叹中，我明白，没有先生的慧目审读，本书定会多些不该有的遗憾。本书写作至此，不由想起我采访杨先生时的情景来，想起大师的谦逊和对我近几年来行进在伊斯兰文明的关注、研究路上的关照和鼓励。

“一十八载，树终成荫，一十八载，读者群成；一十八载，回回学立，一十八载，回回新生。”这是2009年杨怀中先生从事学术研究50周年活动上，中国社会科学院世界宗教研究所研究员李兴华的贺词，短短32个字，概括了这位一直潜心中国回族穆斯林研究学者的50年学术之路。

1934年，杨怀中出生于黄河之滨的靖远县城一个普通回民家庭，祖辈都是在温饱线上挣扎的城市贫民。在当地回民小学读书期间，他一方面学汉文，另一方面也跟清真寺的阿訇学一些阿文字母、《亥听》等。1951年，考上靖远师范时，他成了整个家族中的第一代读书人。读书期间，他偶尔读到我国著名史学家白寿彝先生的《回回民族的新生》《回民起义》等书，便产生了写信向这位大学者求教的想法。一封求教信，得到了一代史学大师的回复，也鼓舞他在研究回族穆斯林之路上迈出第一步。他又将自己对回族史的一些学术上的疑虑和思考，写在纸上寄给了当时在北京大学教授阿拉伯语的马坚教授。马坚在回信中给他列出了几本必读书，其中就有白寿彝写的《中国伊斯兰史纲要》等书，但由于条件所限，靖远县并没有这些书。

1954年，他从靖远师范毕业，两年后，考入陕西师范大学学习中国语言文学。他从陕西省图书馆借阅到了马坚列出的那些书籍，通过对这些书籍的研读，杨怀中对回族学产生了浓厚的兴趣。尤其是白寿彝先生的这两本书，使他对白寿彝先生产生了深深的敬仰，同时也发现中国回族学方面的书籍太少，几乎是学术上的一片空白。杨怀中告诉我：“这使我萌发了一个念头，多读一些有关回回民族历史方面的资料，使自己对母族有比较全面深入的认识。”这株嫩芽就这样根植于杨怀中的内心，随着他的学术之路的逐步深入而逐渐成长为郁郁葱葱、荫绿覆地的一株学术之树。

从陕西师范大学毕业时，正值宁夏回族自治区成立，学校领导找到杨怀中：“宁夏成立回族自治区，需要回族知识分子，给你三天时间考虑。”出于对回族学的热爱，他第二天就决定：去宁夏。这个决定，影响了他此后的人生之路。

来到宁夏后，他被分配到自治区文教厅从事回族历史文化调查搜集工作。当时的银川很落后，杨怀中住的是才盖的土坯房，住进去时土坯还没干，墙面还是潮湿的。寒冷的冬天里，生了火的房间更加潮湿。生火用的煤要利用下班时间，自己拉着架子车去 20 公里外的火车站拉，去时是空车还好说，回来时拉着一车煤，艰难地行进在土路上，累了在路边稍微休息，等拉回来常常天都快亮了。最困难的是单位的清真灶在 1958 年后期停了，作为一个回族穆斯林来说，这意味着连吃饭都成问题了。下班后他只好买个饼子，打上开水，泡饼子吃。

1962 年，他提出在宁夏做回族文化研究的建议，并完成了《回族和伊斯兰教历史资料调查研究的设想》，分别寄给了中国社会科学院民族历史研究所和自治区党委宣传部，结果被列为当时宁夏树立起的“三大反动尖端”之一。三天三夜的批斗后，被送到贺兰山下的农场进行劳改，直到 1970 年才被释放，作为“问题人”，他被分配进宁夏人民出版社。

1987 年 5 月 11 日，摩洛哥哈桑国王亲自接见了前往该国参加斋月讲学活动的中国学者李华英。李华英向哈桑国王递交了三件礼物，其中有一本中文版《伊本·白图泰游记》，国王高兴地说：“伊本·白图泰几百年前访问中国，说明摩中友谊之久远，在这位友好使者访问中国几百年后，用中文翻译、出版他的游记是件大事，它标志着我们两国友谊的新发展。”这本书随即被收藏在了该国国家博物馆内。

新世纪伊始，原中国国家主席江泽民接见摩洛哥客人时，《伊本·白图泰游记》成了宾主双方的一个主要话题，摩洛哥方面希望能得到若干本中文版《伊本·白图泰游记》作为纪念，江主席立即表示尽量满足客人的要求。有关部门根据这一指示到出版社查询时，才发现这本书是杨怀中编辑、宁夏人民出版社出版的。

早在 1978 年，杨怀中就了解到白寿彝先生的《回族简史》书稿一直没出版，而中国当时没有一本了解回族历史的书籍，他说服领导，亲自前往北京联系出版事宜，使这本中国第一本介绍回族穆斯林的史书问世。后来，这本专著因为涉及到宗教方面的问题，出版遇到了阻力，他前往北京，向白寿彝先生以及中央民族大学、中国社会科学院等单位的专家、教授求救，终于使这本书问世。回族学者、著名作家张承志读完此书后如此评价："初读它时会有一种新鲜感，30 年劳作获得的资料性使得它有些工具书的味道；后来会感到某种沉重，书中含而不露的叙述中隐约可见成熟的情感。"

在宁夏人民出版社工作期间，他编辑出版了有关回族历史和伊斯兰教学术方面的诸多书籍，引领了中国回族伊斯兰教出版的一个高潮，许多书籍不仅有着学术突破意义，而且在今天仍是出版社的招牌书籍，给中国回族穆斯林的研究者提供了一个平台。

白寿彝先生早年的著作引领着杨怀中先生步入了中国回族穆斯林研究的殿堂。1963 年，他专程去北京师范大学拜访白寿彝。杨怀中向我回忆当时的情形："我去时，白先生正在开会，他给我写了一张纸条，上面有他家地址。晚上我到他家，他鼓励我多读书，打好基础，就像练武术要长期坚持踢弹腿一样，有了弹腿功，下场子表演，就容易多了。我这才知道先生早年也练过武术，谈话结束后，先生一直送我到门口，夜色中一直目送着我。"

1982 年，白寿彝负责编纂《回族人物志》，杨怀中被抽调进京，以副主编身份协助白先生完成这本历史大卷。在做白寿彝先生的助手期间，白先生深厚的学识、严谨的治学态度深深地影响了杨怀中，而杨怀中的勤奋治学也给白寿彝留下了深刻的印象。

自京城归来，杨怀中完成了《回族史论稿》，和余振贵合著了《伊斯兰与中国文化》《回族通史》两部专著。张承志在《回族史论稿》的序言中坦承："杨怀中学术的最大贡献，是他用纯粹的传统史学的方法，尝试表达了多年来压郁在回族人民心头的那种情感。"而《伊斯兰与中国文化》更是奠定了他在回族穆斯林研究领域的地位，得到了来自国内外的高度评价，美国、沙特等国家还积极联系该书的翻译、出版事宜。作为《伊斯兰与中国文化》的子课题，他和余振贵合著的《中国伊斯兰文献著译提要》，是国内第一部系统介绍中国伊斯兰历史文献、研究著作与翻译作品的工具书，成为了解中国伊斯兰教历史文化精华的入门读本。

早在 1980 年编辑《回族人物志》时，杨怀中曾就如何办好宁夏回族伊斯兰教研究所请教过白寿彝先生，白先生建议创办一个回族研究的刊物。1981 年，杨怀中调进宁夏社会科学院，经过 8 年的奔波和努力，《回族研究》终于正式面世，这是中国唯一的一个全方位研究回族的学术刊物。如今，这本杂志不仅被评为“中国民族学类中文核心期刊”和“中国人文社会科学核心期刊”，也成了中国研究回族学的一方阵地，几乎汇聚了中国当代研究回族穆斯林的所有精英，并形成了一个特殊的学术团队，成了海外了解中国回族穆斯林研究的重要渠道。

1986 年，杨怀中受邀在哈佛大学讲学。哈佛大学的海报上评价他是“被实践证明了的中国西北回族穆斯林的第一流的学者和苏菲派专家”。法国社科院的奥班教授称他是“有关中国 17—18 世纪苏菲派门宦研究的一位非常著名的专家”。

出靖远县向东南而行，便进入白银市最东边的县：会宁。

中国回族穆斯林四大门宦之一的哲赫林耶创始人的道堂出现了！创始人叫马明心，道堂叫马家堡。

当初那些沿着丝绸之路而来的穆斯林商旅、教士，大多出靖远后会向东南边会宁县境内迈进。我的足迹自然也就延伸到了位于会宁县北部的头寨镇马家堡村，这里有一处在中国伊斯兰教中有着不同一般的地位的朝拜圣地——哲赫林耶门宦创始人马明心开创该教派的地方。

随身带的一本《白银史话》中这样写道：“穆斯林教堂是伊斯兰教的重要标志，它是穆斯林从事礼拜的重要场所，是穆斯林宗教活动中心。马家堡村是回民群众的聚居地，有教堂一处，这就是马家堡教堂，也称关川教堂。”

站在那片贫瘠的黄土地上，整个村子简陋而寒酸地显在眼前，我首先对那本写作粗糙的书中的这段记载忍不住想用一个词语替代另一个词语：“道堂”替换“教堂”。我的思绪从这里慢慢飞开去，追溯一条哲赫林耶教出现在中国的路途，而走在这条路上最耀眼的一张笑容抑或一个最艰辛的背影，便是马明心的。

公元 1718 年，中国康乾盛世的辉煌年份，但这种盛世之光并未普及到贫瘠的西北——马明心于这一年出生。他的童年就在一种几乎没间断的荒年中度过，先后随父母从甘肃南部的武都迁移到陇西的内官营、榆中县的马坡。少年丧父的马明心，又随着母亲流落到今甘肃省临夏市的大西关。艰难的时光给予了他一个营养不良的身体，但丝毫没有影响到作为一个穆斯林对宗教知识的刻苦学习。12 岁那年，他母亲庄重地告诉他：“作为一个穆斯林，一生中必须完成的功课中，最重要的是能够去沙特阿拉伯朝觐！”并将他托付给叔父。叔侄二人便动身北上，到兰州后就沿着丝绸之路，也就是伊斯兰教当年从丝绸之路传来的反方向而行。穿越河西走廊后，进入新疆境内，因在戈壁滩中遇到狂风和叔父失散。马明心翻越帕米尔高原后，在中印边界的一个清真寺当了3年的勤杂工。那3年时间里，他艰苦而认真地学习，掌握了阿拉伯语。3年后，这座清真寺的教长要去麦加朝觐，便让马明心以从人的身份，跟随前往。

到了也门后，不知道什么原因，那个教长无法带他继续前往，让他自谋生路，自己兀自朝觐去了。异国他乡的马明心可谓身处绝境。一天，他信步走进也门的一个清真寺里，没想到那座看起来和其他地方无二的清真寺里，竟然内含了一个他此前不知道的世界。他从此走上了一条在也门学习13年的孤寂之路。

马明心那天无意中走进那座清真寺，遇见了知识渊博的穆斯林学者布录·色尼，从此，他走上了一条跟随这位学者潜心学习之路。布录·色尼尤其在他即将回国前，给他传授了哲赫林耶教派教义的经典，特意送他三本经：（一）《古兰经》；（二）《麦达伊哈》（赞穆圣诗词）；（三）《穆合曼斯》（穆圣传略）。并授意他将这些带到中国去，而且规定在中国只传八代教主（这就是所谓的哲赫林耶教里七外八的缘由），着重指出他回国后传教时，要高声念这些经典。

回国后，马明心开始传播哲赫林耶教义，其主要的宗教主张除了虔诚遵守《古兰经》规定的念、礼、斋、课、朝5项功修以外，不另设教派制度，简化宗教仪式。比如，将主麻日的16拜简化为10拜，强调将收来的乜贴用于周济穷人而不是供阿訇专用；主张教权要传贤不传子，严禁用神秘的教条恐吓威胁穆斯林；反对大兴土木，修建清真寺，更反对雕梁画栋，装修清真寺；主张晨礼后集体念“迪克尔”，晌礼后跪成半圆形，诵念《古兰经》，宵礼后集体赞圣，高念《麦达伊哈》中的一段；认为履行了这些宗教功修，就达到了“真乘隐藏于教乘和道乘之中，并为教乘和道乘所包涵”的基本要求；等等。但这些主张和国内的其他伊斯兰教门宦有冲突，自然就引起了争论甚至争斗，他所倡导的哲赫林耶被称为新教。

青海省循化县（当时为循化厅，作者注）的花寺道祖马来迟早于马明心将虎夫耶教派传入临夏，并将自己的教权传给了儿子马国宝，后者成了花寺虎夫耶的第二辈教主。马明心在临夏传教时提出的“教权传贤不传子”，引发了不少花寺虎夫耶教徒改信哲赫林耶教。公元1762年的一天，马明心在循化张哈工宗寺做“主麻”时，和马国宝相遇，两人由于讲经时的主张不同而发生争辩，马国宝将马明心以传播“邪教”为名告到了循化厅，马明心被官方判逐出循化厅。

从此，马明心走上了一条艰难的传教之路。在甘肃榆中县马坡山中避难、传教时，先后有云南古城、新疆伊犁、甘肃河州以及山东、陕西、宁夏等地的20多名阿訇，前往马明心处学习哲赫林耶新教教义，把哲赫林耶教传到全国各地。

这是一条艰难的传教之路，也是一种清贫生活的守候之路。马明心一生学生及拥戴者无数，但却田无一亩，房无一间，在辗转流离的生活中经常住在山洞或土窑里。留在会宁的这处道堂，同样如此。马明心当年住过的窑洞早已不在，即便留存，或许是村里最寒酸的“建筑”。

据村民们讲，马明心隐居这里传教时，家里的炕上没有铺过毛毡，常年睡在炕席上。村里老人口传的历史中，马明心常年穿的是一件由妻子用土羊毛拈成毛线织成的毛夹衫，但他又以渊博的知识和为穷人着想的心地，赢得了村子里人对他的尊称——“尔来之”（尊贵的人）。

公元 1781 年农历正月，青海循化地区的穆斯林韩哈拉勿、韩二哥兄弟二人，由于兄信仰马明心的新教，弟信仰老教，在母亲丧葬事仪式上，兄弟二人出现了争执。兄弟二人的这个家庭内部的宗教分歧，没想到却引起了两个教派之间聚众斗殴，结果老教派失败，被打死一人，打伤几人，韩哈拉勿的母亲葬礼由马明心的弟子苏四十三“站者那则”（葬礼）。那天，或许苏四十三在“站者那则”时预感到了什么，他在仪式结束时说，愿为此事争取得“舍西德”（为教门牺牲至高至贵的人，作者注）。

葬礼结束了，斗殴发生的恶果开始显现，老教派将新教上告到陕甘总督衙门。陕甘总督勒尔谨派兰州知府杨士玑会同河州副将新柱查办。处理的结果令新教不满意，认为官方的处理结果偏袒老教，打击新教。苏四十三便于 1781 年 3 月 18 日夜率 1000 多人反抗，直至队伍发展到 3000 多人，杀死河州知州周植等人，获取军火和库存东西。

这时，有人在兰州向总督勒尔谨控告苏四十三的这次破城杀官劫库活动，并指明马明心是策划这次事件的后台。刚好，马明心正在定西县官川传教，官府下令逮捕了马明心全家 8 口人，当时，在马明心家里没抄出一文钱、一件新衣、一斗粮食。马明心先被押在定西，后解送到兰州，押在皋兰县政府。

马明心被捕，引发更大的哲赫林耶教民举事。教民的武装包围了兰州城，守城官吏王廷瓒逼马明心登上城墙劝说苏四十三退兵停战。马明心对城下的哲赫林耶教徒说：“不要为我一人的存亡，兴师动众，叫大家舍身亡命，家破人亡，这是我所不喜欢的。你们快退兵。”教徒们不肯退去，马明心生气地把手杖摔下城以示气愤，起义军为抢手杖，阵容大乱，拥挤不堪。王廷瓒看到马明心在教徒们心中有如此威望，不敢释放他，在城墙上杀了马明心。教众们越发激愤，攻城更加猛烈，但清军的援军到来，这场教众举事被镇压。

清军将马明心的妻子张氏连同3个女儿发配到新疆伊犁，马明心的两个儿子发配到云南。小儿子马顺真在押解途中病故于云南报木井，大儿子马顺清发配到云南塔郎（墨江县）一金矿服劳役。

离开会宁后，马明心再没来过这里。但他在这里的教堂却一直是这里的穆斯林心中的圣地。如今，它在会宁县境内的省道郭馋公路和国道309线交汇处，当地教民称为关川道堂。200多年的历史烟云飘来飘去，始终不变的是教众对这里的敬重。

早在离开会宁迁往定西官川传教时，针对来自其他教门的压力甚至破坏，针对官府对哲赫林耶传播的限制，马明心已经预知到即将面临的危险。为了体现他传贤不传子的宗教主张，他想把传教的使命委托给品学兼优的人。于是，他打破了门户之见，选中了平凉的（老教）阿訇穆宪章作为接班人，让穆宪章前往宁夏境内的灵州，请那里的马七阿訇（马达天的父亲、马化龙的曾祖父）到定西官川马家堡子议事。穆宪章的母亲反对儿子参加新教活动，马明心两次派人去请，穆宪章两次都受母亲的阻拦没有去官川。第三次，在那个凝重的、铁色之夜，马明心珍重地摊开纸张，写信给穆宪章："为了千年的教门，可以不从母命。"信仰高于母命的穆宪章才有了违背母命的举动，收到信后立即赶往官川。马明心将哲赫林耶教派接替传教的经典、念珠交给穆宪章，穆宪章正式继承了哲赫林耶的传教任务。当时穆宪章问马明心："我以后由何人接替？"马明心回答说："灵州（指马达天阿訇）。"同时，马明心对穆宪章和马七说："传教者，首先不务虚名，不贪富贵，力戒私欲。凡贪图今世，据教私有的人，就不是我的朵斯替（弟兄）。"

这就是我在离开会宁后，赶赴平凉的理由！

马明心在传播哲赫林耶学理时，曾在各地设立道堂讲学，并招收学生，祖籍平凉的穆宪章便是其高足之一。马明心临终之际，将教位传给了平凉的穆宪章。那时，穆宪章还是一个清真寺里的普通助手，没有显赫的地位、渊博的宗教知识，甚至，他不是一个哲赫林耶教徒。但是，马明心传位于穆先章之举，给哲赫林耶教的历史乃至外界研习这个宗派时留下了一个深深的谜。

由于接掌教门于特殊时期，自接受哲赫林耶教第二辈传人的使命后，穆宪章便"进入静室，虔诚地开始干功，不问世事"。在执教期间，他采取了隐忍的方法，一直未曾公开传教。

公元1784年，田五阿訇为导师马明心复仇，再次发动了"石峰堡起义"，失败后导致清政府对哲赫林耶教更加严密防范，蛛丝盘查。穆宪章因与马明心的师徒关系而被捕入狱，身体受到极大伤损，出狱时身体已经残疾，余生之年更是处于隐蔽状态，悄然间操守着教门，维系着哲赫林耶教的一丝脉息。

对哲赫林耶教来说，那时的平凉是黑色的，传教者哑声，守教者坚韧在一道道自守的秘密前。整个教门在政府及同教仇视者眼里就像一只濒亡的地狱前的伤虎。他们没有看见那神秘的一丝脉动悄然发出点微弱之极的呼吸——穆宪章的神秘守教与传位，隐藏在黄土高原的深处，以自己的方式燃烧着那脉薪火。

哲赫林耶教传教初期，同教者就曾向官府告密：哲赫林耶教是以“耳毛为号”的，这使官府认为此后的每次哲赫林耶教引发的叛乱均是以“耳毛为号”的。马明心被捕入狱后，狱卒受命将他的“利哈耶”（腮须，作者注）用烧红的烙铁烙掉，并以“新教老教，耳毛为号”为标志捕杀穆宪章。是不是穆宪章有这样的口唤，我不得而知，正式出版的或民间秘传的抄本中也没有答案，但可以肯定的是，从穆宪章入狱后，凡是哲赫林耶一例不留腮须。在平凉，我从那些底层的哲赫林耶教徒中听到了这样的口传历史——穆宪章曾说：“我的教下从此后不留‘利哈耶’，我要留着后世和花寺打官司。”200 多年过去了，哲赫林耶教的教徒们，也一直恪守着这个教俗。

穆宪章病危之际，也正是哲赫林耶悲愤地拔光、剃掉腮须的时候。否则，一方面会容易暴露自己的身份，另一方面无法恪守教主的遗训，这为哲赫林耶教徒们的传教带来多大的纠结？但他们毫无怯色地守承了这个教俗。

穆宪章在隐忍中操持了 30 年的哲赫林耶教教门。临终之际，他遵守马明心的指令（马明心临终前曾指定第三代传人是灵州的马达天，马达天是他的弟子灵州七巴巴的独生子），派门徒前往灵州，请在那里苦守哲赫林耶教一脉的马达天前去平凉。哲赫林耶教中的圣籍《道统史传》记下了这个注定要兴盛的教门再次递传的一幕。使命在终结时开启了另一扇门，公元 1812 年农历五月二十七日，穆宪章生命谢幕于他那贫寒的家中，完成了他的哲赫林耶使命，殁后葬于平凉南台子并建拱北，此后的哲赫林耶教徒们尊称他为“平凉太爷”。

那一脉教息之薪，被马达天带到灵州去了。在这里需要多缀几句的是，马达天在灵州传教依然基本是处于一种隐秘状态，而且也在一种恪守马明心所倡导的简朴的甚至困窘的生活中，他在今宁夏吴忠市西郊的金积堡鸿乐府暗设道堂，悄然中开始传教，点燃那支近乎熄灭的薪火。后来，由于越来越多教徒在高涨的热情支配下，强烈要求他扩建教堂、公开传教。架不住这些教徒的呼吁，马达天扩建道堂的结局是引起了清政府的注意，后被捕押到兰州、发配到黑龙江，途中亡于吉林的船厂而被后辈尊奉为“船厂太爷”（关于这一点，可见我的另一部书《中国新天府》）。

第三代哲赫林耶教在第三代传人马达天手中传了6年。然而，哲赫林耶教的传递驿路至此发生了拐点。马达天被捕后，由于来不及选择接替人，便将掌教大权传给了长子马以德，这一点使马明心“传贤不传教”的主张发生了偏离，导致了哲赫林耶教上层后来的分歧甚至争斗。

马以德执教后，清政府对哲赫林耶教有所放松，使他能够乘机传教，发展教徒，尤其是派出传教者深入新疆和云南地区。32年的执教后，马以德在宁夏西吉县去世，后被葬于金积堡的鸿乐府。

马化龙作为马以德的长子和第四代主教出现在哲赫林耶教历史上，不仅使马明心提出的“传贤不传教”的主张再次偏离，而且也是马明心提倡的在“苦”与“素”中传教这一主张发生了偏离。他开始接受教徒的束脩赠送，并以经商扩大实力，成为“富甲一方”的乡绅与影响力颇大的大阿訇，更是成为发动反清起义的领袖人物，也将难得发展起来的哲赫林耶教再次引到了和清政府抗衡的前沿。

同治年间的西北反清举事中，哲赫林耶成了穆斯林中一支抗击最有力和最顽强的武装力量。1871年正月十三，马化龙被清军杀害于金积堡。第五代教主马元章*出场，他以平和的姿态出现——不仅“强调用汉文宣传教义，用儒道之学，解释宣扬伊斯兰教，又运用儒家忠义之道建立哲赫林耶门宦的教权制度”（见马通的《中国伊斯兰教派与门宦制度史略》）。还和晚清政府“和解”—— 得到朝廷赏给他的亲书“寿”字，得到袁世凯亲赠的一等“嘉禾”勋章。这些举措换来哲赫林耶在晚清时期的发展，自然，也就和前几位教主的主张有了偏离。他逝去后将教位传给了儿子马振武的举动显然也不是马明心等前几位教主所主张的。而且，马元章执教时期，出现了和马化龙的孙子马进西并列教主的哲赫林耶时期，前者是“北山派”，后者是“南川派”，两条同源之教开始在两个分支上各自行进至今。

回到平凉城！

公元1882年，陕西回民举行大规模举事，其势力很快就波及甘肃境内的陇东及陇南一带，这一带的回民迅速响应。这年夏天，哲赫林耶第二代教主穆宪章的堂孙穆生华在甘肃省天水市境内的秦安县莲花城率众起义，将攻取平凉和宁夏南部的固原作为首要目的，希望和宁夏平原上的灵州回民起义连接起来。在攻克平

---

* 马以德因是马达天长子，教内不认可其为第四代，马化龙是第四代，马元章是第五代。

凉无望的情况下，穆生华率众攻取宁夏南部地区的固原及海原一带，集结了这里的2万多回民后，重新回攻并取得平凉，进城后开始无节制地屠杀汉民，引发清朝政府下令调集更多军队围攻平凉。至此，双方原本的意图都发生了变化，仇恨的种子在各自内心膨胀，以致都失去了该有的理智，那些底层民众——回民也好，汉民也好——都成了双方拉锯战中无谓的牺牲品。

清军再次夺取平凉后，双方都付出了超出各自承受能力的代价。至此，谁也无法分辨正义站在哪边。穆生华带兵后撤，继续和清军对抗，越来越多的回民就此牺牲在撤退往陇东的董志塬、宁夏平原的灵州地区。

我的笔触继续回到平凉城！

1903年，哈密末代回王沙木胡索特进京朝贡，路过平凉时，他的随从、时任哈密陕西大寺社首马爵山特意向回王提出一个建议：前去拜访在平凉讲学的著名回族学者马良骏。

一个是远在新疆的回王，一个是隐居平凉的阿訇。两个人的谈话内容至今没有见诸文字，但谈话的结果很明显。回王深为马良骏的学识所折服，便诚恳力邀马良骏到哈密开学。他们从京城返回后，马爵山邀请马良骏一同前往新疆哈密，担任了陕西清真寺的掌教。

后因其父母、妻子仍在甘肃，特别是父母年迈，思子成疾，马良骏在3年后返回了甘肃华亭县十二堡清真大寺。1911年，马良骏又前往哈密陕西寺任主教。这次到新疆，竟成为他与故乡的诀别。

马良骏仅仅是隐居平凉的大学者中的一位，这里一直是晚清以来西北伊斯兰教弘扬、研究的重镇。一个个学者的身影出场，令这里增添了晚清时期一场场举事后血腥之外的学术质地。

平凉是传统的汉族人聚居区，而且还是道教在西北的高地与重地。伊斯兰教的传播足迹到这里时，为这里宗教文化的多元局面增添了浓厚一笔。如今，平凉是甘肃省除了临夏市外穆斯林最多的地级市，平凉市崆峒区回族居住相对集中，现有7个回族乡，3个以回族为主的街道社区。这里的穆斯林是怎么形成大规模定居的呢？

平凉是丝绸之路上连接陇原大地和关中平原的要冲，尤其是元朝建立后，平凉作为中原的门户地区，派驻了不少“屯聚牧养”之回回军士，这是平凉进驻大批穆斯林的开始。明末清初，平凉已是汉回杂处之地。1781年，署理陕西巡抚毕沅在奏折中称：“宁夏至平凉千余里，尽系回庄。”

早在明代，平凉的制裘业已相当兴盛，所产的毛皮制品一度列为朝廷贡品。善于做皮毛生意的回民看到了平凉的这一资源，便大批前来。清代至民国期间，平凉制裘业已成为来到此处定居的回族穆斯林的主导产业，故而在平凉有着“宁夏皮子平凉熟”的说法。为这一说法提出更为有力佐证的则是来自河南桑坡的回族人。

1938 年 6 月，日本侵略军逼近郑州，国民党军在花园口掘开黄河大堤，造成豫东皖北 44 个县市陷入泽国之境。大批河南境内的民众纷纷西逃，这部分人中又有大批擅长皮毛加工和经营的河南孟县桑坡村的回民。他们利用平凉得天独厚的地理优势，制作皮毛的技艺和交通便利条件，结合自己的皮毛贩运和制作特长，使平凉出现了很多皮毛商行和作坊。诚如美国文学家詹姆斯・艾・米尔沃德在他的《1880—1909 年回族商人与中国边境地区的羊毛贸易》一文中所说：“羊毛贸易给回族商人与青海、甘肃、宁夏和中国北部其他生产和收购羊毛地区的联系提供了经济利益……”其中规模最大的是白受三的“文茂祥”商行，其营业额占平凉皮毛业的 60% 以上。到 20 世纪 40 年代中期，平凉的皮毛商行和作坊达到 200 多户。在《平凉市志》第 662 页，我看到一句民谣：“一条扁担两只筐，携儿带女到平凉。”说的就是当初河南孟县桑坡村逃荒到平凉的悲惨景况。经过几代人的拼搏，这个民谣变成了“来了桑坡丁、白、张，熟皮建寺又经商”。

民谣里写着一部平凉回民的心路历程：“社火到了城门坡，回回还比汉人多，汉人念书为做官，回回吆驴要扁担。”民国时期的这首平凉城里的民谣，说明平凉城内的回民已经在数量上超过汉民了，也同时说明当时生活在平凉甚至关陇一带、西北地区的回民、穆斯林并不像汉族人那样注重“学而优则仕”的读书、考取功名之路，而是承袭了穆斯林沿着丝绸之路来华后注重做生意的传统。这一点和同时代的黄河流域的宁夏石嘴山一带的回民大不相同：抗日战争期间，著名记者范长江考察石嘴山境内的回民积聚区黄渠桥时，扑进他眼帘的是干净宽敞的街道和繁盛的商业，农民的田地和房屋建筑都是整整齐齐的，田地里的灌水和除草等活计都是做到了八九份的人力，呈现给人们的是一派蓬蓬勃勃的气象，那里的汉民和回民相处得也很和睦。20 世纪 30 年代的黄渠桥，回汉人民几乎各居一半，回民已经不像古时那样不读汉文书籍了，范长江经过采访后发现“他们自己已经发生了读汉书的需要，自动送子弟上小学。礼拜寺的阿訇，最初阻挡这种情形，要令小孩们读《古兰经》”。家长们就此这样回复教主：“我们的子弟读了汉书，立刻有用处，可以帮助家计，但是读了经书又有什么用呢？”由于阿訇的坚持，所以，

>坐落于平凉新民南路的这座“旅平清真寺”，是当年黄河泛滥，河南回民旅居平凉时建造的

当时的黄渠桥一带的孩子们出现了开学后读汉书，放假后便到清真寺里去读《古兰经》的情形。

抗日战争期间，蒋经国前往西北地区考察，路经平凉时留下了这样的记载：“平凉是一个汉回杂居的地方，城里有一条长街，假使我们要区别哪里是汉人居住的地方，哪里是回人居住的地方，那只要看脏的地方，有猪的地方，就是汉人住的地方，没有猪的地方，很清洁的地方，就是回人住的地方。同时他们回人住的街道，差不多每条街上，至少有所医院，二处浴室。”当我在蒋经国当年考察西北的日记中发现这段描述时，不由得联想到和他同时代的著名记者范长江在今宁夏吴忠市的金积镇考察时，看到一片希望和活力的地方：水渠是井然有序的、田地是阡陌整齐的，根本看不见荒废的地方，但几乎是种植鸦片，那里的回民一亩地可种出 120 两，而黄河西岸的汉民的田地里仅能种出 70 两。那些在田地里劳作的回民妇女穿着大团花红色衣裤，头上戴着面罩，远远看上去像新疆的缠头女子，范长江认为是保持了土耳其人的遗风。

20 世纪初，平凉吸引的不仅是抗暴的回民、逃难的回民、做生意的回民，还有热爱其民族文化的学者。1918 年，当地回民马进昌和桑坡籍商贾联手，创办了平凉北寺小学和伊光（南台）小学，这是平凉创办回民学校之始。针对当时民谣“新民路没好的，净是担柴卖草的”反映的情况，回族上层人士吴鸿宾、吴九如等倡导创办了新民路小学，逐步使平凉出现了良好的中阿教育并进的风气。在这种领先西北甚至全国的风气里，一批批穆斯林学者踩着战乱中的一地文明碎片，从不同方向跋涉而来。这些学者中，有中国穆斯林学者中佼佼者的身影：民国四大阿訇的王静斋和达浦生，以及陈克礼、马良骏、虎嵩山、马贤等知名学者都在平凉留下了传播伊斯兰文明的艰苦背影。

达浦生是中华民国时期的四大阿訇之一，1874 年出生于江苏省六合县，10 岁时开始接受寺院教育，20 岁时就到北京牛街清真寺求学，在当时声望很高的王浩然阿訇处当“海里凡”（即念经学生，作者注）。两年后，正式成为一名阿訇。

1912 年至 1917 年，达浦生随甘肃提学使马邻翼前往西北，任甘肃省回民劝学所所长兼省视学，这是他第一次踏上甘肃大地。在兰州期间，他创办了兰州南关回民学校，兴起了兰州的现代伊斯兰教育。

1921 年，达浦生受聘于上海协兴公司，在公司的资助下，他于当年出国游学于印度、埃及、中东等国。1928 年，达浦生回国后任上海福佑路清真寺教长，并出任由中国回教学会兴办的上海伊斯兰师范学校校长。

抗日战争爆发后，他于 1937 年 12 月 29 日只身出国，在埃及首都开罗用阿文撰写了著名的《告世界回教同胞书》，揭露了 60 多年来日本侵华的一系列罪行，向中东穆斯林世界介绍了中国人抗日的情况，号召世界穆斯林兄弟支持中国人民的抗日战争，引起了中东各国的高度关注！该文还被他用乌都尔文发表于印度报刊。离开埃及后，他经苏伊士运河赴沙特阿拉伯的汉志，参加了在汉志举行的“世界伊斯兰大会”，在大会上和其他代表共同揭发日寇侵华罪行，以学问和爱国闻名伊斯兰世界。

1938 年 8 月，回国的达浦生再次与甘肃邂逅：中国回教救国协会理事长白崇禧陪同他会见蒋介石。蒋问他今后有何打算，他的答复是“希望在内地恢复原上海伊斯兰师范学校，希望能迁到平凉。”经蒋介石当面准许后，由教育部拨款，上海伊斯兰师范学校迁移到平凉，地址就是他亲自选定的原平凉火柴厂的旧址。1938 年秋天的平凉，在一地丰收之季里，不仅迎来了更名为“私立平凉陇东师范学校”的上海伊斯兰师范学校（1941 年更名为“国立陇东师范学校，校长暂由教育部长朱家华代理，不久就任命马汝邻为校长。学生也全部公费供给），也迎来了这位亲任校长的知名学者。那时的陇东师范学校，给整个平凉教育史添加了浓厚的一笔，该校生源不仅遍及甘、宁、青等西北地区，还远至河南、湖南等地。

>虎嵩山半身像（1955 年摄）

学员一度赴陇南各县的回民地区宣传抗日。

1955 年达浦生以周总理顾问身份，随周总理同机抵达印度尼西亚万隆，参加亚非会议。1956 年，又作为中国印度尼西亚友好协会代表团团长访问了印度尼西亚，印度尼西亚苏加诺总统在茂物宫接见了他。达浦生在访问埃及期间，受到纳赛尔总统接待，并收到由总统亲自题名的精装《古兰经》。1957 年国庆，被邀至天安门城楼观礼，受到毛主席亲切的垂询。

抗日战争爆发后，作为后方的平凉不仅吸引了达浦生这样的爱国阿訇，也吸引了另一位中国现代著名学者虎嵩山来到这里。

虎嵩山是民国时期西北地区著名的经学大师和经堂教育改革家。年轻时，在家乡宁夏求学、传教。1927 年，虎嵩山在固原三营创办宁夏第一所学校“中阿学校”；1938 年，创办“宁夏省阿訇教义国文讲习所”，逐步扩大在西北地区的影响。

抗日战争期间，虎嵩山书写了一篇经典传世之作——《致全国穆斯林同胞抗战胜利祈祷词》。

亲爱的回教同胞们：

在这“长期抗战”国家生死存亡的关头，我们处在后方的教胞应作一种精神之战——就是给国家和前线将士们作一种胜利的祈祷。这种祈祷就是总裁说的：“我们的抗战精神重于物质，要以我们的精神来战胜敌人的物质。”也就是《卖克图布》经上所说的：“无形之战胜于有形之战，精神之战胜于物质之战。”昔日，穆圣为教战争时，曾以一般贫弱的迁士们（由麦加随圣人迁到麦地那的教胞）作这种“祈祷胜利”的活动，而得到了最后的胜利。真主在《古兰经》中启示我们：“被压迫继而被侵害者，施以同样报复，定得真主之襄助。”这就是我们“最后胜利”的把握。所以鄙人用阿文作了一篇《胜利祈祷词》，并且译成中文，希望全国各地的阿訇们，把它教授给后方的教胞，同他们在每日五番拜后，念这篇祈祷词，同心诚意向真主哀祷吾国胜利，歼灭日寇！这就是我们教胞们为国家尽的一点。现把这篇祷词写在后面，望大家向主祈祷，以冀胜利早日降临。

真主啊！求你援助我们的政府，使我们的国家永存，使我们的抗战胜利，消灭我们的敌人。求你在敌人侵略城市，杀害人民种种残暴行为上，护佑我们。求你差遣狂风，使他们的飞机跌落郊野，使他们的兵舰沉于海洋，使他们的士兵厌战，使他们的经济崩溃。求你降天灾惩罚于他们！真主阿，求你赏准我们的祈祷！阿敏！

这篇被全国穆斯林传诵的抗战祈祷词，自然也成就了他的爱国英名。

他还支持学生利用课外活动轮流到集市上宣传抗日，抵制日货，唱抗日歌曲——《穆斯林进行曲》：“我们爱教更爱国，青年穆斯林勇敢前进，把侵略者进攻打回去……”

新中国成立后，虎嵩山受邀前往平凉任教。其间，除继续最后修改完成了《米什卡提圣训集》近百万字的汉译工作的同时，又把他 1942 年在吴忠初版只印了前 20 卷的《侯赛尼注释》做了修订补充，共补齐为 30 卷，改书名为《侯赛尼大辞典》，于 1951 年 5 月 1 日在平凉再版印行。

1955 年 9 月 28 日早 8 时许，虎嵩山归真于平凉西大寺，走完了他风雨坎坷而又光辉照人的一生，将生命的句号画在了平凉。

第二十三章 啰哩，随成吉思汗而来的“回回别种”

走丢的身份

跳下马背的刹那，注定了仓皇的开端
一片树荫，遮住外界的视线
三更时分，整个群落鸦雀无声
集体领受一道神秘的口唤
改变口音，互留背影
身后，是皱起眉头的六盘山
从此，他们暗中为自己换血
走向异乡的口述史，逐渐斑驳
少年们，被走在前面的眼睛带坏
穿城过镇，留下一路劣行与污迹
丢失身份的路上，贴满膏药
不安分的味息，窜在那些祥和的乡村
一纸家谱，涂满难以辨认的黑码
而这些，又如何写进方志或史籍
而这些，不再从春天的怀里醒来
散落一地的外套，狼藉一片
上面写满外人看不到的基因：“啰哩”

那天，在甘肃清水县城的一家普通清真餐馆里，我的对面坐着一位头戴白帽的穆斯林，年纪在 60 岁左右。我们各自端着自己的牛肉面碗，唏噜唏噜地喝着面汤，吧咋吧咋地嚼着小菜，谁也没去留意对方。突然，他的手机响了，从他的语言中大致判断出，对方要他的身份证号码，只见老人急忙掏出身份证，一字一句地给对方说着自己的身份证号。完毕，老人随手将身份证放在我们各居一端的小饭桌上，刚好让我能看见上面的字样。随意的一瞥后，我看出他的民族身份是回族。便道了声“色兰！”得到他友善的回复和笑容后，我轻声地问他——“回族？”他摇摇头说：“也不算是，我们是啰哩回！”

啰哩回？我心里一惊！紧接着问他：“你知道啰哩回是怎么回事么？”他摇摇头说：“不知道，只是祖辈一直传下来，说我们是啰哩回，信仰伊斯兰教！应该和身份证上写的回族有区别吧，但具体的区别在哪里，我们也不知道！”那一刹那，我明白，自己寻找的啰哩回回有了答案！

公元 11 世纪初期，蒙古军队成为当时地球上作战能力最强的部队；然而，军力不足也成了这支部队的软肋和心病。蒙古军队的最高统帅成吉思汗是被称为世界上征伐足迹最辽阔的帝王，这位挥动着“上帝之鞭”的蒙古男人的征伐地图，是这个世界上任何征伐者所无法比拟的。在这个地图上，一个有趣的现象出现了：当成吉思汗的征伐足迹出现在西域境内时，大批信奉伊斯兰教的当地军人、工匠被征进蒙古人的军队。

>啰哩回回后人的礼拜者

当蒙古军队西征时，他们发现那里有一支波斯语称为 luli（Luri）或 Lori 的穆斯林。早在 1928 年，英国伊朗学家米诺尔斯基撰的《伊斯兰百科全书》就称 luli（Luri）为“波斯的吉普赛人的一种名称”，同时指出，在波斯语字典里，这个词汇意为放荡、可爱的、音乐家、轻浮的妇女、街头乞丐、吉普赛人等，其原始意义是流浪的吉普赛。按照 10 世纪中后期到 11 世纪初的波斯诗人菲尔道西（约 935—1020

>蒙古人作战图（一）

或 1025）在其史诗《列王纪》中的记述，波斯萨珊王朝的国王巴赫拉姆五世在位时，为了一场国内大规模的狂欢活动，下令使者到印度国王商古勒处，邀请他选拔 1 万名善弹竖琴的 luli（Luri）男女到波斯。这些能歌善舞者到波斯后，受到了巴赫拉姆五世的亲自接见，狂欢结束后，他们不愿再回到故乡去。巴赫拉姆五世便下令发给他们每个人 1000 头牛和 1000 头驴、1000 驮做种子用的麦子，让他们在波斯境内从事耕种，农闲时节，可以继续为波斯的穷人们演奏节目。然而，不善于耕种的 luli（Luri）人吃掉了牛、麦子和部分的毛驴后，竟然连种子也吃光了。一年后，这些 luli（Luri）又去找国王。巴赫拉姆五世说："吃掉了牛和种子，没有任何收获，这只能怪你们自己。既然只剩下了毛驴，那你们就装好毛驴，带上你们的琴去谋生吧。"他们带着毛驴及演出时驯化的小狗和狼，过上了四处流浪的表演生活。这种生活状况如菲尔道西在《列王纪》中所说的：

今日啰哩人，仍如先王谕。
足下无寸土，浪迹天涯里。
流浪复流浪，犬狼为伴侣。
盗窃与抢劫，聊以维生计。

也就是说，他们就像吉普赛人一样过着居无定所，带着犬狼为伴甚至偷盗的流浪生活。

在今乌兹别克斯坦共和国、塔吉克共和国境内，仍有一种 luli 人。据 1974 年俄文版的《苏联大百科全书》记载，说这些人"就是从波斯来的啰哩——吉普赛人，他们信仰伊斯兰教，属于逊尼派，可称是地道的啰哩回回了"（俄文将其称为茨冈人，英译本中称呼为吉普赛人，中文版中称为啰哩回回，作者注）。蒙古军队在远征到今乌兹别克斯坦共和国、塔吉克共和国境内时，将其掳掠、征调，根据 Luli 的波斯语发音，将其称为"罗里""剌里""卢里""柳里"等。建立蒙元帝国后，元朝的一些学者根据写于公元 943 年的波斯文献和法国东方学家费琅的注释，发现印度与波斯相邻近的沿海地区，有“啰啰海”和“啰啰国”“啰啰城”等，将这支穆斯林称为“啰哩回回”。

>蒙古人征战图（二）

公元1227年初，成吉思汗下令发动对西夏王朝的第七次、也是最后一次攻伐。浩浩荡荡的蒙古军队中出现了不少穆斯林，他们随蒙古军队南下进攻西夏王朝时，其中成吉思汗亲率的军队中更是不乏这些来自西域各地的穆斯林身影——“啰哩回回”。

公元1227年初夏，在一时攻打西夏都城兴庆府未果的情况下，成吉思汗下令蒙古军队在宁夏平原上的9个渡口渡河，将征伐脚步伸向了黄河南端的宁夏平原

>取得胜利的蒙古军队

地区。那个春天，宁夏平原西部一带布满了蒙古军队胜利的微笑，沿河一带的渡口上，从北岸渡河的蒙古铁骑倒映在黄河水面上。渡河完毕，成吉思汗带着因暑热带来的疲倦和伤情带来的折磨，离开宁夏平原，前往六盘山地区。

历史的拐点出现了！

成吉思汗在六盘山避暑期间，常年征战带来身体机能的下降，加上遭到来自西夏兵士带毒的远距离弩器的射击，这位伟大的征伐者病亡于六盘山下的今甘肃省清水县境内。失去统帅的蒙古军队在短时间内失去了方向，那些远离家乡、厌倦战争的西域各地的穆斯林有了脱离军队的理由和机遇。碧绿葱茏的六盘山地区高大的树影掩隐着这些脱离军队者的身影，他们或多或少地在密林深处借住了下来。

六盘山下的清水县境内，是这些最早来到六盘山地区的穆斯林借住之地。这些穆斯林中就有一支至今仍披着神秘面纱者——“啰哩回回”。

我国著名的回族学者杨志玖先生在他的《元代的吉普赛人——啰哩回回》一文中认为：元代有一种从波斯移居我国的“啰哩人”。“啰哩”也写作“罗里”“剌里”“卢里”“柳里”等，元大德年间到中国，当时主要居住于甘肃、陕西一带，被称为“啰哩回回”。

那些隐居、借住在清水县境内的“啰哩回回”们，逐渐走出大山，慢慢地扩大自己的生存半径。到明代时，他们的身影逐渐扩散到天水境内的其他县区。明成化年间的秦州（今甘肃省天水市）知州秦纮在《记秦州事》中记载道：“秦州有啰哩户，乃回回别种。汉人不与通婚姻，自相嫁娶，有以兄弟娶姊妹者，有以姑姨配甥侄者。予访得清水、秦安等县，亦有啰哩，乃移文各县，令其共为婚姻。”

也就是说，今甘肃省天水市境内的秦安县、清水县内已经有了信仰伊斯兰教但又和内地常年的回民不同的“回回别种”——啰哩人。他们的婚姻制度与西方学者所述吉普赛人婚俗相同，即不同异族结婚，以保持其骨脉的纯净，但也自然就导致了其近亲结婚现象。对于这种现象，作为知州的秦纮给予了足够的尊重。

然而，由于这些“啰哩回回”恪守自己的习俗及信仰，和周围的汉人保持着相当的精神距离，甚至常常还秉承着“盗窃与抢劫，聊以维生计”的偷盗、骚扰周围汉人生活的习气，常常被周围民众、官方称为“啰贼”。在公元 1764 年的《直隶秦州新志》和 1889 年的《重纂秦州直隶州新志》“武备”门中，我就发现了这样的记载：

嘉靖三十八年（1559）秋七月，啰贼盗掠清水县，典史乔学中流矢死。

万历十五年（1587）春二月，啰贼马友忠以千人啸聚清水之石洞山，知县季思率民兵击之，斩首二十余人，余党败走。

崇祯（原作正）十三年（1640）冬十月，啰贼马流（光绪本注：《清水志》作流来）寇掠清水汤峪铺，知府乔迁高追之，围于观音殿烧杀之，乡民与其难。

其中第二条中记载的马友忠，在《万历武功录》中的《啰贼马有忠列传》中，被称为“啰哩酋长”。他曾经在1587年冬天，带领身边的“啰哩回回”跟随者，从陕西凤翔县一带流窜到今天水市秦州区的石门山，集结当地数百的饥民、矿工等，侵扰当地明军，被明军击散，不知所终。

杨志玖先生在他的《元代的吉普赛人——啰哩回回》一文中不无遗憾地指出：“由于资料所限，清代啰哩人的情况暂无可述。据甘肃友人说，天水市（秦州）现已无啰哩人，可能他们已流徙他乡，也可能部分融合于回族或汉族之中，尚需深入调查。”其实，在天水境内，有不少隐秘的现象或许能证明那些已经融入当地穆斯林或非穆斯林的人流中，就有“啰哩回回”的痕迹。比如，甘谷县境内，一些乡下人的语言外人根本听不懂，和周围地区相比简直就是一座语言孤岛，这些话是不是和“啰哩回回”有关？又如，在清水县境内的不少乡村，今天依然流行着过年时的“舞金驴”节目，参与这个项目的村民被称为“驴儿”。我曾经在清水县土门乡苍下村里见到过这个情景。每年的春节过后不久，村民们就开始忙着“舞金驴”了。

关于“舞金驴”的来历，村子里有各种传说，流传最广的莫过于这样一个：相传，清朝光绪年间，有位逃难艺人途经苍下村时，遇村民搭救躲过一劫，因无以为报，遂取些许蒿草扎至其拐杖之上，制成驴头，以其长衫为身，“舞驴”一段，后拜辞。当时，时值春节过后，村民们也正好要举办沿袭了多年的春节社火，便将他的这个节目和唱段加了进去，借鉴艺人的憨态滑稽表演、风趣幽默的唱词。发展至今，“舞金驴”成了当地村民不可或缺的春节民俗文艺节目，为全村人带来了一份传统的新年厚礼，也保持了一项重要的民俗活动。

而我认为，这个民俗里，或许也与那些习惯于在流浪中带给穷人欢乐的“啰哩回回”们重视将毛驴放进表演节目中有关吧。时光慢慢消失，从这里走出的“啰哩回回”们依然保留着他们骨子里的流浪习气，尽管他们逐渐融入其他民族——有信仰伊斯兰教的，也有非伊斯兰教徒，但一些骨子里的东西被隐秘地保留了下来。

比如，对毛驴的钟爱。

“啰哩回回”消失在历史深处了，但他们的后裔除了外出者外，留在这片土地上者和后来来到这里的回民融合了，使这片土地上依然保存着穆斯林的经声寺影。

中共中央在1937年8月的洛川会议通过了《中国共产党抗日救国十大纲领》，把实行全国总动员和加强民族团结确定为抗战的行动纲领，并于1938年提出了回族工作的十一项主张和政策。而清水县就是工农红军影响力波及的地方。中共西北工委和陕甘宁边区政府坚决贯彻党中央制定的一系列关于动员回族人民参加抗战的方针和政策，加强了对回民工作的领导。1938年，中共中央组织部、中共西北工委陆续向甘肃国统区派来了吴鸿宾、张杰、金少伯、闵毓华、沈遐熙等回族共产党员，到各回民聚居区开展工作。中共甘肃工委、中共陇南临时工委、中共陇东分区特委以及西安八路军办事处都将清水县列为开辟工作的重要区域，先后派刘桂增、孙耕夫、陆治安、高健君、周震中等党员到清水开展工作，在县内的国立十中和清水回民聚居区领导开展了轰轰烈烈的抗日救亡活动。

1941年12月，中共陇东分区特委派回族党员沈遐熙到清水，负责领导清水的抗日救亡运动。沈遐熙到清水后，按照上级“钻进去，扎住脚，往上爬，展开来”的指示精神，在回民中广交朋友，培养和发展了一批贫苦农民党员，相继建立了党家沟、金家渠、兰家村3个党支部，并把党的抗日救亡工作延伸到了秦安、天水乃至陕西省陇县境内。经过他创造性地努力工作，一些回族上层领袖主动要求加入中国共产党，并通过他们把全县回民团结到了抗日救亡的旗帜下，这对引导回民投入抗日救亡运动，稳定清水回民聚居区的局势，粉碎日寇的政治阴谋，都起到了积极而有效的作用。

全国解放战争开始后，中共清水县委所属的支部逐步增加到52个，其中回民支部多达40个，汉民支部11个，回汉民混合支部1个，党员529人。党在清水回民中培养和发展了大批中共党员，为新中国建立后的民族工作输送了大批骨干，对稳定民族地区的工作，巩固新生的革命政权，做出了特殊贡献。

2012年4月，清水县启动了建设抗日救亡纪念馆。

身份及来源神秘的“啰哩回回”吸引着我的眼光一次次地走进《元史·顺帝纪》《池北偶谈》等文献资料，在或隐或显的文字背后，我发现了这样的一个事实：跟随蒙元大军而来的“啰哩回回”在战火熄灭后，并没有像其他从西域来的穆斯林那样下马为民，而是在一种神秘的浪迹中，扩大着这个部族的活动范围。元明时期，陕西和甘肃两省成了啰哩人散居的主要地区。

无独有偶，在今甘肃兰州市以北的永登县境内的薛家湾，也有一支神秘的、号称“中国的吉普赛人”的居民。据兰州大学中文系“兰天”丝绸之路考察队的调查，他们是在100多年前从外地流浪到这个村的。他们是从哪里来的？我走访村民时，没有得到任何确切答案。

全村的高、柳、刘、何四大姓相互通婚，村里的姑娘却不外嫁，小伙子一般也不娶外村姑娘。据村民们讲，他们的祖先一直过着流浪生活，一辆毛驴车拉着自己的妻子儿女走乡串镇，四处算卦。新中国成立后，他们有了土地，逐步学会经营农业，但依然不从事劳作，至今仍以算卦为业，主要农活雇人来做。然而，和“啰哩回回”不同的是，因为算卦职业，他们信仰周公、桃花娘娘和无量祖师。在体质上，他们与当地汉人已无大差别，只是脸型略瘦长，下巴微突，有些人瞳孔颜色较浅，多数人则是黑的。在信仰上，他们已不信伊斯兰教，不能称为“回回”了。

或许是“啰哩回回”身上的那种吉普赛人流浪的天性使然，薛家湾的人也习惯了常常将家带在身上四处流浪。据他们说，至少三年要出一次门，不然家中便会有灾难，会“天火烧身”。

他们是成群结队、拖儿带女地开始“站（住）破房，住古庙”“铺的加沙毡，盖的旋风被”“月照灯，风扫地”“三石一顶锅，到哪哪是窝”“拉着毛驴领着狗，抱着孩子到处游”的外出生活的。他们把本群体的人称“羊盼”，称本群体以外的人为“伙家”。出门时，往往是老年人和小孩子骑驴，其他人步行，有占卜者则停，无占卜者就走，漫无目的。

在外时，他们也带着足够的对外人的警惕，很少和所到之处的人住在一起，常常是喜欢露天宿营：露营时，分为四层，最外层由狗守卫四方，其次是牲口，接下来是羊、鸡等家禽，最里面一层睡人。有趣的是，在外的妇女如果临盆生孩子，新生儿则由母亲裹于上衣大襟内，腰间扎一带子系住，状如袋鼠。

流浪途中，主要是在野外用三块石头支起铁锅野炊，简单地打发着他们的日子。

我的朋友、《丝绸之路》的主编冯玉雷对薛家湾人常年给予关注并做了大量的田野调查。据他介绍，薛家湾人的服饰也有自己的特征。新中国成立前，外人单凭服饰就能够判断出他们的身份和职业。男子在新中国成立前多是长袍大褂。妇女从结婚那天起，就要将头发高高梳起，俗称“高头”，裹上宽一尺、长六尺左右的黑色头帕，冬季则戴“遮耳子”。一般上穿长及膝盖的大襟褂，领口及襟沿、袖口均压有花边，裤子肥大，裤脚扎有裹腿、压有花边的“裤腿子”。老年妇女的服装多为黑色或蓝色，中年妇女多为绿色或蓝色。足穿“尖尖鞋”，瘦而长，鞋帮绣有云状花纹，鞋尖朝上翘起。这种服饰形式类似于江南明清两代汉族妇女的服饰，20 世纪 70 年代后逐渐绝迹。

他们卜卦时凭着“三句好话”来套求卦者，看求卦者的表情，揣摸其心理活动，并根据其表情变化，逐步深入，最后会说得求卦者心悦诚服。平时，他们都说着周围地区人能听懂的永登方言，然而，一旦进入给人算卦时或在特定场合中，他们则往往使用自己群体的隐语——“绍句”。比如，称呼父亲为“根子”，母亲为“模子”，老人叫“苍青”，鸡叫“勾张”，猪叫“将哥”，将吃饭说为“饶散肠子”，等等。这种语言也是对内世代口耳相传，对外人则秘而不传。

千百年来，他们凭借着令人信服的打卦赢得外人的信任，这种神秘的技艺被他们称为“可顶”。作为一种秘而不示的神术或自己借以生存的技艺，他们在内部一直悄然维护着“可顶”技术的保密性和神秘性，使其一直罩着一件神秘的外衣。

杨志玖先生认为，他们是真正的吉普赛人，而且是元明两代啰哩人的后裔。杨先生的判断理由是：“第一，他们还是在甘肃省内流动，虽然不在秦州。第二，他们的职业，还是像世界上其他的吉普赛人一样，以外出算卦为主。第三，他们信仰的神祇周公和桃花娘娘，是元代的传说人物。《元曲选》有《桃花女破法嫁周公》杂剧……啰哩人大概是看过这出戏，知道这两个人善于占卜，因而拜为祖师。第四，他们的族内婚制是典型的吉普赛人婚制。第五，他们的姓氏虽是汉姓，但也不无啰哩人的痕迹。”

“啰哩回回”虽然来到中国，但仍没彻底改变早在波斯高原时的流浪习气，他们足迹并没局限于某个地区。随着他们流浪式生活足迹范围扩大，他们也开始被更大范围地关注。元代中后期，他们就逐步融入中国部分民族中，被元代的诸多文献写作为“罗里”“剌里”“卢里”“柳里”等。

元代后期乃至明清时期，那些随着蒙古军队南下的“啰哩回回”，不仅将活动范围扩充到甘肃、陕西境内，甚至到了今安徽一带。曾经的吉普赛人式的生活习俗也被带到那里，这些“啰哩回回”们所到之处，也将自己的表演技艺带了去。元代的《回回曲》曲牌就和善歌舞的“啰哩回回”有关。“啰哩回回”到今安徽省贵池一带，将当地傩戏表演融入了自己带有波斯人棕色面具的“舞回子”特色，使当地乡人傩的扮演者常常是来自波斯的“回回”——“啰哩回回”。王兆乾先生介绍说：“舞回子由二人扮演，均带棕色面具，颇似波斯人肤色。”

在《元史·顺帝纪》至正三年的记事里，就有关于“啰哩回回”分布在陕西或甘肃地区的记述，但这种记述往往是关于他们“扰民”和“为民害”的。元末明初的学者高启为胡松所撰墓志铭中有一段说，当时的“‘蒙古色目殴汉人南人者不得复’，西域流户数百人因恃以为暴。所过掠财畜、辱妇女，民束手不敢拒，相惊若冠至”。

胡松当时担任今安徽省宁国路泾县典史。那些来自西域的流户——没有定所的流浪者到了泾县时，造成了“僚悉引避，民愈恐”的局面。当时，胡松对众人说：“吾在，若无忧也！”随即，胡松走向郊外，将那些人引诱到一座佛寺中，对他们说：“制言不得复殴者，民耳。今我天子吏也，所行者法。若善去，勿妄犯吾民，当率酒米相饷，否则知有法尔。”那些人才离去！可见那些来自西域的流浪者真的已经成了当地的祸害了。元政府将民众划分为四等，其中这些回回人是被划分为二等的色目人，这种扰民行动能够受到元政府的保护，从一个侧面反映了元朝的民族分化和对色目人的优容政策。

“西域流户”虽然并没被当时的官方记述定为“啰哩回回”，但这些“流户”与“啰哩回回”的流浪习惯颇为相似，又是来自西域，他们的“扰民”和“为民害”的事，与元政府所禁止的“啰哩回回”的行径案情相同。吉普赛人社会组织为部落为单位，部落酋长有极大权威并受到部落成员的尊重，这里记述的胡松与酋长的交涉后，酋长认可了胡松所提出的要求，其部众立即响应他的号召而散去，符合吉普赛人的组织规则。

《元史》卷四十一中同样记述了这些到处掳掠者：“是月，回回剌里五百余人渡河寇掠解、吉、隰等州。”这里的“回回剌里”在北方渡河掠解和南方的西

>1211 年 2 月，成吉思汗祭祀苍天，7 月亲率大军南下，进军金国，欲报世仇。蒙古经过 6 年征战，攻克并占领了金国大部分地区。1217 年成吉思汗任命木华黎为国王，专征金朝

域流户扰民，南北相应，可见当时"啰哩回回"的足迹范围已经渗透到南北好多地方。

从《元史·成宗纪》和《元史·刑法志·杂犯》所记的两条有关史料推测，啰哩人在中国的分布地区应较广泛，人数亦应不少，否则不会因有个别地区和少数人"扰民"而惊动中书省臣上奏并载于国家法典。

>忽必烈会见波斯使者

>归降成吉思汗的各色人种，有技艺和文化者，都能在不同位置得到任用。图为鄂尔多斯新区广场的雕像

第二十四章　长安的敞怀，揽月入抱

那时长安

张榜时分，上午为此升温
全体秀才，从不同方位张望帝都
眼光，聚焦在密封的档案上
透过榜单的缝隙，心细如发者不禁追疑
——“嗯？胡人的名字出现了！”
紧接着，悄然而至的细节充满陌生
从边关到京城，从角落到殿堂
封疆大吏打盹的午间
查验关牒的将士轻手一挥
驼背上的西域女子，缓缓步入酒肆
西市的店铺，撒马尔罕的金桃急促亮相
大唐的诗人们，争相为胡旋舞献出才情
一个王朝的风气瞬间而变
一场来自塞外的谋反，差点替换圣旨的内容
江山隐于烟花，帝王出走灵州
晨雾间登陆的阿拉伯商人，登上泉州的灯塔

一队横越天山的西域使节脸上写着笑容
通往长安的路上，布满亚洲的繁忙
翻越兴都库什山的探子，充满了想象
玉门关的落雪，被高昌王国的朝贡吵醒
一朵雪莲，孤独地盛开在天山
一个叫唐的帝国大门，顿时向世界张开
一位落魄的秀才，被一块低劣的假玉收买
一块石碑上，写下伪辞和被提前的身世
往线装古籍中偷塞着不真实的章节
他和他们忽略了被追问：“其实，何必呢？”
一场剥去饰衣的辨认，由我在今夜的长安完成

2012年8月3日，我沿着传统的陆路丝绸之路探寻伊斯兰文明的足迹来到了西安城，从帕米尔高原一路行来的终点。回望来路，我感觉是一场精神意义上的探险——不光是地理意义上的，更多体现在精神层面上。站在昔日的长安，眼光不由延伸向远方。

四分五裂且愚昧遍地的阿拉伯半岛被穆罕默德统一后，迅速走上扩张之路。穆罕默德去世后，继伯克尔和欧默尔两位继承人极力向外扩张——一个以军事扩张为主而不是以传教为主的时期后，穆罕默德的第三位继位者奥斯曼（644—656年在位）出现在了伊斯兰教历史上。在他临终的前3年，遥望着东方那个盛名外传的国度，他决定派遣使者前往。

历时一年多的跋涉，那些使者沿着古老的丝绸之路，翻越帕米尔高原后进入今中国境内，穿越高原、沙漠、绿洲、黄土高原后，于公元651年8月的一天抵达长安城内。当大唐高宗皇帝接见这些一脸倦色但又服饰奇异的使者时，发现了一个令他及群臣不能接受的事实：他们见了唐高宗并不下跪。

有大臣建议，要严厉惩处这些不懂大唐礼节的使节。懂得阿拉伯人习俗的中书令张悦给皇帝说："大食殊俗，慕义远来，不可置罪。"他告诉皇帝，这些来自大食的使节信仰的是伊斯兰教，他们只信奉没有偶像的真主及其使者穆罕默德，不像唐朝的臣民那样跪拜国王和父母，他们不信鬼神，不跪拜国王君主。开明的高宗皇帝尊重了这些阿拉伯人的习俗，并当场下令，以后大唐的皇帝破例允许信仰伊斯兰教的阿拉伯人、波斯人，见了唐朝的皇帝不行跪礼。这也是后来的中国穆斯林能够在礼仪繁复的封建社会里保持不跪拜皇帝、父母及偶像的原因。关于这场别开生面的接见，《旧唐书》里有，永徽二年（651）"八月乙丑，大食国始遣使朝献"的记载，这是中国历史上记载阿拉伯国家与中国的第一次外交往来。然而，这场王朝之间的外交活动，被后来的大多学者误读为是伊斯兰教传入中国的标志。

>作者在西安城内的丝绸之路起点处的雕塑前

中国的史书上说的大食，先是661—750年的伍麦叶王朝，其政治中心是叙利亚的大马士革，由于其民众衣色尚白，我国史

书呼为“白衣大食”。89年后，被艾卜勒·阿拔斯（《唐书》译为阿蒲罗拔，作者注）建立的阿拔斯王朝所替代。由于其民众衣色尚黑，被我国史书称为“黑衣大食”，经过508年的传朝历史后，被蒙元军事首领旭烈兀所灭。

因此，《旧唐书》里记载的公元651年的大食来使活动，拉开的仅仅是大食国对唐朝的进贡序幕，从这一年后的148年间，大唐王朝接待的阿拉伯遣唐使有39次，更多是来自波斯高原上的“黑衣大食”，其更多是朝贡或小规模的商贸行为，与宗教传播关系不大。

来自阿拉伯半岛乃至波斯高原向外进行的宗教扩张，已经是公元651年大食朝贡后100多年的事情了。公元751年7月，针对“黑衣大食”帝国向东扩张威胁到唐朝边境的危局，唐朝派出了以高仙芝为统领的远征军，和阿拉伯帝国驻巴士拉的东方总督艾布·穆斯林派出的塞义德·本·侯梅德统领的数千人阿拉伯士兵，在帕米尔高原西边的怛罗斯城展开交战。

唐朝军队在这次战争失利后，仅仅为波斯高原上的伊斯兰教徒开展传教提供了一种可能（阿拉伯半岛的传教后来更多地采取了随航海条件成熟的海路而来）。著名学者刘义棠在他的《维吾尔研究》中的这句话或许更能说明问题——“伊斯兰教军旅虽曾度岭攻喀什、和阗，然均未久居，即行西返，故其教义亦无由宣扬”。军队很快撤了回去，整个南疆还是一片佛土。而公元9世纪中期后，随着哈喇汗王朝改信伊斯兰教，才为伊斯兰教在新疆西南部的传播提供了土壤和气候。伊斯兰教在喀什一带相对站稳脚跟时，已经到了10世纪中后期，其往东扩张时，同样遇到佛教徒的顽强抵抗。据《突厥语大词典》记述，喀什的伊斯兰教徒经过24年之久的战争，才击退和阗佛教徒的防御，使和阗一带接受伊斯兰教。接着，一个更为漫长的伊斯兰教东进之路被开凿。蒙元政权中的秃里鲁·帖木儿汗改信伊斯兰教后，采用强制手段在新疆境内推行伊斯兰教，才使伊斯兰教通过新疆向内地推行。

喀什城内最早的清真寺恰斯路阿孜乃清真寺建于元代，北疆、南疆和田、阿克苏及东部新疆的清真寺都建于此后。宋时，传统的丝绸之路被举国整体信奉佛教的西夏王朝占据，伊斯兰教的传教士无法公开通行于这条古道上，更不可能被允许大规模修建清真寺。可见，伊斯兰教从新疆起步传往内地，是元代及其后的事情了，并非一些学者臆想的唐代。

来到唐朝的大食使者，不一定都是哈里发派遣的，他们中也有阿拉伯商人借使节之名，而为他们的商业活动寻找方便。如阿拉伯商人艾卜·宰德·哈桑记载

>日本画家妹尾达彦绘制的唐朝长安西市图

他的朋友伊宾瓦哈卜曾于 880 年以前去长安，见到唐僖宗，并和僖宗进行了长时间的谈话，颇受僖宗的赏识，除赐给物品，还允许他乘驿马到广州去。当时的所谓进贡，实际是一种做买卖的方式，他们把礼物奉献给中国的皇帝，皇帝照例要回赐许多礼物，这些回赐的礼物的价值，有时还要超过贡礼的价值。有的进贡“方物”的使者，不仅得到国赐，而且还获得“郎将”“左金吾卫将军”“左金吾卫员外大将军”“中郎将”等衔位。不仅进贡的礼物可以免纳沿途的商税，有时连进贡人私带的货物，也可以只纳半税。进贡人可以得到沿途地方官的招待，食宿免费。阿拉伯商人以进贡的方式把自己的货物、珠玉、香料、犀象之类，卖给中国朝廷，再把回赐的礼物运到阿拉伯去，以此谋利。

盛唐时期的长安，是当时世界上最大的国际大都市，84 平方公里的面积，百万人口，城市格局犹如棋盘，唐代诗人白居易就以“千百家似围棋局，十二街如种菜畦”形容长安的城市气势。

大唐王朝以开明的胸怀和多元化的民族政策，使得许多国家派遣使者来到长安，唐太宗李世民就曾经说过：“自古皆贵中华，贱夷狄，朕爱之如一，故其种落皆依朕如父母。”

开放的国度，政府给予的优惠政策和经商环境，引得万方来朝。《唐六典》记载，当时来到长安与唐朝建立外交关系的国家和地区多达 300 多个。先后派遣使者来到长安的国家和地区中，东罗马帝国先后派遣使者 7 次，日本的遣唐使抵达长安 15 次，而阿拉伯帝国达 39 次。

来到唐朝的这些阿拉伯国家、西域地区的商人，开始在长安居住，有的甚至开始在唐朝的政府机关中任职。他们被称为蕃客，但并不是今天的学者所说的伊斯兰教徒。当时，“蕃”指国外，“客”指这些人并不长期居住在中国，只是来往于中国和他们所在的国家之间。

大街上车水马龙，街道两旁店铺林立，东市和西市里，更是商贾云集，货物琳琅满目，长安成为全国甚至国际工商业贸易活动的中心。尤其是在西市，就有不少阿拉伯商人开设的珠宝店、药店，这就是唐时长安城内的情形。

当时的长安城内有一座大安国寺，寺僧将一个皇帝赐予的宝珠随意放在柜子里。公元722年的一天，寺里的僧人打开那个柜子时，发现上面的函封上写着“此珠值亿万”的字样，僧人们打开函封后，发现里面的宝珠呈现出红色，在夜晚还能发出几寸高的微光。僧人们议论说：“此凡物耳，何值亿万。试货之。”于是，寺里派出一名僧人去市场出售，看能值多少钱。几个月过去了，大多数的顾客看完后都说那是个普通的石头，怎么能好意思出那么高的价？那个僧人也因此而不好意思，便将宝珠带回寺里。

有一天，有一个从西域来的胡人听说了这件宝珠后，专门去寺院里，见到宝珠后非常喜悦，随行的使节翻译便问寺里专门负责看管宝珠的僧人多少钱，得到的回答是“一亿万”。那个胡人带着不舍的神色离开。第二天又来了，使节翻译对僧人说：“珠价诚值亿万，然胡客久，今有四千万求市，可乎？”那个僧人很高兴，便带着去拜见寺主。寺主当场答应了。第三天，胡人带着四千万贯钱来将那个宝珠买去了，并对僧人说：“有亏珠价诚多，不贻贵也。”僧人问他从哪里来的，那个宝珠有什么功能呢？胡人才告诉他：“吾，大食国人也。王贞观初通好，来贡此珠。后吾国常念之，募有得之者，当授相位。求之七八十岁，今幸得之。此水珠也，每军行休时，掘地二尺，埋珠于其中，水泉立出，可给数千人，故军行常不乏水。自亡珠后，行军每苦渴乏。”原来，这个宝珠是水珠，是大食国朝贡给唐朝的。每当军队休息时，挖地两尺并将它埋在地下，就会有水涌出，可以保证数千名士兵的用水。这个宝珠进贡给唐朝后，他们的士兵就此失去了用水的依靠，常常得受干渴之苦。国王很是怀念宝珠，命人到长安城内寻找，并许诺找到它后会得到相应的官位，找了七八十年了。看到那些僧人不相信，胡人当场掘土藏珠，不一会，果然有清泉涌出。

这个来自《太平广记》的故事，说明唐初的长安城内已经有了大食人旅居、做生意的现象。而贞观初年是公元7世纪30年代初，那个胡人的叙说如果是真实的，也就是说他们的王和中原王朝通好应该是隋朝了。在《资治通鉴·唐纪四十八》中也记载：唐初，河西、陇右被吐蕃攻陷，自天宝以后，安西、北庭奏事及在长安城的西域使人，归乡之路被断绝，他们的给养全依靠鸿胪礼宾。唐德宗时的宰相李泌派人调查后，知道他们留居长安的，时间长的达 40 余年，都娶了长安城内的汉族人为妻子，并购买了田地、房屋，时间长了都不愿意回归家乡了。朝廷下令纠察这些来到长安城的胡人，发现购买房屋和田地的有 4000 多人，并停止了对他们的供给。这些胡人向朝廷上诉，李泌说："岂有外国朝贡使者留京师数十年不听归乎！今当假道于回纥，或自海道各遣归国，有不愿归者，当于鸿护自陈，授以职位，给俸禄为唐臣……"没想到，这些胡客没有一个愿意回家的。

其实，早在隋末唐初时，就有不少来到中国境内的域外商人在长安城内悄然定居，并偷偷地娶汉族姑娘为妻或妾。贞观二年三月十六，唐朝政府下了一道敕令："诸番使人，所娶得汉女为妾者，并不得将还番。"

公元 756 年，安禄山发动兵变，阿拔斯王朝的哈里发曼苏尔应唐朝的请援，派遣军队到中国来，和朔方、安西、回纥等地的军人构成一支数量达 15 万的"联合国军"，帮助唐肃宗平定内乱，收复长安和洛阳。战争结束后，这批军队留在中国安家落户。杜甫的诗《留花门》中所描写的："沙苑临清渭，泉香草丰洁。渡河不用船，千骑常撇烈。"就是平定安禄山的胡人部队进驻沙苑的情形。

然而，初唐来长安的商人也好，平定安禄山兵变的士兵也好，他们那时还没有接受伊斯兰教或者说接受者数量极其有限，并不是如一些学者们所言——"他们的到来，是伊斯兰教传入中国的标志"。犹如《支那印度物语》中记载的，那时"无一中国人归依回教者。回教徒似仅享信仰自由，而无布教自由"。到唐代宗时期，长安城内有摩尼教、景教、祆教的"三夷寺"，唯独没有清真寺。而到唐武宗时期，由于武宗笃信道教，严禁道教之外的其他教派传教。公元 843 年，唐朝政府还下令摩尼教、祆教、景教等信徒还俗，并未曾提及回教，证明此时的长安城内要么没有回教徒，要么就没有清真寺等伊斯兰教标志性建筑以引起政府关注。

然而，在这种历史背景下，在中国的不少穆斯林学者那里出现了一个偷换的概念：他们将这时来到的"蕃客"认定为穆斯林，甚至是目前生活在西安城内的回族先民。初唐甚至唐代中期，伊斯兰教还没有传遍西域大地，来到长安城内的西域商人们，从海路来到中国的中亚人、东南亚人，不全是整体已经信仰伊斯兰教的阿拉伯半岛的商人，也并不是信仰伊斯兰教的穆斯林，他们在中国的一些地区定居下来，与其他民族等长期共处，互通婚姻。

8 世纪初期，阿拉伯帝国的势力已经东伸到南起印度河流域，北到布哈拉，萨马尔罕一带，在葱岭以西与唐朝疆域相接。但这同样并不意味着伊斯兰教就紧跟而来。来到长安城的阿拉伯人、西域人，还是以商人居多。唐人笔记《太平广记》多次提到“胡店”“波斯肆”，其主人就是这些还没彻底改信伊斯兰教的商人，甚至，他们中多数还是信仰佛教者。

也有学者根据《资治通鉴·唐纪四十八》代宗大历十四年（779）的记载：“庚辰，诏回纥诸胡在京师者，各服其服，无得效华人。”认为“诸胡”包括中亚的九姓胡在内，而九姓胡是康、安、曹、石、米、何等九个小王国的总称，说长安城内的这些姓氏的居民也是伊斯兰教徒甚至是回族先民，自然也不无道理。

更有学者认为，从 960 年北宋建立，到 1279 年南宋灭亡期间，辽、金、夏、蒙古与北宋、南宋先后对峙。一方面战乱频繁，另一方面又使中原地区的人民增多了错杂居住的机会，这一时期是西安回族的形成期。其实，西夏乃至金占据了河西走廊一带后，传统的陆路丝绸之路被切断，唐朝时期从西域进入中原的传统商道有所阻隔，而这一时期的西域大地还没彻底被伊斯兰教征服与统治，没有多少西域商人像唐朝那样前往中原定居；由于航海技术的提升，阿拉伯半岛的商人这一时期多选择从海上来到中国，传统的陆路丝绸之路陷入了前所未有的旁落境地。

蒙古军远征西域大地乃至更为辽阔的中亚、西亚时，中亚、西亚处于长期混乱中，加上欧洲的十字军东征等因素，穆斯林传教者带着传教使命来到中国的说法更是苍白无力。被蒙古军队掳掠的多是军丁、工匠、喂马者等，并不是传教者。

伊斯兰教的经典《古兰经》里这样说：“一切清真寺，都是真主的，故你们应当祈祷真主，不要祈祷任何物（72：18）。”这就对清真寺的基本功能有了一个界定：祈祷之地。因此，清真寺一直被信仰伊斯兰教者视为神圣之地。穆斯林围寺而居，形如群星捧月，才算是有了他们真正的信仰之地。就此，在我的判断中，清真寺的出现，是长安城内伊斯兰教正式亮相的重要标志之一。

中国唐宋时期称清真寺为“堂”“礼堂”“祀堂”“礼拜堂”，元代以后称“寺”“回回堂”，明代把伊斯兰教称为“清真教”，于是，穆斯林进行礼拜的地方在中国有了一个沿用至今的名称——“清真寺”！西北地区的回、东乡、保安、撒拉等族的一些穆斯林，仍沿袭原称“麦斯吉德”或“哲马尔提”（Jama'at）。

伊斯兰教初兴时，并没有清真寺这样专门礼拜的场所，信徒们往往是选择一个洁净之处供叩拜之用。公元 622 年 9 月，穆罕默德迁徙麦地那时，在城东南 3 公里处的库巴，修建了第一座简易的礼拜场合——“麦斯吉德”，这就是中国人

>化觉巷清真寺

称的“库巴清真寺”。到达麦地那后，穆罕默德才带领众信徒建造了一座正式的“麦斯吉德”，这就是后来的穆斯林无比尊奉的“先知寺”，建成后，穆罕默德常常率众在寺内礼拜。

637 年，第二任哈里发欧麦尔下令远征将领，凡开拓一个新地区，首先要在该地兴建“麦斯吉德”，作为传播伊斯兰教的阵地以及为信徒们提供礼拜的场合。这种习俗被沿袭了下来，也自然就被征服者带进中国的新疆境内。

玉门关，除了古代意义上的诸多被赋予很多含义的一道关口外，也成了伊斯兰教进入中国的一个分界线：玉门关以西的新疆大地上，宗教战争过后便是一座座“麦斯吉德”出现；而玉门关以内地区，则与欧麦尔当初所想的、通过战争在所征服地区建“麦斯吉德”的初衷不同，关内地区几乎都是先有穆斯林居住，他们在聚居区选择地方修建宗教活动中心。从玉门关沿着丝绸之路而来的穆斯林们，开始在甘肃、青海、宁夏、陕西境内修建礼拜场合——清真寺，这些清真寺的主体建筑有着和全世界其他各地清真寺相同的特点：礼拜大殿朝向麦加克尔白，大殿正面墙中心有凹壁（米哈拉布），左前方有阶梯形讲坛（敏白尔），寺内有供信徒们礼拜前做小净、大净用的水房等。那端居寺顶的一弯明月，就成了对寻找礼拜场合的穆斯林的一种指引或召唤，对寺周围的穆斯林则成了一种精神呼应，一种安心所在，一种信仰存放地。

早期穆斯林宗教礼拜建筑大多简朴无华，麦地那的“先知寺”主要由围墙圈成院落供礼拜，房顶供唤拜，再设一简单讲台供宣教即可。这种简约的风格同样在伊斯兰教刚进入中国新疆的西部地区时得以保留。后来，随着穆斯林建筑艺术的发展及信教者人数增多，他们的经济实力增强后，促使结构严整、雄伟壮丽且带有装饰艺术的宗教礼拜建筑群相继出现。

慢慢地，这种建筑风气也传入了中国。这种建筑风格在清华大学教授楼庆西先生的《中国古建筑二十讲》第 151 页中得到体现——“西安化觉巷清真寺是西北地区很重要的一座清真寺，建于明洪武二十五年（1392）。……伊斯兰教礼拜寺所必需有的礼拜堂、邦克楼、水房、经堂等建筑，加上中国传统的牌坊、石碑等小品组成了这座规模很大的清真寺。……殿堂屋顶用的是琉璃屋脊与正吻、脊兽；几座砖筑的碑楼则在屋顶、梁枋、挂落、券面、字牌各处布满了砖雕纹饰。……内地清真寺从外观形式到室内外装饰都表现了汉民族传统文化与外来的阿拉伯伊斯兰文化的结合，但是这二者之间似乎还没有达到十分融合的程度，还没有形成一种成熟的新形式。”

>西安大皮院清真寺

2013 年 6 月 14 日，我应邀参加“雪花 · 纯生 2013 寻踪营造社”的中国古建筑之旅，那天傍晚，在宜宾见到了楼先生，还就此记载进行了当面的讨教。一席话后，他的观点再次得到印证！

如今，化觉巷清真寺、大学习巷清真寺 、小学习巷清真寺、小皮院清真寺、大皮院清真寺、营里清真寺、洒金桥清真寺、北广济街清真寺、南城清真寺以及建国巷清真东寺、西新街清真西寺、北门外道北清真寺、纺织城东郊清真寺、小东门外回民新村清真寺等，构成了西安城内的清真寺建筑群体。

犹如我在吾艾斯墓前看到的那一幕一样，不少穆斯林人为提前所在地的宗教建筑修建年代，将一些著名的宗教建筑说成是唐代建筑物，西安市内的大学习巷清真寺就是一例。

1908 年夏天的一个黄昏，西安市大学习巷内出现了一个日本青年的身影，他慢慢地踱在巷内窄窄的街道上，不时停下来，留意两边独特的、带有伊斯兰风味的建筑或来往的回民，似乎在寻找着什么。

走到巷子北边的清真寺门前时，他的脸上顿时浮现出一丝兴奋来。来中国之前，他曾经拜读过俄国学者 Palladius 于公元 1866 年写的一篇介绍这座清真寺里一方碑文的文章，然而，西方学者却没有人亲眼见过这块石碑。他自然也对那块石碑产生了浓厚的兴趣。

由于天晚，寺内无人，他只好留下“未得《创建清真寺碑》之所在”的遗憾离开了。这位日本学者是谁？他为何不远万里来到中国要探究这方石碑的内容？碑文的内容又是什么呢？在他来到这里之前，这块石碑对中国的穆斯林又意味着什么呢？

那个日本青年叫桑原骘藏。离开学习巷清真寺后，出于对西安城内的清真寺建筑年代的研究，他并没有放弃对《创建清真寺碑》的关注。随后，他在西安城内得到另一位日本学者铃木赠予的《创建清真寺碑》的拓本。

拓本上这样写道：“赐进士及第户部员外郎兼侍御史王珙撰篆……西域圣人谟罕默德，生孔子之后，居天方之国，其去中国圣人之世之地，不知其几也。……及隋开皇中，其教遂入于中华，流行散漫于天下。至于我朝天宝陛下，因西域圣人之道有同于中国圣人之道，而立教本于正，遂命工部都工官罗天爵董理匠役，创设其寺，以处其众。”

在桑原骘藏

>西安的小皮院清真寺

来到之前，西安乃至西北回民的口传中，学习巷的清真寺是唐代修建的。很多学者更是依据碑文记载，认为伊斯兰教是隋朝开皇年间传入中国的。上述两种说法至今仍在学术界和民间流传着。

桑原骘藏的到来，打破了这个说法！

细心的桑原骘藏从碑文记载中发现了这些谬误：第一，关于碑文中的“天方”。《旧唐书》《新唐书》《通典》《唐会要》等典籍中称呼阿拉伯为“大食”“多氏”“大石”等，这些称呼一直延续到宋代乃至元代初期。元代曾出现过“天堂”与“天房”的称谓。而“天方”的称谓出现在明代。第二，关于“谟罕默德”。唐代的《通典》《四夷书》及《旧唐书》《新唐书》称伊斯兰教创始者 Mohammed 一律为“摩诃末”。宋代的赵汝适著的《诸蕃志》中称为“麻霞勿”，“末”和“勿”都是用来表 mmed 的发音，唐宋两代对 Mohammed 的称谓都是三个字。到明代，《明史》《明一统志》等史籍中才开始用四个字——“谟罕蓦德”，明代的马沙亦黑翻译《天方经》（《古兰经》，作者注）的序及《四译馆考》时，出现了“穆罕默德”，这两个译词的最后两个字同样是用来表 mmed 的发音，但已经表明对 Mohammed 的翻译已经开始用四个字。而这块碑文中出现的“谟罕默德”四个字，无言地表明这不是唐代的。第三，关于伊斯兰教于隋朝开皇年间传入中国。桑原骘藏认为，碑文上写的伊斯兰教传入年代，是穆罕默德创建伊斯兰教前二三十年——“如此乖舛，则此碑为后世假托，而非唐代所建，有明证矣。据中国正史，大食人第一次来朝，在唐高宗时”。他接着指出，唐代的一些史籍记述关于隋开皇年间的大食国的事情，根本就没有中国和大食之间的交通往来。而伊斯兰教于隋朝时传入中国“是后人牵强误解之”，理由是明朝以前的中国史书是没有开皇年间伊斯兰教传入中国的，到明代才有此类记述——“足为明代假托之明证”。第四，关于“天宝陛下”。唐代天宝元年后，才开始称唐玄宗的尊号为“开元天宝圣文神武皇帝”，此前并没有“天宝”称呼，碑文中的称石碑建于天宝元年，那时，距离穆罕默德去世不过百十年，而碑上却写道“世远人亡，经书犹存”，那时，伊斯兰教还没覆盖整个阿拉伯地区，怎么能迅速地传入中国？而且将经书留存下来？这个记述更是和历史事实不符合！

桑原骘藏就此认定——“据此明碑，可断创建清真寺碑，是明洪武十八年至嘉靖五年间所立”。

桑原骘藏将自己的这个发现撰文《创建清真寺碑》刊发在日本的《艺文杂志》第三年第七号。中国著名的回族学者、国学大师白寿彝先生读到后，认为他说的非常精确，嘱咐牟润孙先生将此文翻译成中文刊登在《禹贡》（半月刊）1936 年第 11 期上。在《禹贡》（半月刊）1937 年第 4 期上，白寿彝撰文《关于创建清真寺碑》指出“《创建清真寺碑》之伪，桑原骘藏论之甚明”。北京大学教授陈垣在 1927 年 3 月 5 日北京大学研究所国学门的月讲中，以《回回教入中国史略》为题（后载入 1928 年的《东方杂志》第 25 卷第 1 号）的演讲中指出：“窃疑此碑或即是王珙舍宅为观时所建。后此观入于回教人之手，乃就原碑磨改为回教寺碑，而仍用天宝元年户部员外郎兼御史王珙衔名入石也。”当时的另一位国学大师顾颉刚更是从中发现了一个重要的证明该碑为伪作的证据——碑文底部首行写着“王珙撰篆书”，全部碑文正文却没有一个篆书——撰写碑文的是一个人，往上书写者却是另一个人。

胡振华先生在他的《中国回族》一书中，这样写道：“陕西著名的清真寺现有明建西安化觉巷和元建大学习巷清真寺，前者为省级文物保护单位，后者则以建寺较早与郑和曾聘该寺掌教哈桑为第 4 次远航船队阿訇和翻译而著名。”我认为这个评价是非常中肯的。

至此，我们不妨模拟一幅历史画图：唐代来到中国的西域各国的胡人，被安置在长安城内的“蕃客”们，虽然将生活习俗带来了，但并不是信仰伊斯兰教的穆斯林，也就是说他们并没有带来后世所说的伊斯兰教的宗教习俗，也没有得到唐朝政府认可而修建清真寺。后来，一些信仰伊斯兰教者到来后，从生活习俗上而言，由于他们和定居长安城的“蕃客”后代们有着相似的生活风俗，很容易融为一体，他们带来的伊斯兰教也自然会容易被那些“蕃客”后代接受。当清真寺悄然在长安城兴起时，并没有后人想象的皇帝赏赐建寺的盛景。多是由信徒集资，在一种小心翼翼的心理状态中，在教徒集中的地方，本着清真寺原本恪守的简洁风格而建。

大学习巷清真寺、化觉巷清真寺和小皮院清真寺构成了西安城内的 3 处标志性清真寺。不仅成了当地穆斯林及外地到西安城的穆斯林礼拜的重要场合，发生在这里的一些历史事件也使清真寺披上了一层人文色彩。

出于一种长期被认为是人口较少的民族之心理，回族人更多地喜欢将自己进行礼拜的清真寺前加个“大”字，这在遍布全国的回族聚居地的清真寺有着充分体现。当年，从河西一带而来的穆斯林进入今西安城内后，他们聚集的巷道被当地人习惯性地称为“大河西巷”，时间久了，被讹传为“大学习巷”，最早出现在这里的清真寺习惯地被当地回民称为“大学习巷清真寺”。地处西部政治文化中心的西安城内，学习巷清真寺里自是不乏学问渊博的传教者来这里开学，他们默默无闻地在这里交换着知识，直到公元 1413 年 4 月的一天，这种局面被打破。

那年，弥漫在整个西安城内的春天气息，同样滋润在整个清真寺内。那天上午，大学习巷清真寺里的掌教哈桑（更多地被周围的人称呼为哈三）的心情莫名地喜悦，带领前来礼拜的教众做完功课后，哈三缓步走出大殿，突然发现寺内出现了几个身着官服的人。他愣住了！

“色俩目！”站在最前面的一位穿着官服却按照穆斯林的礼仪问候他。

“色俩目阿目来库姆！”哈三从这个问候中已经判断出来人是穆斯林，便按照穆斯林的礼仪回复！

“尊敬的哈桑阿訇，我们是奉当朝之命，前来请您协助我们完成一事！此处不便细说，能否换个地方详谈？”

在寺里的阿訇室内，一场后来写入中国史册的一件大事的前期准备工作的谈话，在一杯清淡的茶香中逐步完成。第二天，哈桑就开始着手安排寺里的事务。不久，他就随那几个官人悄悄离开西安，此后，来寺里礼拜的教众们再也没听到哈桑那雄浑的领拜声和给大家讲解《古兰经》的声音，人们再也没看见那带领大家礼拜的身影。

哈桑到底去了哪里？

哈桑是跟随明代著名的穆斯林航海家郑和走了！

公元 1371 年的一天，在今云南省晋宁县的一个穆斯林聚居村落里，一位姓马的人家，一个小男孩出生了。他的祖父和父亲都是曾经去麦加朝觐过的虔诚穆斯林，从麦加回来后，被村里人尊敬地称为“哈只”。得知儿媳生了个男孩，老人和他姓温的妻子、儿子马哈只一起商量后，按照穆斯林的习俗，请村里的阿訇给这个小男孩取了经名，也按中国人的习俗给小男孩取了学名。然而，多少年时光过去了，无论是这个小男孩的经名还是学名，都没有留下来。

小男孩的家境并不好，他有个叫文铭的哥哥和四个姐妹，12 岁那年，为了糊口，他投靠燕王朱棣，做了一名宦官并深得朱棣喜欢，在宫里被称为三保太监。闲暇时，皇帝会问这个小男孩一些有关他家乡、他的身世甚至他的穆斯林家族生活的事情，其中有关穆斯林生活习俗等内容，常常让这位后来称帝者很是着迷。后来，朱棣称帝，将他提升为内官监太监，主管宫室陵墓的建造，采办宫廷婚丧礼仪所需珍宝、香料及珍奇异物等事宜。公元 1040 年的一天，心情非常愉快的朱棣召见他，一方面正式赐其“郑姓名和”，另一方面，给他一年的准备时间，让他带队出使“西洋”，亦即今印度洋地区。郑和很清楚，皇帝让他完成这项任务，除了自己的才干外，自己的穆斯林生活背景是被皇帝选中的一个重要原因。从此，这个当年从西南普通乡村走出的小男孩，有了一个后来被载入史册的名字——郑和！

朱棣为什么要做出这样的一个抉择呢？为什么要选择有着穆斯林家庭背景的郑和呢？

和西方诸如麦哲伦这样的航海家、探险家们在“地理大发现”的心理驱使下向海洋进发不同，关于朱棣让郑和下西洋的心理动机，学术界到目前仍不统一。

有人说，是明代朱棣政权为了向那一片海域的诸国推行怀柔政策；有人说是朱棣想了解陆路之外的海域是一个怎样的世界；更有人说，是朱棣想让身为穆斯林的郑和去探究自唐宋以来从海上来到阿拉伯半岛的穆斯林生活区域。我倒更倾向于下面这样的一个“寻找黄金”的说法——

>郑和像

进入封建社会后的中国，硬通货一直是金银，但中国的金银产地一直没有被勘探出来，古代只有江西有少量金矿，而银矿就更少。以产品换金银成了中国自古以来主要的对外贸易，有人将这种情形比喻为时下的“中国以产品换美元、欧元”。

从中世纪开始，西非的几内亚、尼日尔和马里的金矿被大量开掘，使西非成为世界的金源地。而这些金子经阿拉伯人中转后，经过海上丝绸之路进入中国，然后再将中国的丝绸、茶叶等运出去。当这种贸易方式持续到明代时，就被中国人认为阿拉伯地区盛产黄金。或许，朱棣也被这种说法征服了，郑和又有着穆斯林家庭背景，他的祖父、父亲都曾经从云南出发，经海路前往麦加朝觐过。于是，有了派郑和去寻找黄金的想法。

朱棣的想法有着一种历史渊源：早在元代初期，元世祖忽必烈就曾有过和他一样的想法，于是，他派遣穆斯林（维吾尔族）航海家亦黑迷失出使八罗孛国、僧伽罗国（今斯里兰卡）、马八儿国（今印度东南）、南巫里（今苏门答腊岛西）、速木都剌（今苏门答腊）以及不鲁不都、八剌等岛。数次远航东南亚各地国，使亦黑迷失成为一位熟悉东南亚海上航路的著名航海家，这也是元代第一位穆斯林（维吾尔族）航海家。

有了元代穆斯林航海家的出海经历，加上郑和常年在宫中显出的“有智略，知兵习战、姿貌才知，内侍中无与比者，察其气色诚可任。遂令统督以往，所至畏服焉”（《古今识鉴》）的非凡能力及他的穆斯林身份，郑和便担当起了下西洋的“正使”重任。

接到朱棣的命令后，除了常规的准备工作外，郑和还着手了两项工作：一是动员曾经从海上丝绸之路去过麦加朝圣的叔叔担当向导。二是向各地的穆斯林招募翻译、信使，但这项工作始终让他不满意。尤其是他经历三次下西洋后，更是深知一个学术精深的翻译对下西洋的团队之重要性。公元 1413 年 11 月，他第四次下西洋前夕，闻听西安城内大学习巷清真寺里的掌教哈桑不仅刚刚从麦加朝觐回来，熟悉最新的海路情况，而且阿拉伯语说得非常流利。于是，出现了前面所描写的大学习巷里的那一幕！

和哈桑同行的第四次远航，郑和的舰队用了整整两年时间，他们不仅抵达伊朗地区，而且抵达了非洲东岸的一些穆斯林国家与地区。1992 年 6 月 22 日，福建长乐县漳港镇仙岐村村民在新房边的大沙丘上挖沙时发现彩绘塑像群。当时共挖掘出 40 多尊彩绘塑像，其中一组为“巡海大臣”群像。彩塑群中居中的坐姿塑像高 100 厘米，塑像面如满月，表情慈祥，优雅端庄。他身穿红色圆领袍服，胸前、两袖均有贴金纹饰，脚穿一双皂色靴子，与刻于明万历年间的罗

>郑和下西洋的船模，摄于泉州博物馆

懋登的《西洋记》中有关郑和衣着装扮的描绘基本相符。郑和塑像身旁一站立的塑像高鼻深目，可以认定为“番人”。综合史料记载，我倒倾向于认定这位极有可能是信使兼翻译、向导者，哈桑！

遗憾的是，他们并没找到那些金灿灿的产金之国！尽管后人对郑和出使西洋地区的使命发出诸多质疑，甚至说他非但没找到黄金，反而花掉了不少黄金！非但没有发现阿拉伯半岛上的黄金产地，反而和当地穆斯林商人合作，用武力扫荡了唐宋以来形成的中国民间海外贸易的经济基地，剿灭了当地的华商——在他的眼里，那些把父母扔在家乡而一味在外地挣钱的人，不是好人！他以此来促使阿拉伯商人把黄金运到中国的口岸且和官方商行做生意，而不是被那些海外的华人基地所控制。然而，他和明朝政府的这种想法还是落空了。

郑和受命七次航海，每次出海带着大量金银、铜钱、瓷器、丝绸、棉布、铜器、铁农具、铁锅等，而换来的只是专供皇室和贵族官僚享用的奇珍异宝、珍禽异兽、香料、补药和各种奢侈品。不仅没有像后来西欧航海家的远航那样带来巨额利润，反而使国库空虚，这种行为被当时的一些士大夫指斥为“弊政”。

郑和下西洋的行为，不仅没有达到明政府的目的，而且出现了一个历史现象：从唐朝开始，中国航海就名震海外，但自郑和航海壮举后，反而一蹶不振，从此让位于西欧。历史就像一枚硬币，有着它的两面性，抛开学术界的各种争论，至少在第四次远航时，那偌大的船队上，至少有两个中国的穆斯林留下了他们的身影！

时光缓缓流逝，前来寺里礼拜的教众逐渐淡忘了哈桑的声音和身影。直到有一天，陪同郑和下西洋的哈桑完成自己的使命返回西安城，他的身影出现在大学习巷清真寺时，那些淡忘了他的人们，才知道当年匆忙中神秘离开的哈桑去了哪里，做了一件怎样艰难而光荣的事情。大学习巷清真寺也因为这件事、这个人而名动整个中国清真寺！

抗日战争期间，大学习巷清真寺再次被西安城内的穆斯林所瞩目！

“九·一八”事变后，东北三省沦陷。1935 年，10 多万东北军被调遣到陕西、甘肃一带。古城西安出现了不少东北军官兵和流亡的百姓，其中自然不乏来自东北地区的回族人，处于信仰需要及饮食等方面的便利，他们多选择在大学习巷、庙后街等回族街区住了下来。

1936 年初，一份名为《伊斯兰青年》的杂志问世于大学习巷清真寺对面的一个院落内，不仅引起了当时西安城内的汉、回群众的高度关注，还被时任国民党陕西省政府主席邵力子所重视。张学良亲自为该刊题写了刊名，这是目前为止所掌握的张学良在陕西期间唯一的题词。这份杂志由西安回民孙明初先生创办。今天已经发黄的杂志上赫然印着：主编者，伊斯兰青年社；发行者，西安大学习巷伊斯兰派报社；印刷者则是位于北院门81号的和纪印刷馆。杂志刊登的内容不仅有伊斯兰教的一些知识，也有当时的抗日形势、西北回族经济、教育状况的文章。

在编号为“074—1—247”的时任国民党陕西省政府主席邵力子的个人政务档案上，上面清晰地写着“谨呈主席钧阅”的字样。作为主席的邵力子会每期必读这份刊物，无疑证明这份刊物在当时陕西政治舞台上的作用。几十年过去了，当我为这些往事深入到大学习巷内采访时，不少上年纪的老人谈到有关“陕西省回民抗日救国图书馆”的事情时，口里还随意用“报馆”指图书馆。

和大学习巷对面的刊物相对应的是，大学习巷清真寺里办起的抗日夜校，则成了来自东北的学生、战士和当地汉、回群众了解抗日形势的一个窗口，一个西安抗日救亡救助点。夜校的听课人中，有一个看上去很普通的身影，每天晚上总是按时来到清真寺里认真听讲，他就是当时陕西省一中的教员、中共地下党员张寒晖。他常常利用教学之余去夜校听课，通过伊斯兰派报社散发抗日传单，也经常去回民抗日救国图书馆里去读书、读报。和东北来的战士、流民的交谈，让他深深地体会到这些人存在内心深处的亡国之恨和家破之痛。一曲爱国悲歌在他心底缓缓响起，这就是他谱写的《松花江上》——“我的家在东北松花江上，那里有森林煤矿，还有那满山遍野的大豆高粱。我的家在东北松花江上，那里有我的同胞，还有那衰老的爹娘……”这首后来风靡全国的爱国歌曲，从大学习巷中传遍了陕西乃至全国。

大学习巷清真寺在抗日战争期间，一直是西安回民关注的焦点，出生于西安城内的回民马正卿则是焦点中的焦点，他是中国同盟会会员、陕西新文化运动的开拓者。早在五四运动期间，他为了“启发回民知识，倡导社会教育、提高文化水准”，在大学习巷9号自己家临街的门面房内，创办了一座回民图书馆。由于他的个人威望，北京、天津、云南和当地的不少回族绅士纷纷捐赠书刊，一代名流、要员于右任、邵力子、李墀等题写了馆名。“九·一八”事变爆发后，回民图书馆从9号位置搬迁到巷口北端的“户县会馆”，馆名也更换为“陕西省回民抗日救国图书馆”。同时，他还和当时的国风日报社社长、进步人士景梅九等人联合创办了《出路》周刊，与西安城内的进步回族人士一同组织成立了“陕西省回民抗日救国会”并担任宣传部部长、“陕西省回民防空宣传服务团”团长。

1936年12月12日，震惊中外的西安事变爆发，西安城内的回民也积极参加社会各界发起的抗日救国运动，马正卿参加了“西北各界救国联合会”并担任该会宣传团团长。14日，来自山东、河南、陕西、宁夏、青海、甘肃等9个省区的回族进步人士在西安召开了“全国回族代表大会”，“陕西回民抗日救国会”也随之成立。

当时的西安革命公园内召开的西北各界民众大会上，马正卿作为登上誓师大会主席台的回族代表，发表讲话支持张学良、杨虎城的抗日八大主张。那天的演讲赢得张学良、杨虎城的赞许，不久便特地派人用专车前往大学习巷北口，给设在那里的“陕西省回民抗日救国图书馆”送去了《抗日歌曲集》《小学生文库》等书刊2000多册，充实了这间民间图书馆。马正卿还在图书馆门前张贴出“中国共产党抗日救国十大纲领”等宣传资料，在图书馆门前的墙壁上新置了阅报栏，每天都坚持更换，直接方便了巷内居住的回民了解时政事实，激发他们关注抗日的热情。

1937年1月28日，数百名西安回民参加了当天有15万人在革命公园召开的“纪念‘一·二八’淞沪抗战周年大会”，《新华日报》以《西安抗日游行回民热烈参加》为题进行报道。如今，在陕西省图书馆珍藏的那份发黄的报纸上，依然能看到这样的报道：“他们人数在几百人以上，其中不少是老人和儿童，他们高呼‘中华民国万岁’‘回民解放万岁’等口号，表示‘本市回民愿做政府后盾，卫国御侮’。”

“七七”事变后，陕西的回民和其他各族人民一道掀起了抗日高潮，回族中的一些爱国人士动员当地群众，成立了“各界抗敌后援会陕西回民支会”，百余名西安回民师生也成立了“后援会西安回民学生支会”。

1937年11月13日，日军飞机首次轰炸西安城。1938年2月11日，在西安各界于体育场召开的“反侵略宣传大会”上，数百名回族群众参加了这次大会。会后，在逐渐降临的暮色中，这些回族群众和参加大会的其他各界人士手执火把、灯笼，完成了从北大街、南院门、西大街到鼓楼的游行。

1938年9月23日的《新华日报》以《西北回民昨开抗战献旗大会，拥护中央抗战》为题，报道了1938年9月13日发生在西安城内的一项名为“回民献旗”的活动。那天，数万西安回民参加了声势浩大的“西北回民‘献旗’大会”，向国民政府献旗以表抗日决心，同时，还发表了《告西北回民书》，呼吁全球穆斯林共同抵制日货。尽管是向国民政府献旗，但中国共产党对这件事同样给予了高度评价：“中国回民救国协会、回教抗敌救国宣传团等组织的成立，以及其他少数民族救亡团体的成立及请缨杀敌，都说明了有成千上万的少数民族群众，已参加到抗日民族统一战线上来。他们不仅在国内参加抗战，还有中国回教近东访问团组织，到海外的回民中，进行国际宣传，使近东和全世界的穆斯林，都同情并援助中国的抗战。”

1938 年秋天的一天，当时位居国民党军界最高之位的回族将军白崇禧前往西安。抗敌后援会回民分会在大学习巷清真寺召开大会，召集西安城内的回族上层人士、各大清真寺的阿訇们，前来欢迎白崇禧。白崇禧在清真寺的大殿前，向与会的回族群众发表了号召陕西回民在国难之际加强团结、服务政府领导、共同抗日御敌的讲话，还动员西安城内的回族青年积极投身于设在广西的黄埔军校六分校学习军事。讲话完毕后，白崇禧又步行前往西安清真大寺参观，在那里接见了西安各清真寺的阿訇们，鼓励他们在国难之际爱国爱教，并向前去的各清真寺阿訇们分别赠送了一台德国制造的精致小座钟。

>斋月期间的西安回民店铺门头

>西安的回民聚居区

1938 年 11 月 23 日，正值穆斯林的开斋节，西安城内的回民、流亡西安的东北回民及外地来做生意的回民们积聚在城内的几处清真寺内欢庆属于他们的节日，尤以大学习巷清真寺的人数最多。就在很多上寺的信教群众进行沐浴时，突然，20 多架日军飞机呼啸而来，将携带的炸弹投向西安城。80 多枚炸弹落在了古城，炸毁了 4 座清真寺，伤亡 130 多名回族群众；化觉巷、大皮院、小皮院、广济街的 10 多家民房被毁；大皮院清真寺左方过厅的山墙被震倒，室内的群众被当场砸死；小皮院清真寺大殿的南端倒塌；广济街清真寺大殿倾斜，教长刘宗云被炸伤，寺里的群众有8名死伤；化觉寺内的群众死伤各1名。

开斋节时遭受轰炸，这一行为引起了西安城内的回民激愤，也得到了全国穆斯林的声援。南京市的4000多名回民集会游行，发表了《告全世界伊斯兰兄弟书》，中国回教救国协会发表了《为暴敌轰炸回民区西安回民同胞告世界伊斯兰兄弟书》，呼吁全世界穆斯林“抵制日货”“抗日援华”“加强世界伊斯兰兄弟之间的团结”。

1939年10月10日，西安又遭日军战机轰炸，其中一枚炸弹落在了洒金桥清真寺的后面，震倒一堵高墙，倒塌的砖块堵住了旁边的一个防空洞的出口，当时在里面避难的100多名回汉群众全部遇难，其中包括60多名回民。空袭使西安城内的一些条件好的群众选择了出逃，条件一般的回民则选择早上带上干粮、拖儿带女地逃往郊区，晚上再乘着夜色返回城内。郊外的汉族农民对这些避难的回民给予了很大帮助，如回族作家、西安市民委副主任马新芳在他的《陕西回族史话》一书中所描写的——“乡下的汉族农民对城里逃难的回民极为热情，腾出房子让他们休息，给他们送水送饭，尊重回民的习俗，有不少回民群众还认了‘干亲’。国难当头，共同御侮的目标，促进了陕西回汉之间的团结”。

走进西安城内的一座座清真寺，我阅读到的是从丝绸之路而来的，一路盛开伊斯兰文明之花的长廊。西安就是这个长廊的终点，也是这部伊斯兰文明大卷的句号。站在西安城的那组大型的反映伊斯兰教入华的雕塑前，我凝视良久后，抬起头来向西北方向望去，看着这一路风尘的足迹，我明白，自己站在了一个句号处。

参考文献

［1］卡尔·布罗克尔曼．伊斯兰教各民族与国家史．孙硕人，诸长福，贾鼎治，等，译．北京：商务印书馆，1985.

［2］贡纳尔·雅林．重返喀什噶尔．崔延虎，郭颖杰，译．乌鲁木齐：新疆人民出版社，1999.

［3］王治来．中亚史：第 1 卷．北京：中国社会科学出版社，1980.

［4］冯鹭，徐蕴冬．圣土不老．北京：中国海关出版社，2007.

［5］罗兹·墨菲．亚洲史．黄磷，译．海口：海南出版社，2004.

［6］鲁保罗．西域的历史与文明．耿昇，译．乌鲁木齐：新疆人民出版社，2006.

［7］沈苇．喀什噶尔．青岛：青岛出版社，2008.

［8］王族．马背上的西域．广州：花城出版社，2007.

［9］纳扬·昌达．绑在一起：商人、传教士、冒险家、武夫是如何促成全球化的．刘波，译，北京：中信出版社，2008.

［10］刘湘晨．留给你的高原．北京：中国民族摄影艺术出版社，2004.

［11］陈舜臣．西域余闻．吴菲，译．桂林：广西师范大学出版社，2009.

［12］余振贵．中国历代政权与伊斯兰教．银川：宁夏人民出版社，1996.

［13］奥里尔·斯坦因．沿着古代中亚的道路：斯坦因哈佛大学讲座．巫新华，译．桂林：广西师范大学出版社，2008.

［14］奥里尔·斯坦因．斯坦因中国探险手记．巫新华，伏霄汉，译．沈阳：春风文艺出版社，2004.

［15］中央电视台《探索·发现》栏目组．大唐西游记．北京：中国民主法制出版社，2008.

[16] 尚昌平 . 沿河而居 . 济南：山东画报出版社，2006.

[17] 马达汉 . 百年前走进中国西部的芬兰探险家自述：马达汉新疆考察纪行 . 马大正，王家骥，许建英，译 . 乌鲁木齐：新疆人民出版社，2009.

[18] 勒柯克 . 中国新疆的土地和人民 . 齐树仁，译 . 北京：中华书局，2008.

[19] 斯文 · 赫定 . 丝绸之路 . 江红，李佩娟，译 . 乌鲁木齐：新疆人民出版社，1996.

[20]《中国伊斯兰教研究文集》编写组 . 中国伊斯兰教研究文集 . 银川：宁夏人民出版社，1988.

[21] 任克良 . 拜城风物志 . 乌鲁木齐：新疆人民出版社，2009.

[22] 田卫疆 . 近代新疆探险百年：没有航标的沙海之旅 . 乌鲁木齐：新疆青少年出版社，2001.

[23] 马新芳 . 陕西回族史话 . 银川：宁夏人民出版社，2010.

[24] 任克良 . 拜城人物传：第 1 卷 . 北京：中国文化出版社，2010.

[25] 阿里·玛扎海里 . 丝绸之路: 中国—波斯文化交流史 . 耿昇，译 . 乌鲁木齐: 新疆人民出版社，2006.

[26] 唐立久，崔保新 . 掀起你的盖头来：发现新疆 . 乌鲁木齐：新疆人民出版社，2009.

[27] 白寿彝 . 中国回回民族史 . 北京：中华书局，2003.

[28] 李兴华，冯今源 . 中国伊斯兰教史参考资料选编 1911—1949. 银川：宁夏人民出版社，1985.

[29] 谭祎波 . 行走新疆 . 广州：广东旅游出版社，2010.

[30] 杨镰 . 最后的罗布人 . 北京：中共中央党校出版社 ,1999.

[31] 玉素甫 · 牙合甫，郑成加 . 哈密：可爱的家乡 . 乌鲁木齐：新疆大学出版社，1996.

[32] 海默 . 老脚印 . 银川：宁夏人民出版社，2009.

后　记

随字远行！

这确实是一趟远行！顺着时间轴，跟随这本书里的文字，是从千年前的唐朝开始的一趟历史之旅；跟着空间轴，这些文字会引领读者从阿拉伯半岛出发，穿越波斯高原、帕米尔高原，进入中国后，沿着天山而行，穿过塔里木盆地、祁连山脉进入黄土高原，最后抵达盛唐时的长安。穿越这些地理单元时，同样会穿越于千年来的文明演变、替代、交融的隧道中。因此，这不仅是一部单纯写伊斯兰文明在中国之旅的书，里面还有各种文明交流激荡的插曲。

那个静卧在黄河边的小村庄叫发裕堡，面朝黄河，背靠群山。我在稻香时分出生于那里。如今，在故乡，一条山沟里的峭壁上依然还有开凿在高处的一个山洞，外面看上去洞口很小，进到里面却能够容纳上百人，乡民们称这种建筑为窨子。小时候，和伙伴们进山放牧、戏耍时，每每走到窨子下，我都禁不住抬头张望窨子，常常在一种发呆状态中，想象着它的用途，想象着它的大小。听大人们说，那是清代同治年间，西北地区的回民暴动，造成回汉之间不该有的误解、仇杀。乡民们在悬崖上开凿窨子，是为了躲避回民屠杀的。那个血染西北的年代里，乡民们一旦闻听暴动的回民到来，就拖儿带女，逃到山里，躲进窨子里。讲述这些事情时，乡民们带着一种深深的恐惧，这是我对回民的第一个印象。

上高中，离开故乡去县城读书，才发现班上有不少回民同学，他们不大和汉族同学深入交往，整体呈现出内敛的性格，不和我们一起吃饭，尤其是不吃猪肉。而我所读书的县城东关，有一种我此前没见过的建筑，回族同学介绍说，那是他们做礼拜的地方——清真寺。一个周五的下午，同学带着我前去清真寺，突然发现，衣着上和我们平时没什么区别的同学和那些即将进寺的人们，头上突然都戴着白色的小圆帽。怎么一下子出现了这么多回民？他们为什么要在周五集聚于此？他们进去后，会做什么呢？这是我第二次对回民印象，也带给我深深的谜团。

大学是在兰州读的，班上有不少从甘肃南部的临夏回族自治州来的同学，学校特意为他们开设了清真餐厅。为了知道更多关于他们的知识，我便去买来一本《古兰经》，认真地细读后，才了解到他们是信仰从阿拉伯、波斯地区传来的伊斯兰教的一族。但他们常常因为信仰的不同而有意无意说“你们汉人”或“我们回民”之类的话，这就在无意间将我们和他们隔开了。

2000 年，当我的工作调动到宁夏回族自治区的首府城市银川时，和回民的交往更多了，了解得更深了，知道回族是信仰伊斯兰教的，有着他们的信仰体系和世俗生活。

2006 年末，中国著名的电视纪录片人康建宁找到我，说要拍摄一部 20 集的大型纪录片《中国回族》，想邀请我担任总撰稿。现在回想起来，自己是多么无知而近乎失耻地答应了这件事，真正进入到角色中，才发现我对回族的了解是多么局限。随后，是整整大半年的外出，对 10 多个省的回民聚居区的采访。尤其是对在甘肃和新疆大地上生活的人的采访，才知道，在中国，除了回民外，信仰伊斯兰教的民族还有 9 个，人口达几百万，和世界上信奉伊斯兰教的其他民族一道，他们有个统称——穆斯林。

《中国回族》拍摄完毕后，我悄然回到贺兰山下，继续完成我的西夏文化研究与写作和人文地理写作。

《中国民族报》是由中华人民共和国民族事务委员主办、以中国 56 个民族为报道内容的综合性大报，是中国向外宣传国家民族政策最高端的窗口。几年前，我就应其《文化周刊》主编俞灵女士之邀，撰写了不少文化类稿件。2010 年，俞灵调至《宗教周刊》。一次，我们闲聊时，她请我就参与《中国回族》拍摄前后的经历、感受写个回族的系列。那一刹那间，我突然想道：在世界背景下看，整个伊斯兰世界被西方世界深深地误解着，不少伊斯兰国家也因各种因素而内乱不断。而中国境内的穆斯林和其他民族一道，为推动祖国的繁荣强大而和谐相处在这片大地上。伊斯兰文明进入中国以来，和平发展、与其他各族和睦相处是伊斯兰文明在中国的主调与主流，是任何力量都没能阻挡的一条历史之河。站在这条大河之侧，我看到的是一个个虔敬信仰者的面容，也看到了他们将信仰写进爱国之中，构成了中国穆斯林的文化底色。因此，我问俞灵：为什么不写个中国穆斯林或者中国伊斯兰文明的系列呢？那天，这个想法立即得到了她的认可。于是，我便又放下自己的研究，埋首于"伊斯兰文明的中国之旅"这样一个自己命题的作业中。

当一地落叶飘至大地上时，我才从一摞摞关于伊斯兰文明的书籍中抬起头来，埋首于这些书中的快感在临近结束时陡然消失——很多书都是民俗方面的简介，很多内容都是从这本书被复制到另一本书上的中国式写作。实地勘察伊斯兰文明在中国大地上的流变的书，还没有一本。

2011 年冬天，我和宁夏的回民朋友苏立勇动身，前往新疆喀什地区的塔什库尔干塔吉克自治县。天寒地冻的帕米尔高原上，冰雪封山，入住的塔什库尔干塔吉克自治县城内石头城宾馆，就我们两个客人。我的目标是瓦罕走廊，一条长达百多公里的国际边境线，连接着塔吉克斯坦、阿富汗、巴基斯坦和中国四国。在我的研究中，这里是伊斯兰文明最初传入中国的主要线路之一。给我开车的司机苏立坦告诉我，走廊最窄处的公路上，向西 27 公里就到边界了，界桩那边，老有塔利班分子活动！

帕米尔高原上的日子里，我的人文考察是艰辛的，但也常被收获带来的幸福所包围，我仿佛看见脸上偶尔露出的笑容，灿烂若冰山上的雪莲！欣赏者仅我一人！

接着，一条比脚步更漫长的旅途开始了！帕米尔高原的边境地区、喀喇昆仑山北缘、天山南麓、塔里木盆地、青藏高原东北角祁连山下、八百公里的河西走廊、越过黄河后进入黄土高原最后抵达伊斯兰文明当初来到中国的目的地——唐时的长安！站在西安城内的胡人来华大型雕塑前，回望这一路，竟然超过了 5000 公里。其间有冰天雪地中绕行在 8000 多米慕士塔格峰下的艰辛，有骄阳中穿行塔克拉玛干沙漠的孤独，有 2013 年春节期间孤身前往新疆和甘肃交界处的"一个人的情人节"，也有帕米尔高原上聆听雪花盛开、库车巴扎上看见驴背上驮着的信仰、近视横越天山南北的夏塔古道中发出的冰川之光、肃州大寺里找寻哈喇灰的遁迹、黄土深处打量知识守护者在黄泥小屋诵经的肃穆……

一个人的孤旅！在聆听、寻找和学习中行进！

从 2012 年元月开始，《中国民族报》的《宗教周刊》为我开辟的《伊斯兰文明之旅》正式推出，勤奋而敬业的年轻编辑周芳一边为我的每篇文章仔细修改，一边联系审稿专家审读，还得不时提醒我下一篇稿子的交稿期限。感谢她的不断催促，保证了这个系列一直到现在仍在继续。我怎么能不感谢俞灵、周芳以及《中国民族报》有慧眼的领导和为这些问世的系列文章组版的编辑、审读以及其他工作人员。

2012 年夏天，我前往西安为这个系列补拍照片时，一个偶然的机会遇见了陕西师范大学出版社的社长刘东风先生，谈及这个系列文章时，他敏锐地把握将其出书的机遇。我们很快达成共识：先出版我的“伊斯兰文明的中国之旅”的第一本《月光下的微笑》，以后将陆续推出《青草间的信仰》《大河倒影》《蔚蓝色的心》等其他几本书。

随后，是本书的策划组稿人郭永新先生出场。我们虽未谋面，但从邀请专家审稿、一次次编辑、配图等工作环节中，能感受他的认真和敬业，也为自己一次次修改书稿带给他的不便而不安于多个昼夜里。同时，我得向为本书提供图片的摄影师尚昌平、肖泳等人表达谢意，感谢著名书法家陈国鸿先生、阿文书法家毛占明先生。

自从明代南京的回族学者刘智已降，中国学术界内是缺乏将伊斯兰文明和儒家文明放在一起进行打量的学者，更是缺乏站在文化公允角度审视伊斯兰文明的中国化之路者。这无疑会阻碍这种文明走向更为广阔的境域，会使它该有的影响力打折扣，会影响这种文明之外的人走近、走进它的内核。

因此，这是一本具有中国视野的书，是一本随着写作的深入而令我视野逐步打开的书！

在写作过程中，我在中国大地上四处游历，走访着伊斯兰文明影响到的很多城镇、乡村，一方面吸取了中国乃至世界上一些聪慧学者的学术成果，另一方面则是认真地聆听着来自中国穆斯林中的底层人物的声音。因此，在完成“伊斯兰文明的中国之旅”的作业途中，那上千名与伊斯兰文明有关的典籍的作者，数百位恪守宗教信仰与传播宗教知识的阿訇，带我走进一处处伊斯兰文明遗迹的当地穆斯林，那无私地将珍贵图片供我使用于此书的摄影师，等等，请允许我在这里向你们致敬。

2012 年夏天，和著名回族作家张承志相遇在银川。一次简短的谈话后，送他到电梯间，他得知我的这项工作，站在里面问我：“你举意了么？”举意？这是一个阿拉伯词汇，原意为“意图”“打算”“意愿”“心愿”等。伊斯兰教用来专指为举行某项宗教功课或从事某项慈善事业时所立的意愿，我想，它的意思是类似“发自个人内心的真实想法”吧！还没等我回复，电梯门急速而无情地关上了！

和我花费十年时间、自费跑遍十九个省区寻找西夏王朝的后裔一样，这项工作同样拒绝意识形态和商业赞助（而这本书的版税，同样和我以前的著作版税的去向一样——投入自己在藏地援建的孤儿院、在中西部地区援建的 11 个乡村图书馆），这是我以个人力量对一种文明的亲近，以文字的形式告知想了解伊斯兰文明者的一场努力。在电脑上敲字到此，我想回复张承志先生：我，举意了！

万里山河，千年文明，就这样写进一册！

2013 年末，贺兰山下